中国语言文学文库·荣休文库

吴承学　彭玉平　主编

文史论集

林岗　著

中山大学出版社

·广州·

图书在版编目（CIP）数据

文史论集/林岗著. —广州：中山大学出版社，2024.1
（中国语言文学文库·荣休文库/吴承学，彭玉平主编）
ISBN 978 - 7 - 306 - 07975 - 6

Ⅰ. ①文…　Ⅱ. ①林…　Ⅲ. ①文史—中国—文集　Ⅳ. ①C52

中国国家版本馆 CIP 数据核字（2024）第 010139 号

WENSHI LUNJI

出 版 人：王天琪
策划编辑：嵇春霞　陈　芳
责任编辑：陈　芳
封面设计：曾　斌
版式设计：曾　斌
责任校对：梁锐萍
责任技编：靳晓虹
出版发行：中山大学出版社
电　　话：编辑部 020 - 84110283，84113349，84111997，84110779，84110776
　　　　　发行部 020 - 84111998，84111981，84111160
地　　址：广州市新港西路 135 号
邮　　编：510275　传　　真：020 - 84036565
网　　址：http://www.zsup.com.cn　E - mail：zdcbs@ mail. sysu. edu. cn
印 刷 者：佛山市浩文彩色印刷有限公司
规　　格：787mm×1092mm　1/16　20.5 印张　347 千字
版次印次：2024 年 1 月第 1 版　2024 年 1 月第 1 次印刷
定　　价：78.00 元

中国语言文学文库

 编委会

总　序

吴承学　彭玉平

　　中山大学建校将近百年了。1924 年，孙中山先生在万方多难之际，手创国立广东大学。先生逝世后，学校于 1926 年定名为国立中山大学。虽然中山大学并不是国内建校历史最长的大学，且僻于岭南一地，但是，她的建立与中国现代政治、文化、教育关系之密切，却罕有其匹。缘于此，也成就了独具一格的中山大学人文学科。

　　人文学科传承着人类的精神与文化，其重要性已超越学术本身。在中国大学的人文学科中，中国语言文学学科的设置更具普遍性。一所没有中文系的综合性大学是不完整的，也几乎是不可想象的。在文、理、医、工诸多学科中，中文学科特色显著，它集中表现了中国本土语言文化、文学艺术之精神。著名学者饶宗颐先生曾认为，语言、文学是所有学术研究的重要基础，"一切之学必以文学植基，否则难以致弘深而通要眇"。文学当然强调思维的逻辑性，但更强调感受力、想象力、创造力和语言表达能力。有了文学基础，才可能做好其他学问，并达到"致弘深而通要眇"之境界。而中文学科更是中国人治学的基础，它既是中国文化根基的重要组成部分，也是中国文明与世界文明的一个关键交集点。

　　中文系与中山大学同时诞生，是中山大学历史最悠久的学科之一。近百年中，中文系随中山大学走过艰辛困顿、辗转迁徙之途。始驻广州文明路，不久即迁广州石牌地区；抗日战争中历经三迁，初迁云南澄江，再迁粤北坪石，又迁粤东梅州等地；1952 年全国高校院系调整，始定址于珠江之畔的康乐园。古人说："艰难困苦，玉汝于成。"对于中山大学中文系来说，亦是如此。百年来，中文系多番流播迁徙。其间，历经学科的离合、人物的散聚，中文系之发展跌宕起伏、曲折逶迤，终如珠江之水，浩浩荡荡，奔流入海。

康乐园与康乐村相邻。南朝大诗人谢灵运，世称"康乐公"，曾流寓广州，并终于此。有人认为，康乐园、康乐村或与谢灵运（康乐）有关。这也许只是一个美丽的传说。不过，康乐园的确洋溢着浓郁的人文气息与诗情画意。但对于人文学科而言，光有诗情是远远不够的，更重要的是必须具有严谨的学术研究精神与深厚的学术积淀。一个好的学科当然应该有优秀的学术传统。那么，中山大学中文系的学术传统是什么？一两句话显然难以概括。若勉强要一言以蔽之，则非中山大学校训莫属。1924 年，孙中山先生在国立广东大学成立典礼上亲笔题写"博学、审问、慎思、明辨、笃行"十字校训。该校训至今不但巍然矗立在中山大学校园，而且深深镌刻于中山大学师生的心中。"博学、审问、慎思、明辨、笃行"是孙中山先生对中山大学师生的期许，也是中文系百年来孜孜以求、代代传承的学术传统。

一个传承百年的中文学科，必有其深厚的学术积淀，有学殖深厚、个性突出的著名教授令人仰望，有数不清的名人逸事口耳相传。百年来，中山大学中文学科名师荟萃，他们的优秀品格和学术造诣熏陶了无数学者与学子。先后在此任教的杰出学者，早年有傅斯年、鲁迅、郭沫若、郁达夫、顾颉刚、钟敬文、赵元任、罗常培、黄际遇、俞平伯、陆侃如、冯沅君、王力、岑麒祥等，晚近有容庚、商承祚、詹安泰、方孝岳、董每戡、王季思、冼玉清、黄海章、楼栖、高华年、叶启芳、潘允中、黄家教、卢叔度、邱世友、陈则光、吴宏聪、陆一帆、李新魁等。此外，还有一批仍然健在的著名学者。每当我们提到中山大学中文学科，首先想到的就是这些著名学者的精神风采及其学术成就。他们既给我们带来光荣，也是一座座令人仰止的高山。

学者的精神风采与生命价值，主要是通过其著述来体现的。正如司马迁在《史记·孔子世家》中谈到孔子时所说的："余读孔氏书，想见其为人。"真正的学者都有名山事业的追求。曹丕《典论·论文》说："盖文章，经国之大业，不朽之盛事。年寿有时而尽，荣乐止乎其身，二者必至之常期，未若文章之无穷。是以古之作者，寄身于翰墨，见意于篇籍，不假良史之辞，不托飞驰之势，而声名自传于后。"真正的学者所追求的是不朽之事业，而非一时之功名利禄。一个优秀学者的学术生命远远超越其自然生命，而一个优秀学科学术传统的积聚传承更具有"声名自传于后"

的强大生命力。

为了传承和弘扬本学科的优秀学术传统，从 2017 年开始，中文系便组织编纂中山大学"中国语言文学文库"。本文库共分三个系列，即"中国语言文学文库·典藏文库""中国语言文学文库·学人文库"和"中国语言文学文库·荣休文库"。其中，"典藏文库"主要重版或者重新选编整理出版有较高学术水平并已产生较大影响的著作，"学人文库"主要出版有较高学术水平的原创性著作，"荣休文库"则出版近年退休教师的自选集。在这三个系列中，"学人文库""荣休文库"的撰述，均遵现行的学术规范与出版规范；而"典藏文库"以尊重历史和作者为原则，对已故作者的著作，除了改正错误之外，尽量保持原貌。

一年四季满目苍翠的康乐园，芳草迷离，群木竞秀。其中，尤以百年樟树最为引人注目。放眼望去，巨大树干褐黑纵裂，长满绿茸茸的附生植物。树冠蔽日，浓荫满地。冬去春来，墨绿色的叶子飘落了，又代之以郁葱青翠的新叶。铁黑树干衬托着嫩绿枝叶，古老沧桑与蓬勃生机兼容一体。在我们的心目中，这似乎也是中山大学这所百年老校和中文这个百年学科的象征。

我们希望以这套文库致敬前辈。

我们希望以这套文库激励当下。

我们希望以这套文库寄望未来。

2018 年 10 月 18 日

吴承学：中山大学中文系学术委员会主任、教授，长江学者特聘教授

彭玉平：中山大学中文系系主任、教授，长江学者特聘教授

目　　录

第一辑

第二辑

第一辑

海外经验与新诗的兴起

一

白话新诗的出现是 20 世纪初中国文坛前所未见的大事。在此以前几乎没有人认为用白话也能写诗，也没有人认为用白话写出来的还能算是诗；在此以后，新诗成了诗坛的主流，旧诗退居次要的位置。新诗虽然不免幼稚，但是大势所趋，无由更改。学者一般循两条途径解释新诗的兴起：清末的"诗界革命"和西洋诗歌的影响。① 前者被认为是诗歌的改良式的实验，是从旧诗到新诗的过渡；后者则是启发新诗和促进新诗艺术成熟的外来文学影响因素。但是，这两种说法都失之空泛，没有从诗的内部寻找到从旧诗到新诗的具体线索。② 本文尝试从诗人的海外经验入手，为新诗的兴起提出另一个解释。

诗是人类经验的表达。诗歌表达经验当然是在一定的语言和形式中进行的，语言将经验凝固为具有一定声音模式的句子，这些句子又是按照传

① 据笔者看到的资料，最早将新诗的登场与晚清"诗界革命"的影响联系起来的是朱自清。（见朱自清《〈中国新文学大系·诗集〉导言》，上海良友图书印刷公司 1935 年版）将新诗看成是在西洋诗影响下出现而说得最直白的是梁实秋。（见梁实秋《新诗的格调及其他》，杨匡汉、刘福春编《中国现代诗论》上编，花城出版社 1985 年版）此后学者的论述，当然更加周密和完善，但基本立论仍然未变。相关的论述有：谢冕《辉耀的始端》，见《中国现代诗人论》，重庆出版社 1986 年版；张松如主编《中国诗歌史论》上编之"近代诗歌"，吉林大学出版社 1985 年版；祝宽《五四新诗史》第一章之第一节"中国诗歌发展的趋势与外国诗歌的影响"，陕西师范大学出版社 1987 年版；袁行霈主编《中国文学史》第四卷之第九编"近代文学"之"绪论"，高等教育出版社 1999 年版。

② 这两种说法与实际的情况有距离。"诗界革命"是梁启超 1902 年起在日本自办《新民丛报》时，在《饮冰室诗话》里的说法。而黄遵宪的诗歌写作主要在戊戌之前。与其说清末存在一个诗人大体认同的"诗界革命"运动，不如说是梁启超本人对当时诗坛风变的一种总结性解释和一种呼吁。其事后追认的色彩远甚于当时诗人的主张。至于外国诗歌，新文学运动之前就翻译介绍来。唯翻译全用文言，体式或用五七言，或用歌行、骚体。其情形如严复以汉魏古文译西方学术名著，林纾以文言译西方小说，是一样的。同是受西洋诗影响，其时何以没有新诗？笔者不同意将西洋诗的影响看成是新诗的发生因素。以上问题的辨析，容另文再述。

统惯例所定义的诗的形式来组织的。在经验、语言与形式三种因素中，经验最为活跃，语言相对固定，形式则最有惰性。当诗人亲历的经验发生前所未有的剧烈变化时，惯用了的诗语就不可能完全抓得住那些新起的经验。诗人或者转而运用前所未见的词汇，或者沿用旧的词汇而赋予新的意思，但是，无论如何，语言的变化却引起了它们与诗的形式之间的裂痕，写出来的诗"不像"传统标准的诗，或者不算人们心目中的"好诗"。因为一定的语言和一定的诗歌形式历经长久的探索和磨砺而圆融无间，人们在无数的比较和实践中已经形成什么是一首好诗的概念，而新经验导致的新诗语的出现干扰了惯例之下的标准，新诗语不能和既定的诗歌形式相互配合。这时，诗人就有两个截然不同的选择：或者放弃旧式的诗歌语言和形式，探索新的诗歌语言及其表现形式；或者尽量避免诗歌表现新的经验类型，让诗歌的表现范围继续保持在惯常习见的传统经验类型之内，使诗语和形式维持它们内在的一致性。前一种选择就是自五四新文学运动开始的新诗实验，后一种选择则是保存旧诗的努力。新诗的兴起，并不意味着旧诗马上被埋葬。新诗和旧诗在诗坛上占据的地位不同，但不是彼此取代的关系。因为它们所表现的经验类型的性质差异，各自所运用的语言以及和语言相配合的形式构成了不同的相互关系，新诗和旧诗无疑都有自己的表现天地。但对于现代生活而言，新诗的天地当然是较为宽阔的。

晚清诗坛的变化以及五四时期新诗的兴起为印证上述假说提供了一个极有价值的证据。在此以前诗人的经验类型自成一体，他们生活在自足的古典世界，没有什么特别的经验能够搅动相对平静的古典心灵。尽管有民间的疾苦、朝政的废弛、社会的乱象使诗人感慨弥深，但是，这种依然是古典世界之内的本土经验，并不足以造成诗语和诗的形式之间的裂痕。可是，五口通商之后的新变化值得特别关注。国门被迫打开，古典世界逐渐变得破碎，诗人有可能会有前所未有的经验，这就是海外经验。他们或者漂洋过海，踏足国外；或者与操不同的语言，与自己的肤色和相貌都完全不同的外国人打交道；或者阅读外国书，吸收经典教育不能提供的知识；又或者在通商口岸接触那些外国传教士和商人带来的洋事物，这一切都可以称作海外经验。在笔者看来，正是海外经验造成了晚清诗歌中诗语与诗的形式之间的裂痕，漫长诗歌传统所定义的旧诗的语言和形式的和谐从此被打破，写出来的诗虽然很"新"，但毕竟"不像"。这种诗歌语言与形式的鸿沟最终导致诗人对该语言（文言）表现力的怀疑，并开始试验采用新的语言（白话）写诗，而这就是新诗的兴起。因此，如果不是从诗歌意境和风格的角度，而是从诗歌史的角度看晚清诗歌的变化，那种新变化就不应当被理解为是通向白话新诗的过渡阶段性质的变化，毋宁说它是旧诗的衰落。因为正是这种变化打破了旧诗内部的和谐。同时，也应该看到，海外经验对诗人和诗的影响是在无意识中进行的，是从诗人有了这种海外经验就开始了，而当鸿沟扩大到使诗人反省语言问题的时候，旧诗也就到退出诗坛盟主地位的时候了。

二

林鍼（1824—?）并非诗人，他生长于"华洋杂处"的通商口岸厦门。因为"素习番语"，1847 年受外人聘而"舌耕海外"，随商船到达美国，在美国停留一年多之后，返回福建。大概因为自觉经历独特，他回乡后诗兴大发，写下一首百句五言长诗《西海纪游诗》，记下他的见闻和经历。有意思的是作者还配有一篇更长，几乎是复述其诗的《西海纪游自序》，序文用骈文写成，但杂以很多散句来解释骈句；又有一篇用文言写的《救回被诱潮人记》。三文合称《西海纪游草》。① 这是目前能看到的涉及现代海外经验的最早的诗和文。

阅读这一百多年前的人写成的诗和文，给了笔者很奇特的经验。如果仅读他的诗，简直不得其解，因为写得词不达意，一定要配合阅读序文和记，才能明白他写的是什么。在这部《西海纪游草》里，文和诗的关系是解释与被解释的关系。诗固然是表现他的海外见闻，但是，这种诗语形式的表达需要用文语形式再次表达，否则意思不能完全"达"出来，让读者明白。例如，有两句诗——"楼头灯变幻，镜里影迷离"，字面的意思很简单，可是，字里行间要说的到底是什么并不清楚。读到序文，"博古院明灯幻影，彩焕云霄（有一院集天下珍奇任人游玩，楼上悬灯，运用机括，变幻可观）"和"山川人物，镜中指日留形（有神镜，炼药能借日光以照花鸟人物，顷刻留模，余详其法）"，才恍然大悟。原来作者写

---

① 〔清〕林鍼：《西海纪游草》（钟叔河主编"走向世界丛书"之一），岳麓书社 1985 年版。以下引文全出此书，不再一一注明。

的是两样西洋事物，前者为幻灯，后者为摄影。只有将序文与诗句仔细比照，才能找到索解诗句的蛛丝马迹。再举一例，诗句"巧驿传千里，公私刻共知"，同样是字面的意思清楚，但要表现的事物并不明了。及至在序文中找到，"巧驿传密事急邮，支联脉络。暗用廿六文字，隔省俄通（每百步竖两木，木上横架铁线，以胆矾、磁石、水银等物，兼用活轨，将廿六字母为暗号。首尾各有人以任其职，如首一动，尾即知之。不论政务商情，顷刻可通万里。予知其法之详）"，以及"事刊传闻，亏行难藏漏屋（大政细务，以及四海新文，日引于纸，传扬四方，故官民无私受授之弊）"，才知道那两句诗中，第一句写新发明的电报，第二句写报纸传播新闻。如此的例子，不胜枚举。细读之下，便能发现，即使是四六骈句，亦未能真正表达出作者想表达的意思，需要配合括号内的散句，读者还要加以猜想，才能得一完全的通解。

问题是为什么会出现这种情况？唯一的解释是语言抓不住它要表达的事物。作者如同一个笨拙的猎手，而他试图抓住的却是他以前未曾见过的狡猾猎物，这猎物左右躲闪，忽隐忽现，害得猎手东奔西跑，气喘吁吁，无所施其故技，显露出自己疲惫、笨拙的本相。他用诗表现他的海外经验，但自知诗不能完全达意，所以，又加上四六序文，而骈句也未能尽善，于是配以散句再陈述一遍。作者无意有此一番奇特的经历，却有意识地用诗这种地位最尊贵、最获有教养的士大夫认同的文体记下难忘而新奇的见闻。这种故意而为之的写作又遇到未预料的难题：缺乏恰当的词和句子来表达他的见闻，作者与所使用的诗语和文语认真说来还没有怎么打过照面，当然不能苛求作者。我们知道，当时还没有诸如"幻灯""摄影""电报""报纸""新闻"等词汇，更未有熟练运用过这种词汇可资借鉴的句子。作者也是在黑暗中摸索，尽管是无意识的，他用诗加序再配文的方式，勉强让读者知道他在说什么。如果仅仅从旧诗的角度看，林鍼写出来的诗已经是鲁莽灭裂了，虽然还是旧诗的外表形式，但没有旧诗的形式中深含的意境，也没有旧诗的节奏里的韵味。深究其原因，在于勉强使用的词与试图表达的意思之间存在相当的距离。于是，诗的用词和形式就产生了裂痕，意境和韵味不复存在。在"楼头灯变幻，镜里影迷离"两句中，此"灯"不是彼"灯"，此"镜"不同彼"镜"。字面的灯是照明的灯，但实际指称的却是彼时中国尚无的事物——幻灯；字面的镜是自照身影的镜，实际指称的却是照相机和摄影。同样，"巧驿传千里"一句，字面的驿是传递消息的驿站的"驿"，实际却指新事物——电报。而在"公私刻共知"一句中，作者连试图指称的主词，哪怕像前几句表里不一的词都找不到，只好让它空着。如此尴尬的写作，可知在那个时代让诗语抓住事物，充分表达在一个全新的环境中的经验，实在不是一件容易的事情。勉强去做，又怎么能让诗中的诗语和它的形式和谐无间？又怎么能让诗写得富有韵味？类似的情形并不是特有的，而是一个普遍的现象。

同治五年（1866），旗人斌椿（1803—?）父子率同文馆学生三人，奉朝廷之命"游历"欧洲，历时半年有余。斌椿幼读诗书，循正途出身，先任山西襄陵知县，后因病呈请回旗，被总税务司赫德延请办理文案，由此得以结识在京的传教士和外人。在总理衙门派人赴欧，满朝"无敢应者"的情况下，由年届63岁的他率队前往。斌椿诗兴很浓，一趟游历，除留下一部日记——《乘槎笔记》外，还有两部诗集——《海国胜游草》和《天外归帆草》。[①] 两部诗集均写沿途游历见闻，共有诗137首。斌椿不像林鍼，把同样的经验用诗写一遍后还用骈文再写一遍，但是，他们遭遇到的难题是一样的，所经历的海外经验几乎不可能用诗语恰如其分地表达出来。斌椿使用两种办法补足诗行的不能尽意：其一，采用较长的诗题，以其帮助解释诗行的含义；其二，某些诗行之后加散句注解。前一种方法如《海国胜游草》第39首：《昨观火轮泄水，偶题七律一首，已入新闻纸数万本，遍传国中。今日游生灵苑，所畜珍禽异兽甚多，长官具中华笔墨索题，走笔》。这么长的诗题，实在是为了交代以下两句："今日新诗才脱稿，明朝万口已流传。"对于未见识过现代传媒的读者，这两句诗要经过解释才能明白原委。后一种方法如同集第32首《包姓别墅（包翻译官戚友妇女均来看视）》中两句："自言不泥轮回说，约指金环脱与看（西俗，婚期主教者予女金环，戒勿脱，违则不利云）。"诗句涉及中土所无的婚姻风俗，作者不得不在诗句后加以解释。

他的这种方法不同程度地为后继者仿效，这说明用旧诗表现海外经验的确遭遇到普遍的难题：既要使海外经验的表达有一个旧诗的形式，又要让旧诗形式清晰地涵盖被表达的全部经验，而这两者因语言的缘故实际上是不相容的。于是，诗人只好伤害旧诗形式的内在和谐，以求意思的清

---

① 〔清〕斌椿：《乘槎笔记·诗二种》（钟叔河主编"走向世界丛书"之一），岳麓书社1985年版。

楚。如果以 20 字为界限，斌椿的 137 首诗中，诗题超过 20 字的有 43 首，而诗句后加注的有 60 首。这种情形足以反映出诗歌中经验与语言、诗语与形式之间的裂痕，虽然并不是每一首诗都是如此。

清廷光绪二年（1876）派往日本的使团中，有三人有意识地将在日本的所见所闻写成诗集。他们是公使何如璋（1838—1891）、副使张斯桂（1816—1888）和参赞黄遵宪（1848—1905）。其中，何如璋是进士出身，张斯桂是候补知府，黄遵宪则是新科举人，三人均有深厚的古典教养。何如璋的《使东杂咏》67 首，① 每首之后均有自注，解释诗歌所写内容。读者必须参看自注，才能通解诗歌所写。他不像斌椿那样，在诗句后加注，而是将注释移至诗后。诗行在表面上是干净完整了，但在意思上仍需依赖注释。张斯桂的《使东诗录》有诗 40 首，② 他的做法与斌椿完全一样，在诗行或诗题后加注。40 首之中，诗行或诗题有注的占了 23 首。黄遵宪的《日本杂事诗》200 首，③ 晚清时已广受称赞。《日本杂事诗》也是每首之后均有注，黄遵宪有意识地用诗记录日本的历史、制度、风俗、民情，颇似“采风”，不过是采异国之风罢了。④ 所采之风当然放在首位，对于诗的形式的完美就顾不得那么多了。读《日本杂事诗》，诗的部分好像西餐的“头盘”以色味取胜从而引起食客的食欲一般，以节律和声韵勾起读者的兴趣，但它不是主角，“头盘”过后即是“主菜”，读罢诗之后，那些长长的注解才是作者要表现的“正文”。诗已经失去它在文本中应有的独立地位，由主角蜕变为配角。钱锺书说《日本杂事诗》“端赖自注，椟胜于珠”⑤，确是的评。黄遵宪的《人境庐诗草》是晚清重要的一部诗集，不过，在这部诗集中同样存在由海外经验造成的诗歌中诗语与诗的形式之间的鸿沟，诗语跟不上它们试图表达的经验和事物；而当诗人尝试在旧诗的框架内用新的语汇时，更伤害了旧诗形式和与其相适应的语言

① 〔清〕何如璋：《使东杂咏》（钟叔河主编“走向世界丛书”之一），岳麓书社 1985 年版。
② 〔清〕张斯桂：《使东诗录》（钟叔河主编“走向世界丛书”之一），岳麓书社 1985 年版。
③ 〔清〕黄遵宪：《日本杂事诗》（钟叔河主编“走向世界丛书”之一），岳麓书社 1985 年版。《日本杂事诗》最早的版本是光绪五年（1879）同文馆的聚珍版，收诗 154 首。后来作者又给予增删修改，戊戌年间（1898）在长沙出版了定本，有诗 200 首。说《日本杂事诗》收诗 200 首云云，指的是后来的定本。
④ 事实上，晚清使臣出洋，无论驻外还是游历都有义务将所见所闻写下来向总理衙门汇报交差，唯朝廷并未规定文体。出使者以写日记为最多，其次才是诗。
⑤ 钱锺书：《谈艺录》，中华书局 1984 年版，第 348 页。

之间存在的均衡。黄遵宪的"新派诗"尝试，值得好好分析。

三

黄遵宪与历代有志的士大夫一样，把为国家建功立业当作自己人生的目标，写诗不过是"业余"的喜好和穷愁困顿时的寄托。诗人这一称号，对他们而言，与其说是对毕生成就的肯定，不如说是无奈中的安慰。黄遵宪晚年写信给好友梁启超说："自吾少时，绝无求富贵之心，而颇有树勋名之念。"① 但是，他的入世理想一挫再挫，晚年写诗说愤，"穷途竟何世，余事且诗人"②。尽管他在宦海多年，但仕途坎坷，不能以功业显于当世，而只能以诗鸣于当时。不过，他的朝廷命官生涯与其他士大夫有明显的不同，虽不是独当一面，但他是清朝的第一代外交官。从光绪三年（1877）起，他先后在东京、旧金山、伦敦、新加坡当参赞或总领事达十二年之久。长久的海外生活使他的见闻眼光与局促于封闭环境下的朝廷士大夫相比，有很大的不同，他的眼光开阔，明白世界潮流。而在同一批开眼看世界的晚清官员中，黄遵宪是仅有的对诗抱有热情的人。其他有幸驻外或游历的官员，不是墨守旧观念就是对诗没有热情。例如，郭嵩焘（1818—1891），晚清第一任驻英法大臣，是当时朝廷中有一流识见的官员，可惜他对诗没有觉悟。他在诗集《自序》中自道他对诗的一贯认识，"今之为诗文者，徒玩具耳，无当于身心，无裨于世教，君子固不屑为也"③。尽管他留下十五卷诗，但基本上都是传统经验的表达，诗集中无非赠答、送别、和韵之类，鲜能看出海外经验如何影响到他的诗以及写作。黄遵宪是一个特别的例子，让我们观察海外经验如何影响旧诗框架之内的表达，以及让我们明白诗人如何从漫长的诗探索中得到关于语言的觉悟，尽管他依旧忠于旧诗的表达形式。

光绪十六年（1890）黄遵宪随驻英大使薛福成来到伦敦上任，受英

---

① 钱仲联：《黄公度先生年谱》，见〔清〕黄遵宪著，钱仲联笺注《人境庐诗草》（下册），中国青年出版社2000年版，第961页。

② 〔清〕黄遵宪著，钱仲联笺注：《人境庐诗草》（下册，卷八），中国青年出版社2000年版，第588页。

③ 杨坚点校：《郭嵩焘诗文集》，岳麓书社1984年版，第559页。

女王维多利亚在温莎堡召见。事后黄遵宪写有《温则宫朝会》七律一首："万灯悬耀夜光珠，绣缕黄金匝地铺。一柱通天铭武后，三山绝岛胜方壶。如闻广乐钧天奏，想见重华《盖地图》。五十余年功德盛，女娲以后世应无。"① 这首诗无论写温莎堡盛况还是写维多利亚的功业，用词都很夸张，而且这种夸张不是来源于对经验或事物做文笔上的放大，而是来源于语词漂浮和滑动在经验和事物的表面。诗人对温莎堡的雄伟壮观以及女王治下英国的强盛都很有感触，可是诗人的用词遣句并不能准确抓住那些感触，词句本来是表达经验的，而此处的经验却被夸张的词句阻隔，不能顺利表达出来。在深沉感触的表面漂浮、滑动的词句，形成一团由词句组成的烟雾，读者难以穿透。这首诗依然有表达海外经验时"海客谈瀛洲"般的"隔"，而没有明心见性的痛切。按当时英国的惯例，召见外国使节在温莎堡的圣乔治厅进行。圣乔治厅高大宽阔，城堡式的建筑采光虽不甚好，然亦不见得下午三点钟进行的召见需要"万灯悬耀"。② 颔联对仗工整，但用武则天的臣下奏建"天枢"比喻维多利亚的功业，并不恰当；而正处在工业革命蓬勃发展中的英伦三岛，胜过传说中的神山"方壶"，这是何等样貌呢？读者难以想象。颈联写召见的场面与诗人的感想，包含了深沉乃至悲哀的隐叹。然而，召见使节这样的外交场面，无论如何也不至于如同赵简子梦中"广乐九奏万舞"那样类似神仙漫游的情形；③ 朝廷派使臣驻外，虽然因国力衰退，多少有点被迫，但究竟不能比拟西王母倾慕舜的德行而贡献《盖地图》于舜。④ 诗人尽管沉痛，但两者在性质上根本不是一回事。诗人用了很多传说、神话、史实作典故，以维持旧诗的节奏、对偶形成的美感，但是，这些传统惯用的语言抓不住新鲜的海外经验，与经验和事物相比而言，语言在这里明显是滞后的。"武后""三山""方壶""广乐""重华""女娲"等惯用诗语，与感触于英国的强盛和维多利亚女王的勤政等诗人的海外经验，有着遥远的距离。不独这一首诗，

---

① 〔清〕黄遵宪著，钱仲联笺注：《人境庐诗草》（上册，卷六），中国青年出版社 2000 年版，第 385 页。

② 薛福成：《出使英法义比四国日记》记载："外部前日函订，英君主于今日三点钟，在温则行宫延见。"见钟叔河主编"走向世界丛书"之薛福成《出使英法义比四国日记》，岳麓书社 1985 年版，第 125 页。

③ 据钱仲联笺注，此句是用赵简子梦中与百神游钧天而闻广乐的典故。事见《史记·赵世家》。

④ 据钱仲联笺注，此句用西王母于大荒之国得《盖地图》"慕舜德，远来贡"的典故。

黄遵宪表现海外经验的诗多喜欢用佛经语、神话语。按笔者的体会，并不是一种浪漫的表现手法，而是旧诗范围内的"诗语之穷"的现象：实写已经无词，即便有词，也是支离灭裂旧诗，因此，为维持旧诗的认受性，只好虚写。但是，虚写也抓不住期望表达的事物和经验。《感事三首》之一，有几句这样写女王在白金汉宫举行宴会的盛况："红氍贴地灯耀壁，今夕大会来无遮。褰裳携手双双至，仙之人兮纷如麻。"①

黄遵宪在伦敦写的《今别离》四首得到陈三立的激赏："以至思而抒通情，以新事而合旧格，质古渊茂，隐恻缠绵，盖辟古人未曾有之境，为今人不可少之诗。"② 钱仲联笺注本的题解亦称之为"诗界革命"的代表之作。这四首五言乐府将轮船、火车、电报、照相、两半球时差等西洋新事物和经验融入旧诗常见的闺怨离愁的表现之中，这确是诗人的高明之处。比起上文分析过的林鍼和斌椿，黄遵宪技巧圆熟，手法老练。诗人大概也明白用旧诗的体制和语言去表现那些未闻的新事物是有限制的，所以，黄遵宪尽量把直接描绘的新事物推到稍远的背景，让抒发离愁别绪作为诗的主调。陈三立说的"至思"，大概就是指这种构思的精巧功夫，因而使得"新事"尽量符合"旧格"。但是，细读之下，"新事"与"旧格"毕竟还是有裂缝。例如，《今别离》之二，实际是咏电报。诗以闺中思妇的口吻着笔，思妇见识有限，当然不了解电报这种现代技术的全貌，明与不明之间就更添一重缠绵。"既非君手书，又无君默记。虽署花字名"而"况经三四译"的寄书，在思妇的眼里，当然就"只有班班墨，颇似临行泪"。③ 诗写到这里，还是非常好地将电报传情达意的特点托思妇婉转介绍出来了，可是作为咏电报的诗毕竟还要展现电报的技术面貌，诗人接着离开思妇的口吻，直接写了如下四句："门前两行树，离离到天际。中央亦有丝，有丝两头系。"前两句写电线杆，后两句写电线。早期的电报是有线传送的，故作者这样写。作为乐府诗，这四句用语质朴、古雅，符合所谓"旧格"，但是，对于所表现的"新事"则存在达意的不

---

① 〔清〕黄遵宪著，钱仲联笺注：《人境庐诗草》（上册，卷六），中国青年出版社 2000 年版，第 398 页。

② 〔清〕黄遵宪著，钱仲联笺注：《人境庐诗草》（上册，卷六），中国青年出版社 2000 年版，第 393 页。

③ 〔清〕黄遵宪著，钱仲联笺注：《人境庐诗草》（上册，卷六），中国青年出版社 2000 年版，第 394 页。

足。这显然是诗语本身造成的，而之所以用这样的诗语，则是由于"旧格"的规定性。若坏了"旧格"，则不成旧诗。假如第一句改成"门前电线杆"，第三句改成"上有两电线"，则达意更好，但诗意就差了许多。"新事"是照顾到了，却破坏了"旧格"。这个假设放大了那个年代诗人面对海外经验时的写诗困境：传统的诗语落后于不断涌现的新事物、新经验，但传统的诗语却实际上规定了"旧格"之所以为"旧格"。写诗如果不能完全遵从新事物、新经验而放弃"旧格"，那就只有在"旧格"的范围内让新事物、新经验屈从"旧格"。这样做的代价是不能畅达而无阻隔地传情达意。

光绪十二年（1886）黄遵宪回到久别的故乡，写了一首长篇五古《春夜招乡人饮》①，钱仲联笺注本题解誉之为"新派诗"的代表，以其"旧瓶"装着"新酒"。诗人的"新派诗"尝试，在当时的诗坛确实是别开生面，但是，从旧诗遭遇海外经验的角度看，明显地存在语言和经验之间的阻隔。这首诗涉及日本、哥伦布发现的美洲大陆、远洋轮船、西方城市高楼等事物。如果要平实而畅达地表现这些海外经验，就必然要挣破五言古诗这个"旧瓶"，因为将海外事物和经验转化为诗语的话，就不能配合"旧瓶"的规定性，但如果要维持"旧瓶"的规定性，"酒"的新鲜程度就要打相当的折扣。《春夜招乡人饮》正是反映了旧诗的规定性与海外经验的不相容。诗人已经在陈述角度上做了很好的掩饰，陈述者并不是亲历海外的本人，而是道听途说的乡亲。如写哥伦布发现新大陆的一段："或言可伦坡，索地始未获。匝月粮惧罄，磨刀咸欲杀。天神忽下降，指引示玉牒。巨鳌戴山来，再拜请手接。狂呼登陆去，炮响轰空发。人马合一身，手秉黄金钺。野人走且僵，惊辟鬼罗刹。即今牛货洲，利尽西人夺。金穴百丈深，求取用不竭。"诗气文脉诚然是豪壮，但豪壮得到的只能是"天方夜谭"式的表达。"新酒"在这种传统诗语的发酵下散发着浓浓的"古香"。像"天神""玉牒""野人""鬼罗刹""牛货洲"等词汇，很轻易地就为旧诗所接纳，再加上夸张的表达句式，自然维护了"旧瓶"，但是诗人所欲表达的海外经验就被无意中阻隔在一层诗语的屏障之外。

---

① 〔清〕黄遵宪著，钱仲联笺注：《人境庐诗草》（上册，卷五），中国青年出版社2000年版，第311–317页。

以上作为例子分析的诗都是黄遵宪成熟时期最有代表性的"新派诗",属于丘逢甲所说"新世界诗"①。然而,遍读人境庐诗,笔者以为写得最好的并不是那些具有探索性的"新派诗",而是黄遵宪成熟期写的那些表达本土经验的诗作。在这个表现领域,诗语和经验圆融无间,诗的语言材料和经验之间经历了长久的磨合、锤炼,高明的诗人自会运用这些久经使用的语言材料,浑然天成地表达自己的内心经验;语言材料亦在长久的写作实践中,构筑起诗的韵律、节奏、意象,语言和形式天衣无缝地结合在一起。例如,诗人归乡后在春天写的《即事》:"墙外轻阴淡淡遮,床头有酒巷无车。将离复合风吹絮,乍暖还寒春养花。一醉懵腾如梦里,此身漂泊又天涯。打窗山雨琅琅响,犹似波涛海上槎。"② 黄遵宪写这首诗的时候,已是人到中年,虽然依旧有雄心,但宦海风浪已经让他渐生感慨。即景言志,感叹人生,在旧诗里常见,是士大夫喜好的题材,但黄遵宪仍能出新意。陈三立说这首诗"寓雄于浑,寓逆于顺,寓流于整";范当世自谓,读之"尤三复味之不厌也"③。

将黄遵宪表达传统经验的诗与表达海外经验的诗做一比较,就可知问题出在什么地方。笔者以为,黄遵宪的"新派诗"诚如钱锺书所云"其诗有新事物,而无新理致"④,但究其原因并不在于诗人对西洋事理缺少解会,而在于构成旧诗的语言材料与海外经验之间的不相适应,诗语一方面跟不上它要表达的事物,另一方面即使能够跟上,旧诗的韵律、节奏、意象亦难容这种为了表现新经验而造出来的新语言。旧诗有它自己的规定性,天生适合表达本土经验。黄遵宪生于海通之世而受传统的教养熏习甚深,他不可能整个抛弃旧诗,就他的美学趣味而言,诗就是旧诗。⑤ 但是,他也得面对海外经验,表现旧诗未曾表现过的事物和经验。于是,写

① 丘逢甲在《人境庐诗草·跋》云:"四卷以前为旧世界诗,四卷以后乃为新世界诗。"见〔清〕黄遵宪著,钱仲联笺注《人境庐诗草》(下册),中国青年出版社 2000 年版,第 826 页。

② 〔清〕黄遵宪著,钱仲联笺注:《人境庐诗草》(上册,卷五),中国青年出版社 2000 年版,第 321 页。

③ 均见〔清〕黄遵宪著,钱仲联笺注《人境庐诗草》(上册,卷五),中国青年出版社 2000 年版,第 321 页。

④ 钱锺书:《谈艺录》,中华书局 1984 年版,第 24 页。

⑤ 黄遵宪写过歌词,如《小学校学生相和歌》《出军歌》《军中歌》《旋军歌》,录在梁启超《饮冰室诗话》中,但黄遵宪并不把它们收入《人境庐诗草》,可见黄并不将它们看成正式的诗。见梁启超《饮冰室诗话》,舒芜点校,第五四节、第七八节,人民文学出版社 1982 年版。

新事而合旧格就成了他的选择。在他的主观意图里，这是探索旧诗的表现天地，可是，在文学史的意义上，这种"旧瓶装新酒"的尝试并不是通往新诗的过渡，而是显现了旧诗的语言和形式在海外经验、新观念面前的表达极限。旧诗如果要使自己进入这样一个表现领域，那就如同走进一条穷巷；与其表现自己不擅长表现的经验和事物，不如仍旧发挥原来的所长。事实证明，旧诗的出路不是让自己屈就那些新的经验，而是延续原来的轨道。

旧诗的表达极限其实集中反映在语言问题之上：如果要让海外经验有畅达的表现，那势必要放弃文言、放弃旧诗这种表达形式。旧诗之所以为旧诗，根本原因在于它的语言材料，有它的文言诗语，才能构成旧诗的格律、韵味和节奏。晚清旧诗的试验，无论是硬填新名词入诗的"新学之诗"，还是"以新事而合旧格"的"新派诗"，客观上都使得有识之士意识到书面语改造的迫切性。庆幸的是黄遵宪就是这样一位有识之士，当然，他也是一位矛盾的人物。一方面，他关切语言改造，深切认识到言和文不一致的弊端，对诗体进行多样探索，甚至不惜放下架子写作歌谣和歌词；但另一方面，他始终不能放弃关于诗的正统观念，连主张语言文字应当合一的文字也是用文言写的。我们今天虽然无法确知他对文言局限的认知与他的写作之间有多深的关系，但是，从他多方进行旧诗探索来看，他一定深刻感受到迎面而来的新经验、新事物对传统书面语言的冲击。否则，他不会有这样的觉悟。光绪二十七年（1901）黄遵宪为乡人诗作序，重提语言、文字（书面语）应当合一的想法，他说："语言者，文字之所以出也。语言与文字合，则通文者多，语言与文字离，则通文者少。余于《日本学术志》中，曾述其意，识者颇韪其言。"① 黄遵宪自谓"曾述其意"的那一段文字中有这样的话："若小说家言，更有直用方言以笔之于书者。则语言文字，几几乎复合矣！余又乌知夫他日者，不变更一文体，为适用于今通行于俗者乎？嗟乎！欲令天下之农工商贾，妇女幼稚，皆能通文字之用，其不得不于此求一简易之法哉！"② 事隔一年，黄遵宪写信给严复，期待严复做两件事："第一为造新字"，"第二为变文体"。他说：

---

① 钱仲联：《黄公度先生年谱》，见〔清〕黄遵宪著，钱仲联笺注《人境庐诗草》（下册），中国青年出版社 2000 年版，第 956 页。

② 〔清〕黄遵宪：《日本国志》卷三十三，见王宝平主编《晚清东游日记汇编》之影印本《日本国志》，上海古籍出版社 2001 年版，第 347 页。

"公以为文界无革命，弟以为无革命而有维新。"① 笔者以为，黄遵宪这种语言变革的思想，显然和那个时期广泛的社会变革要求相联系，不过对他而言这不仅仅是符合潮流的诉求，更重要的是它出自切身的写作体验；虽然他的探索最终并没有走到放弃文言改用白话的地步，但使他产生了新诗兴起所必需的前提性的觉悟：书面语变革的觉悟。他的这种语言变革的觉悟可以视作新诗登场前夕的一番锣鼓。因为新诗并不是源自旧诗，而是源自对语言的觉悟，而对语言的觉悟则源自海外经验对旧诗的冲击。

四

由白话到白话诗（新诗）看似只有一步之遥，其实跨过这一步极其不容易。从黄遵宪晚年的思想看，他从自己的写作实践中深切体会到言文合一的迫切性，但他几乎没有认真躬行实践，只是停留在用文言呼吁文界的"维新"上。因为言文合一的问题从来都不是一个孤立的语言问题，它是和文学的观念联系在一起的。换言之，白话写出来的也能是诗吗？这既需要理论的支撑，更需要信心去实践，只有这样，在写作中才能建立白话诗的合法性。用胡适的话说，就是"尝试"。海外经验在晚清介入了诗人的写作，产生了旧诗的诗语和形式之间的裂痕，启发了诗人言文合一的想法，这个变化在民国初年进一步加深，诗人舍弃旧诗转而尝试白话新诗。海外经验在新诗尝试中起着催生新诗语、促使人们接受新的文学观念和外来诗影响的作用。

新诗的尝试最早在留美学生的小圈子里出现不是偶然，因为海外环境提供了大量与本土相比具有极大差异的感觉经验，这些感觉经验不仅包括日常事物，而且还有观念、思想、制度、历史以及表达它们的语言。它们与晚清时代西洋经验仅仅作为中国人的"他者"有所不同，它们甚至是留学生自我成长乃至人生观的一部分，也就是说，海外经验在那些留学生中是有可能作为自我经验来领悟的。本土的和外来的在人的成长过程中浑然交融一处，难分彼此。正是因为海外经验进一步内化为诗人的文学趣味

---

① 钱仲联：《黄公度先生年谱》，见〔清〕黄遵宪著，钱仲联笺注《人境庐诗草》（下册），中国青年出版社 2000 年版，第 959 页。

和观念，于是，同是在诗中用了新名词和译名，晚清诗人只会把它作为得意之笔，偶尔为之，而在胡适那里却演变成放弃旧诗，尝试白话新诗的导火线。1915 年 9 月，胡适作了一首仍用旧诗句式却满篇新词的七言长诗《送梅觐庄往哈佛大学》，诗中有句："但祝天生几牛敦，还乞千百客尔文，辅以无数爱迭孙，便教国库富且殷。"① 任叔永将这首诗的外国字包括人名和音译词连缀成篇，写成打油诗讽刺胡适：此路不通。胡适是否熟悉晚清的"新派诗"，笔者不得而知，但是，出国之前胡适关心时事，熟悉报坛，其时梁启超正在鼓吹"诗界革命""文界革命"，介绍黄遵宪等人的诗作。这种趣味和氛围一定在相当程度上熏染了胡适，他写诗的路数明显沿袭了晚清时期那种把新名词硬填入旧诗句式中的写法。梅光迪和任叔永对胡适的作诗法不以为然，自然是站在维护旧诗趣味完整性的立场。胡适的诗确实没有诗味。我们可以设想，如果这件事发生于晚清或发生在不似胡适那样深信"神州文学久枯馁，百年未有健者起"的人身上，那至多也只是几位诗友之间的趣闻。② 然而，时代真是不同了，梅、任两人以为这是对诗的鲁莽灭裂，而胡适却从朋友的讽刺和争议中看到另一种可能性：白话或许也可以作诗。几番争论，不到一年，胡适就将当初模糊的意识变成清晰的表达："我自信颇能用白话作散文，但尚未能用之于韵文；私心颇欲以数年之力，实地练习之。倘数年之后，竟能用文言白话作文作诗，无不随心所欲，岂非一大快事？我此时练习白话韵文，颇似新辟一文学殖民地。可惜须单枪匹马而往，不能多得同志，结伴同行。然吾去志已决。"③ 由于对白话的觉悟和信心，胡适与晚清诗人之间就划下了清晰的分界线。在诗语和诗的形式这两个要素之中，晚清诗人所有探索都显示诗语可以略做变通，但形式绝不能改变；而胡适相信白话可以写韵文，则不仅诗语可以改变，诗的形式也可以更改，白话也能创造诗的趣味。胡适之所以能有这样认识的跨越，毫无疑问是因为他比晚清诗人多了一样利器，这就是他经常挂在嘴边的"历史的文学进化观念"。这观念不同于古人"文质代变"仅是对以往事物变迁的解释，而是一种创造未曾出现的事物的欲求。因为这观念假定，新的就是更优越的。文学进化观念促进了

---

① 胡适：《尝试集》，人民文学出版社 2000 年版，第 117 页。

② 诗句是胡适写的，他作诗送别梅光迪一事，参阅胡适《〈尝试集〉初版自序》，见《尝试集》，人民文学出版社 2000 年版。

③ 胡适：《〈尝试集〉初版自序》，见《尝试集》，人民文学出版社 2000 年版，第 145 页。

对尚未出现的诗歌形式的展望和信心，这不能不说是海外经验的催动作用。

海外经验作为活跃的因素，不仅使旧诗的写法产生改变，而且也最终使新一代的诗人改变诗的观念：用以前认为绝对不能入诗的语言材料——白话——也能写出诗来。从此以后，中文诗坛出现了新事物，这就是新诗。自晚清以来海外经验介入诗人的生活中，最终促成了新诗的登场，但是这并不意味着新诗对诗人的经验的表达有什么限制或新诗特别适合那一类的情况，新诗的疆土是认同新诗的诗人在日后的探索中不断拓展的。不过，我们却从新诗兴起中再次看到文学史中屡见的现象：当一种文学形式不能适应表达新出现的生活经验需要的时候，人们最终一定会创造新的形式来表达当下生活的感受。与以往文学史不同的是这一回跨越很大，从旧诗到新诗，构成诗的语言材料都改变了，因此，新诗的美感和趣味就有了很大的不同。有的人能够接受，有的人接受不了。不过，无论如何，这个转变在诗的范围内做到了拉近经验同表达之间的距离，语言不再像一堵高墙阻碍作者呈现其鲜活的经验，也不再像一团烟雾妨碍读者穿透其文本；经验及其表达所应有的紧密无间的关系在新的语言材料和形式的支持下得到尊重和实现。胡适向任叔永表明自己"去志已决"之后不到三周，就写下第一首白话诗《蝴蝶》："两个黄蝴蝶，双双飞上天。不知为什么，一个忽飞还。剩下那一个，孤单怪可怜；也无心上天，天上太孤单。"① 作为第一首白话诗，它当然没有第一篇白话小说鲁迅的《狂人日记》那么成功，它被许多对旧诗有好感的人取笑。这首诗不够成熟是显而易见的，它缺乏诗意的锤炼。但是，对于在诗的框架下的经验表达来说，这首诗有一个飞跃，它让感觉经验扑面而来，清晰而亲切，没有任何阻隔。冯文炳说他读这首诗的感觉："仿佛这里头有一个很大的情感，这个情感又很质直。"② 冯文炳的话很有道理，"质直"正是这首诗的特点，其实，这也正是改用白话写新诗追求的初衷。新诗的兴起就是因为感觉经验在旧诗的框架下难以得到畅达的诗的呈现，清晰而质直正是新诗要做到的第一步。胡适在与文友通信酝酿"文学革命"想法时，希望"以质救文之

① 胡适：《尝试集》，人民文学出版社 2000 年版，第 9 页。据胡适自己的说法，这首诗曾修改过，最初取名《朋友》。

② 冯文炳：《谈新诗》，人民文学出版社 1984 年版，第 4 页。

弊"；后来在《文学改良刍议》中提出"不用典""不用陈套语""不讲对仗""不避俗字俗句"等"八不主义"，主要针对的是旧诗。旧诗的语言和形式阻隔了新鲜经验的表达，从而使新诗有了兴起的机会和生存的空间，新诗要救的正是"旧诗之穷"。比如，胡适回国前写的另一首新诗《病中得冬秀书》，只看题目，这是在旧诗的传统里属于"寄内"一类的诗。读诗就可以知道，胡适一定觉得旧诗"寄内"的套路不能表达他对未婚妻子的感受。因为一用旧诗形式写"寄内"诗，就免不了哀伤和缠绵，而且要缠绵得婉转，哀伤得不痛。而胡适在新思潮的影响下，其感受已经起了变化，"寄内"的旧套已不足以表达他此时此刻的感受。在胡适看来，那位"她"不是隐身在自己身后的"内人"，而是一位与自己"分定长相亲"的独立的异性，"我"和"她"一样，都有资格以主语的姿态出现在诗里。胡适写道："我不认得他（那时还未创出她字，故称女性也用他——引注），他不认得我，我总常念他，这是为什么？"胡适有自己独立的思想，旧式的哀伤和缠绵远不能涵盖他对"我"和"她""由分生情意"的关系的体验，他更愿意让笔下的诗有自己的思考："岂不爱自由？此意无人晓：情愿不自由，也是自由了。"① 新诗就是这样由于语言和形式的改变，可以表达那种具有个性色彩的感受和经验。用胡适的话说，"丰富的材料，精密的观察，高深的理想，复杂的感情，方才能跑到诗里去"②。毋庸置疑，胡适的诗还幼稚，和旧诗并未完全脱离干系。但是，让语言和形式贴近感觉经验而不是感觉经验去迁就语言形式，这是第一步，只要迈出这一步，就有成长的机会。新诗的尝试已经做到了这一点，帷幕已经拉开，剩下的就是后续者的努力了。

晚清诗人遭遇到前所未有的写诗的情形，用黄遵宪的诗句描述，就是"吟到中华以外天"③。但是，"以外天"和"以内天"是不同的世界，诗人面对的不仅仅是经验对象的改变，而且这个改变隐含了诗语和诗的形式的潜在改变。因为诗人在这个"以外天"里感受的是新的海外经验，而适应了表达"以内天"本土经验的诗语和写诗路数并不能完全适应诗人

---

① 引诗见胡适《尝试集》，人民文学出版社 2000 年版，第 17 页。

② 胡适：《谈新诗》，见《中国新文学大系·建设理论集》，上海良友图书印刷公司 1935 年版。

③ 〔清〕黄遵宪著，钱仲联笺注：《人境庐诗草》（上册，卷四），中国青年出版社 2000 年版，第 256 页。

表达在"以外天"的感受。于是，旧诗在这种"另类"的海外经验的作用下渐渐发生变化，开始的时候诗人完全没有意识到，到黄遵宪自觉摸索"新派诗"的时候，至多也是半意识到这种情况，随着摸索的深入，焦点遂集中在言文一致的问题之上。胡适早期的诗其实是接续"新派诗"的路数，这说明变化的连续性，不过，胡适的文学观念深受进化论的影响，使他从诗友的批评中反而看出诗歌困扰的出路：用白话写诗。于是，新诗兴起了。在新诗兴起的故事中，海外经验是最直接、最重要的主导因素。

（刊于《文学评论》2004 年第 4 期）

论文学演变中的自然与人为

——晚清到五四(1847—1917)

出于理解文学史的演变或出于叙述文学史实的方便，人们常常将社会发生的"大事件"作为文学演变的标志。本来这是一个权宜之策，但久而久之它就成了"分水岭"，似乎一段文学史由此结束，而另一段文学史由此开始。公平地说，我们不能忽视"大事件"在文学演变中的意义，但需警觉这方便法门对文学史演变本身的遮蔽。同时，也许应该注意到，并不是任何"大事件"都导致文学大的转变。

文学的演变其实是两种力量相互作用的结果：作者孤立的摸索是文学演变的自然因素，而有识之士的登高一呼则是文学演变的人为因素。作者孤立的摸索多是不自觉的，往往对写作大环境的改变没有充分认知，对写作大环境表现出被动适应的特性。然而，正是这被动适应的累积，创造了文学大转变的契机。它或者被证明作者的摸索此路不通，或者为新一代作者重新探索创作努力的方向累积经验。对于文学的大转变来说，这些累代逐渐积累起来的文学因素，只是沉淀在写作的领域，它们并没有成为一呼百应的理论、宣言和作家的共同主张。与这种由经验累积而发生的自然演变不同，在社会出现危机的紧急关头，有识之士登高振臂，倡导新的文学理念，呼吁进行新的写作，他们的理念、主张，为写作者认同追随，于是造成新的文学思潮，推动了文学的演变。正是在清醒的理论意识和自觉行动的意义上，本文把这种演变看作是文学的人为演变。

在本文论述的时期之内，上述两种文学演变的方式都非常活跃。首先出现的当然是作者孤立摸索的自然方式。晚清社会变迁似乎最先被诗人感受到而折射入诗歌的写作，晚清诗人林鍼、斌椿、黄遵宪是其例子。然而，文学的这种自然演变追不上日渐急剧的社会变化的要求，那些能最先呼吸时代社会空气的有识之上遂站出来登高一呼。他们的努力以推动文学适应社会进步的诉求为目标。于是，文坛的"大事件"就被人为制造出来。他们的文学理念或者超前，或者滞后，要之以刺激文坛，转变写作风尚为务。像 1895 年傅兰雅的"时新小说"征文、1902 年梁启超的"新小说"呼吁和五四"文学革命",都属此类人为推动文学演变的方式。上述作家和文坛"大事件",分别来看,都为学界耳熟能详,本文将它们并列起来做一通观,着重论述它们对文学演变的意义。

一

晚清自五口通商,国门洞开,更兼西风东渐,口岸地带逐渐形成华洋杂处的局面,随之也出现来往华洋两地沟通中西的"口岸文人",随后更催生了一批代表朝廷对外交涉的出洋官员。在他们身上,一种传统中国古典世界所不见的海外经验丰富了他们的人生,也塑造了这些人的生活。这对于他们当中喜欢舞文弄墨的诗人而言,不仅是闻所未闻、历所未历的新经验,也是前辈诗人无法笔之于诗的新题材。在这片可供诗才驰骋的新天地里,生逢其时的晚清诗人大有用武之地。

从古典诗演变的历史看,海外经验的出现不仅仅是一个新的诗歌体裁的开拓,也不仅仅是古典诗表现领域的扩大,更有意思的是它客观上把古典诗对经验表达的可能推到了极致,而更新一代诗人正是从这里悟出了舍弃旧诗改而尝试新诗的可能性。因为伴随着古典诗表现海外经验,它必然涉及前所未见的诗语和采用更极端的修辞方式。无论是新的诗语还是极端的修辞方式,都使古典诗形式均衡的外壳无法再像原来一样保持不变、产生美感。而古典诗发生质变的可能性正是从这里产生。应该强调的是,晚清诗人并没有意识到他们的写作正处于古典诗质变的前夜,也没有意识到正是由于他们的努力,积累了促使古典诗发生质变的动能。他们只是本着旧有的美学趣味适应着新的写作环境,在"无知之幕"的遮盖下一如前辈诗人那样写作,这种诗歌史上的状态正是本文认为的文学演变的自然状态。

晚清第一个写诗与海外经验有关的人是林鍼。他谋生于华洋杂处的通商口岸厦门,因"素习番语",1847 年被洋商所聘,跟商船前往美国,一年后返回厦门。这一年多的经历使他诗兴大发。回来之后写了一首记述见闻的五言百韵《西海纪游草》。① 林鍼的诗歌素养平平，由"舌人"而诗人，估计是一时风雅性起，诗艺并无足观，但诗的形式却耐人寻味。这部《西海纪游草》的每一韵，由三样文字形式组成：五言联句加上雅句的序文，再加上文言散句。诗、序、文三种形式反映相同的闻见事物，在古典诗传统中并无其匹。仅举一联为例，"巧驿传千里，公私刻共知"，诗句的字面意思是浅显的，但所咏是何物，并非一望而知。作者也许也明白诗句与所表达的经验有距离，其中的间隙读者不容易跨越，故而再用近似骈句的序文和文言散句重复陈述。"巧驿传密事急邮，支联脉络。暗用廿六文字，隔省俄通。（每百步竖两木，木上横架铁线，以胆矾、磁石、水银等物，兼用活轨，将廿六字母为暗号。首尾各有人以任其职，如首一动，尾即知之。不论政务商情，顷刻可通万里。予知其法之详。）"就是这样，诗、序、文合观，才能明白林鍼所咏的事物其实就是当时刚发明不久的电报。早期电报用有线传输，但没有"电报"一词，林鍼感到经验新鲜而又无词可达其意，故一咏一述，一述之不足，更兼再述。

　　《西海纪游草》百韵全是用诗、序、文三体混合写成。林鍼所咏的事物，除了电报，还有报纸、幻灯、默片电影等在他看来值得介绍给国人的西洋事物。咏物是古典诗一贯的传统，问题是为什么要三体混用？导致这种情形出现的唯一解释就是诗语无法准确捕捉它要表现的事物而又要保持旧诗均衡的形式，诗人不得不在一个词不达意的均衡形式之外另加补充说明，使所有的文字合而观之勉强能够达意。笔者不知道这是林鍼有意的选择还是无意的发明。不过这都不重要了，重要的是新情势的出现，海外经验的形成会引导诗人写诗的时候，自然而然做类似林鍼那样的选择。稍后同治年间的斌椿也是如此。他带着同文馆的使团在欧洲游历半年有余，留下《海国胜游草》和《天外归帆草》两部诗集。斌椿循正途出身，旧诗的教养毕竟胜过林鍼。他的做法稍有修正，而反映出的经验与诗语、形式之间的裂痕是一样的。斌椿或者采用十数字乃至数十字的诗题以帮助解释诗行的含义，或者采用诗句后加散句注解以补足文意。两部诗集共 137 首诗，诗题超过 20 字的有 43 首，而诗句后加注解的有 60 首。这种情况足以说明用旧诗表达海外经验时遭遇到的普遍难题：既要使经验的表达符合一个旧有的诗形式，又要使旧诗在形式均衡的前提下涵盖所有需要表达的

---

① 见〔清〕林鍼《西海纪游草》（钟叔河主编"走向世界丛书"之一），岳麓书社 1985 年版。

经验。实际上这两者因诗语的缘故是不相容的，这种情形恰好可为王国维"诗有题而诗亡"①的说法做一注脚。

相似的情况再次出现在光绪早年出使日本的公使何如璋、副使张斯桂、参赞黄遵宪的诗作里面。其中黄遵宪值得特别注意，他是执晚清诗坛牛耳的诗人，在面临海外经验与旧诗表达形式之间出现裂痕之际，多方向探索。站在旧诗的立场，可以说他的探索使旧诗重放异彩；而站在新诗的立场，也可以说他的努力使后继诗人看到了旧诗表达的极限，由此而萌发作白话新诗的念头。

何如璋有《使东杂咏》67首，张斯桂有《使东诗录》40首，他们的做法与斌椿差不多，不是写长长的诗题就是诗后加注解。黄遵宪的《日本杂事诗》200首也是如出一辙。黄遵宪不是句后即加注解，而是每首之后附一长长的说明文字，作为对所咏事物的再解释。笔者曾经以西餐为喻：诗的部分宛如"头盘"，以色香味取胜以引起食客的食欲，以铿锵的节律和声韵引起读者对异国风情的兴趣，但它实际上不是主角。主角是那段诗句之后的说明文字，它是西餐的"主菜"，那些长长的注解才是黄遵宪要表达的真正意思。文字固然精彩，但从诗的角度看，它已经失去了文本中主体的地位，退化为依附说明文字的点缀。钱锺书说《日本杂事诗》"端赖自注，椟胜于珠"②，确是不易之评。晚清诗坛一再出现如此现象，原因是一贯的：诗语不足以完全捕捉诗人的海外经验。

海外经验与传统诗语和旧诗形式之间的距离是一个客观的存在。林鍼以来的惯用手法是采用长诗题和附注文字加以说明。但实际上还有另外两种手法，一种是将西来译词直接入诗，音节多寡不定的译词破坏旧诗的声韵节奏，鲁莽灭裂，而学界又耳熟能详，不必深论。另一种高明的手法是用典。典故作为诗语，约定俗成，十分合适，它们与当下的经验颇有距离，可以进行大尺度的浓缩和提炼，其结果是不破坏旧诗形式均衡的美感，但又将各种新鲜的经验禀栝进惯常习见的诗语里面。唯一留下的问题却是，读者要有符合诗人期望的想象力才能穿越典故达到理解诗人表达的经验。如果读者的才识和想象力不能穿越典故，那么诗就成了读者眼中的

---

① 王国维：《人间词话》第55则，上海古籍出版社1998年版，第14页。
② 钱锺书：《谈艺录》，中华书局1984年版，第348页。

"羔雁之具"①。黄遵宪《人境庐诗草》对表达海外经验用功最深的探索
其实就是用典，用古老的诗语橐栝新鲜的经验。他的这类旧诗最受不忘古
典诗"旧格"而又不排斥表达新鲜经验的晚清开明士大夫如陈三立等人
喜欢，被评家誉为"诗界革命"的代表作。然而，站在诗歌演变的角度，
黄遵宪旧诗诗艺的探索，与其说是"革命"，不如说是诗界的"复古"。
黄遵宪的眼睛是看着新事物的，但他的诗歌趣味却是旧式的，他的诗语也
是旧式的。正是在这一意义上，钱锺书说人境庐诗"有新事物，而无新
理致"②。

　　大约写于光绪十六年（1890）的《温则宫朝会》可以作为例子。这
首七律均衡、工整，写的是该年黄遵宪随驻英大使薛福成出使，受英女王
维多利亚在温莎宫召见，深感其时英国经历工业革命富强、兴盛的景象。
诗云："万灯悬耀夜光珠，绣缕黄金匝地铺。一柱通天铭武后，三山绝岛
胜方壶。如闻广乐钧天奏，想见重华《盖地图》。五十余年功德盛，女娲
以后世应无。"③ 继以首联夸张的直写之后，颔联两句皆用典故，用武则
天的功业暗喻维多利亚女王的功绩，而工业革命蓬勃的英伦三岛则颇类而
胜过神山"方壶"。颈联两句也皆用典，由接见使节的外交场面联想到赵
简子梦中神游九天而闻广乐，将递交国书的外交礼节拟作西王母仰慕舜德
而向舜献《盖地图》。尾联以女娲补天之功拟维多利亚女王的盖世之功。
旧诗形式在《温则宫朝会》中得到很好的呈现，而新鲜复杂的海外经验
亦被众多的典故尽量橐栝进诗句之中。可问题是典故除了作为熟见的诗语
能继续维持旧诗形式的美感之外，还有随之而来的阅读阻隔，典故遮蔽了
诗人所欲表达的经验。对于晚清时的大部分读者，尽管是那些熟悉传统典
籍的读者，诗中的经验与典故还是"隔"的。典故漂浮在经验的表面，
它们并没有抓住经验。典故传递出来的不是诗人真切的感觉，而是那种
"海客谈瀛洲"的对远方异闻的好奇感。旧诗的"诗艺之穷"在《温则宫
朝会》中表现得十分明显。

　　从文学演变的角度观察，诗人的诗艺探索只是顺其自然，被动地因应

---

①　"羔雁之具"是王国维的用语。"羔雁"为古代礼聘应酬所用，王氏代指诗了无气象，
走入模拟僵化一路。语见《人间词话》，上海古籍出版社1998年版，第17页。

②　钱锺书：《谈艺录》，中华书局1984年版，第24页。

③　〔清〕黄遵宪著，钱仲联笺注：《人境庐诗草》（上册，卷六），中国青年出版社2000年
版，第385页。

变化了的社会环境，要说有多少自觉的意识，笔者以为未必，至少他们对诗歌史剧变前夜的种种征兆，是没有知觉的。因为只要他们在旧诗的框架中理解诗之为诗，就完全没有可能想象分行白话写出来的也能叫作诗。然而，我们不能因为晚清诗人不能想象分行白话写出来的也能叫诗而否认他们探索旧诗诗艺对诗歌史演变的意义。晚清诗人的诗艺探索，固然是在旧诗范畴之内的诗艺推进，但同时也创造了中国诗由旧到新革命性变化的必要条件。晚清诗人对旧诗诗艺的推进让后起新人意识到此路不通。新诗不是从天而降的，而是在晚清诗人探索旧诗诗艺的土壤中生长出来的。同是旧诗范畴内的诗艺摸索，晚清诗人的努力与之前诗史上诗人的努力显然不能等量齐观。前者可以催生出白话新诗，后者却与这种诗史的剧变没有关联。以前谈论新诗出现的场合，没有意识到白话新诗的"新"与晚清诗人对旧诗诗艺摸索的"旧"之间存在蛛丝马迹的关联，实在是一大疏忽。

胡适最早也不是登高一呼文学改良的"闯将"，而是一个在美国校园尝试用白话写诗的孤独诗人。他最迟于1916年就已经"去志已决"，要"单枪匹马"用白话写诗。至于他在次年就呼吁"文学改良"，那是乘《新青年》的风云际会。但是，我们仍然能够从核心的改良主张"八不主义"中，看到他的新诗观念与晚清诗坛清晰的联系。"八不主义"要改进之前种种，与晚清诗坛的联系当然不是"顺承"，但没有之前种种，胡适也无由揭出"八不主义"，这是文学演变中典型的"逆接"。细读胡适的"八不主义"，由第一至第五，其实都是卑之无甚高论。像"言之有物""不摹仿古人""须讲求文法""不作无病之呻吟""务去烂调套语"这前五条，除第三条"讲求文法"放在文学改良主张里不伦不类之外，其余四条都是古人讲之再三的。胡适将它们放在"八不主义"里，也不过是再次重申传统的观念而已。真正釜底抽薪的却是后三条，"不用典""不讲对仗""不避俗语俗字"。只要贯彻这三条，旧诗就没法写了。尤其是"不用典"，这正是晚清旧诗诗艺的核心所在。胡适是如何得到这种认识的？他并非异想天开添上这一条的，胡适大概是有鉴于晚清诗作大量用典而得到这种认知。同样是用典，类似陈三立等对旧诗趣味浓厚的诗人，他会激赏黄遵宪因用典而维护了旧诗形式的均衡。而胡适有新诗观念，于是就把用典看作必须去除的写诗恶习。正是在这里我们看到文学演变由"旧"到"新"的逆向关联。晚清诗人对变化了的写诗环境不自觉地适应和摸索，多年积累，终于启发了后起诗人对于写诗的"革命性"认知。

20 世纪 20 年代后期登上文坛的白话新诗，当然是在晚清诗人不自觉的诗艺摸索基础上产生的，假如我们将胡适的"八不主义"看作人为的登高一呼，那它的基础却是可以上溯到咸丰、同治以来晚清诗人诗艺的积累。

写到这里，应该略为辨析一下梁启超《饮冰室诗话》关于晚清"诗界革命"的说法。晚清诗坛其实并无所谓人为推动的"诗界革命"。到梁启超 1902 年办《新民丛报》刊出《饮冰室诗话》，其实黄遵宪基本不写诗了。他的主要诗作完成于戊戌之前，维新失败之后，他身心俱疲，返乡居住在嘉应"人境庐"，诗坛与人事交际已经不活跃了。而学界常所称道他"我手写我口，古岂能拘牵"，则作于黄遵宪 20 岁的那一年。之前一年他中了秀才，意气风发，写下这首五言诗述怀。这与其说是他的写诗主张，不如说是初出茅庐的新晋秀才的文才流露。况且古代诗人之有自信、有怀抱者，一向如此，并无什么新意。梁启超的说法，是典型的"事后追认"，而不是事实的观察。

二

论晚清到五四的文学演变，与观察诗艺的自然累积、作家不自觉的摸索这一进路少有关注相反，先驱闯将的呼号呐喊，以人为努力推动文坛转变这一进路已经多有讨论。这一来是因为任何人为揭橥的文学新主张都很容易被观察到，它为文坛带来的影响有文章和作品作证；另一个原因是小说文体存在较强的连续性，它的"旧"与"新"不像诗那样容易区分出来，学者难以指出哪一点是"旧"，哪一点是"新"。而内容的变化比较容易看出来，小说内容的变化与人为的推动存在非常密切的关系。于是它们就进入学术的视野，被提出来讨论。从晚清到五四，人为推动的文学演变计有三次。最早是 1895 年傅兰雅的"时新小说"征文活动，然后是 1902 年梁启超鼓吹"新小说"，最后是《新青年》鼓吹"文学革命"以及钱玄同拜访鲁迅，精诚所至，终于使《狂人日记》如同横空出世。这三次人为的推动对文学演变的意义都是巨大的，尤其是最后一次，宣告了一个文学新时代的来临。然而，分别言之，它们对文学演变的作用，具体还是有所不同。站在文学自身的角度，这 22 年之内发生的三次人为的推动经历了一个从"读者发现"到"文学发现"的过程。它们对文学演变的作用也有微妙的不同，本文将它们合并起来观察，也许并非无益。

从长时段的文学历史看，人为推动的文学演变其实不常见，也不是常态。文学的某种变迁大多数时候，是作者在分散的写作状态下逐渐累积而形成的。即使国家处于社会急剧变迁的时期，例如明治时期的日本和从奥斯曼帝国蜕变出来的土耳其，它们的国家社会剧变时期也没有出现类似晚清到五四时期小说写法的截然变化，文学也没有承担那么重大的社会角色。以作家分散的渐进摸索催生文学新要素牢牢占据着文学演变的主流。像中国由晚清到五四那种人为推动的大剧变，是一种少有的现象。这从文学本身是无法解释的，因为推动文学演变的推手并非仅仅来自作家，而是来自作家可以接受的社会期待和价值观。这种社会期待和价值观通常是非文学的社会因素。具体到晚清至五四这个个案，笔者觉得只有那时日渐深重的国难才能解释人为推动文学演变的频繁出现。身处国家权力边缘的有识之士，目睹时艰而苦觅救世之方，不约而同想到了本来"无用"的小说，于是小说就像一位仗剑行侠的好汉，危难之际站出来为国家和民族两肋插刀。小说因此而脱离了原来的轨道，也许它原来并不准备当"侠客"，但既然奋不顾身站了出来，它的"人生"也由此改变。如何评估小说从晚清到五四的"仗剑行侠"，通常的做法是给它们贴上现代性的标签，就像文学史要确定"现代"的开端那样。其实，站在文学的角度，与其厘定何处是小说"现代"的开端，不如细究这种人为推动小说演变的内部肌理。因为有识之士将小说当"侠客"请出来仗义执言，未必代表他们对这位"侠客"有多少新认识，也许只是点头之交，也许只是无奈之际的病急乱投医。为国家和民族"两肋插刀"固然是现代性，但点头之交的了解程度和病急乱投医的慌张无措，却证明他们对小说的认识不如明心见性的古人，故需分辨一下。

1895 年 4 月 17 日清政府与日本签订《马关条约》，时隔一个多月的 5 月 25 日，有清政府三品文官头衔的英国传教士傅兰雅于《申报》刊登一则《求著时新小说启》，发起旨在去除鸦片、时文、缠足"三弊"的小说征文活动。关于这次征文活动的宗旨和评价，学界多有不同理解，但有两点似可以肯定。第一，通过大众传媒，发动教俗两界的热心人士参与文学，将文人"闲雅"之一的小说带到公众舆论的视野，此为文坛开天辟地以来所未有。无关乎天下兴亡的小说第一次被要求贴近社会时政，获得过去所不曾有的与时政的零距离。第二，这个征文活动与国家灾难存在密切的关联。西方列强来到清朝叩门早在数十年前，士大夫圈子的思想、文化、学术领域几近毫无反应。延至甲午战败丧师于东瀛"蕞尔"日本，遂惊醒了士大夫集团里的某些人，传教士亦觉得这是他们"助力"中国改变的机会，如此形势或是傅兰雅"挺身而出"的基础。由此我们可以观察到国家灾难和这种人为的文学推动是形影不离的。这次征文活动的成绩和价值不是本文评论的范围，本文关注的是提倡者以一种什么样的眼光发现了小说，并将它筛选出来作为时政除旧布新的工具。

短短 292 个字的《求著时新小说启》开头是这样的："窃以感动人心，变易风俗，莫如小说。推行广速，传之不久，辄能家喻户晓，气习不难为之一变。"① 传教士来到中国，汉语程度不一。他们译书、办汉语报刊，常常需要与"口岸文人"合作，洋教士授意而土文人执笔。当时与傅兰雅合作的"口岸文人"有王韬、沈毓桂、蔡尔康等人。这篇中文启事虽署傅兰雅大名，当亦经文人润色。文中的观念具体出于何人，难以确定，姑且将他们合成一体来理解。征文启事表达出来对文学的理解，显然是粗浅而没有新意的。将"三弊"和小说联系起来的唯一要素是小说的"家喻户晓"，也就是它的普及性和受读者的欢迎程度。换言之，征文倡导者并不是因为对小说本身有多少现代的观念而"看中"它，而是因为读者因素而推荐它承担使命。提倡者因小说读之者众而要它做除时弊的工具，这种对小说的观察并没有深入到小说的内部，也没有深入到小说的历史。它与明清两代文人官僚讲之再三的对小说的观察并无二致，甚至不如古人。如果将提倡者这种对小说的理解也视作"现代性"，那是誉之过甚了。现今可见的 150 篇"时新小说"，比之后来的"谴责小说"文学水准要差很多，多数作品难以卒读。这或许与提倡者粗浅的文学理解和当时断文识字者的文学观念不无关系。纯粹感于时弊，人为推动文学，虽然文学亦为之改变，但未必能取得理想的结果。

傅兰雅的征文活动当时沉默无声。时隔七年，梁启超在横滨创办《新民丛报》，又办附刊《新小说》，并在《新小说》创刊号上刊出名动一时的论文《论小说与群治之关系》，又亲自操刀手撰《新中国未来记》。

---

① 周欣平主编：《清末时新小说集》（第 1 册），上海古籍出版社 2011 年版，"前言"。

梁氏的发奋倡导、身体力行，当然比傅兰雅更胜一筹。既有理论又有实行，论者多以之为现代小说的开端。梁启超振奋文坛的人为推动，或许应当目之为"现代"，但其实他对小说的看法"古代"得很。学界被梁氏当年在文坛奋勇开拓的努力打动，而实际上这种开拓努力遮蔽了他阴暗的小说观念。梁启超的小说观念有两个基本点。第一，小说乃"吾中国群治腐败的总根源"，说部乃天下最毒之物。他的《论小说与群治之关系》读起来更像是小说的讨伐檄文。他说："吾中国人状元宰相之思想何自来乎？小说也。吾中国人佳人才子之思想何自来乎？小说也。吾中国人江湖盗贼之思想何自来乎？小说也。吾中国人妖巫狐鬼之思想何自来乎？小说也。"不但这些历代流行的传统污垢观念来自小说，而且近代的社会破产、事业失败、人心涸丧乃至丧权辱国，也是来自小说。"今我国民惑堪舆，惑相命，惑卜筮，惑祈禳，因风水而阻止铁路，阻止开矿，争坟墓而阖族械斗，杀人如草，因迎神赛会，而岁耗百万金钱，废时生事，消耗国力者，曰惟小说之故。""今我国民，绿林豪杰，遍地皆是，日日有桃园之拜，处处为梁山之盟，所谓'大碗酒，大块肉，分秤称金银，论套穿衣服'等思想，充塞于下等社会之脑中，遂成为哥老、大刀等会，卒至有如义和拳者起，沦陷京国，启召外戎，曰惟小说之故。"① 梁氏这种对小说的看法，与《日知录》顾炎武所引钱氏谓"小说专导人以恶"② 的说法，有什么不同？不但一脉相承，且有过甚焉。所不同的是明清士大夫对说部"因恨生恨"，而梁启超却"因恨生爱"。他如何能够对小说"因恨生爱"呢？这与他对小说的第二个观念有关：小说有天然的作恶手法。它在整个文字的世界中浅显入人，读者趋之若鹜，故有"浸熏刺提"的神功。"浸熏刺提"的说法好像新奇，又似肯定小说的作用。其实，这夸张神奇的说法在梁氏那里都是贬词。如同《西游记》妖怪的法术，越高明，危害就越大，危害越大就越有加以驯化制服的必要，而这正是他"因恨生爱"，走上欲"新小说"道路的原因。这和章太炎极赞邹容《革命军》"不文"而能"化远"，如出一辙。

傅兰雅对小说的发现和梁启超对小说的发现一脉相通，而梁氏略显深

① 郭绍虞主编：《中国历代文论选》（第4册），上海古籍出版社2001年版，第207 – 211页。

② 〔清〕顾炎武著，黄汝成集释：《日知录集释》（中册），上海古籍出版社2006年版，第777 – 778页。

人，但都同属"读者的发现"。梁氏与傅兰雅一样，对小说没有多少的好感，他和明清士大夫一样瞧它不起。能手撰《新中国未来记》，算是放下身段了，然而，这一低姿态终于没能坚持到底，半途乃废。《新中国未来记》仅仅刊载五回而中辍，他的解释是"身兼数职，日无寸暇"。但是实际上恐怕是因为他心底里对小说抱着涉笔玩玩的心态，并不如他公开说的那么冠冕堂皇。梁启超的"新民说"由二十篇政论组成，1902 年始而 1906 年结束，坚持四年终于告成，而《新中国未来记》不到一年即中道而废。政论文和小说，在他心里孰轻孰重，一望而知。由此可知两者的文体尊卑，在他心中是判然有别的。这或许可以作为"新小说"的实绩不能令人满意的原因。受国家危亡的刺激，有识之士愤然振起，人为推动文坛的改变，但是他们的文学观念，半截身子还是埋在与过去相连的士大夫土壤里，这或是文学由"旧"到"新"演变过程的正常现象。

　　是不是一定要经历五四式的"文学革命"，文学才能完成它现代的演变？答案很可能是否定的。因为文学除了由人为推动演变之外，还有内部的动力，推动它自然而然地发生转变。只不过这要社会环境太平安定，长时间积累才行。而五四前后的中国，显然不能奢望出现天下太平安定的社会环境，于是文学被再次请出来，为启蒙救亡冲锋陷阵。如果不是着眼于判别哪儿才是文学的"现代"的转折点，应该说五四的"文学革命"就是中国文学的"现代"的"完成式"。虽然之前数十年的自然积累也有贡献在内，虽然前两次的人为推动也铺垫了砖瓦，但是五四"文学革命"对于文学演变的那种"决定性"意义，还是值得肯定的。同是人为的推动，五四"文学革命"与前两次皆有根本性的不同。无论是傅兰雅的征文，还是梁启超的"新小说"，其推动者皆是本着陈腐而粗糙的文学理解来推动文学演变的，而五四"文学革命"适逢其时，它的提倡者已是受过西方现代文学观念浸润和洗刷的新人，彻底摆脱了明清士大夫旧文学观念的窠臼。故"文学革命"的呼声出来，诗和小说的创作即能给读者耳目一新的感觉。远在五四"文学革命"前十年，鲁迅在日本留学期间，已将文学视作国民心灵的灯火，以摩罗拟文学的使命，肯定文学有独立超然的审美价值。鲁迅的文学观念，印证了晚清到五四文学的观念经历了从"读者发现"到"文学发现"。鲁迅对文学的认识是梁启超那一代人难以比拟的。正因为如此，当十年之后钱玄同前往北平绍兴会馆，劝寂寞无聊中的鲁迅"做点文章"的时候，鲁迅发出的会是震动文坛的"呐喊"。

余论

由晚清到五四短短的数十年间，中国文学发生了急剧变迁，其演变速率远甚于以往任何历史时期。若以二十年为一个世代，那这段急剧转变时期大约也只经历了三个世代。开始缓慢，其后加速，直至完成。按照本文的梳理，这段时间文学演变是沿着两条相互区别的脉络而行进的：作者自然的诗艺探索和有识之士的人为推动。在时间上，当然是作者不自觉的艺术探索发生在前。从通商口岸出现直至甲午前夕，文学的变化一直处于自然积累之中，并无人为的推动发生。就算甲午之后，文学演变的这两条脉络也一直是无交集的。如分别文体来论，诗的演变直到五四"文学革命"，这两条线索的演变才算正式汇集一起，创造出新诗。小说则有所不同。大体言之，"时新小说"和"新小说"是沿着传统章回小说的套路行进的。表现在写作中的变化，不是传统的文体和表现技巧而是倡导者的理念。到了五四"文学革命"，先前的理念被抛弃了，传统的章回文体也被抛弃了。"时新小说""新小说"与五四小说之间，已是没有什么直接关联的了。若是着眼于其中的近似之处，恐怕只有不同理念所表现出来的文学启蒙救世的承担，或者说是"感时忧国"的精神。

文学的自然演变是渐进式的变化，经历数代作家的艺术积累才能看出若干端倪。而文学演变的人为推动，由于新理念的灌注，顷刻之间仿佛改变甚大。但是如果细究起来，这些由理念带动的顷刻之间发生的改变，往往难以为继。由理念而小说，毕竟有隔。例如，当初傅兰雅欲去除中国社会的"三弊"——缠足、鸦片、时文，固然是事实，但若干年后进入小说家视野，在谴责小说中得到广泛描写的，主要不是他诊断的"三弊"，而是另外更严重的一弊——"官场弊"，或直言之"官弊"。老先生在中国生活三十四年，这一弊居然提不上他小说改良的日程，岂非怪哉？梁启超欲"新小说"，而他理念中的"新"，主要是"政治小说"。可是当年"政治小说"吸引力实在有限，反应者寥寥无几。而数年之后，辛亥的枪声响起，也再次证明政治无待于小说，小说家不必如此多心。即便以新思潮反传统理念为核心的新文学，没有几年也纷纷退潮。不过也应该看到，晚清到五四文坛之所以屡屡发起人为的推动，背后有国家灾难深重的因素。文学这种本来"无用"的东西，要挺身而出，赤膊上阵，亦有其合理性。就像强盗踹门劫掠，书生妇孺亦当挥拳自卫保家一样，其理不需多辩。

［刊于《北京大学学报（哲学社会科学版）》2015 年第 6 期］

论"抉心自食"

——写于新思潮百年之际

以 1915 年 9 月陈独秀创办《青年杂志》(《新青年》前身) 为标志,中国迎来了重要的历史转机。《新青年》所发起的新思潮重新塑造了中国的文化面貌。它的历程虽然短暂,1919 年五四运动发生即告消退,却是此后现代史上波澜壮阔的国民革命、新民主主义革命乃至新国家开国建政后相当长的一段时期内光荣与成就、失败与沮丧的大悲欢的源头。在距它一百年之际的今天,人们对它依然怀有复杂的感情,学术领域内关于它的争议持续。有人肯定,有人否定;有人坚定捍卫,有人甚至诅咒。尽管由于感情取向不同而导致的分歧依然存在,但是时代和社会的演变亦慢慢开启了另一扇认知的窗口。20 世纪 90 年代柏林墙倒塌,冷战结束,终于使得意识形态的纷争落下了帷幕;30 多年改革开放建设的成就也彻底结束了近代中国一直绵延的国家地位的危机。这两大事件在文化上创造了如何重新认识历史中国,如何重新认识中国古典文化传统的可能性,也正是在这样的基础之上,我们今天可以更冷静地认识、辨别、讨论一百年前的五四新思潮。

新思潮与"旧文化"的对立,接续了晚清新学与旧学的对立,并且把这种对立发展到势不两立的程度。有的学者曾将新思潮对传统文化及其价值的这种严厉批判的姿态称为"全盘性的反传统"[1],这种观察基本符合事实。新思潮对古代传统文化价值的批判展现了前所未有的激烈态度和决绝姿态,正是依靠了这激进而暴烈的决绝姿态,新思潮才在短短的时间里展现摧枯拉朽般的奇迹。新思潮以批判、反思、摈弃旧传统、旧价值、旧学术来为新价值、新学理的输入奠定基础。一面斥旧,一面抱新,新思潮两面开弓,替社会开辟未来的道路。

假如我们将它放在世界史的大范围观察,这在世界文化史上是绝无仅

---

[1]　[美] 林毓生著:《中国意识的危机》,穆善培译,贵州人民出版社 1986 年版,第 219 页。

有的独特事件。新思潮对古代传统文化和价值的决绝姿态和批判烈度，堪比公元1—4世纪发生的"基督教战胜罗马帝国"。然而基督教文化与希腊罗马文化是完全异质的两种文化，它们此消彼长并且后者为前者取代，而五四所发生的乃是同一文化的蜕变、转折，不可等量齐观，是同一文化传统自身的漂变。无论是新思潮还是新思潮致力于批判和摈弃的传统文化价值，都是中国历史长河里的产物。新思潮的先驱们当日将古代传统文化视作"他者"，但是我们今天尤其不能继续这样，否则就落入"东施效颦"的可笑境地。于是，问题就来了：如何说明因新思潮横空出世而产生的新思潮与旧传统的对峙？如何理解新思潮的"反传统"？新思潮的合理性和它的后续遗产是什么？怎样理解世界文化史上国家在蜕变、转型时期发生的这个独特文化现象？应该说，这些问题直到今天依然困扰着我们，当然也包括笔者。这篇论文不可能完全回答上述问题，只是尝试寻找解答问题的线索，希望能提供一些有建设性的看法。

一

英国是最早演变成形的现代国家，当我们追溯它的现代性是如何发生之时，却发现它的一切都是从它的古代性自然而然地演变发展出来的。既像"现代"悄无声息地潜入了"古代"的领地，在那里孕育发芽生长，又像"古代"自然而然地逐渐缓慢蜕变而形成与"古代"不同的"现代"。英国的"现代"不是一个新到的外来者，要破才能立，要剿灭"古代"，自己才能立足。况且"古代"对于这样的新生者，亦没有必欲除之而不可的敌意。它的"古代性"与"现代性"和衷共济的一面远胜过水火不容的一面。可以说，这属于国家形态从古代到现代蜕变、转型过程中顺利连接、最少轩轾的一种类型。

让我们从大处着眼略加说明。奠定英国宪政基础的《大宪章》开始于1215年，而这个年份在英国历史上，尚处于中世纪早期的末端。现代就是与古代这样难解难分。《大宪章》其实产生自一次宫廷阴谋，一群叛逆的贵族趁着月夜扣留了约翰王，迫使约翰王签署与贵族之间的合约，共有六十条之多，其中对英国日后宪政影响深远的条款是国王定期召集贵族会议，商量国事；贵族封臣有义务交税，但增税必须得到贵族的同意。

《大宪章》日后数百年之中，屡被废除，但旋废旋立，重新发布达七十次之多，演变为一个不可更易的政治传统。自 1066 年诺曼征服以来，英格兰国王的施政有两种咨询方式，大议会（general assembly）和私人顾问（personal advisers）。前者在《大宪章》的框架下发展成为议会制度，后者逐渐演变成政府，两者都源自宫廷。由于议会制度初露端倪，国王所代表的王权和议会所代表的贵族权利成为权力博弈的双方，言论自由便随即成为一个问题。当议会的言论引起"龙颜大怒"的时候，"叛国罪"可置放言贵族于死地。而议会则以"求情"和全体沉默、一言不发令国事瘫痪来应对。经过漫长的拉锯战，直至 1688 年"光荣革命"，议会通过《权利宣言》，言论自由作为一个原则和根本价值才得以实现。远在 1523 年，当时议会的发言人托马斯·摩尔（Thomas More）就将不能因言论而治罪当成固有而"古老的自由传统"。有意思的是《权利宣言》也将言论自由重申为"古老的权利"。[①] 为英国的现代而奋斗的先驱无一不强调现代价值的古老渊源，在他们的观念中并不存在新与旧的对立，他们并不觉得自己是为了某种崭新的原则而斗争，只是在坚守自古以来就有的价值，坚守自先祖就流传下来的东西。当然他们也一定意识到，在已经变化了的社会中，这些古老的权利应当有不同的表现形式。上述的例子说明，社会在向现代的蜕变中并非如想象的那样，必然与古代性水火不容。除了议会制度及其权利价值观来源于古老的习俗外，现代法治的基石——普通法——也源于中世纪百姓生活自然形成的司法审判惯例。这些都是从英国社会可以观察到的"古代性"接通"现代性"的例子。

简略回顾英国演变成现代国家的历程就可以发现，事实并非如习惯所想象的那样，现代与古代的原理和价值必然悖谬对立；为现代开辟道路不一定要以古代作为观念和价值评判的靶子，尤其未必需要清算古代才能看清通往现代的道路。古代可以作为现代的源泉，滋润正在生长中的现代。英国现代思想的先驱如霍布斯、休谟、洛克、斯密等，从来不否认现代价值的古老来源，不轻蔑古老的传统。他们总是小心翼翼地使"现代"与遥远的过去连成一系，通过发掘古老的传统来为新事物寻求存在的正当性。

---

① 文中所引用的资料均出自 I. Richmond etc. , *The Pelican History of England*, Penguin Books Ltd. , 1955；Kenneth Mackenzie, *The English Parliament*, Penguin Books Ltd. , 1950.

正因为如此，英国思想史上甚至不存在为现代扫清道路的启蒙运动。① 古代性不仅是英国现代进程的起点，而且也是它的现代性展开的守护之神。现代与古代毫无对立地融合在现代国家演变的历程中，这是我们在英国现代史上看到的一种温和的蜕变方式。

现代土耳其是另一个可供观察的例子。它与英国不同，不是原发性的现代国家，现代土耳其的前身奥斯曼帝国在与西方交手过程中被现代潮流所波及，转而效法西方，走上政治变革、制度改新追赶西方的不归路。它走上现代之路比中国还要早得多，从 17 世纪末相当于清朝鸦片战争意义的森塔之役失败开始，② 奥斯曼帝国的上层便痛定思痛，以西方强国为样板，模仿学习，展开一系列时进时退的改革。经过两个多世纪蹒跚的由上而下的改革，奥斯曼帝国的身躯终于支持不住日益增长的现代化的压力，在凯末尔领导的 20 世纪 20 年代民族主义革命中脱胎为土耳其共和国。③土耳其在接受西方冲击后，从旧王朝脱胎为现代与世俗共和国这一点上，与中国从晚清到辛亥走过的路程非常具有可比较性。两者上层政治架构变革的幅度几乎是一样的，只不过由奥斯曼帝国到土耳其共和国经历的时间比较长，有两个多世纪；而从鸦片战争到辛亥革命进入民国，只有接近八十年。但是如果说到政治上的廓清，则后者还经历比这个时间长一点的五四新文化运动和随后的国民革命以及新民主主义革命。

不过，如果仔细透视两者现代化变革背后的推动力量，就发现这种后起现代化过程的相似性很容易掩盖后期发展的差别。中国从晚清到辛亥的现代变革，很明显地划分为前后两种推动力量。尽管内部统治集团有分

---

① 见［美］詹姆斯·施密特编《启蒙运动与现代性：18 世纪与 20 世纪的对话》，徐向东、卢华萍译，上海人民出版社 2005 年版。

② 1697 年，奥斯曼军队与哈布斯堡军队战于森塔而大败，后在英国的"调停"下签订割让匈牙利、斯洛文尼亚和克罗地亚的《卡罗维茨条约》。"这是奥斯曼帝国在一场胜负分明的战争中第一次作为战败国一方而签订的一项和约。""标志着一个时代的终结和另一个时代的开始。"（见［英］刘易斯著《现代土耳其的兴起》，范中廉译，商务印书馆 1982 年版，第 43 页）

③ 1909 年，主张改革的"青年土耳其"党人夺取政府权力，但随后军队在数条战线上战事失利，国家危机加深，而且"青年土耳其"党人在帝国的政制约束下失去了变革的方向。凯末尔将军本人原先也卷入"青年土耳其"的活动，后来脱离政争。在帝国奄奄一息的 20 世纪 20 年代初，发动民族主义革命，1923 年宣布废除苏丹—哈里发制，建立共和国。（请参阅［美］戴维森著《从瓦解到新生》，张增健等译，学林出版社 1996 年版，第七章"从帝国到共和"。［英］刘易斯著《现代土耳其的兴起》，范中廉译，商务印书馆 1982 年版，第七章"同盟与进步"、第八章"基马尔主义共和国"）

歧，辛亥之前是宫廷上层自上而下主导回应列强的挑战，只是在这种变革遭受无路可走停滞不前的时刻，辛亥志士和党人自下而上的民族革命才得以开启。在这个过程的后期，推动力量来自社会的下层而不是上层。下层崛起的民族主义革命力量是上层统治集团无能和衰朽之后的产物。这一点与土耳其的情况有巨大的区别。土耳其的现代变革从头至尾都是由社会上层精英集团带领和主导的，也就是说，由苏丹—哈里发制到共和制建立，看似翻天覆地，而且经时长久，但自始至终皆是由奥斯曼帝国上层精英统治集团一手导演。因此，土耳其的现代化自始至终是自上而下的变革，下层作为一种变革的力量，在整个过程中所起的作用是微不足道的，所扮演的角色是可以忽略不计的。开国元勋凯末尔本人的经历也说明这一点。他本是奥斯曼军队的高级指挥官，受封帕夏（将军）。后被委任为东安纳托利亚军监，组织抵抗外国入侵军的民族解放战争。只是由于局势发生急剧变化，他领导的民族主义运动转化为一个有效而独立的政府，才与苏丹决裂，并最后废除旧制度。正如戴维森说的："土耳其共和国从奥托曼帝国手里接过了这个统治阶层——90%以上的总参谋部军官，80%以上的训练有素的帝国官吏，1918年以后继续在土耳其留任，而没有在帝国瓦解后的其他后继国家供职。共和国五任总统中有四位是以前帝国的将军。这些人都是惯于指挥调度、管理行政、处理公众问题的老手。共和国无须重起炉灶，另搞一套班底。"① 基于同样的历史观察，刘易斯反对以阶级兴衰和不同阶级争夺国家控制权来解释凯末尔主义共和国的建立。他认为由于所受训练、职务和选拔方法不同而在西化来临的时代，上层分子在政、教、军界分化为几个派系，而凯末尔共和国是这一"长期过程发展的最后结果，而正是通过这一长期过程，土耳其处于统治地位的上层分子改造了他们本身，改造了他们的政体，最后也改造了他们的国家"②。国内的奥斯曼土耳其历史研究，将土耳其的现代化称为"权威主义现代化模式"③，这确实是有道理的。

正是因为有一个始终控制国家局面的上层集团在主导现代化的进程，尽管经历许多外交和国内政治的危机，革新和守旧、西化和保持旧传统的

---

① ［美］戴维森著：《从瓦解到新生》，张增健等译，学林出版社1996年版，第10页。
② ［英］刘易斯著：《现代土耳其的兴起》，范中廉译，商务印书馆1982年版，第512页。
③ 刘云：《土耳其政治现代化的历史轨迹》，载《西北师大学报（社会科学版）》2008年第1期。

斗争不可谓不激烈，但是思想文化领域却始终没有演变出如中国五四新思潮那样对自己民族文化传统如此决绝的决裂。在五四时期引发猛烈批判传统道德和思想的欧洲伟大思潮——启蒙主义、科学的觉醒、人道主义和自由主义——都没有在土耳其引起与大失败和大挫折相伴随的激烈回响。土耳其的变革先驱并没有唯西潮的马首是瞻，相反却寻求西方思想与伊斯兰传统的妥协途径，从过去的传统中解释出与西方制度的连接点。他们在致力于国家现代化的过程中并不抛弃伊斯兰信仰，而是同时努力让古老的信仰获得新生。例如19世纪后期土耳其新文学和思想最杰出的先驱者纳米尔·基马尔就从《古兰经》及其宗教法谢里阿特中找出术语"巴亚"（baya，意为公众或人民）来接通传统与现代人民主权理论的联系；将现代的自然权利学说，如财产、言论、出版自由等与伊斯兰宗教法关于善的说法进行对接。① 从逻辑上，这种做法或许可笑，但却实用有效。戴维森谈到新奥托曼党人时说："他们往往回过头去，从他们所谓'伊斯兰的民主传统'中寻找论据，认为这才是立宪的依据。"这个团体中最有影响的人凯末尔认为："主权属于人民；而所有这些，都能在伊斯兰教的大框架内付诸实现。"② 他在流放回国后写道："'我们唯一真正的宪法是伊斯兰法典。'而且再次重申：'奥托曼国是建立在宗教原则之上的，如果违背了这些原则，国家的政治生存将处于危险之中。'"③

之所以不厌其烦地讲述距离遥远的英国和土耳其国家"现代"蜕变的故事，是因为笔者相信，世界史的背景提供了我们思考国家社会激烈变迁之际，其古代性与现代性的关系。征诸历史，并无一个放诸四海而皆准的模式，两者之间的关系，端看具体的历史情景，是社会历史情境塑造了

---

① ［英］刘易斯著：《现代土耳其的兴起》，范中廉译，商务印书馆1982年版，第152–153页。笔者由基马尔的做法想起当代新儒家牟宗三引起诸多争议的"良知坎陷"说。他认为儒家"内圣"一路完全没有问题，而"外王"一路则挫折于现代，不能直接接通现代西洋价值和政制。为了开出现代的"新外王"，即民主科学，可由"良知的坎陷"而开出和达致现代民主和科学。（见牟宗三《现象与物自身》）他的做法在本质上和基马尔并没有两样，实在是异代异国而同心。他们皆在备受西方文化学说冲击的时代，思考如何让本国传统文化学说站稳脚跟，如何从本民族传统中创出新说以适应新的时代。和基马尔一样，牟宗三的良苦用心，于其提倡的"良知坎陷"说可见一二。至于学者诟病的语义晦涩、逻辑不通，这些学理上的是非，笔者以为尤为小事，根本问题在于中国现代国家的建立，并未如牟宗三所期待的那样。于是理与事违，遭到论者的遗弃。牟宗三与基马尔，同心而异命，岂非值得深思？

② ［美］戴维森著：《从瓦解到新生》，张增健等译，学林出版社1996年版，第102页。

③ ［美］戴维森著：《从瓦解到新生》，张增健等译，学林出版社1996年版，第102页。

它们的关系，而不是存在一个固守不变的原理支配着它们。在英国，其"古代性"直接连接通往其"现代"。以比喻言之，就是"直通过渡"的模式；而后起现代化的奥斯曼土耳其，它的"古代"与"现代"相互纠缠，不忘本土文化传统的地位，而又吸收输入的外来文化，是一种"融汇磨合"的模式。笔者以为，以新思潮运动为代表的中国在社会文化蜕变的紧要关头所表现出来的"古代"与"现代"的关系，既不是英国式，也不是奥斯曼土耳其模式，最恰当的命名似应是"逆接"的模式。两者对峙，短兵相接，传统文化遭一时摈弃而新思潮主导社会文化潮流。这激烈的"逆接"，实质是社会文化演变历程的自我吞噬，以文化价值上的自我吞噬来开辟文化新的生机。

二

《新青年》同人对传统文化及其价值的激烈言论，在当时是石破天惊的。以如此强烈的批判方式"自曝家丑"，笔者相信在世界思想文化史上亦仅此一例。一百年后的今天我们重温先驱们的言论，其目的已经不再是辨明事实的是非，而是借此探究新思潮激烈姿态所蕴含的意味。以下从《新青年》摘录其主将陈独秀、吴虞、钱玄同、胡适、傅斯年、鲁迅的只言片语，因小以见大：

> 吾人自有史以迄一九一五年，于政治、于社会、于道德、于学术所造之罪孽，所蒙之羞辱，虽倾江汉不可浣也。当此除旧布新之际，理应从头忏悔，改过自新。①
>
> 吾国专制之局，始皇成之，李斯助之，荀卿启之，孔子教之也。大本既拔，二千年来拘虚囿教，不能舍旧谋新，全国厌厌，困于宗法，甘为奴隶，老淫之讥，卑劣之诮，播于全球。②
>
> 欲废孔学，不可不先废汉文；欲驱除一般人幼稚的野蛮的顽固的思想，尤不可不先废汉文。……欲使中国不亡，欲使中国民族为二十

---

① 陈独秀：《一九一六年》，载《青年杂志》第 1 卷第 5 号。
② 吴虞：《读荀子书后》，载《新青年》第 3 卷第 1 号。

世纪文明之民族，必以废孔学，灭道教为根本之解决，而废记载孔门学说及道教妖言之汉文，尤为根本解决之根本解决。①

中国这二千年何以没有真有价值真有生命的"文言的文学"？我自己回答道："这都因为这二千年的文人所做的文学都是死的，都是用已经死了的语言文字做的。死文字决不能产出活文学。所以中国这二千年只有些死文学，只有些没有价值的死文学。"②

中国政治，自从秦政到了现在，直可缩短成一天看。人物是独夫、宦官、宫妾、权臣、奸雄、谋士、佞幸；事迹是篡位、争国、割据、吞并、阴谋、宴乐、流离：这就是中国的历史。豪贵鱼肉乡里，盗贼骚扰民间，崇拜的是金钱、势力、官爵，信仰的是妖精、道士、灾祥：这就是中国的社会。这两件不堪的东西写照，就是中国的戏剧。③

我翻开历史一查，这历史没有年代，歪歪斜斜的每页上都写着"仁义道德"几个字。我横竖睡不着，仔细看了半夜，才从字缝里看出字来，满本都写着两个字是"吃人"。④

这几段当年的警句，有的沉痛，有的嘲讽，有的显白，有的隐晦，但共同的却是对被称之为传统的过往历史、文化和语言皆抱有一种为之羞辱，为之毫无正面价值，为之不得见容于文明之世的文化立场。新思潮先驱们都是受传统文化旧学浸润非常深的人物，而正是因为浸润得深，一旦失去认同，感受沉痛，反戈批判起来，便格外激烈。在他们的笔下，一段先祖开创而绵延久远的历史和文化，以及悠久的语言和文字，成了现实的政治黑暗、民众愚昧、社会衰败的总根源。

"自噬"（autophagy）是一个来自细胞生物学的概念，指细胞在某种情形下会降解自身的蛋白质和细胞器，以便产生氨基酸来维持缺乏营养时的生存。细胞的自噬是细胞生存中的普遍现象。过去认为细胞自噬是细胞的自救行为，但后来也有发现，在某些条件下细胞自噬也导致细胞的死

---

① 钱玄同：《通讯》，载《新青年》第4卷第4号。
② 胡适：《建设的文学革命论》，载《新青年》第4卷第4号。
③ 傅斯年：《再论戏剧改良》，载《新青年》第5卷第4号。
④ 鲁迅：《狂人日记》，载《新青年》第4卷第5号。

亡。① 不但细胞会发生自噬行为，生物也会发生个体或类群意义的自噬现象。例如，"在社会昆虫中同类相残是常见现象，是用来获得食物和调节群体大小的一种手段。迄今为止研究过的所有白蚁物种的集群，都会立即把自己死的和受伤的白蚁吃掉。事实上，白蚁的同类相残现象是如此之普遍，以致可以说是它们的一种生活方式"②。生物社会受生境、食源、密度等条件的制约，当它们发生激烈变化的时候，可以观察到生物行为的尺度发生强烈的改变。例如，当类群密度极高时，个体的攻击性转化为同类相残、死亡率升高、生育率下降和其他"社会病理症状"。③ 生物个体这种自噬现象导因于个体内分泌的改变，个体以自噬来为类群的生存提供更大的可能性。自噬在生物社会里，同样有进化的意义。

文化意义的自噬当然不能简单等同于生物层次或细胞层次的自噬，但是当我们将之并列观察时就可以领悟到它们都是一种进化现象，发生于环境激烈改变之时。所不同的是，细胞层次和生物层次的自噬受控于生理机制，而文化自噬现象是理性的主体选择。五四新思潮运动的自噬一面批判旧传统、旧文化，一面倡导东渐而来的西方文化价值理念。通过新思潮这场文化自噬，为中国社会开辟了通往未来的新道路。

当年异口同声抨击旧传统、旧文化的《新青年》同人中，至少鲁迅对新思潮的文化自噬性质是有清醒意识的。鲁迅没有用过"自噬"一词，也没有置身事外谈论过新思潮运动的自噬性质。他是将时代的新旧缠绕、对峙和自我吞噬性质——他的用词是"抉心自食"——汇集于个人思想意识和人格层面而引起的激烈纠缠做有文学修辞色彩的呈现。鲁迅难解的文集莫过于《野草》，而《野草》难解的篇章莫过于《墓碣文》。学界历来有许多解读，但都认为它表现了鲁迅"自我解剖的精神"。④ "解剖"一词，固然恰如其分，但容易导致由"自省"的方向看鲁迅。笔者以为，鲁迅的"自我解剖"与儒家追求"内圣"而不时"自省"的传统毫无相

---

① 参见陈誉华主编《医学细胞生物学》，人民卫生出版社 1997 年版，第 335 页。

② ［美］威尔逊著：《社会生物学：新的综合》，毛盛贤等译，北京理工大学出版社 2008 年版，第 79 页。

③ ［美］威尔逊著：《社会生物学：新的综合》，毛盛贤等译，北京理工大学出版社 2008 年版，第 18、78 页。

④ 从鲁迅研究的诸前辈如李何林开始，皆肯定《墓碣文》中的"自我解剖"。此种意见，可以 1981 年人民文学出版社的《鲁迅全集》注释本为代表。它的题解注释说，文章"在一定程度上表现了作者当时深刻的思想苦闷和严格进行自我解剖的精神"。

同或相似之处。如果是在"自省"的意义上理解鲁迅的"自我解剖",那真是错赏了鲁迅,极大误解了鲁迅"自我解剖"的真义。鲁迅是个"主观之诗人"①,他的"解剖"不过是自道心迹,自我呈现,表现自己的内心世界,将对峙、冲突、纠缠的内心世界经由文字呈现在读者面前而已,他从未对自己复杂而幽暗的内心冲突有任何愧疚之感,会愧疚的鲁迅不是鲁迅。从文学修辞的意义上说,鲁迅是个天才的诗人,他能够将时代的复杂性投射在个人内心世界的复杂性并毫不走样地呈现出来。正因为如此,我们今天可以经由他解剖的内心经验而理解时代社会所投射于诗人的文化现实。我们今天对于《墓碣文》的解读,不应仅仅停留在对鲁迅自我解剖精神的肯定,更应该深究鲁迅积淀于心的复杂性的文化背景及其特征。

《墓碣文》不算标点符号,全文仅271字。它的情节极其简单,文辞却异常艰深、闪烁而诡谲。全文从文句、所写的事物到结构,全由相反对峙的修辞方式来表现。首先是"我"和所梦见的墓碣的对峙。"我"恍惚入梦之际,如游魂一般竟然可以有一天读着不知何死者墓碣的刻辞,见其尸状。其次是墓碣刻辞正面阳文和背面阴文的对峙。就通常墓碣而言,背面是没有文辞的。鲁迅别出心裁,这个墓碣既有阳文,也有阴文。最后,墓碣的刻辞不是同一句子用词相反就是句子文意对峙。《墓碣文》的这种修辞,有些是鲁迅用来故布疑阵,营造阴森、闪烁、诡异和神秘气氛的。比如在结构上创造"我"和墓碣的对峙,鲁迅只是借用这种方式来展开其经验内容,本身并没有什么深意藏于其间。类似的还有"我"绕到背面看见孤坟的描写,笔者亦以为只有烘托气氛的意义。然而,另一些相反对峙的修辞却不然,它是那种自我吞噬感受的真情流露,非此无法表达出来。鲁迅的修辞方式和他所欲呈现出来的经验是具有高度一致性的,鲁迅要表达的不是清晰、明畅的那种经验,而是相互纠缠、相互对峙、你中有我、我中有你、激烈冲突、方生方死、方死方生的那种经验。它在逻辑上是说不清道不明的,于是鲁迅为此创造了独特的修辞方式。

墓碣刻辞的阳文写着:"于浩歌狂热之际中寒;于天上看见深渊。于一切眼中看见无所有;于无所希望中得救。""浩歌狂热"与"寒"、"天上"与"深渊"、"一切眼"与"无所有"、"无所希望"与"得救",全

---

① 王国维将诗人分作两种,"主观之诗人"与"客观之诗人"。见《人间词话》,上海古籍出版社1998年版,第4页。

部都是前项与后项词义相反。若是以逻辑来求解,这几句简直不知所云。但鲁迅偏偏在这样前后两个相反项中看到它们相成的一面,构造它们奇特的关联。笔者不能坐实鲁迅的所指,鲁迅也许并无具体的所指。但是,离开了新思潮运动所创造的"新"与"旧"的纠缠、冲突,离开了新思潮诸人激烈反传统而他们本身又为传统所滋润养育这种悖论式的情景,离开新思潮当时轰轰烈烈,不数年忽忽又"高升的高升,退隐的退隐"的现实,死人墓碣上的这段刻辞就是纯粹的文字游戏。然而笔者却不能做如是观。这些极度悖论性的句子,表达的正是鲁迅所理解的那个新旧激荡的时代社会铭刻在他内心的感受。五四新思潮将"孔家店"、文言文、旧文化拉出来审判,轰轰烈烈,群起抨击,这不是"浩歌狂热"是什么?然而"孔家店"所标签的儒家传统、数千年文化承载的文言文经此一番"浩歌狂热"的抨击之后何去何从?忽而未必不感受到其中的寒意。虽然已是众口一词,但一词的众口正可令人心寒。新思潮的核心观念是进化,而进化所驶向的"天上"离"深渊"并不遥远,可惜唯独深刻如鲁迅者才感受得到。"一切眼"都向往进步,向往新异,向往"黄金世界",但是进步所达之地却是"无所有"。中国如"铁屋子",新思潮的一切努力、奋斗,乃如"铁屋子"的"呐喊",本来"无所希望",但这个"无所希望"的穷途挣扎,使中国获得的却是"得救"。毫无疑问,鲁迅解剖的是他自己,然而正是通过这个被解剖出来"我",才清晰地透视出新思潮运动的那种自我吞噬的悖论性。直到百年后的今天,笔者才有此理解,而鲁迅却身处其中就通过闪烁的文辞传递出如此深广而复杂的感受。

既然是墓碣文,读者当然会问是何死因?有意思的是鲁迅事实上回答了墓中死尸当年的死法。"我"绕道墓碑之后,"窥见死尸,胸腹俱破,中无心肝"。心肝当然是自噬而无的,自己将自己的心肝吞噬了——这个死尸是自噬而亡的。墓碣正面刻辞还有一段话是映射死尸的死法的:"有一游魂,化为长蛇,口有毒牙。不以啮人,自啮其身,终以陨颠。""自啮其身"化为长蛇的游魂,虽然不是那死尸,然它的行为却与死尸当年所做的完全一样。墓碣阴面的刻辞见证了这场悲壮的自我吞噬的惨烈:

　　……抉心自食,欲知本味。创痛酷烈,本味何能知?
　　……痛定之后,徐徐食之。然其心已陈旧,本味又何由知?

　　死尸指什么？笔者以为同样不能坐实。但是"抉心自食"此一内心酷烈的感受，笔者以为离开新思潮运动所提供的复杂经验同样无法索解。新思潮运动在鲁迅内心深处就是一场惨酷的"抉心自食"。它和鲁迅笔下的那条长蛇一样，"不以啮人，自啮其身"。新思潮要埋葬旧传统、旧文化，但是激发这种行为的激情、力量、冲动，全都来源于传统文化的养育，而它的目的亦在使传统由此而获得新生。新思潮运动的悖论性、反身性与鲁迅的思想、经验、性格具有惊人的同构性。鲁迅至少从参与《新青年》撰稿，发表《狂人日记》的时候起，就萌发了此种意识。《墓碣文》写于1925年，那时以《新青年》为代表的新思潮运动早已烟消云散，社会步入救亡图存的革命氛围。鲁迅这时才将他与众不同的内心深处的感受"托梦"表达出来，但依然闪烁其词。这是为什么？答案是鲁迅执着于人生的"两间性"，扎根大地之上，以笔为戈，奋战不止，他不愿意让这些或许被以为有灰暗色彩的思想影响主流大局，尤其是不愿意让那些喜爱他的文字但不能如他深思深虑的青年读者面对如此沉重的话题，所以鲁迅故意营造晦涩的意象、闪烁的文辞和艰深的修辞，既以文字表达他悖论式的内心感受，又以文字阻挡无谓的误解。文字既是引路，又是高墙。这大概也是这篇短作发表以来惹来这么多不同解读的原因。

　　"抉心自食"是鲁迅历经新思潮运动所感受到的内心生活体验，鲁迅在诗人阅世的敏感和思想的深刻方面，远超新思潮诸位先驱。他们一道为中国新文化的前景奋斗，批判旧传统、旧文化，鲁迅也参与其间，奋戈自勇，为王前驱，但鲁迅并没有单纯地把旧传统、旧文化当作置身事外的批判对象，并不认为它们与己无关，一味只是谴责。鲁迅的立场早已超越纯粹的谴责，他比新思潮所有先驱都更清楚地意识到所谓旧传统、旧文化早已不是自外于身的他者，而是自身血肉的一部分，"即使是枭蛇鬼怪，也是我的朋友，这才真是我的朋友"①。因此，批判这些"枭蛇鬼怪"，也就是自我批判，鲁迅的立场是痛惜、关怀、悲苦。正所谓"抉心自食，欲知本味"。《狂人日记》也讲"吃人"的故事，但鲁迅讲到故事的末尾出乎意料地带上一笔："我未必无意之中，不吃了我妹子的几片肉，现在也轮到我自己。"此种观念的根底处，与佛教所讲因果报应，真有异曲同工

①　鲁迅：《写在〈坟〉后面》，见《鲁迅全集》（第1卷），人民文学出版社1981年版，第284页。

之妙，因为两者都是把不幸看作是自身行为与思想的结果。鲁迅的这种立场亦塑造了他的写作观念，古人皆以写作为"立言"事业，企求藏名山传后世。鲁迅没有一丝一毫此种古人气息，既然是"抉心自食"，所得的下场便只有——死。所以，《墓碣文》上的那个死尸，"胸腹俱破，中无心肝。而脸上却绝不显哀乐之状"。因为是自动求死，自啮自戕，故无所谓哀，无所谓乐。鲁迅将自己第一本集子取名《坟》，将自己的写作比作"筑台"或者"掘坑"，无论"筑台"还是"掘坑"，其结局都是埋葬自己：

> 比方做土工的罢，做着做着，而不明白是在筑台呢还在掘坑。所知道的是即使是筑台，也无非要将自己从那上面跌下来或者显示老死；倘是掘坑，那就当然不过是埋掉自己。总之：逝去，逝去，一切一切，和光阴一同早逝去，在逝去，要逝去了。——不过如此，但也为我所十分甘愿的。①

鲁迅非常清醒地意识到，自他选择"从沉默中爆发"以来，他的写作，他所从事的事业，最恰当的形容还是自己所说的——"抉心自食"。他希望自己的文字"速朽"，因为文字的速朽也就是时代的速朽、社会的速朽。文字连同时代、社会一块儿埋葬，确实是鲁迅那时心愿的写照。

过去我们常常把鲁迅这种返身自照袒露内心世界，仅仅看成是作家严于自我解剖，敢于讲真话。这固然有几分道理，但笔者相信这种肯定，离鲁迅自我定义"解剖"的深意相距甚远。鲁迅的解剖连通时代社会，它不仅是个人心迹，更是时代精神的象征、社会思潮的投射。"抉心自食"不仅是鲁迅比喻自己当下的精神状态，形容他参与新思潮的启蒙事业，也是新思潮运动自身性质的绝妙写照。五四新思潮运动就其根本性质和所造之事，亦如鲁迅笔下所写的那条长蛇，"口有毒牙。不以啮人，自啮其身"，以其奋勇无情之气象，摧枯拉朽，自我清算，既扫荡廓清而又自伤自残。过去，我们皆以新旧判然分别的观念看新思潮运动，将它理解成如同送旧迎新的礼仪一般，旧的送走，新的迎进；旧传统、旧文化彻底扫

---

① 鲁迅：《写在〈坟〉后面》，见《鲁迅全集》（第1卷），人民文学出版社1981年版，第283页。

荡，新传统、新文化从此奠定。事实上，传统的演变和改造并没有那么简单，即便是新旧观念的出现和新旧的对峙，它本身也不是一个客观事象，而是社会危机、民族灾难催生了思想和价值观分裂的结果。应该说，参与新思潮的先驱除鲁迅之外，其余的人都是抱了一个新旧简单截然对立的观念来从事启蒙事业的。特别是胡适，他之视新思潮运动，简直如同由我开辟，重审一切，从此开创新天地。然而，新思潮运动中多数人抱持的简单观念并不能改变新思潮运动本身的自噬性质。从文化传统的演变看，来到了《新青年》风起云涌的当口，中国的文化传统的确遭遇了一场"抉心自食"的文化运动，如同蜥蜴悲壮的断尾求生。而鲁迅的自我解剖，则为这个时代、为新思潮运动铭刻下真实的见证。

三

新思潮运动在短短的时间内造成了文化传统剧烈的"传统漂变"（trandition drift）。本来，人类各种文化传统就没有一成不变的，正如古人的易道所昭示的那样，生生之谓易。文化的漂变本身不是问题，笔者所关注的是如此短暂的时间发生如此剧烈的文化漂变本身带来了什么，沉淀了什么？正如上文所讨论过的那样，在社会脱离古代形态演变为现代形态的过程中，文化传统的漂变并非必然发生像新思潮运动那样的"逆接"模式——设想中的"新"与"旧"正面对峙冲撞，拼个你死我活。像英国和奥斯曼土耳其，从古代到现代在相对长的时间内缓慢过渡、转换、蜕变，即便发生新与旧的冲突，亦不必"逆接"，而是分别表现出"直通过渡"和"融汇磨合"的模式。因此，谈到新思潮运动，笔者以为不能用历史的必然性来说明它产生的合理性，它与当时万分危急的救亡图存形势的关联度，远远超过它与所谓内在历史必然性的关联度。而叙述中的历史必然性常常意味着文化传统本身的陈旧、不合时宜而必定遭到淘汰。笔者以为，这种观念解释不了其他文化传统漂变不必否定原初既有价值的事实。我们现在看得很清楚，新思潮运动对传统文化的"逆接"，是一个个案而不是普遍定律，它的出现是中国清末民初特定时局机缘所导致的。列强环伺，政治衰败，社会崩溃，国土遭瓜分，民族危亡迫在眉睫，这情势催生了新思潮与固有文化传统的"逆接"，使得中国社会可以在最短的时间内向所有值得输入，有益于救亡图存的外来思潮的开放，以思想观念和价值观的开放回应救亡的挑战，并由此一思想、理念和价值观的输入带来了救亡图存新的可能性的发现，新的救亡方略的形成。新思潮这种重新开启未来道路的可能性的功绩是在自我吞噬其文化传统的基础上实现的。新思潮导致自噬式的传统漂变，在它开启通过未来新的可能性的同时，亦阻隔了与既往文化传统的"温情与敬意"。与既往历史文化的"温情与敬意"一失，其末流变化，就如同人失本心，自此以后唯潮流是瞻，俨如浮萍逐波。鲁迅所谓"抉心自食"，此之谓也。

放眼人类，百数国家，各种文化辨之不清，数之不明。当它们面临外来强势文化扩张之时，也不是对原来本民族历史文化非抱有"温情与敬意"的信念而不可的。近世二三百年，被外来强势文化入侵，被外人灭文灭史的社会不计其数。这些无文无史、失去原初传统的民族即便有幸组成新国家，亦从此走上外来强势文化的附庸国的命运。对它们来说，或许有幸，冥冥之中不是社群灭绝而是成为他文化之附庸而得新生，何幸如之？事实上，一个社会面临外来文化强势扩张输入之时，抱持对本民族历史文化的"温情与敬意"不是理有固然的，更不是事之必至的。近世各种文化传统的漂变昭示了两类结局：一类是从此失去对原初的历史与文化的信念，以他人之文为文，以他人之史为史，甘愿做强势文化的附庸；另一类如陈寅恪所说，"一方面吸收输入外来之学说，一方面不忘本来民族之地位"①，自做主人，自开新路。中国有三千多年连续记载的历史，有独特的语言与文化，历代仁人志士，在外来文化输入而引起变迁的关头，无不希冀固有的文化传统"苟日新，日日新，日又新"。正是出于此乱世的宏愿，陈寅恪倡言"不忘本民族之地位"，钱穆则说必须抱持对已往的历史与文化的"温情与敬意"的信念②，他们两人皆是异辞而同义。当然他们诉诸言辞的时候，仅仅是期待与愿望，直至今天，笔者也不认为就是充分的事实，未来亦有待于今人的努力。同样，尽管新思潮运动的根本性质是自我吞噬的，是"抉心自食"式的，然而他们的本心亦无非期望中国自强自立，文化推陈出新，绝不是甘为强势文化的附庸。然而，既是自

① 陈寅恪：《冯友兰中国哲学史下册审查报告》，见《金明馆丛稿二编》，上海古籍出版社1980年版，第252页。

② 钱穆：《凡读本书请先具下列诸信念》，见《国史大纲》（修订本，上册），商务印书馆1996年版，第2页。

我吞噬，既是"抉心自食"，亦自然伴随对既往历史与文化的虚无主义态度，这种失去民族本心的末流变化，在新思潮运动过后数十年的历史中亦一再重演出现。值此机缘，探究这种丧失对既往历史与文化的"温情与敬意"的虚无主义的根源，也许不是无益的。

晚清的政制与社会改革和民初的政制重建的速度远远跟不上民族危急存亡的形势要求，而仁人志士因此而积聚起对外来文化及其势力的"普世性"认知。这种认知最具代表性的表述是孙中山1916年海宁观潮之后写下的，在现代中国几乎家喻户晓的题词："世界潮流，浩浩荡荡，顺之则昌，逆之则亡。"有意思的是孙中山写下题词的时候，正当新思潮运动发轫不久。经由五四新思潮运动，"世界潮流"才真正在华夏大地"浩浩荡荡"起来。顺之者昌不昌，事或未必；逆之者则肯定退出社会舞台。晚清民国年间，多少发思古之幽情者，多少对过往历史文化具有温情者，皆被视为逆历史潮流而动，其命运不是被"扫进历史垃圾堆"，就是淡然退隐。几乎没有人认真探究什么才是"世界潮流"，而被视之为"世界潮流"者，随时局与形势变迁而不同。新思潮运动的时候，科学与民主算是"世界潮流"吧，当然日后还有其他。民国史上的"世界潮流"其实是一个变量，可以容纳不同的外来学说与势力。今日此是"世界潮流"，明日又换成彼是"世界潮流"。它是不是"世界潮流"，标准只有一个，就看它是否"浩浩荡荡"。凡能在华夏大地"浩浩荡荡"起来的，它便是"世界潮流"；反之则否。此种情形看似不可理喻，其实暗中契合当时国情。这就是鲁迅说的"一要生存"。能"浩浩荡荡"者，就能让民族生存，生存为当时急务，有了生存，才能谈得上其他。但是由"浩浩荡荡"的标准衡量定义出来的"世界潮流"有一点很清楚，就是它如果属于"世界"的，那么就不属于"中国"的。凡与过往历史与文化相连的传统，不仅不在"世界潮流"之列，它简直就是"世界潮流"的对立面。在"浩浩荡荡"的"世界潮流"面前，本民族的文化传统悄然沉没于无声的世界。经由"世界潮流"的激荡，民族既有的文化传统不仅降格为地方性知识，而且被归类为衰朽陈腐而不合时宜的东西。

经由新思潮洗礼而成为共识的这种"普世性"认知，其实是把外来文化与势力强势扩张的一时有效性当成了普世原则来接受。时至今日，我们应当明白这种普世性认知是有严重缺陷的。人类的文化有没有普世性或者说普世特征，这是一个问题；而外来文化和势力扩张的一时有效性能否当作普世原则来接受，这是另一个问题。两者不可混为一谈。前一个问题的答案基本上是肯定的，人类所创设的文化与人类分享共同的生物基因一样，也分享相同的伦理价值观。不论何地，亦不论何种经济与社会的发展程度，只要是人群组成的社会，它们的伦理纽带几乎都是一致的。比如耶稣讲"你们愿意人怎样待你们，你们也要怎样待人"①，孔夫子讲"己所不欲，勿施于人"。前者被耶稣称为"律法和先知的道理"，西方人其后直称为"黄金法则"；后者被孔夫子称为"仁"。这个人类文明史的"轴心时期"几乎同时出现的关于善的第一法则，意思几乎完全一样。这便是人类伦理价值观的普世性。伦理法则的普世性，不是说它们应当普及到人类每一个族群社会，而是它本就是所有的人类社会共同具备的伦理纽带。

至于外来文化学说及其势力传播扩张的一时有效性，笔者以为不能当作普世原则来接受。人类的足迹遍及全球，因为时空地缘的分隔，在各自社会生活中创出不同的文化应对生存挑战。这些适应各自生存环境而各不相同的文化之间，一面是相互差异，另一面也无时不相互交流和影响。如果不是国家背景支撑的势力扩张，人类不同社会之间的文化交流影响，皆能平稳进行，润物无声。然而，历史上的某些时期，某些文化由于技术要素的突破或配合文治武功的成就，其文化、思想、学说连带上国家势力在背后的强势支撑，遂成一股无法阻挡的一时的巨流，其势汹汹。像公元前4世纪马其顿亚历山大征服及其后带来地中海东岸及中东的希腊化，公元前1—4世纪罗马帝国扩张造成的环地中海的罗马化，就是世界史上一方压倒另一方，一方不得不接受另一方的文化交往的事例。由英国工业革命奠定基础的全球资本主义扩张对中国近世国运影响重大，它波及遥远社会所造成的后果，也应当作如是观。这种类型的不同社会文化接触交往，虽然是压倒性的，但也因时因地，如同潮汐，既有来时，也有去际。大千世界，万类竞存，不同社会的文化传统、文明，亦不外如此。处强势者对处弱势者产生近乎不可逆的单向影响，然而这并不说明万世如此。强者弱者，是势力所造成的。弱者不忘初心，对自己的文化传统念兹在兹，则未

---

① 语出《马太福音》第7章第12节，原文："So in everything, do to others what you would have them do to you, for this sums up the Law and the Prophets."

必无成为强者的一天。这虽是后话，但也要明白这种人类社会不同文化的交往、影响、冲突的真相。如果我们非要以"普世性"去夸张这种本属一时一地文化强势扩张现象，那它的普世性也是竞争的普世性，也就是说处强势者在竞争中强行将自己的文化价值变成普世，而不是人类生活本然产生的普世性。它之所以看起来普世，不是因为它本属放诸四海而皆准的人类生活的律则，而是因为它势力强大，一时压过对手而显露出似乎如此的有效性。这与伦理纽带的普世性不是同一范畴，将两者混为一谈，显然存在遮蔽。处于弱势的一方，顺受其文化扩张影响的一方，往往容易为其来势汹汹所惊吓，为其显露出来的一时有效性所震慑，产生内心怯懦，遂将外来文化观念不加分辨而视为普世原理，以迎合世界潮流之浩浩荡荡者。

由新思潮运动"抉心自食"而产生的这种普世性认知，一面视外来文化学说为金科玉律，另一面对自身文化传统秉持虚无立场。此种一体两面的"新文化"成为现代中国文化的品格之一。全面检讨这种与其生俱来而有缺陷的现代文化不是本文的论旨所在，在此笔者仅借钱穆写于1955年的一段话，指出它的学术文化的弊端："此数十年来，所谓以科学方法整理国故，其最先旨义，亦将对中国已有传统历史文化，作彻底之解剖与检查，以求重新估定一切价值。所悬对象，较之晚明清初，若更博大高深。而惟学无本源，识不周至。盘根错节，置而不问。宏纲巨目，弃而不顾。寻其枝叶，较其铢两，至今不逮五十年，流弊所极，孰为关心于学问之大体，孰为措意于民物之大伦？各据一隅，道术已裂。细碎相逐，乃至互不相通。仅曰上穷碧落下黄泉，动手动脚找材料。其考据所得，纵谓尽科学方法之能事，纵谓达客观精神之极诣，然无奈其内无邃深之旨义，外乏旁通之涂辙，则为考据而考据，其貌则是，其情已非，亦实有可资非难之疵病也。"[①] 钱穆所论的整理国故，恰好发轫于新思潮，其重估一切价值的雄心，学者良好的旧学训练，本来应该有更好的成绩。其所以至此，实在是因为丧失了对自身历史文化的"温情与敬意"，忘记了"本来民族的地位"，学人既无其心，所论虽为古代文物历史，但将之它当作已

---

① 钱穆：《新亚学报发刊词》，载《新亚学报》1955年第1卷第1期。陈寅恪远在1930年，就以当时墨学为例，感叹："近日中国号称整理国故之普通状况，诚可为长叹息者也。"见陈寅恪《冯友兰中国哲学史上册审查报告》，见《金明馆丛稿二编》，上海古籍出版社1980年版，248页。

死的古董，学人手下的古董，则仅呈现博物解剖的意义，故能达致的学术境界，亦无非如同博物馆陈列文物，重新排列组合一番而已。鲁迅当年就有"禹是一条虫"的嘲讽，虽然不免刻薄，但确实戳到了"古史辨"的痛处。

余论

百年前的新思潮激荡早已过去，"逆接"之后，本当"顺守"，然而现代中国，文化的建设与经济、政治的廓清不幸分道而行，遂使新思潮"抉心自食"之后，守无可守。文化传统自我吞噬的惯性一直追随着经济、政治的扫荡廓清，一路狂奔。百年匆匆一过，"顺守"的课题虽然迟到，历史毕竟绕之不过，还是落在了今人面前。笔者相信这是一个更长久也更值得今人向往的事业。"顺守"看起来与"逆接"不同，似乎离开了"逆接"的轨道，但是想深一层，我们也可以发现历史进程的悖论之处，若是没有当初新思潮的"抉心自食"，没有对既往文化传统的"逆接"，那些存在于具体时空世界的文化传统的活形式，又有何物可以"顺守"，又"顺守"之为何呢？鲁迅当年似乎亦为这个悖论所苦恼，然而他毕竟有大眼光，有大肚量，写下了不朽的名句——"待我成尘时，你将见我的微笑！"百年后的今天，当年的一切早已成尘，正是在当年"逆接"的基础上，我们今天可以研磨"逆接"之后的"顺守"。这是不是鲁迅"微笑"的深意所在呢？笔者希望是，并以此种温情与敬意撰此小文追怀当年新思潮的先驱及其功业。

［刊于《北京大学学报（哲学社会科学版）》2016 年第 3 期］

文化的应激反应

——再论五四新思潮①

　　五四新思潮所高张的正面"立论"无论是科学还是民主，其实都算不上前无古人，都可以从晚清寻到它的涓涓细流。真正石破天惊的是它的"驳论"，新思潮以布告天下的姿态宣示中国以往数千年历史文化是"罪恶"。这种决绝的姿态是中国思想文化史中所未见的，也是欧洲国家无论原发还是后起的现代化国家走向现代历程中所不见的。它是思想文化在罕见的时空节点上发生的异常现象，同时也是中国思想文化史上的孤例。正是新思潮的决绝姿态开启了此后如何理解它的长久争议，这使我想起周策纵在半个世纪前出版的《五四运动史》里说过的话："在中国近代史上，再也没有任何主要事件像五四运动这样，惹起各种争论，广泛地被讨论……对部分中国人而言，五四运动是中国新生和解放的标志；而另一些人却把它看成是国家民族的浩劫。"② 五四已过百年，今天或不至于那样极端，但争议仍然以各种面貌出现。这说明如何合乎事实地理解百年前所发生的新思潮运动，依然是具有挑战性的课题。笔者借用病理学的术语，将新思潮的决绝姿态看成是文化上的应激反应——在环境高强度刺激下发生的超越自身正常承受能力的特异反应。它跟先前的思想文化传统的联系，不是顺承接受，而是反逆再接，故只有用"逆接"一词描述比较合适。用鲁迅的话说就是"抉心自食"。五四新思潮虽然只有短短数年，但因其决绝的姿态，既划开时代，又在当代史上长久地留下它的痕迹。

---

① 本人曾写论文《论"抉心自食"——写于新思潮百年之际》，刊于《北京大学学报（哲学社会科学版）》2016 年第 3 期。与此文论题相通，故曰再论。

② ［美］周策纵著：《五四运动史·英文初版自序》，陈永明等译，世界图书出版公司北京公司 2016 年版，第 18 页。

一

　　无论是新思潮致力的输入西方学理，还是它致力的改变旧俗，这些中国社会的变化都在晚清就逐渐开始了，只是这个变革的广度和深度没有后来那样迅猛而已。西方的文化学术在晚清以降的逐渐输入是无法一笔勾销的，这种渐变也值得我们在此处略为回顾。1843 年英国传教士麦都思（Medhurst，1796—1857）等人在上海创办墨海书馆，从事西方科技、宗教与历史类的书籍译述，催生了王韬等思想开化的"口岸文人"。英国传教士傅兰雅（Fryer，1839—1928）1874 年创办格致书院，出版科普期刊《格致汇编》，翻译科技图书达 113 种之多。自 1897 年至 1909 年，严复翻译了赫胥黎《天演论》等 8 种英法思想家探索现代社会原理的奠基性著作。与此同时，桐城派古文家林纾也开始用文言翻译欧美小说。语言形式的变化也与此相似，来华传教士译经遇到了难题，曾经长期徘徊于译文到底采用"深文理"还是"浅文理"，传教士内部争议不息。经过多年翻译实践的探索，终于在 1891 年确定被称为官话和合本的翻译原则：译文必须白话，并且也是全国通用语言。这两大原则与 27 年之后胡适对于"国语"的期待完全相合。戊戌变法失败后梁启超办报所采用"笔锋常带感情"的报章体，也是晚清这个在现代意识引导下的语言变革浪潮里的一部分。至于说到文学的裂变，如果包括修辞形式在内，最早可以追溯到通商口岸"华夷杂处"的环境所产生的海外经验。这也包括后来奉旨出洋的外交官所面临的处境。当他们用诗语表达自己的感受和经验的时候，势必使诗的用语和诗体产生变化，以求两者的适应，由此而开始了诗及其修辞方式的变化。变革的欲求积累到 1895 年 5 月，傅兰雅终于发出了"时新小说"的征文启事，[①] 要小说为移风易俗两肋插刀。要除掉鸦片、时文和缠足这阻碍中国文明进步的"三弊"，为百姓大众通俗易懂的小说派上了大大的用场。这个执念与日后严复等人办《国闻报》刊登《本馆附印说部缘起》和梁启超鼓吹"新小说"是一脉相承的。

　　从上述简略的事例推断，如果政治经济的局面没有发生日后如此急遽

[①]　傅兰雅《求著时新小说启》刊登于 1895 年 5 月 25 日的《申报》和 6 月份《万国公报》第 77 卷。

的转变，那么晚清思想文化将会依循这种逐渐累积的方式向着文明开化的方向渐变。其实，在漫长的中国史上，无论由内生形势导致的改变还是由外生刺激引导的变化，都是在相对漫长的时程里逐渐发生的。孔子祖述尧舜，称自己思想文化的所作所为是"述而不作"。自佛教传入中原的东汉永平年间至本土教派天台宗形成的隋朝，时间超过 5 个世纪；从东土佛学融入儒学而形成南宋理学，也经历超过 4 个世纪。思想文化说到底是人的认识和价值观，与物质实利和群体势力不同，在后人眼里不可能成为需要非克服不可的对象。后人对之有因有革，可以从容进行。即使在后人所当"革"的方面，澄清前人不合时宜的认识和价值观，于事就已经足够，无论如何也不必走到宣布前人所谓"罪恶"的地步。所以，当我们观察思想文化变迁的时候，几乎都是按照有因有革的渐变累积方式进行的。这是思想文化变迁的惯例。就算是新思潮，在它"立论"的部分，即寄望正面建树的部分，也是沿着晚清开启的文明进步的方向进行的。它们输入学理再造文明的宗旨，可以说与晚清毫无二致。

新思潮真正特异之处在于它对先前思想文化累积采取不容分说的坚决拒斥姿态，笔者将新思潮的这一面比喻为"驳论"。《新青年》同人痛责二千年中国社会历史、政治、思想和文化，将之视为倾江汉而不可浣的"罪孽"。中国的历史文化在这种决绝的拒斥面前简直就成了"吃人"的文化。《新青年》同人面向未来选择之际，其政治文化立场或有左右的差异，但面对既往的历史文化，其姿态立场却惊人的一致。陈独秀、鲁迅的激烈言辞，人们耳熟能详，就不在此称引。以下这三位，政治立场不是模糊就是中间偏右的。他们的决绝姿态，与陈独秀、鲁迅不遑多让。钱玄同写道："欲废孔学，不可不先废汉文；欲驱除一般人幼稚的野蛮的顽固的思想，尤不可不先废汉文。……欲使中国不亡，欲使中国民族为二十世纪文明之民族，必以废孔学，灭道教为根本之解决，而废记载孔门学说及道教妖言之汉文，尤为根本解决之根本解决。"[①] 胡适将以往的文学一概称为"死文学"："中国这二千年何以没有真有价值真有生命的'文言的文学'？我自己回答道：'这都因为这二千年的文人所做的文学都是死的，都是用已经死了的语言文字做的。死文字决不能产出活文学。所以中国这

---

① 钱玄同：《通讯》，载《新青年》第 4 卷第 4 号。

二千年只有些死文学，只有些没有价值的死文学.'"① 傅斯年更将中国历史一笔抹倒："中国政治，自从秦政到了现在，直可缩短成一天看。人物是独夫、宦官、宫妾、权臣、奸雄、谋士、佞幸；事迹是篡位、争国、割据、吞并、阴谋、宴乐、流离：这就是中国的历史。豪贵鱼肉乡里，盗贼骚扰民间，崇拜的是金钱、势力、官爵，信仰的是妖精、道士、灾祥：这就是中国的社会。这两件不堪的东西写照，就是中国的戏剧。"② 因为对前代的历史语言文化怀有如此痛切的感受，他们对作为文化表征的"国粹"如中医和戏曲，一样充满不信任的恶感。这些言辞的曲直是非是一回事，它至今都使不能设身处地看历史的人陷入困惑中。但笔者认为更重要的应当是探究这种对传统文化决绝的姿态在思想文化的变迁中到底起了什么样的功能作用。晚清思想文化点滴累积的方式何以来到《新青年》同人聚合之际而无以为继？是那时中国社会突然出现一帮特别偏激而无知的人误入了歧途，还是特别的历史时刻给了他们一个机遇，以这种罕见的方式开辟未来？

二

新思潮凭借决绝的姿态彻底改变了晚清思想文化点滴累积而变迁的方式。由于这个改变，原本追随政治经济后起变化的思想文化走到了时代舞台的前沿，扮演起社会变革的主角，而政治经济这本来的主角反倒退居舞台的一边，只能充当起配角。这一根本性的改变宣示了中国近现代史一个重要节点时刻的到来。

纵观鸦片战争至《新青年》创刊前的中国近代史，我们可以得到一个总体的观察，这就是政治经济的变革远远跟不上局势日渐严峻所要求它们要达到的那种程度，而且两者的差距随着时间的流逝距离越来越大。《南京条约》签订之后，国家的政治经济面貌不是丝毫没有改变，而是它们的改变太过微弱，以致根本回应不了国家羸弱面临被瓜分的严峻形势的挑战。严峻的形势像根鞭子，虽然不停抽打着大清帝国这架老牛破车，可

---

① 胡适：《建设的文学革命论》，载《新青年》第 4 卷第 4 号。
② 傅斯年：《再论戏剧改良》，载《新青年》第 5 卷第 4 号。

是驾驭它的主人却不思振作、不思回应，不是方寸大乱胡作一通就是因循固步。包括前来染指中国的列强在内所构成的国际大环境，是不会等待你国家内政调整好了再来提出要求的。国家越是在政治经济上不能做出适应形势的回应，列强就越是进逼，乘可乘之机，瓜分中国。鸦片战争之后的近代史，由于政治经济变革日益严重滞后，国难的危机就逐渐积累加深。如果将这段历史分为三段，以1864年太平天国结束和1894年甲午海战为分界线，那么在经济上，鸦片战争至太平天国的二十多年，对清朝来说是失去的年代。经济面貌纹丝未动，白白浪费殖产兴业的大好时光。而第二段的二十年是迟滞的年代，虽然官绅中有识之士意识到实业的重要，也确实起步，但步履蹒跚，成效不彰。其后的二十余年，经济才迎来了初兴，但这时国家的政治秩序已经陷于混乱，不能保证经济有序地健康发展。这三个时段的政治也可以作如是观。第一个时段的政治同样是失去的年代，遭受列强如此胁迫割地赔款之后朝政还是毫无思改革的气象，二十余年一潭死水。第二个时段可称为中兴的年代，可惜中兴的力度不足，以致仅有的成效毁于一旦。其后第三个时段二十年的中国政治，无论是清朝还是辛亥革命之后建立起来的北洋政府，盖可称之为挣扎的年代。大势已去，任何人事努力，无论固守还是维新改革，看上去都更像无效的挣扎。古人讲到朝廷将灭亡时，谓之气数已尽。所谓气数，其实就是陷于业已废弛的朝政在无效地挣扎。凡朝政面临挣扎之际，就是到了将亡之时，再有能臣干吏力挽狂澜也无济于事。

本来，一国的政治经济是其思想文化的基础，而思想文化通常是受政治经济制约的。在稳定秩序有保证的前提下，通常是政治经济首先发生改变从而引导思想文化渐次发生变化。以舞台表演为喻，政治经济绝对是社会舞台上的主角，而思想文化只是它的配角。没有1688年奠定英国现代政制基础的"光荣革命"，约翰·洛克（John Locks，1632—1704）也不会将其权力制衡的思想写在《政府论》；没有18世纪60年代工业革命前后英格兰地区蓬勃发展的工业和贸易，大概也不会有1776年亚当·斯密（Adam Smith，1723—1790）《国富论》的出版；同样，离开了1867年日本倒幕运动和"大政奉还"，也难以想象1880年福泽谕吉（1835—1901）结集出版《劝学篇》。一个社会的现代变革，如果其政治经济实践是"摸着石头过河"，那它的思想文化沉淀更像是"事后诸葛亮"。历史的道路从来就不是预定的，正常的情况是经济政治先行，而思想文化跟进。等到思想文化挺身而出，扮演先行者的角色，那已经证明了经济政治的失能达到了无药可救的地步。同时，思想文化的先行，本质上是呼唤另一波经济政治的变革。因为观念形态终将不能独自开辟社会历史的道路，实践形态的政治经济才能让社会达到这一目标。

　　新思潮之走到前台，它与当时日益恶化环境的关系是清晰可见的。中国面临国家民族的危机是新思潮走到社会舞台中心扮演社会变革主角的直接推手。当时国家民族危机的严重程度，无论是原发性现代化国家英国，还是后发性现代化国家日本，均在国家现代化过程中未曾遭遇到。盖有非常严峻之国家局面，方能激发非常之思想文化反应。1899 年海约翰（John Milton Hay，1838—1905）的门户开放照会似乎客观上为崩坏的朝政提供了喘息的时机，但照会真正的用意并不是维护中国的领土完整，而是保存关税一致可供列强在榨取中国财富时获得可靠担保。当某个列强的国力强大到使列强之间的势力失去平衡之际，最后的瓜分局面必然出现。1915 年日本向袁世凯政府递交企图霸占和奴役中国的"二十一条"密约就是一个警讯。虽经北洋政府百般推诿、拖延、讨价还价，最后签订的《中日民四条约》，比之"二十一条"有所挽回，但也不能改变丧权辱国的根本局面。甲午海战之后，一面是国外列强的觊觎和瓜分，另一面是内政的混乱。戊戌之后是庚子，庚子之后是辛亥，辛亥之后是南北党争和政争。这种内政的持续混乱是其时政治经济严重失能的症候。所谓失能，不是说没有人事的努力，而是说无论何种朝政的努力，或何种对于朝政的反抗，它们都不能合格地回应环境的挑战，让国家渡过难关。所有人事努力除了让国家陷于更深的危机之外，没有其他结果。辛亥之后南北党争和议会政争削弱了行政的效率，而袁世凯对于这局面的回应居然是改制称帝；由政治的失败而人心涣散，但康有为等保守势力的回应却是尊孔，立孔教为国教；袁世凯死后北洋各系争权，而张勋的反应居然是率辫子军入京"赞襄复辟大业"，请 12 岁的废帝溥仪出山。后人或难以理解民初的政坛何以如此荒唐混乱。站在个人的角度，这些握有政权、军权或话语权的人物或许各有苦衷，但从根本上说，他们都是一些行将就木的人物。国家危机的加深使他们和时代社会渐行渐远，而这些人内心抹不去的是"日暮途远"的悲凉之感，所以认知以及行为便只能"倒行而逆施之"。他们不能向未来学习便只好向过去学习。辛亥次年康有为写信给梁启超，颇道出这些即将退出历史舞台的官僚士绅的末年心境："近者连接外埠书，皆极怨散之言。……十余年辛苦经营，今真尽矣。呜呼！从前乱时，吾等犹可以不破坏自解，今者各处党发如麻，而吾党无声无臭……安得不令人愤绝望绝而散。吾坐卧于是，愧恧欲死。"① 康有为聪明绝顶而预感准确，但历史的反讽恰好在于纵然聪明绝顶，也无以挽救其退出历史舞台的命运。

　　将清末民初所遭遇列强胁迫瓜分的危机放在整个近现代史观察，严格来说不是最深重的。其后日本侵占东北并全面侵华造成的民族危机远甚于民初，但民初却是政坛最不上路的时期。这个现象与曾经支配中国社会数千年的官僚士绅阶级来到命运的终点行将谢幕、退出社会舞台有关，而它又直接促使了从这个阶级蜕化出来的新一代人物登上社会舞台发动新思潮运动。士绅官僚士大夫是中国传统社会的栋梁柱石，以往中国的政治文化成就与他们的作为密切相关，但是时间来到从农耕社会迈向工业社会的转型阶段，这个曾经创造文治武功的骄人成就的阶级却面临黯淡的命运。到底是命运的神秘还是自身努力不够以致之或者需要史学研究继续提供答案，但事实是官僚士绅自鸦片战争之后逐渐衰朽，迷恋其辉煌的过去远甚于面向可能的未来。其间虽有卓识人物如曾左之徒站出来力挽狂澜，但无从改变大的趋势。辛亥前后十数年间，士绅官僚作为中国社会的中坚阶级支配和引领社会就来到了这个漫长过程的末端。对他们自身来说，这是最后的机会窗口，挽救自身也挽救国家。然而征诸这个阶级在鸦片战争之后的表现，他们实际上无法承担重任。既辜负国家，又辜负子民。对国家而言，短短的十数年，莫说由经济的提升而富国强兵如望梅止渴，期待经由政治力凝聚而应对列强挽救时局根本就如同痴人说梦。于是在强敌环伺，内外交困，良也改过，命也革过，却统统无效的情形下，在中国社会经济、政治严重失能的状况下，思想文化走到了前台，扮演勉为其难的角色。

三

　　站在今天回望五四，最令人纠结的恐怕莫过于新思潮的反传统问题。是之者谓之是，非之者谓之非。由当年事起直至今日舆论学界从无所谓

---

① 张荣华编校：《康有为往来书信集》，中国人民大学出版社 2012 年版，第 655 页。

"共识"，互不认同的双方，颇似死对头，立场泾渭分明。唯百年来双方的势力时起时伏，一时此大，一时彼大，要之依当时的政治文化大环境为转移。反传统的力量最大的时候当然就是新思潮运动期间的短暂岁月，用摧枯拉朽来形容也不为过。1917 年初，胡适才揭出文学改良的"刍议"，1920 年初，北洋政府就通令小学低年级课本采用白话文。不过，传统之为物，也并未有在如此打击之下消亡废绝。新思潮当初受到的打击反而成了文化传统重生的洗礼，国学之重出江湖就是很明显的例子。简言之，百年来凡国家有艰难、时局有危机的时候，传承五四新思潮的反传统认知会获得更多的同情，而富裕升平的日子继承历史文化传统的国学潮流会更加高涨。这种现象使我们不能孤立地理解新思潮的反传统问题，而要从新思潮的决绝姿态入手反思百年前思想文化的特异反应。

新思潮的先驱们姿态决绝，不容商量，不容申辩，将过往的思想文化传统置于审判席上。他们的"判词"，与其说是一种关于中国思想文化传统的新知识，不如说是一种思想文化取舍抉择关头的价值选择。价值选择通常不在乎指涉对象的本来面目是什么，而在乎选择主体做出怎样的选择，它会阻止某些选择而加强另一些选择。换言之，新思潮对于传统文化的"判词"是以知识形式表达出来的主体选择。它似乎是在讲述旧的文化传统是什么，然而实际上它并不是站在知识的立场论述，仅仅是徒有关于旧文化传统是什么的表象，并无被指涉对象的实质知识。就像陈独秀认为中国历史二千年的罪恶倾江汉而不可浣，鲁迅从陈年历史的纸背读出只有"吃人"两字，胡适说二千年的文学都是"死文学"等一样，他们对旧文化传统的言说不是知识论的。他们并不是像今天的学者做学术一样探讨中国历史、传统文献和古典文学到底真相如何，而只是寄寓负面的生活感受时的"托物言志"。以往的思想文化传统就是他们言志之时所托之物。人们对于此点或有疑问：新思潮何以托此物而不托彼物？何以不干脆明心见性？这种借题发挥式的"托物言志"正是思想文化特异反应所具有的特点。社会逢当剧烈转型变革的时期，终究有赖于政治经济走上轨道所开启的实践功夫。如上文所述，其时中国社会的政治经济实践已经走投无路，新思潮勉力挺身而出，它在思想文化的范畴内，不得不借批判来开路，批判的对象唯有落在既往的思想文化的身上。唯其如此才能让思想文化运动贯通社会改造的目标，而不落在抽象层面的知识探讨。就像人们为了发力向前需要借助一个后助起跑器一样，这时候既往的文化传统就临时充当了那时中国社会的起跑器。陈独秀《本志罪案之答辩书》说："要拥护那德先生，便不得不反对孔教、礼法、贞节、旧伦理、旧政治；要拥护那赛先生，便不得不反对旧艺术、旧宗教；要拥护德先生又要拥护赛先生，便不得不反对国粹和旧文学。"① 以我们今天的眼光看，德先生与孔教礼法、贞节旧伦理和旧政治都无直接的因果关系，赛先生与旧艺术、旧宗教更是风马牛不相及，但陈独秀却用"不得不"三字将它们联系起来。陈独秀当年说的"不得不"就是笔者现在说的助跑器的意思。"不得不"三字隐含的逻辑，不是事实探讨的知识论逻辑，而是社会文化批判的逻辑。当思想文化在社会危急关头替代政治经济出征陷阵之际，思想文化也唯有以反身批判的方式来完成这种本来不属于它的使命。

新思潮以前古无有的决绝姿态反传统常为人诟病，轻之者谓矫枉过正，重之者谓断绝传统文化之根。重温《新青年》先驱的议论，其急进极端，确实出人意表。如陈独秀言"吾人宁取共和民政之乱，而不取王者仁政之治"②，这种表达如非设身处地回到民初的环境，便难以理解。然而，新思潮的可敬可爱正是在此毫不容情的决绝姿态。靠了这种义无反顾的决绝，新思潮才能使中国"于无所希望中得救"③。本来，对于社会转型而言，新思潮之前中国社会的最大问题是追求变革的动能不足，各个领域的变革远远不能匹配环境压力的要求，整体社会陷入"无所希望"的境地。新思潮透过其决绝姿态反传统为中国社会立下的最大功绩就在于在最短的时间里凝聚和累积充足的推动社会变革的动能，一举扭转变革欲求未能匹配环境压力的状况。作为特异反应，新思潮运动如同绝地反击，短短数年便扭转老大中国的颓势，换上少年中国、青春中国的新颜。在广大的社会底层，虽然局面依旧，新思潮渗透力有所不逮，未能进入沉默多数的灵魂，但是在有影响力决定社会未来命运的都市，它已经造就起新的思想文化和政治力量的阵容。五四学生运动爆发就是新思潮短短数年凝聚和累积起来的变革动能焕发于社会运动的表现。被新思潮凝聚焕发起来的变革动能，不仅表现为学生运动，也表现为旧政党的改造，还有新政党的

---

① 见《新青年》第 6 卷第 1 号，1919 年 1 月。
② 见《新青年》第 2 卷第 4 号"通讯栏"，1996 年 12 月。
③ 鲁迅：《野草·墓碣文》，见《鲁迅全集》（第 2 卷），人民文学出版社 1981 年版，第202 页。

产生。从这个凝聚和累积变革力量的摇篮，源源不断地走出推动中国社会迈向光明和进步的力量。从"无所希望"到"得救"，看似不可能，看似有万里之遥，然而新思潮变不可能为可能，万里之遥大步迈过。若要归根究底追问，新思潮所仰赖的正是对旧有思想文化传统决绝的批判。

新思潮对固有思想文化传统的批判淋漓酣畅又壮怀激烈。以长远的眼光看，这种批判为数千年绵延的思想文化传统注入了充满现代气息的新鲜血液。从这一意义看，新思潮运动不但是起点，而且也是源泉。起点迈过即可告别，源泉则奔涌不息，灌注未来。它和固有的思想文化传统一样，同时滋润我们的当代心灵。一个是古代中国所传承的老传统，一个是五四诞生的现代中国的新传统，它们共同成为我们面对当代生活不可或缺的源头活水。1919 年 6 月陈独秀上街散发传单被拘禁，9 月出狱。这时新思潮运动已经开始分化并行将终结。10 月举行的《新青年》编辑同人聚会决定由第 7 卷第 1 号起，发还陈独秀一人编定，①《新青年》又回到创刊时陈独秀独自编辑的状态。他出狱之后接手编的这一期，刊发了《本志宣言》。这无疑是他的手笔，并且也没有资料显示这篇宣言经过诸同人过目审定。但这不是关键所在，关键是《新青年》已经出版发行了四年有余，已经造成了广泛的全国影响，它的言论已经成了全国舆论的风向标，这个时候显然不需要再来说明刊物的编辑方针，而且陈独秀办杂志想做的事早在发刊首号相当于发刊词的《敬告青年》上说过了。笔者推测，陈独秀这个时候以本志创刊以来未曾发过宣言为名而发表《本志宣言》，其用意是要总结概括杂志四年来推动的思想文化究竟是什么，将它们好好沉淀，形成根本性的论述，为将来的社会改造确定根本的精神纲领。《本志宣言》所讲的不是他要做的事，而是《新青年》同人已经做过的事。所以，陈独秀选择的语气是复数而不是单数。笔者认为如下一段话特别重要。陈独秀写道："我们理想的新时代新社会，是诚实的，进步的，积极的，自由的，平等的，创造的，美的，善的，和平的，相爱互助的，劳动而愉快的，全社会幸福的。希望那虚伪的，保守的，消极的，束缚的，阶级的，因袭的，丑的，恶的，战争的，轧轹不安的，懒惰而烦闷的，少数幸福的现象，

---

① 参见唐宝林、林茂生《陈独秀年谱》，上海人民出版社 1983 年版，第 106 页。

渐渐减少，至于消灭。"① 这段话几乎全由形容词组成，不涉任何具体的政治文化诉求但又涵盖和包纳合乎该形容的所有政治文化诉求。陈独秀用苦良心，而这特别重要。他说出了新思潮最根本的精神气质。新思潮不是任何一种具体的政治思想文化诉求，它不局限于任何一种"主义"；它只是为所有符合时代社会需要的具体的政治思想文化诉求鸣锣开道的开拓性的舆论力量。因此，它能包容互有歧异的不同的政治文化诉求，包容符合时代潮流的不同的"主义"。这是一种青春的精神，追求光明和进步的精神。新思潮所凝聚积淀下来的此种精神气质为重造一个新的中国奠定了基础。具体的政治文化诉求会随环境的变迁而变化——往日新鲜今已陈旧，往日动听今已成老调子。不过，只要它们变得不符合人们心灵里追求光明和进步的理念，新思潮那种精神气质就会被重新召唤，鼓舞新一代人追求光明和进步。这就是人们常说新思潮既是历史的又是现实的隐秘所在。

四

新思潮运动是启蒙性质的思想文化运动，这是学界比较一致的看法。从古代到现代转型的历程里，无论是原发性国家还是后发性国家，经历一个思想文化的启蒙阶段，大都符合历史事实。然而由于社会历史环境的不同，虽然同为启蒙，彼此或存在重要的差别。认识这些差异也应该构成我们关于新思潮启蒙论述的内容。欧洲思想史上的启蒙是学者个人独立的"原理探索"。欧洲自文艺复兴、宗教改革、海外殖民以来，科学和文化的积累达到相当程度，加上工业革命逐渐加速的社会转变，一种与古代社会迥然不同的社会前景逐渐清晰地浮现其轮廓。这个时候那些深思熟虑的学者出来论述之、概括之、总结之，使之成为关于新的社会形态的系统知识，为现代社会奠定思想文化的基础。这个在欧洲国家出现的思想文化过程被称作启蒙运动。很显然，五四新思潮的启蒙与欧洲国家的启蒙在这一点上有很大的不同。中国是后发的现代化国

① 见陈独秀《本志宣言》，载《新青年》第 7 卷第 1 号，1919 年 12 月。

家，它的启蒙不是由于内部新的社会要素的自生累积而催生萌发的，而是由于鸦片战争以来"落后挨打"而慢慢有了改弦更张的觉悟才发生的。所改的"弦"是数千年的旧"弦"，所更的"张"是欧美国家的新"张"。尽管新思潮内部有"师英美"还是"师俄"的争议，但共同的是有所师法。在这种历史条件下的启蒙显然是无从进行"原理探索"的。虽然将所师法的蓝本落实到本土实践还需要解决水土合不合的问题，但这已经是后来者的任务了，发起新思潮的年代则无须顾及这些具体问题。五四新思潮的启蒙是觉醒者用自己所觉醒的再来照亮他人，使更多的人因此而觉醒。用鲁迅的话说，就是"自悟者悟人"①。这种启蒙是舆论性的。先驱者纠集同志，发起杂志，同人奋笔为文，呐喊疾呼，这就是五四时代的启蒙。《新青年》如是，《每周评论》《新潮》亦复如此。正是在这种意义上，我们称新思潮启蒙为思想文化运动。这种启蒙不是穷究学理，发为新论，而是登高呐喊，警醒迷人。若是要问，启蒙有效，迷人惊醒之后要做什么呢？答案当然是救亡。

　　20 世纪 80 年代启蒙与救亡的关系一时成了议论的热题。这两者虽然不同，一为思想与文化的，一为政治的、军事和社会运动的。前者是舆论，后者是实践，然而这种不同并不妨碍它们一脉贯通。如果我们将近现代中国历史看成是挽救国家衰亡、争取民族解放和独立的过程，那思想文化的启蒙不过是这个持续过程里的一个环节。启蒙与救亡因为具体的社会环境变化而出现缓急先后的不同而已。一时历史的选择侧重在此，一时历史的选择侧重在彼。五四新思潮的启蒙既是其前的救亡陷入绝境的结果，也是其后的救亡兆启新途的初啼。1914 年即陈独秀创办《青年杂志》的前一年，他在章士钊主办的《甲寅》上发表《爱国心与自觉心》。此文既是前代救亡走投无路的归穴，也是即将发起的舆论启蒙的萌蘗。陈独秀在文中认为，时政国家颠倒乖违已到极点："以今之政，处今之世，法日废耳，吏日贪耳，兵日乱耳，匪日众耳，财日竭耳，民日偷耳，群日溃耳，政纪至此，夫复何言？"有鉴于此，陈独秀为中国将来的时局谋划，以为仅有爱国心是不济事的，因为"其理简，其情直，非所以应万事万变而不惑。应事变而不惑者，其惟自觉心乎？爱国心，具体之理论也。自觉

---

① 鲁迅：《文化偏至论》，见《鲁迅全集》（第 1 卷），人民文学出版社 1981 年版，第 54 页。

心，分别之事实也。具体之理论，吾国人或能言之；分别之事实，鲜有慎思明辨者矣。此自觉心所以为吾人亟需之智识，予说之不获已也"①。在陈独秀看来，具体的国已无可爱了，或者说爱之，适曰毁之，只得另辟蹊径，发起国人的"亟需之智识"——自觉心。从其"不获已"一语看，他的主张已经在友朋圈子说开去了，但赞同者稀少。一年之后，他不顾势孤力单而一意孤行创办《新青年》，宣传推动他心目中的"亟需之智识"。这就是我们现在称作的五四新思潮启蒙。由清末民初政治实践实行活动与思想文化活动之间的脉络关系看，当国人的自觉心发起之后，国人"亟需之智识"具备之后，它们会走向何方呢？毫无疑问，是走向救亡。因为没有救亡，启蒙将毫无意义。启蒙不但为救亡陷于绝境所触发，也因开启新的救亡而为历史的先声。陈独秀的认知也和鲁迅《呐喊·自序》里铁屋子隐喻的逻辑一致。鲁迅虽然怀疑铁屋子的呐喊是否奏效，然而可以断定，万一奏效，则铁屋子里的人醒来，定然不甘心束手就毙，必定要做掀翻那铁屋子的事情。笔者十分赞同李泽厚将现代史上的启蒙与救亡比作"双重变奏"②。唯此"双重变奏"不是同时奏响，而是时间有先后，有侧重变化，两者的关系相辅相成而一脉相通。20世纪80年代，所以有两者断裂或救亡压倒了启蒙的感受。这与其说是符合历史的真相，不如说表达了20世纪80年代中国社会的思想氛围。

站在历史和事实的角度，中国数千年的思想文化传统并没有新思潮布告天下那样的罪恶，它们与外来思想文化的差异，也不是那样判然对立。但是由于新思潮的决绝姿态，它确实创造了与既往思想文化传统的鸿沟。因为有了这道标明新旧的分界线，使其后为了新中国的奋斗能够轻装上阵，但也撕裂了本为浑然一体的思想文化传统，留下了尚待治愈的文化裂痕。这与其把它理解为新思潮的过错而轻率责备，不如把它理解为历史留给当代人完成的重任而加以努力。有数千年农耕历史的中国转型为一个现代国家，一代人无法一蹴而就。先驱者也只能在机会窗口开启的时候做其力所能及的事情。责备、懊悔和叹息都不是历史主义的应有态度，倒是需要看到漫长的古今汇通融合是一个历史过程。于是，弥合一百年前新思潮创造的古今裂痕和传统与现代的鸿沟是当代人义不容辞的责任。五四时

---

① 陈独秀：《爱国心与自觉心》，载《甲寅》第1卷第4号，1914年11月。

② 李泽厚：《启蒙与救亡的双重变奏》，见《中国现代思想史论》，东方出版社1987年版。

期，外来学理、观念只是被强行镶嵌进入中国的文化语境，它们毕竟与现实情境有隔。由镶嵌进入到汇通融合，由"隔"到"不隔"，需要数代人累积和机缘巧合，而经历过 40 年改革开放的现在，古今中西汇通融合的机会窗口再次开启，而历史主义地认识过去才是我们迈向未来应该选择的初始路径。

［刊于《中山大学学报（社会科学版）》2020 年第 2 期］

新思潮与"抉心自食"

——重读《墓碣文》

1927 年，鲁迅汇集自己 1924 年至 1926 年写成的短章，取名《野草》出版。比之似"投枪和匕首"的杂文，《野草》的文意更加婉曲、艰涩和诡异，修辞更加精妙考究。其中的《墓碣文》，文白交杂，言短意深，被视为最难读的一篇，而学者多有同感。① 如果《野草》在鲁迅文章中算是难读的，那其中的《墓碣文》就是难上加难。综合以往的评论，比较能够达成一致的，是将它看成是鲁迅内心世界的"自我解剖"。至于对鲁迅所解剖出来的东西的进一步理解，就各有不同。

李何林《〈墓碣文〉试解》说："这篇《墓碣文》的主题思想，是揭露墓中死人的阴冷的虚无主义思想（悲观失望，否定一切，以致自取灭亡）。'我'（显然是作者）是揭露者，最后对于有这种思想的死人，是避之惟恐不及。"② 在李何林看来，鲁迅的"托梦"是无情解剖了自己，并彻底否定被解剖显露出来的虚无、怀疑、悲观、失望、颓唐的情绪和思想。冯雪峰的看法其实和李何林比较接近，他在《论〈野草〉》中说："作者以自己解剖、批判和否定的态度描写了一种到了可怕程度的空虚的阴暗心境。"③

李何林的见解一定程度上为孙玉石所接受，然而孙玉石与李何林不同，他侧重从灵魂搏斗的意义、从鲁迅参与《新青年》启蒙探索所存留

---

① 李何林《〈墓碣文〉试解》说："这一篇（指《墓碣文》——引注）和《影的告别》是《野草》中比较'含糊'难懂的两篇，也是大家解说纷纭的两篇。"（见《李何林选集》，安徽文艺出版社 1985 年版，第 296 页）孙玉石《关于〈墓碣文〉》说："《野草》中有两篇散文诗，被认为是最难懂的。一篇是《影的告别》，另一篇就是《墓碣文》。"（见《现实的与哲学的：鲁迅〈野草〉重释》，上海书店出版社 2001 年版，第 185 页）木山英雄："《墓碣文》代表了《野草》的难解程度。"（见赵京华编译《文学复古与文学革命——木山英雄中国现代文学思想论集》，北京大学出版社 2004 年版，第 45 页）

② 李何林：《李何林选集》，安徽文艺出版社 1985 年版，第 298 页。

③ 冯雪峰：《论〈野草〉》，见《鲁迅的文学道路》，湖南人民出版社 1980 年版，第 222 页。

的生命历程和思索的角度探讨此文的含义。他的《关于〈墓碣文〉》写道:"《墓碣文》中的坟墓,就是鲁迅为自己'反抗绝望'的生命存在和与之相联系的虚无寂寞的思想,用文学形象所修葺的'一座小小的新坟'。在这个'小小的丘陇'中,不仅仅埋藏着一个启蒙的战士'曾经活过的躯壳',更埋藏着他的整个生命所探索的思想,以及在这种探索的过程中,他自身内心深处所存在的'毒气和鬼气',即自身的灵魂中所拥有的那些非常黑暗和虚无的思想情绪,一般也可以叫做'生命存在的虚无哲学';而且,鲁迅第一次这样尖锐而赤裸地'露出我的血肉来',在一种充满阴森恐怖感的意象和氛围中,展示他的这一生命哲学,并在超越于严酷之上的自我解剖中,进行灵魂的自我剖白和搏斗。"① 孙玉石的看法启发了其后的学人,将视野朝向肯定灵魂搏斗的存在主义价值观的方向转变。

《野草》评论成为近年鲁迅研究的热点,呈现出多样化的趋势。对鲁迅内心深处灵魂搏斗的挖掘和关注,顺承了前辈看法而有所深化。前辈的看法多以鲁迅的"虚无"为负面价值,但近年的新锐评论多不强调此点。"虚无"的负面价值被淡化了。张洁宇《抉心自食,欲知本味》一文说:"鲁迅在'自己'的墓碑上,写下的却更多的是矛盾与虚无。他在墓碣的正面集中写出的是他思想中最内在最内核的东西:矛盾、困境、自我反省……而在背面,则是他一生中最重要的事业——文学和写作。"② 李玉明说得更清楚,他指出鲁迅的虚无心境"本身是很可悲哀的,也是悲剧性的"。同时,认为"这样的历史传统、文化氛围和现实条件,只造就了这样一种绝望的情绪,造就了这样一种虚无的心境"③。于是鲁迅的自我解剖就有了历史和现实的投影,存在它的正面价值。范美忠直接越过了虚无而将它看作存在的本然,以为本此更能直探鲁迅的本心。正因为有这种存在主义价值观的肯定,他才能把《墓碣文》看作"一篇灵魂和人性探险者的墓志铭,记载的是生命和灵魂搏斗的痕迹"④。朱崇科新近的论文

① 孙玉石:《现实的与哲学的:鲁迅〈野草〉重释》,上海书店出版社 2001 年版,第 187 页。
② 张洁宇:《独醒者与他的灯:鲁迅〈野草〉细读与研究》,北京大学出版社 2013 年版,第 226 页。
③ 李玉明:《"人之子"的绝叫:〈野草〉与鲁迅意识特征研究》,北京大学出版社 2012 年版,第 124 页。
④ 范美忠:《民间野草》,中央广播电视大学出版社 2012 年版,第 167 页。

似乎转向着力揭示《墓碣文》的修辞特征，他认为里面存在一种"互看的奇特与灵思"①，亦有所解会。当然，《野草》评论中也有不甚合情理的索隐出现，例如将《野草》看成是鲁迅人生爱情的隐语，荒谬绝伦。② 孙玉石早就批评过了，此处不赘。

经过学者数十年的探究，《墓碣文》整体的把握和诠释方向已定，毋庸置疑。余下可以继续探讨的，笔者以为一是鲁迅自我解剖、反省，或者说灵魂搏斗的意义到底是什么；二是《墓碣文》所表现的悖论式的冲突究竟折射出什么样的经验内容。下文就这两点谈谈笔者的浅见。

鲁迅的自我解剖，笔者觉得有着他自己特别的含义，与我们一般所说的反省存在明显的区别。前辈学人肯定鲁迅自我解剖，固然是依从鲁迅自己的说法而来。鲁迅说自己"更无情地解剖我自己"，"全露出我的血肉来"。可是细细地追究，鲁迅的解剖并不通向一个究竟的结论。解剖显露出来的虚无、绝望、颓唐等，它们只是生存状态的表述，并没有如字面所暗示的负面道德价值。也就是说，解剖者和解剖所"露出来的血肉"，是处在同一层面上的。并非如反省那样，存在一个更高的良知自我观照、反思自身，反省者超越所反省的东西，反省和所反省两者并非处在同一层面上。鲁迅写信给许广平说自己身上有"毒气和鬼气，很想去除它"，但是又补充一句，说并不能够。他说出自己身上有"毒气和鬼气"，似乎是自我反省，因为"毒气和鬼气"总意味着负面的东西。可是在另一个地方，他又宣称"枭蛇鬼怪，也是我的朋友"。这两种说法，明显存在前后不一致。"枭蛇鬼怪"就是"毒气和鬼气"的另一种说法，它们本为一物。然而，既然是朋友，又何谈去除呢？笔者疑心，鲁迅内心深处，早已知晓以许广平的人生阅历、识见智慧不可能明白他的人生观念，与其招致误解，不如因两情恩爱而姑且说之。若鲁迅真有通常所说的反省和自我批评精神，特别是儒家"吾日三省吾身"的诚意，既然反省及之，又有何不能去除的呢？鲁迅之所以明知自己有"枭蛇鬼怪"而又朋友之，实在是因为他对人生所抱持的观念、思想的深度与他同时代的绝大多数人存在太大的距离。他在喜欢他的读者、朋友、爱人面前，遇到说之不清、道之难明的难题，于是就换了个自谦的表达。以鲁迅阅世阅人之深，遇到许广平这

---

① 朱崇科：《互看的奇特与灵思：〈墓碣文〉重读》，载《鲁迅研究月刊》2016 年第 1 期。
② 参见余放成《"难于直说"的爱情：〈野草〉主题探微》，华中师范大学出版社 2011 年版。

种尚在校园的单纯学生，鲁迅将自己深广的忧思称作"毒气和鬼气"，是毫不奇怪的。这是复杂遭遇单纯时的修辞。

鲁迅所言"解剖我自己"，"露出我的血肉来"，笔者以为是非反省的解剖，它是诗人表露内心世界的另一种说法。王国维曾经有种说法，将诗人分成主观的诗人和客观的诗人。① 此说如有道理，那鲁迅毫无疑问是主观的诗人。主观的诗人以文学为使命，不露出血肉，则无以写作。然而，鲁迅遇到的问题是，如果毫无遮拦直露出血肉，一来不成文学，二来遭年轻的朋友误解，三来便宜了他的论敌。关于这一点，鲁迅在《写在〈坟〉后面》讲得很清楚："我就怕我未熟的果实偏偏毒死了偏爱我的果实的人，而憎恨我的东西如所谓正人君子也者偏偏都霭铄，所以我说话常不免含胡，中止，心里想：对于偏爱我的读者的赠献，或者最好倒不如是一个'无所有'。"② 鲁迅固然是解剖自己，但将这种解剖看成是反省意义的解剖，则是将古代儒家的反省和现代自我批评的观念套在鲁迅身上而误解了鲁迅。毛泽东曾经称赞鲁迅，说鲁迅的骨头是最硬的。所谓骨头最硬，这既包括对论敌和他认为的反动势力的坚持抵抗、论争，也包括对自己认为值得坚持的观念、感受的坚持不改易。别人认为复仇有违恕道，他偏偏一个都不饶恕，到了生命的临末，还一念坚持。将鲁迅看成有反省精神，有自我批评精神，笔者觉得是看偏了、走了样。不错，鲁迅解剖自己，但他的"解剖"不过是自道心迹，自我呈现，表现自己的内心世界，将对峙、冲突、纠缠的内心世界经由文字呈现在读者面前而已。他对自己复杂而幽深的内心冲突从无任何愧疚之感。会愧疚的鲁迅不是鲁迅。从文学修辞的意义上说，鲁迅是个天才的诗人，他能够将时代的复杂性投射在个人内心世界的复杂性并毫不走样地呈现出来。正因为如此，我们今天可以经由他解剖的内心经验而理解时代社会所投射于诗人的文化现实。我们今天对于《墓碣文》的解读，不应仅仅停留在对鲁迅自我解剖精神的肯定，更应该深究鲁迅积淀于心的复杂性的文化背景及其内容。

孙玉石将他的《野草》细读诠释取名为《现实的与哲学的》，循两者并重的方向寻求文本的解释。这确实是摸到了《野草》的文脉。《野草》

---

① 王国维：《人间词话》第 17 则，人民文学出版社 1982 年版，第 198 页。

② 鲁迅：《写在〈坟〉后面》，见《鲁迅全集》（第 1 卷），人民文学出版社 2005 年版，第 300 页。

中的每一篇都有其经验内容，也有其人生哲理。具体到《墓碣文》，笔者认为那些充满悖论的表达，"自啮"和"抉心自食"的残酷形容，所表现的固然是鲁迅的心绪和感受，但这种内心经验所指向的却是新思潮运动，至少与《新青年》如火如荼期间的"反传统"存在密切的关系。离开了新思潮运动本身，便无法透解鲁迅在《墓碣文》中所呈现的心绪和感受。鲁迅在新思潮过后写下《墓碣文》，证明鲁迅对新思潮运动的性质有异常清醒的认识，鲁迅的认识远远超越了同一时期投身新思潮运动的其他先驱。

《墓碣文》不算标点符号，全文仅271字。它的情节极其简单，文辞却异常艰深、闪烁而诡谲。全文从文句、所写的事物到结构，全由相反对峙的修辞方式来表现。首先是"我"和所梦见的墓碣的对峙。"我"恍惚入梦之际，如游魂一般竟然可以读着不知何死者墓碣的刻辞，见其尸状。其次是墓碣刻辞正面阳文和背面阴文的对峙。就通常墓碣而言，背面是没有文辞的。鲁迅别出心裁，这个墓碣既有阳文，也有阴文。然后，墓碣的刻辞不是同一句子用词相反就是句子文意对峙。最后是这个死尸居然会坐起来说话，面对那个前来观看的梦中人。《墓碣文》的这种修辞，有些是鲁迅用来故布疑阵，营造阴森、闪烁、诡异和神秘气氛的。比如在结构上创造"我"和墓碣的对峙，托梦言之；类似的还有"我"绕到背面看见孤坟的描写；短文的末尾，梦魂看到死尸说话，吓得疾走，不敢反顾等。鲁迅只是借用这种方式来展开其经验内容，本身并没有什么深意藏于其间。笔者亦以为它们只有烘托气氛的意义。然而，另一些相反对峙的修辞却不然，它是那种自我吞噬感受的真情流露，非此无法表达出来。鲁迅的修辞方式和他所欲呈现出来的经验是具有高度一致性的，鲁迅要表达的不是清晰、明畅的那种经验，而是相互纠缠、相互对峙、你中有我、我中有你、方生方死、方死方生、激烈冲突的那种经验。它在逻辑上是说不清道不明的，于是鲁迅为此创造了独特的修辞方式。

墓碣刻辞的阳文写着："于浩歌狂热之际中寒；于天上看见深渊。于一切眼中看见无所有；于无所希望中得救。""浩歌狂热"与"寒"、"天上"与"深渊"、"一切眼"与"无所有"、"无所希望"与"得救"，全部都是前项与后项词义相反的。若是以逻辑来求解，这几句简直不知所云。但鲁迅偏偏在这样前后两个相反项中看到它们相成的一面，构造它们奇特的关联。笔者不能坐实鲁迅的具体所指，鲁迅也许并无具体的所指。

但是，离开了新思潮运动所创造的"新"与"旧"的纠缠、冲突，离开了新思潮诸人激烈反传统而他们本身又为传统所滋润养育这种悖论式的情景，离开新思潮当时轰轰烈烈，不数年忽忽又"高升的高升，退隐的退隐"的现实，死人墓碣上的这段刻辞就是纯粹的文字游戏。然而，事实是鲁迅写下的这几句墓碣刻辞是极有深意的。这些极度悖论性的句子，表达的正是鲁迅所理解的那个新旧激荡的时代社会铭刻在他内心的感受。五四新思潮将"孔家店"、文言文、旧文化拉出来审判，轰轰烈烈，群起抨击，这正是那时中国大地上的"浩歌狂热"，然而"孔家店"所标签的儒家传统、数千年文化承载的文言文经此一番"浩歌狂热"的抨击之后何所归依？忽而未必不能感受到其中的寒意。虽然已是众口一词，但鲁迅正从众口一词之中感受到多数的寒意。秉持孤独奋战的鲁迅一旦被劝进加入"群殴"之中，心生寒意乃是情理固然的。新思潮的核心观念是进化、进步，而遍阅人间的鲁迅心知，无论进化还是进步所驶向的"天上"离"深渊"并不遥远，可惜唯独深刻如鲁迅者才感受得到。"一切眼"都向往进步，向往新异，向往"黄金世界"，但是进步所达之地却是"无所有"。中国如"铁屋子"，新思潮的一切努力、奋斗，乃如"铁屋子"的"呐喊"，本来"无所希望"，但这个"无所希望"的穷途挣扎，使中国获得的却是"得救"。毫无疑问，鲁迅解剖的是他自己，然而正是通过这个被解剖出来的"我"，才清晰地透视出新思潮运动的那种自我吞噬的悖论性。直到百年后的今天，笔者才有此理解，而鲁迅却身处其中就通过闪烁的文辞传递出如此深广而复杂的感受，不愧为现代中国新文化的真正前驱者。

既然是墓碣文，读者当然会问是何死因？有意思的是鲁迅事实上回答了墓中死尸当年的死法。"我"绕道墓碑之后，"窥见死尸，胸腹俱破，中无心肝"。心肝当然是自噬而无所存了，自己将自己的心肝吞噬了——这个死尸是自噬而亡的。墓碣正面刻辞还有一段话是映射死尸的死法的："有一游魂，化为长蛇，口有毒牙。不以啮人，自啮其身，终以殒颠。""自啮其身"化为长蛇的游魂，虽然不是那死尸，然它的行为却与死尸当年所做的完全一样。墓碣阴面的刻辞见证了这场悲壮的自我吞噬的惨烈：

……抉心自食，欲知本味。创痛酷烈，本味何能知？

……痛定之后，徐徐食之。然其心已陈旧，本味又何由知？

死尸指什么？笔者以为同样不能具体坐实。但是"抉心自食"此一内心酷烈的感受，笔者同样以为离开新思潮运动所提供的复杂经验无法索解。新思潮运动在鲁迅内心深处就是一场惨酷的"抉心自食"。它和鲁迅笔下的那条长蛇一样，"不以啮人，自啮其身"。新思潮要埋葬旧传统、旧文化，但是激发这种行为的激情、力量、冲动，全都来源于传统文化的养育，而它的目的亦在使传统由此而获得新生。新思潮运动的悖论性、反身性与鲁迅的思想、经验、性格具有惊人的同构性。鲁迅至少从参与《新青年》撰稿，发表《狂人日记》的时候起，就萌发了此种意识。《墓碣文》写于 1925 年，那时以《新青年》为代表的新思潮运动早已烟消云散，社会步入救亡图存的革命氛围。鲁迅这时才将他与众不同的内心深处的感受"托梦"表达出来，但依然闪烁其词。这是为什么？答案是鲁迅执着于人生的"两间性"，扎根大地之上，以笔为戈，奋战不止。他不愿意让这些或许被以为有灰暗色彩的思想影响主流大局，尤其是不愿意让那些喜爱他的文字但不能如他深思深虑的青年读者面对如此沉重的话题，所以鲁迅故意营造晦涩的意象、闪烁的文辞和艰深的修辞，既以文字表达他悖论式的内心感受，又以文字阻挡无谓的误解。文字既是引路，又是高墙。这大概也是这篇短作发表以来惹来这么多不同解读的原因。

"抉心自食"是鲁迅历经新思潮运动所感受到的内心生活体验。鲁迅在诗人阅世的敏感和思想的深刻方面，远超新思潮诸位先驱。他们一道为中国新文化的前景奋斗，批判旧传统、旧文化，鲁迅也参与其间，奋戈自勇，为王前驱，但鲁迅并没有单纯把旧传统、旧文化当作置身事外的批判对象，并不认为它们与己无关，一味只是谴责。鲁迅的立场早已超越纯粹的谴责，他比新思潮所有先驱都清楚意识到所谓旧传统、旧文化早已不是自外于身的他者，而是自身血肉的一部分，"即使是枭蛇鬼怪，也是我的朋友，这才真是我的朋友"①。因此，显露这些"枭蛇鬼怪"，也就是自我的呈现，鲁迅的立场并非谴责，而是痛惜、关怀、悲苦。正所谓"抉心自食，欲知本味"。《狂人日记》也讲"吃人"的故事，但鲁迅讲到故事的末尾出乎意料地带上一笔："我未必无意之中，不吃了我妹子的几片

① 鲁迅：《写在〈坟〉后面》，见《鲁迅全集》（第 1 卷），人民文学出版社 2005 年版，第 300 页。

肉，现在也轮到我自己。"此种观念的根底处，与佛教所讲因果报应，真有异曲同工之妙，因为两者都是把不幸看作是自身行为与思想的结果。鲁迅的这种立场亦塑造了他的写作观念，古人皆以写作为"立言"事业，企求藏名山传后世。鲁迅没有一丝一毫此种古人气息，既然是"抉心自食"，所得的下场便只有——死。所以，《墓碣文》上的那个死尸，"胸腹俱破，中无心肝。而脸上却绝不显哀乐之状"。因为是自动求死，自啮自戕，故无所谓哀，无所谓乐。鲁迅将自己第一本集子取名《坟》，将自己的写作比作"筑台"或者"掘坑"，无论"筑台"还是"掘坑"，其结局都是埋葬自己：

> 比方做土工的罢，做着做着，而不明白是在筑台呢还在掘坑。所知道的是即使是筑台，也无非要将自己从那上面跌下来或者显示老死；倘是掘坑，那就当然不过是埋掉自己。总之：逝去，逝去，一切一切，和光阴一同早逝去，在逝去，要逝去了。——不过如此，但也为我所十分甘愿的。①

鲁迅非常清醒地意识到，自他选择"从沉默中爆发"以来，他的写作，他所从事的事业，最恰当的形容还是自己所说的——"抉心自食"。他希望自己的文字"速朽"，因为文字的速朽也就是时代的速朽、社会的速朽。文字连同时代、社会一块儿埋葬，确实是鲁迅那时心愿的写照。

过去我们常常把鲁迅这种返身自照袒露内心世界，仅仅看成是作家严于自我解剖，敢于讲真话。这固然有几分道理，但笔者相信这种肯定，离鲁迅自我定义"解剖"的深意相距甚远。鲁迅的解剖连通时代社会，它不仅是个人心迹，更是时代精神的象征、社会思潮的投射。"抉心自食"不仅是鲁迅比喻自己当下的精神状态，形容他参与新思潮的启蒙事业，也是新思潮运动自身性质的绝妙写照。五四新思潮运动就其根本性质和所造之事，亦如鲁迅笔下所写的那条长蛇，"口有毒牙。不以啮人，自啮其身"，以其奋勇无情之气象，摧枯拉朽，自我清算，既扫荡廓清而又自伤自残。过去，我们皆以新旧判然分别的观念看新思潮运动，将它理解成如

---

① 鲁迅：《写在〈坟〉后面》，见《鲁迅全集》（第 1 卷），人民文学出版社 2005 年版，第 299 页。

同送旧迎新的礼仪一般，旧的送走，新的迎进；旧传统、旧文化彻底扫荡，新传统、新文化从此奠定。事实上，传统的演变和改造并没有那么简单，即便是新旧观念的出现和新旧的对峙，它本身也不是一个客观事象，而是社会危机、民族灾难催生了思想和价值观分裂的结果。应该说，参与新思潮的先驱除鲁迅之外，其余的人都是抱了一个新旧简单截然对立的观念来从事启蒙事业的。特别是胡适，他之视新思潮运动，简直如同由我开辟，重审一切，从此开创新天地。然而，新思潮运动中多数人抱持的简单观念并不能改变新思潮运动本身的自噬性质。从文化传统的演变看，来到了《新青年》风起云涌的当口，中国的文化传统的确遭遇了一场"抉心自食"的文化运动，如同蜥蜴悲壮的断尾求生。而鲁迅的自我解剖，则为这个时代、为新思潮运动铭刻下真实的见证。

（刊于《中国现代文学研究丛刊》2017年第8期）

《呐喊·自序》漏掉了什么？

1922 年 12 月，鲁迅为自己的第一本书，也是第一本小说集《呐喊》的出版写了自序。鲁迅的用意是说明"《呐喊》的由来"，也就是他走上以文学为职志的人生道路的原因。

这篇短文的着墨处有三。首先讲童年及青年时的经历。人生的感悟使鲁迅看见世道的真相。要点在人们常引的那句话："有谁从小康人家而坠入困顿的么，我以为在这途路中，大概可以看见世人的真面目。"其次是仙台医学院时期的"幻灯片事件"。它使鲁迅萌生医病不如医心的想法，决心从事文艺改变"愚弱的国民"的精神。其三是钱玄同夜访，劝说鲁迅"做点文章"，以实现"毁坏这铁屋子的希望"。我相信鲁迅所讲的都是事实，但也要留意到鲁迅所陈述的是事后的追忆。即使到 1922 年底，鲁迅所发表的小说连同杂感和文章，依然不多，但鲁迅也显然意识到文学的路已经开辟，而这条路也是他今后的人生路。与十余年前在日本办《新生》弄翻译而默默无闻完全两样。这时的鲁迅对于从事文学充满自信又心志坚定，他在新文学中的地位已是无可撼动。正因为这样，鲁迅要在《自序》里解释"《呐喊》的由来"。

然而，事后的追忆和整理免不了条理化，而条理化所关注的是大道理讲得通的那些部分，大道理触及不到的隐微的"小道理"就难以避免被过滤掉。这不是说鲁迅有意要隐瞒什么，内心里有什么"秘密"不可能陈述出来，而是说当鲁迅回顾自己"弃医从文"之际，一些助推鲁迅走文学之路的重要因素完全有可能是鲁迅没有意识到，即便意识到也是没有办法陈述出来，即便陈述出来也会被认为不合时宜的。特别是当它涉及个人隐秘的伤痛，更是像冰山水面之下的部分，不可能被一眼望到，所以它们没有出现在鲁迅的笔端。这可能是有意识回避的，也可能是无意识而未触及的，总之《自序》里没有提到。鲁迅之走上文学的路是他已经说出来的大道理和有意无意漏掉的"小道理"汇通的结果，任何单独的方面都难以让后世的读者看得清事情的全貌。中国社会一直都是家道升沉无定，荣枯霎时霄壤，像"从小康人家而坠入困顿"正所在多有，是通见的常态，而只有如鲁迅般敏感的心灵才得以看见"世人的真面目"。现代作家家道中落者大有人在，他们的作品也不见得对"世人的真面目"有多么敏感。日俄战争日本大胜，助推了日本的军国主义气氛。在此社会氛围之下，鲁迅说的那些影画，不独仙台播放，其他城市亦然，估计看过的留日生不止鲁迅一人，而只有内心痛楚和反叛心强烈者如鲁迅，才产生导致摆脱学医这能确保将来家的生存的确定前程，走向前程毫无保障的以文学"唤起国民精神"的茫然事业的大决心，也就是读者今天认知的"弃医从文"。鲁迅人生路的改向，是客观境况与主观心灵碰撞的结果，更准确一点，是客观境况唤起特定的主观心灵而产生的。离开了特定的主观心灵，认为它就是客观境况自然而然就能产生的结果，这不是事物的全貌。所以，事情还得回到鲁迅决心"弃医从文"之前塑造他的主观心灵攸关的私人经验是什么？也就是《呐喊·自序》漏掉而没有出现的部分是什么？尤其是如果读者琢磨的不仅仅是鲁迅的"从文"，而且也包括鲁迅"从文"的姿态——他是以"复仇"的姿态"从文"的，那我们关注并探究鲁迅《呐喊·自序》漏掉的人生和心理经验，那就不是多余的了。

<h1 style="text-align:center">一</h1>

鲁迅的人生和思想成熟于革命风起云涌的年代，与革命的相逢恰当其时。虽然比孙中山、章太炎等首揭革命义旗的开山人物晚生十余年，但对于赶上这个正在成气候的革命浪潮，可以说是不早也不晚，机缘正好。鲁迅1902年3月赴日留学，二十一岁，时距辛亥革命的爆发尚有九年有余。日本又刚好是酝酿清末革命风潮的漩涡之地，如果鲁迅要做视死如归以革命为职志的人，那真是可以用躬逢盛会来形容。他的同乡、为革命殉身的秋瑾比鲁迅才年长两岁，徐锡麟比鲁迅长八岁，一炸摄政王而惊闻天下的汪精卫比鲁迅还年少两岁。鲁迅与这些第一代的革命者是同时代人。不仅年岁相近，革命的情怀类同，就是人生的活动地域也都在日本关东地区。但鲁迅是成不了能实行的那种革命者。对于革命，鲁迅是"思想入党而组织入不成党"的人。因为实行的革命需要有把脑袋别在裤腰带式的决绝。鲁迅的人生不能那样决绝，他有思考，有顾虑，他成不了怀袖刀枪的

革命者。根据沈瓞民的回忆，鲁迅到日本之后的第二年，加入"浙学会"。这是浙系进步学生组织鼓吹革命的团体。又过一年，加入了矢志推翻清朝光复中华的"光复会"。然而鲁迅在革命情绪激昂的年代，依然是观察、思考、学习，他的行动是剪掉了那条象征是清朝奴才的辫子，今有断发照为证。断发的意义于鲁迅恐怕是"舒愤懑"多于加入"革命队伍"的象征。虽然加入"浙学会"和"光复会"，但始终未见他有什么奔走革命的举动。徐锡麟就义之后，消息传到浙系留学生的圈子，鲁迅有发电报谴责清朝廷的提议，因意见分歧又终于不了了之。倒是秋瑾的就义长久地烙刻于鲁迅的心底，日后写成震撼心灵的小说《药》。没有奔走革命的举动，没有从事革命运动的举动，又不可理解为鲁迅对于革命畏首畏尾。这是因为鲁迅对于自己与革命的关系有独特的领悟和思考，有独特的做法。人生路的抉择必得心志、才情与个人具体的周遭环境能够得到相为配合，才算踏出自己的路。鲁迅有革命的心志，有对自身才情的自知之明，这些都与个人的周遭环境不能配合，他对此有顾虑，这是他身处革命的漩涡而始终不成为实行的革命者的重要原因。

撇开对自己才情的认知，鲁迅做不成怀袖刀枪的革命者，与他的家庭遭际和婚姻有极大的关系。特别是后者，鲁迅甚至不赞一词，但越不见赞辞，就越见得此事在鲁迅人生抉择的关头有分量。它们甚至塑造了鲁迅人格的基本倾向。1896 年鲁迅十六岁，父亲病逝。家庭关系是旧式的家庭关系，意味着鲁迅的母亲从此"夫死从子"；还有两个弟弟，鲁迅从此也要"长兄如父"。这两副"人伦的重担"，他愿意也好不愿意也好，都得从此背负在肩。丈夫离世后，为妻为母最大的责任就是给做将来的家庭顶梁柱的长子说好一门亲事。鲁迅母亲鲁瑞说的是朱家的女儿朱安。据说是由家族里面的人牵线。周家中落但体面，朱家世代经商，也算是门当户对。周朱两家订婚最迟在鲁迅去日本之前确定，很可能更早。周作人1899 年 12 月的日记提到他与朱安的弟弟一起看戏，那时鲁迅尚在南京矿路学堂读书，十九岁。这样，母、未婚媳妇和两个弟弟，三副重担都要他承担，更兼两个弟弟立身出世的担子也要他来背，合起来是一副不轻的"人伦重担"。虽然弟弟将来可以另立门户，但至少出身以前的教育和生活负担是免不了的。所以我们看到鲁迅在接受教育和从事职业的路上，一直跟随着一个浓重的实用谋生的影子，他学的都是将来可以吃饭的傍身技艺。他不能没有这样的打算。南京时期去水师学堂、矿路学堂，固然也是由于不收学费，但也不能说没有学门手艺好将来谋个饭碗糊口的考虑。到了日本修过语言，主动选择去仙台学医就更是如此。西医由晚清传教士带进中国，如果孙中山算第一代学西医的人，那鲁迅就算第二代学西医的人。联系到鲁迅日后在散文《父亲的病》所描述的就算庸医也收昂贵的诊金和"坐在三名轿夫的快轿里飞一般抬过"的生活，就不得不承认鲁迅对生活出路虑事选择的周全。鲁迅自己没有说过父病延医的经历和仙台学医之间有没有很深的联系，但至少留下了深刻的印象。鲁迅清楚医生的社会地位和生活。它在鲁迅的学业选择中起作用是毫不奇怪的。

1909 年鲁迅黯然归国。在日本三年节衣缩食的"弃医从文"，以悲哀的"并无反应，既非赞同，也无反对，如置身毫无边际的荒原"告终。这短暂的反叛生涯让鲁迅得到一个教训，"我决不是一个振臂一呼应者云集的英雄"。他借此迅速回归通常的人生之途，在家乡教了几个月书就借了同乡朋友的力，谋了个教育部的差事，过起了上班办差，下班抄古碑的生涯。这段生活最大的意义就是鲁迅终于对母亲、朱安和弟弟有所交代了，他是一个真正的"如父的长子"。他的薪水稳定、充足，可以供养母亲、朱安，还可以供弟弟读书。他对母亲和弟弟们有感情，有义务，而对朱安则是无感情有义务。综合起来，一面是义务，另一面也是骄傲。义务和骄傲合在一起，成果就是 1919 年夏季购进西城八道湾 11 号大宅子，同年年底鲁迅回故乡将母亲、朱安和弟弟周建人一同北迁京城。周氏三兄弟其时各已成婚，其乐融融，短暂地同在屋檐下。1921 年 10 月，三弟周建人搬离八道湾，远赴上海。1923 年 7 月与周作人"兄弟失和"。鲁迅"大家庭"的梦碎了。将近十年前，我趁短暂逗留北京的间隙，前去周氏旧宅一探究竟。当我看到那个尚在拆毁还是保留未定之中的残破旧大宅，脑袋闪过一念问自己：新派如鲁迅居然还追求这样的大家族生活？大宅所映照出的生活方式，分明与新派所提倡的个人自由存在距离。这是一个新派人所居住的"旧世界"。婆媳的勃豀、妯娌的死缠、叔嫂的大防、兄弟的阋墙，这些旧式大家庭层出不穷的游戏，鲁迅居然也愿意忍受，他居然也存有兄弟成家而共爨的迂念。生活在这里的鲁迅是一个怎样复杂、既新又旧的鲁迅？不过，一想到他有早年丧父的哀痛，由于出生的排序，鲁迅早早意识到供养家人的人伦责任，与家人和洽地同在屋檐下生活，结成他内心的愿，所以才有八道湾的大宅生活。然而终究迈不过兄弟阋墙的坎，此是后话。鲁迅对亲情的观念虽迂但也在人情之中。这是鲁迅不失人情的可贵之处。只有看到这一层,才能明白鲁迅做不成实行的革命者的原因。实行式的革命,不但要求舍身,也要求能够弃绝人伦责任,或者对此弃绝意识到更高的"召唤"。鲁迅能够做到的是前者,做不到的是后者。正因为如此,即使鲁迅生当天时地利人和三者都齐备的革命环境,他也没有义无反顾地投身奔走于实行式的革命运动。

二

鲁迅虽然不能弃绝人伦责任,但也不甘心就此被埋没在人伦的重压之下。他内心有一颗反叛的种子。种下这颗反叛种子的直接事件就是周朱两家联姻。鲁迅一生对此几乎未赞一词,正应了不说的才是伤得最重的那句老话。这件事"难言之隐"的一面其实很好理解。虽为婚事的直接当事人,但在风俗习惯和观念上,当事人只是被牵连的配角。鲁迅对此心知肚明,他的意志被碾压无视,他又不愿意让母亲难堪,拂逆其意志。只好选择"走异路,逃异地",算是表明心迹,也算是一条行得通的路。鲁迅对关系自己一生幸福的大事,不与母亲决裂而强忍吞下,这既有人伦血亲的力量,也有心灵生长成熟中的善良。无论如何,从默认的那一天起,鲁迅是自愿地默默吞下这枚将埋没人生幸福的苦果。最起码他是做了这打算的。在一个文明的曙色已经照进铁屋子微窗的时代,自愿选择被私人生活的黑暗遮没,这内心是何等的苦楚、哀痛。这苦楚和哀痛非当事人是体验不到的,而体验到的人则如扎心的绞痛。所谓难言,原因则在于此。

时代和社会的黑暗如果不是经过内心创痛的个人体验,就始终是一个理性的概念。而鲁迅不是经由纯粹的理性概念达到认知时代和社会的,他是经由内心的创痛而认识到传统积习的黑暗。自从他吞下这颗苦果,他就在内心搭建了一座经由个人经验沟通时代和社会的桥梁。鲁迅日后的文学创作既有个人体验的内心切痛,又有尖刻观察的深广幽愤,感人至深。其原因就在于他善于穿梭通行于个人经验与时代社会的两端。他 1903 年断发后在小照背面书赠许寿裳的七绝诗屡被引用:"灵台无计逃神矢,风雨如磐暗故园。寄意寒星荃不察,我以我血荐轩辕。"长期以来,这首诗被理解成作者的"战斗誓言"。其实深入到文脉的内部,就可知它是个人命运的感叹和不屈不挠意志的结合物。第二句和第四句自来并无异议,比较好理解，而第一句和第三句我认为是表达个人命运及其感叹。严格地说，诗的用典略有破绽，不算工整。古希腊人对两性爱情的神话解释被鲁迅用来暗示自己无从逃遁的联姻命运，而他与母亲赠予的那件"礼物"并无感情，只在无可逃遁的意义上相似于古希腊人的本意。典用得如此，未为安妥。1903 年鲁迅二十三岁，涉世未深，更毫无"仕途"经历可言，典用来自《楚辞》的"荃不察"，似无从谈起。但身在"排满革命"的漩涡之中，若大丈夫愤然振作，则既有前贤可法，又有来者可追，有的是机会，他的天空并无"寒星"。何来"荃不察"？这句的所指显然也是个人体验，否则文意不圆融，典也无所安顿。如果将不能"察"他的志向与意志的"寒星"落实为他生命中的具体人物，则非他的母亲鲁瑞老太太莫属。

由吞此苦果而淤积于心的愤懑不时爆发出来，最直接和剧烈的一次是1919 年 1 月。那时鲁迅已经加入《新青年》的同人圈子。他收到一位"不相识的少年"寄来的诗，诗题曰《爱情》。诗句戳到了鲁迅身世的隐痛。以下是原诗的一节："我年十九，父母给我讨老婆。于今数年，我们两个，也还和睦。可是这婚姻，是全凭别人主张，别人撮合：把他们一日戏言，当我们百年的盟约。仿佛两个牲口听着主人的命令：'咄，你们好好的住在一块儿罢！'爱情！可怜我不知道你是什么！"鲁迅读后，感同身受，写下《随感录四十》，他感慨道："做一世牺牲，是万分可怕的事。""又不能责备异性，也只好陪着做一世牺牲，完结了四千年的旧账。"鲁迅这几句话十足是他自己的人生的写照。其时，鲁迅守着母亲所赠的"礼物"已有十三个年头，所忍受的创痛，远远超过作诗的那位"不相识的少年"。如果不是有此割心的痛，鲁迅亦断说不出这些刻骨的话。鲁迅的结论是，既然"魔鬼手上，终有漏光的处所，掩不住光明"，既然"人之子醒悟了"，那就要发出声音来，"我们能够大叫，是黄莺便黄莺般叫；是鸱鸮便鸱鸮般叫"。是的，鲁迅说得完全正确。这就是诗，这就是文学，而且是诗的正路，文学的正路——从沉默中爆发，从无形压力之下发出呼喊，反抗命运。鲁迅的这次"舒愤懑"完全印证了十八年前"周朱联姻"在他心头烙下的创痕以及他对命运不屈的反抗。对鲁迅走上文学道路而言，它远比《呐喊·自序》明文写到的"从小康人家而坠入困顿"来得铭心刻骨。它提供了反叛旧传统旧文化的源源不断的心理动力。

年谱显示，1906 年的夏秋之间鲁迅来到了人生选择的十字街头。一面是母亲催促返国成婚，另一面是就此埋没，心有不甘。顺着学医的路走下去，即便顺利毕业成为医生，他的人生亦无非等同于养家糊口的工具。即便生活体面，上对母亲下对兄弟妻小有所交代，心头的郁屈还是无所抒发。这相当于让已经醒悟了的"人之子"钳口沉默，有冤而不得申，有屈而不得诉。鲁迅不甘心。与母亲的书信往来有几通，是否讲到弃读医科一事，文献阙如，今人不得而知。然而事实很清楚，鲁迅答应母亲返国成婚，又同时办理退学手续。鲁迅唯一提到当时情形的文章是写于 1926 年的《藤野先生》。他口风严密，只讲事实，不讲原因："到第二学年的终结，我便去寻藤野先生，告诉他我将不学医学，并且离开这仙台。他的脸色仿佛有些悲哀，似乎想说话，但竟没有说。"鲁迅不忍看老师的凄然，"便说了一个慰安他的谎话"，说自己想去学生物。退学之于鲁迅，表面是"弃医从文"，实质却是反叛，他要重新定义自己的人生价值。母亲既然将"一日戏言"当成儿子的"百年盟约"，"人之子"也决不要做主人栏里的"两个牲口"，甘心被硬生生绑在一起。命运是无可逃脱的，但命运也是可以反抗的。文学就是反抗。选择从文对于鲁迅的生命意义重大。它是逃出生天的出口，是生命价值的寄托。对鲁迅而言，这是一次精神重生的机缘。暗影重重的事件和幽微曲折的精神活动所导致的人生决定，怎样才能说得明白给朴实到有点古板的藤野先生听呢？鲁迅对自己尊敬的老师说个谎话也是可以宽恕的吧。

事实证明，鲁迅《自题小像》中沉重的命运感和悲哀感是准确的。它像不祥的预言，"周朱联姻"是个彻底的悲剧。诗最后一句的动词鲁迅用"荐"字。古往今来，中国人把所荐的称为牺牲，鲁迅下意识地把自己摆在祭台之上。他真正懂得牺牲的含义。新婚是有的，燕尔是没有的。婚后四天鲁迅即携弟周作人重返东京。1906 年的东京，热闹非凡。虽然中国大地还是死气沉沉，不过东京的中国人圈子却迎来另一番景象。但凡有中国背景的政治流亡者、留学生乃至侨居者，几乎都卷入保皇的《新民丛报》和革命的《民报》论战所激发的舆论热潮。激扬文字或者说舞文弄墨而可以吸引众人眼光，可以激起舆论，发动风潮，舆论骄子可以成为风云会聚的英雄，这是有史以来头一遭出现的现象。梁启超挟《新民丛报》，章太炎主政《民报》，观点针锋相对而皆一时风头无两。政治和文化形势的改变导致文字的角色与传统社会大为不同而有了新的生命。鲁迅敢于办《新生》弄翻译来作为人生的事业，想必对文字造就社会力量的形势改观有所观察，有所感触，因而不惜"以身试法"。形势的改变、东京的热闹点燃他敏感而反叛的心灵之火。

　　然而鲁迅还是失败了，他失败于不切实际的浪漫。他的文艺观不但深受浪漫主义的影响，连他从事文艺活动的方式也是浪漫的。在《呐喊·自序》谈到这件十五年前的伤心往事时，他的"反省"并不深刻。鲁迅大包大揽地将自己归究为不是"一个振臂一呼应者云集的英雄"。其实他写下这句话的时候，要是新文学阵营里选一个"振臂一呼应者云集"的人，则非他莫属。鲁迅不是一个谦谦君子，他如此地"看低"自己，是要用谦逊来表达对于过去的伤感。鲁迅固然是失败于没有"应者"，但究其所以应者寥寥的原因，则在于语言的失败。这和《学衡》曲高和寡的命运是同一类性质的失败——话语方式的失败。"人之子"是觉醒了，却用旧脑袋思考表达时用的书写语文，怎能吸引青年呢？思想是新的，语言却是旧的。谁与之共鸣呢？有多少人与之共鸣呢？思想也是要讲市场的。思想市场的决定性要素就是语言。直到今天，我们已经把它当成专业了，圈子小到不能再小了，读《文化偏至论》《摩罗诗力说》还是觉得佶屈聱牙，更何况其时那些尚且年轻又有阅读饥渴的青年。文艺作品的主要阅读者历来都不是社会时代的思想先锋，而是芸芸众生。不是理念不好，不是思想不深刻，而是用了那时多数腐朽者和极少数先行者才精熟的语言。腐朽者不欣赏他表达的思想，而有可能接受其思想的芸芸众生却被佶屈的古文摈诸门外，宜其《域外小说集》只卖出了个位数。上溯十余年，严复用汉魏六朝风格的古文译成《天演论》为士大夫所接受，也为更晚一辈者如鲁迅、胡适所激赏。时间只过去十余年，等鲁迅再尝试用古文译介欧洲现代文学，却遭遇文学的滑铁卢。社会真是处于急剧变迁中，文言的气数已是命悬一线。鲁迅弄文学，却没有捕捉到此中变迁的应有信息。他在语言上的觉悟连梁启超都不如。这恐怕与章太炎以古文为"国粹"的观念影响有关，等到鲁迅想明白新文学有待于现代白话文，那都要再十年之后了。

三

　　尝试的惨败伤得极重，直接被"打回原形"。1909 年返国，上岸之后得装个假辫子戴在头上，更是"原形"的表征。鲁迅只好"走旧路"，即

"弃医从文"之前那条"长兄如父"的路。不过鲁迅还是心有不甘，就像他在《野草·题辞》形容的那样，"地火在地下运行，奔突"。鲁迅心底下的熔岩地火无时不在运行奔突。证据就是他既抄古碑又读《新青年》，以致钱玄同来访，他即知道这本杂志"不特没有人来赞同，并且也还没有人来反对"，似乎命运比《新生》好不到哪里去。然而时代确乎不同了。我相信将鲁迅从旧路拖回来，重新唤醒他的文学旧梦的机缘是白话文。白话文运动拯救了鲁迅。1917 年 1 月胡适始倡"文学改良"，但《文学改良刍议》是用文言写的，陈独秀同年 2 月那篇呼应文章《文学革命论》也基本是文言，只有内中的警句是白话。但从 1918 年开始，《新青年》改用白话。胡适那篇倡导"国语的文学，文学的国语"的《建设的文学革命论》发表于 1918 年 4 月。过了仅一个月，实绩就出来了。那就是鲁迅第一篇白话短篇小说《狂人日记》。这样的节奏如果没有事前思想的交流和计划的安排，是不能令人信服的。《呐喊·自序》中钱玄同访鲁迅的那一节完全没有提到对白话的议论，或许出于行文的考虑。要之，鲁迅与钱玄同的交往一定议论到进行中的白话文运动。据鲁迅日记，钱玄同 1 月无访。1918 年 2 月至 5 月钱玄同这位东京时代的鲁迅同学——章门弟子——十访鲁迅，有一次还伴同刘半农。"双簧"的两位主角都到齐了，不是《新青年》的事还能是什么呢？钱玄同劝鲁迅"做点文章"，想必不是劝鲁迅用古文做，而是劝鲁迅用白话做。他知道鲁迅有文学的旧梦，也知道鲁迅有文学的才华。

　　《新青年》的圈子里，鲁迅是白话文运动的晚到者，醒悟较迟，行动也晚。然而一旦醒悟，行动起来，鲁迅却是最强有力的。大门一旦踢裂，鲁迅也是闯劲十足，贡献最大的。因为他有比同人里任何人都强烈的创痛感悟。虽然他不是首倡，但他却说出了所有创痛中最伤惨的感受："我总要上下四方寻求，得到一种最黑，最黑，最黑的咒文，先来诅咒一切反对白话，妨害白话者。即使人死了真有灵魂，因这最恶的心，应该堕入地狱，也将决不改悔，总要先来诅咒一切反对白话，妨害白话者。"假如读者在"太平盛世"看鲁迅这段话，很容易将它读成"激愤之辞"，然而只有深刻如鲁迅者，才能认识到社会裂变关头的真理：文言所表征的是一个旧世界，它不仅仅是其中一种语言工具那么简单；要远离旧世界，最便捷可靠的途径是远离它的语言表征。

　　将鲁迅放在《新青年》发动的新文学运动范围内观察，我们可以看到双重拯救的现象：新文学运动拯救了鲁迅，而鲁迅也拯救了新文学运动。后一方面过去得到了充分的论述。的确，明眼人都可见得鲁迅做出了新文学最大的实绩。自鲁迅一鸣惊人，持任何观念和立场的人都不敢小觑白话新文学。设想一下，如果五四时期新文学阵营只有《尝试集》《终身大事》等而没有鲁迅的作品，那新文学在世人眼里将成何等模样？可是，另一方面也要看到，《新青年》成全了鲁迅，拯救了鲁迅。没有胡适等倡导并躬行白话文学，那世间就只有周树人，没有鲁迅。周树人成长为鲁迅，钱玄同及《新青年》先驱之功不可没。当年的真相并不仅是《呐喊·自序》描述的钱玄同夜访请鲁迅"做点文章"那么简单。正是胡适等所倡导的现代白话文运动，挖掘开了重压下的层层厚土，透出气孔，使运行奔突于地下的鲁迅心中的熔岩地火喷薄而出，蔚为现代白话新文学的壮观。《新青年》白话文的倡导让鲁迅有了新的视角反省十一年前办《新生》以古文译介欧洲现代文学的失败缘由，明白现代白话与新文学血肉相关，懂得新思想有待于新语文的道理。

鲁迅的《呐喊·自序》解释自己走上文学之路，所说言之成理，但也有重大遗漏。当然，鲁迅也没有义务替世人认识自己"弃医从文"的真相，说出所有的一切。人的心理是一个幽微丰富的宇宙，即便是当事人也未必能洞察导致某项选择的心理动力。直到今天我们也不知道鲁迅是有意隐瞒还是失察，不过最痛的是不说的或者说不出来的这种现象，这在人生中也是普遍存在的。尤其联系到鲁迅是这样一个极其擅长由内心体验而联通现实世界的作家，他的小说对现实世界的认知若说仅仅出于时流的激愤，那是不能说明问题，其中必有深创的内心体验。如他《狂人日记》第一声呐喊，从"每叶上都写着'仁义道德'几个字"的历史看出其实只有两个字——"吃人"，难道不正是他自己人生的痛切吗？将两人像牺口一样绑在一起结婚生活，不就是"吃"和"被吃"吗？鲁迅比其他新文学作家更有文学才情，这没有错。但他还有一样与其他新文学作家不同，他的人生更加创痛，也许是痛切到无法在《自序》里说出来吧。

（刊于《大家》2018 年第 4 期）

百年文学思潮论

一

百年在本文论述的框架内只是大致的说法。假如采取文学事件做标志，它的时间跨度便是 1895—1993 年。前者是傅兰雅（John Fryer，1839—1928）的"时新小说"征文活动①，后者是 1993 年由王晓明等人的《旷野上的废墟》引起的文学和人文精神危机的大讨论②。准确算来不足百年，但若算上序幕和余波则超过百年。这个时期国家形态跨度很大，政权更迭急速，经历有晚清王朝、民国、新中国。政治变迁如此巨大，假如以朝代的眼光看，倒是应该分成三段的。但为什么依然要将政治变迁如此之大的时段合并起来讨论它的文学思潮呢？

百年文学思潮，借用一个套语，就是不以人的意志为转移，一定要来的"国际大气候"的产物。费正清曾经用"冲击—反应"模式来说明晚清中国"现代"的发生。③ 西方的冲击就是晚清中国社会不得不承受的"国际大气候"。欧美世界工业革命之后，资本主义全球扩张，中国既然不能以自己的意志转移、抵御这全球的趋势，只能为这个全球趋势所裹挟，或者随波逐流，或者奋发有为，对这趋势做出中国的"反应"。值得注意的是晚清以降至 20 世纪末的绝大部分时间里，"西方的冲击"和"中国的反应"两者在分量权重上，不是等量齐观的。"西方的冲击"如同泰山压顶，而"中国的反应"则如绝处求生。中国付出沉重的学费以求适应原本陌生的国际秩序。在此过程中惨败有之，屈辱有之，反抗有

---

① 傅兰雅《求著时新小说启》："今中华积弊最重大者计有三端：一鸦片，一时文，一缠足。若不设法更改，终非富强之兆。兹欲请中华人士愿本国兴盛者，撰著新趣小说，合显此三事之大害，并祛各弊之妙法，立案演说，结构成篇，贯穿为部。使人阅之，心为感动，力为革除。"见《万国公报》1895 年 6 月第 77 卷。

② 参见王晓明等《旷野上的废墟——文学和人文精神的危机》，载《上海文学》1993 年第 6 期。

③ 参见［美］费正清、邓嗣禹著《冲击与回应》，陈少卿译，民主与建设出版社 2019 年版。

之，奋斗有之，改变有之。当我们观察近现代中国种种现象，政治的也好，经济的也好，文化的也好，统统都离不开那个关键的"西方因素"，甚至"西方因素"的面貌、强弱决定或牵制着中国的"反应"。

晚清以降深刻影响国运的"西方因素"概而言之约有三项。第一是西学东渐。它在晚明就已经发端，但强度不可与晚清同日而语。西学在科技、哲学、社会理论等"软实力"方面对中国社会的影响一直是压倒性的。第二是资本主义全球扩张。资本主义全球扩张表现为经济、政治、军事、宗教等综合力的撞击。晚清以降，中国在它面前开始是节节败退，继而势均力敌，最后终于站稳脚跟，化被动为主动。第三是国际共产主义运动。国际共产主义运动在中国无论是政治层面还是思想理论层面，从发生以来至今经历的是一个逐渐与中国实践相结合、相融合，逐渐中国化的过程。西学东渐、资本主义扩张和国际共产主义运动，这三样东西全都不是中国本土的产物，但在相同或相近的时间传播到中国来，引起了中国政治、经济、思想和文化的剧烈变迁，而百年文学思潮就是这个剧烈变迁的组成部分。

有意思的是 1989 年年底，柏林墙在没有被任何人预见的情形下"意外"倒塌，冷战结束。它令深刻影响中国国运的"外族盛衰之连环性"[1]终于告一个段落。冷战落幕，中国的当代史也进入另一个阶段。发端于此事件之前十余年以经济建设为中心的改革开放经由持续的奋斗建设，科技工商社会崛起而成为社会生活的主流，中国得此因缘转变而成经济、政治、军事实力雄厚的国家。在此过程中，"西方因素"的冲击力和影响力日渐淡退式微，中国不再是一个在西方面前被动因应的角色，费正清所设想的"冲击—反应"模式可以修正为"平等对话"模式。中国不再以一个失败的角色或反抗的角色，而是以一个复兴大国的姿态，出现在国际秩序的舞台。虽然这是一个多年连续变化过程的产物，但如果要以一个有转折点意义的文学事件为标志的话，则可以追溯到那场大讨论。

"国际大气候"笼罩着近现代中国，而中国的"现代"实因这一大事因缘而起。离开这大事因缘自然无法说清楚中国的"现代"，无法说清楚包含在这"现代"之中的文学和文学思潮。当"国际大气候"衰变成"国际小气候"或简直"不成气候"的时候，近现代史的那种阶段性也就

---

[1] 陈寅恪：《唐代政治史述论稿》，生活·读书·新知三联书店 1956 年版。

显示出来了。从近现代史的阶段性变化中，我们就有可能读懂文学和文学思潮的阶段性。在此种视野之下"20世纪文学思潮"，它和世纪的时间尺度并不完全重合。文学思潮比之经济政治那些更加基础的变化，有时是预先性的，有时却是滞后性的。在我们观察的这段时期内，文学思潮无论它的开始还是结束，全都是滞后性的。"五口通商"之后半个多世纪，不能说文学写作毫无"近代"的变化，但文学思潮却是一潭死水，直到《马关条约》签订后才初露端倪。冷战落幕，它隐含的是结束过去一个世纪"政治优先"的时局状况，结束思想文化层面的"主义优先"，但又过了三年才有"人文精神大讨论"。当然，这不算什么，也许文学思潮的变化比之经济政治层面的变化本来就是滞后性的，就像经济政治层面的变化比之"国际大气候"的强弱易位也是滞后性的。在我们的理解里，"20世纪文学思潮"发端于1895年傅兰雅"时新小说"征文活动。这断言的意思当然不是说此后的文学或文学思潮就没有了主义的色彩，或者应当主张那种无主义色彩的文学，而是作为文学思潮，这种认知敏捷而鲜明地回应了由于科技工商社会的崛起而导致文学的边缘化、非意识形态化的现实。文学在20世纪90年代冷战结束的气氛之下，逐渐回复了它千百年来"无力的本性"。它和傅兰雅百年前激越、高昂、奋发的文学调子刚好相反，和百年来文学思潮强调文学为启蒙救亡两肋插刀的主潮相反。站在观察历史的角度，它让我们意识到，一个相对完整的文学思潮行程确实是在这里打住了。笔者不能断言的是，它是文学新的觉醒还是对文学的背叛，但确凿无疑的是它意味着百年来文学思想和文学行程的段落性的结束。

百年不是观察历史的长的时间尺度，但也不算短的时间尺度，应该说是一个不长不短的时间尺度。这个时间尺度内社会变迁所造成的文化冲击、衰落、重组和融合，大致上可比之于1世纪东汉永平年间（58—75）到6世纪末7世纪初隋朝（581—618）时期。那时佛教传入中国，引起思想、文化的大动荡、大变化，到了隋朝佛教逐渐沉淀、融合、累积、转化为中国本土宗教。同样，西风东渐、资本主义扩张、国际共产主义运动等"西方因素"，经过前后一个半世纪的传播、融合、积淀和转化，逐渐成为中国本土的政治传统、现代经济和现代文化。所谓百年文学思潮只不过是一个巨大的中西积淀、融合、转化的大潮流中一个小小的分支罢了，本文将这个小分支单独挑出做一个观念史的观察。

百年文学思潮具体的观点、主张、争辩，甚至攻讦多不胜数，但基本上围绕着文学的救世承担、表现内容的真实性和审美的自律性这三个观念主轴而展开。这三个观念主轴是文学遭遇与以往完全不同的情景之下才形成的崭新议题，它们是文学思潮现代性的主要表征。笔者自然不能说与古代文论的议题没有一丝一毫的联系，但它们基本上是从现代的思想文化脉络中孕育生长出来的。

二

晚清经历了文学和文学思潮从"自在"到"自为"的转变。文学从闲雅、唱和、抒发感慨中走出来，参与到启蒙和改造社会的事业中来，靠的便是有识之士登高一呼，靠的便是文学思潮的深度刺激。自宋周敦颐以来便有"文以载道"的说法，晚清以降，文学思潮对文学救世承担的推动和文学自为性的突显，怎么看也仿佛古代观念的再生，然而两者存有微妙的区别，两者的相似是表面的。首先古人说的文，是文章、古文的文。这种意义的文，多为应用文体，其本身的目的在于致用，要求它们"载道"实在是题中应有之义。而古人抒发情志的诗词、消愁解闷的戏曲小说更接近如今虚构文学的体裁，便无"载道"的要求。它们在古人生活中属于闲雅一类，与琴棋书画，大同而小异。其次，"文以载道"当先有"道"而后才"载道"。在古代，这"道"便是"理"，它是理念形态的东西。而文学的救世承担，文学自为性的发扬，它本身并非理念，而只是一种文学的姿态。用五四的术语来表达，就是文学的"人间性"，或者说"为人生"的文学。文学为人生，很难说它是理念；而为人生的文学可以容纳各种理念。例如，傅兰雅要求"时新小说"除"三弊"，梁启超以"新小说"展望未来中国，鲁迅则用小说发出振聋发聩的"呐喊"，左翼以文学诉求革命，民族主义文学以小说树领袖的权威，新中国成立后文学则被要求写出"社会历史的整体真实"，等等。所有这些其实都可以纳入"为人生"的范畴。故这种文学所载的并不是"道"，至少不是统一性的"道"。这种百年文学共通的姿态，其实只是对岁月悠久的古代闲雅传统的反动。古代若逢天下太平，个人无所事事，诗文唱和往往长于打发时光，消愁解闷。而晚清以降，烽烟四起，国将不国，民将不民，有识之士思无用的文学一定要有所振作，发起文学思潮推波助澜，而文学由此改变。应该说，强烈主张文学应当在国难面前有所承担，这种主流的文学思潮塑造了百年文学的基本品格。无论今人喜欢与否，这是无可更改的事实。

百年文学之所以要担当起启蒙救世的使命，是因为这是那个时代国家政治与社会全面的结构性危机的产物。而这个结构性危机的孕育，与晚清社会的特殊土壤有莫大的关系。文学在社会转型中扮演先导者的角色，这并不是一个放诸四海而皆准的必然现象。土耳其、日本这两个后起现代化国家都没有发生类似中国现代文学的这种现象。因为从古代国家进入现代国家首先是经济、政治、军事方面的变革和转型，如果这些方面的进展符合社会的期待，文学在其中通常只扮演一个非常次要的角色，它不会冲到社会变革舞台的前方而成为号召者，因为社会转型的进程并未给文学提供这种机会。在中国，文学成为社会变革的马前卒，得到充分的表演机会，这是文学的幸运，但它背后却是社会更大的不幸——经济、政治、军事变革失败的结果。当我们追问何以产生此种严重后果时，答案当然指向晚清朝廷与士大夫阶层的无能，指向民初旧军阀的腐败。他们未能带领国家回应西方的挑战，本身也在西方势力的挑战面前泥潭深陷，日显土崩瓦解之势。

于是本来身处社会边缘的知识势力得以乘势而起。他们的主导方式当然只有乘媒体和印刷术的便利，诉诸舆论呼吁变革。晚清是这样，五四也是这样。文学由此而得到机会充当社会变革先导者，而文学思潮更在这个潮流中起导乎先路的作用。笔者不知道是否有中国的有识之士先于傅兰雅产生发起文学活动移风易俗的念头，而事实是第一位晚清文学思潮的发起者不是中国人，而是一位资深的英籍传教士。这个事实说明两个问题。第一，文学的启蒙救世承担与国家的政治与社会结构性危机存在正相关的关系；第二，士大夫之有觉悟者出现得太晚，不符时望，而终于让位于传教士。这个事实，念之令人伤感。结果就是传教士作为晚清社会的边缘势力最先登上了文学思潮的舞台。传教士来到中国本来的使命是传福音，但是传教士的福音事业注定是与中国社会的移风易俗有所关联。风俗不改，传教事业也无从得到令人满意的进展。这就是为什么在中国的西方传教士更加重视舆论、宣传，更加懂得利用小册子、传单、报纸、书籍等工具。当社会风俗成为挡在福音事业之前的阻拦索的时候，传教士就从教堂走到社会的旷野呼吁变革。这时候文学的"修辞的力量"正好派上用场，传教士同文学一拍即合。1895 年 5 月傅兰雅在《申报》刊登《求著时新小说启》的前三天，他写信给朋友说："最近的中日战争在很大程度上改变了时局……在中国的上层阶级中已经出现了强烈追求西方知识的潮流，他们从自己的国家轻易就被打败这件事中渐渐意识到他们对现代艺术和科学的无知。……我年复一年耐心等待着这股潮流到来，现在潮流开始涌动。"①传教士的目的并不在乎文学，但傅兰雅开辟之功还是值得肯定的。

尽管对文学应该承担启蒙救世的使命没有什么异议，但对如何才叫承担这使命和如何才能让文学真正达到这境界，各家看法并不一致。其中20 世纪 30 年代之后左翼内部周扬和胡风各自代表的立场之间的争议最值得关注。从大趋势来看，五四退潮之后，文学成为政治的工具，在举国救亡中起宣传、号召、鼓舞士气、传递政治方针的作用。这是不可避免的，但这是个逐步演变的过程。随着革命成为一部机器，随着这部机器由小到大，由根据地扩展为地域政权而日益成为现实。鲁迅当年"摩罗诗人""精神界之战士"的作家理想，也越来越"水土不宜"。然而从另一面讲，革命也是人心的内在欲求，参与革命潮流的作家也有自己的革命激情，这与作为集体意志的"革命机器"是不同的。同是救亡，可以从"革命机器"的角度来理解，也可以从人心的内在欲求角度来理解。这两种理解的目标都指向救亡，两者在大的革命目标上并无不同，但落实到文学，则截然有别。让文学作为政治的工具服务于救亡，和让文学遵从内心的革命激情服务于救亡，两者在对待文学、理解文学上会产生很大的差别。前者看重文学的"修辞力量"，后者看重文学内心激情的表达和抒发。前者与文学有距离，而后者则属于文学的本义。它们的对峙、冲突贯穿现代文学思潮的历史进程，但最后以前者的胜利和后者的失败而告终。这段文学思潮的历史基本上可以描述为周扬与鲁迅、胡风对峙的历史。

新中国成立后，万汇归一。晚清以降强调文学对现实的参与、介入，主张文学对现实的承担，在这个新的政治文化情势之下，文学以及文学思想都走上了一条既定的路。表面看起来，这日渐狭窄、空间收缩的大趋势似乎是文学思潮立场之间相互争辩的结果。但其实不是，除了制度的因素和政治的因素，笔者无法解释这个趋势的前后因缘。进入 20 世纪 60 年

---

① 转引《清末时新小说集·序》，见周欣平编《清末时新小说集》，上海古籍出版社 2011 年版，第 19 页。

代，有些觉得有违初衷的批评家就开始呼吁"松绑"，像秦兆阳、钱谷融等，形成了表面上"松绑"和"束缚"之间的姿态对峙。站在服务一时政治的立场，期望文学成为工具，甚至棋子；而站在作家的立场，则期待不要辜负时光，能写出发出内心呼声的作品。于是文学思潮就在"束缚"的实施与"松绑"的微弱呼喊中来回游走。"束缚"的实施当然是强有力的一方，不过也有间歇的时候；而"松绑"的呼声虽然微弱，即便发不出声来，在内心还是保存着的。直到 20 世纪七八十年代之交，思想解放，治国方针回归建设，长期以来狭隘、僵化的文艺方针才得到根本性的检讨和修正。刘再复将过去一套僵化的做法在文艺界产生的严重恶果归纳为"主体性失落"，指出通行的文学观念是用"物"来代替人，或者用"神"来代替人。然而出乎所有批评家的意料，这场机缘难得的重新认识和反省半途中止，冷战突如其来的落幕极大地加速了文学的边缘化。

三

与聚焦文学与现实社会关系，主张文学要为启蒙救亡呐喊一样，主张文学要写真实的文学真实论也是晚清以降文学思潮的重要遗产。虽然不同时期的作家、批评家心目中的真实是不一样的，但他们皆以真实为文学的最高价值却高度一致。以创作来说，写尽晚清官场与民俗的卑污龌龊，就是谴责小说家的真实；五四作家却以为写出"礼教吃人"才是揭示社会与历史的真相；而左翼文学兴起到新中国成立后，作家心目中的真实是社会历史发展的必然轨迹；到先锋文学兴起，嘲笑和解构先前以为的"真实"成了先锋作家心目中真正的真实。真实论在百年文学思潮中处于最为显赫的地位，这是古代社会所不曾产生的现象，也算是文学思潮的"现代性"之一吧。古人只有"修辞立诚"的说法，降及晚明又添上"童心"一说，其实意思都差不多。若是涉及为文，就指发自本心，出于真意的意思。而百年文学思潮中的真实论，虽与此有重合的一面，但更多的是受现代新闻、科学、哲学、社会理论和欧洲现代文学思潮影响而产生的论述，它偏重指文本内容不曲解客观真相，如实反映社会现实的意思。

近现代文学的真实论有三个重要的思想来源。它在价值取向上是来自新闻传媒和自然科学的价值观。英人美查（Ernest Major，1830—1908）

于 1872 年创办中国第一份现代报纸，其发刊词《本报作报意》就以"真实无妄"为最重要的招徕，为此而不惜谴责"浮夸之词"与"荒唐之语"。而晚清又是科学大举传入的年代，传教士创办了中国最早的译书机构，如墨海书馆、美华书馆等。傅兰雅就是一个出色的科普译者，他创办中国第一份科普杂志《格致汇编》，一生译了 129 种科普读物。科学的传播催生了真相的观念，并使它在观念的世界扎下根来。因为社会转型，人对于自然和周遭环境的功利性活动日益频密，人与自然和周遭环境的相互对峙关系日益显明，人的意识活动的真实与否因此得到极大的究问与关注，真实性的价值因此而提高。真实论的另一个思想来源是其时的哲学和社会理论。哲学以追究人生宇宙的究竟所以然为使命，而社会理论则声称发现人类社会演进的规律。这给作家感受、观察人生与社会提供了思想武器，甚至简直就是提供了确凿不移的结论。晚清尤其是五四之后，哲学和社会理论越来越深地影响到作家的写作，两者有越来越密切的关系。因为作家要写出具体的人生和社会真相之时，不得不求助于所认同的哲学和社会理论。真实论最后一个来源是 19 世纪的欧洲文学思潮的自然主义和写实主义。欧洲文学提供了最"进步"的写作方法给中国作家，让他们能在具体的文学实践中写出人生与社会的真相。如果哲学和社会理论可以比作文学所应当承载的那个作为真相的"道"，那欧洲文学的方法就是承载"道"的"载具"。两者合成，作为文学思潮的真实论，深入文坛，大行其道。

作为文学批评史的核心观念，真实论在百年文学思潮中起到了巨大的作用。它是开辟新文学道路的"推土机"。凡为五四新思潮先驱所不取的文艺，最有力的指控就是指它们为"说谎的文艺"。文艺一与"说谎"沾上关系，就价值全无。鲁迅《论睁了眼看》一文说："文艺是国民精神所发的火光，同时也是引导国民精神的前途的灯火。……中国人向来因为不敢正视人生，只好瞒和骗，由此也生出瞒和骗的文艺来，由这文艺，更令中国人更深地陷入瞒和骗的大泽中，甚而至于已经自己不觉得。世界日日改变，我们的作家取下假面，真诚地，深入地，大胆地看取人生并且写出他的血和肉来的时候早到了；早就应该有一片崭新的文场，早就应该有几个凶猛的闯将！"① 五四时期批判古代文学尤其是戏曲、小说的"团圆主义"，用的也是"真实观念"这件利器。既然写出真相成为文学无可争议的最高价值，这种文学思潮的氛围就特别有利于写实派文学的生长。写实成为现当代文坛的主流，当然是得益于真实论的理论威力。因为表现手法的写实被视为最接近"真实"的，当文学要表现那个"真实"的时候，写实就比非写实具有天然的优势。这就解释了写实派文学居于百年文坛主流地位的原因。

真实论在百年文学思潮的历史脉络中是有变化的，"真相"落实到作品里也不是一成不变的。真实作为文学追求的价值，其地位虽然众口一词，不被撼动，但具体的真相却从未定于一尊。然而，如果沿着百年文学思潮按迹循踪就可以发现，"真实"从一个开放性的、多层次的文学追求逐渐演变为含义单一的、封闭性的文学教条。用印度寓言"盲人摸象"来表达，百年文学思潮的前半期，作家好比摸象的盲人，各人摸到各人的"真相"，文坛并无裁判论断谁是谁非。读者或许有所偏好，但得到的关于人生、社会的"真实"是各家的综合。可是到了后半期，尤其是"文革"时期，文坛氛围有如"神医"，"治愈"摸象众盲人的眼睛，他们得以睁开眼睛看大象，那各人关于人生、社会的"真相"自然就似曾相识了，或者说定于一尊了。追溯其根源，文坛氛围的"一统江山"是其原因。但作家观念上接受《联共（布）党史简明教程》式的"历史唯物主义"的影响也起着相当重要的作用。因为它声称发现了人类历史的演变规律，并且找到了通往社会演变最高阶段的道路。自那以后，人生、社会的真相就不再是一个作家自己探索、寻找的未知，而是一个现成的已知结论。批评家所强调的"真实"逐渐离开了作家主观体验和内心激情，偏向由教条、文件编织而成的"小册子里的真实"。"真实"从一个贴近感觉体验的概念逐渐蜕变为一个远离人生感觉的教诲，甚至远离了认知而只是"八股条文"的概念。在那些年代，批评要求作家"写本质""写典型"，以为只有这样才能反映"整体真实"。言下之意作家个人所见的只是"个别真实"，只有被阐述出来的"整体真实"才是作家应当遵守的最高规范。批评家所强调的真实论"异化"到这程度，其实离它的瓦解也

① 鲁迅：《论睁了眼看》，见《鲁迅全集》（第1卷），人民文学出版社1981年版，第240—241页。

不会很远了。

　　"异化"了的真实论随着"思想解放"而瓦解了，但以真实为文学的最高价值和最高标准并没有随之被抛弃。20 世纪 80 年代，文学思潮反省和探索的气氛浓厚，作为百年文学思潮重要遗产的真实论得到了重新理解、重新定义。教条被破除了，它变得贴近感觉体验，批评家和作家对真实的理解，再次接近欧洲浪漫主义时代对"自我""内心""真实"的理解。如余华在小说《活着》的前言里说："一位真正的作家永远只为内心写作，只有内心才会真实地告诉他，他的自私、他的高尚是多么突出。内心让他真实地了解自己，一旦了解了自己也就了解了世界。"① 了解自己和了解世界是一回事儿还是两回事儿，了解了自己是不是就了解了世界？这问题应当是有争议的，尤其是后一问。但是从这表述中，我们确实看到了一种充满活力和内心激情的真实代替了另一种刻板而僵化的真实，而这正是百年文学思潮的行程。

四

　　百年文学思潮另一个重要建构就是文学自律性命题的形成。20 世纪文学思潮是以启蒙救世为旗帜而开幕登场的，但是恰好与提倡文学启蒙救世几乎同时，文学自律的命题也被提出来了。文学的启蒙救世和文学的自律性，乍看是两个相反的命题，但其实不是，至少它们出现后相当一段时期内不是。启蒙救世固然指涉文学能在世间做实事，起到积极的社会作用，但文学自律性命题提出来的时候，也没有反对文学起启蒙救世的作用。它们不是站在文学救世担当命题的对立面，而是作为认识诸体裁的审美共通性而出现的。然而，由于有了这种对文学审美共通性的自觉，当文学受到太多外力干扰的时候，就会被认为"离开了文学"，于是文学自律就会成为一道理论的防线，阻挡外力对文学的干预。这时，文学的自律性作为一个命题，就卷入到文学思潮的争辩中来。也就是说，它起初是一个书斋学究式的命题，但终究演变成一个旗帜性的命题，成为作家为自己写作辩护的理由。这是现代文学思潮史上一个颇有意思的演变。

----

① 余华：《活着》，上海文艺出版社 2004 年版，"中文版自序"第 2 页。

文学自律的观念在古代是不存在的。自律和他律是一对范畴，没有他律，也就无所谓自律。自律和他律的范畴是现代社会科学的眼光，把文学放在社会关系中考察，通过文学与诸种社会事物的关联来认识它与其他事物的普遍联系和它自身的独特性。对古代的文评家来说，他们还没有形成这种现代的社会科学眼光，所以文学的自律作为一个文学的命题，并没有出现在古代文评的话语系统里面。但是这也并不意味着古人对文学自身的特质一点都没有认识，只是说他们不会将文学自身的特质置于自律和他律相互对峙的范畴之下来认识而已。古代虽有"文学"一词，但它不是由虚构的表意文字组成的诸体裁集合的意思。古人说到文学，都是分别体裁而论述，如诗、文、戏曲、话本、演义、小说等，古代还没有概念将它们统合起来，在综合的眼光下来认识。现代的"文学"观念的产生，要拜审美自律观念所赐。西洋美学是晚清随西学东渐之风传播进来的，在美学的视野之下，审美首先被视为人类一种功利性生存活动之外的具有独立品格的非功利活动，而审美活动则广泛存在于运用语言的诸表意活动，如诗歌、小说、戏曲等。既然如此，就有可能通过审美而将它们联结起来，现代的"文学"概念正是在这样的氛围下产生。于是审美区别于功利活动他律的自律性顺理成章有可能成为文学独立性辩护的理由。

从美术的非功利的角度认识文学、为文学辩护的观点，到了 20 世纪 30 年代，渐渐变得不能令人信服。王国维是康德、叔本华美学的信徒，他阐释的美学在理论和逻辑上能自圆其说，但对文学现象的解释性极其有限。他"陈义太高"，若按他的理论，中国只有一部《红楼梦》符合审美非功利的特质，其余皆是令人"复归于生活之欲"而"眩惑"的伪品。[①]王国维之所以有如此狭隘的看法，可能与他未能注意语言表意与其他媒介表意之间的差异有关。梁实秋写于 1937 年的《论文学的美》其实就是对王国维引发的解释困境的回应。他重提文学与思想、感情、道德的关系，其基本论点是站得住的，但他又把文学与道德的关系看得太狭隘了。王氏尚且明白文学以其真挚可以不顾道德而自有其价值的道理，梁实秋这方面反而比王国维倒退了。20 世纪三四十年代抗战和革命的深入推进，有可能被感知为压缩了作家自由创作的空间。朱光潜《自由主义与文艺》一文，显然有为文学辩护的意图。但他把"直觉、想象"和"思考、意志

---

① 王国维著，周锡山评校：《王国维文学美学论著集》，上海三联书店 2018 年版。

力"对立起来，以前者本性自由，暗示后者"不自由"。其论点在逻辑上是站不住脚的。这意味着批评家为文学辩护的传统方式不能适合新的变化了的文坛现实。为了说明文学可以免受"干扰"，批评家总是从发掘文学的"自性"开始，发掘文学与其他事物相比独一无二之处，而最后却发现那个独一无二的东西总是不那么独一无二，至少不像理论中说得那么独一无二。文学是自由的，其实不需要文学内部的理由来说明。

20 世纪 50 年代以前批评家用"非功利""超功利"来论述文学的自律性，但在新中国成立后就显得背离时代潮流，而用"自由"来为文学辩护也苍白无力。这时候，人道主义应运而生，成为表达审美自律诉求的理论话语的核心。也就是说，人道主义代替了"非功利""超功利"，也代替了"自由"成为替文学辩护的理由。1957 年钱谷融发表《论"文学是人学"》，这篇长文是新中国成立后第一篇在人道主义视野下论述文学的文章。虽然它把人道主义单独地归入文学的名下，但是它的潜在的理论意义显然超越了文学领域。这可以从 80 年代初周扬和胡乔木争论人道主义与异化问题引起的深广反响得到印证。钱谷融认为，文学是写人的而不是反映生活的。前者把人当作目的，后者把人当作工具。文学将人当作目的，它天然地与对人的尊重、同情的人道主义感情和理念联系在一起，成为伟大的文学作品的内核。钱氏以人道主义解释古往今来伟大的文学，显然是针对当时流行的理论对文学的"干预"。这种"干预"严重偏离了作家的创作现实，偏离了对伟大作品的批评解释。那个时代流行的批评观念如"反映生活""整体真实""作品的人民性、党性"标准、典型论等，都存在对文学根本特性不同程度的误解。《论"文学是人学"》的发表不仅是学术的探讨，它同时也是一个文坛事件。这一事件折射着百年文学思潮更复杂的裂变，它意味着对文学的干预和利用，是现代社会、现代政治的一个组成部分。纵然有作家不乐意，也无人能够阻止它的出现，无人能在写作的天地免除它。与对文学的"干预""利用"是政治持久的努力一样，而心有不甘的作家、批评家，反对这种持久努力本身也是一项持久的努力。80 年代初，人道主义和异化问题成为理论界的禁忌，本来朝向更深入反省的路向停止了。而恰恰在这个节点上，刘再复提出了文学的"主体性"。文学的"主体论"替代人道论在新的情势下担当起为文学辩护的角色。理论家、批评家开始从"主体失落"的角度思考 50 年代以来文坛的教训。文学的"主体论"成为那时最富有建设性的批评理论。

结 语

从漫长的中国文学史看，"百年文学思潮"是一个异常现象。随着冷战的结束，它也接近尾声，走入历史。催生这个历史阶段文学思潮的三个要素：西学东渐、资本主义全球扩张和国际共产主义运动，以冷战结束为标志，同时也以"改革开放"为契机，有的缓解，有的退潮，有的改变了过去的形态。文学因此而重新回归到惯常的状态，它在人们生活中的重要性也回到了原来的位置。

如果以文学在政治和公众生活中的地位为标准来衡量，百年文学和文学思潮毫无疑问是显赫的，比以往任何时代都要显赫。古人只能期望自己的作品藏之名山，传诸后世，而诗文、小说的切磋也仅仅是二三素心人之间的事。但是在百年期内，无论是作家还是批评家，他们的公众名声和社会地位都是当下兑现的。从前文学是冷僻的，是不得已而为之的，但是这个时期文学成了"令无数英雄竞折腰"的事业。文学是国民精神的灯火，作家是灵魂的工程师，而批评家可以影响这些灵魂工程师的命运悲欢。幸运的话，批评家还可以号令文坛。以今天的理解，这一切名分似乎得之不正。但是我们也不能以事后诸葛亮的聪明来过分责备这个时期文学对于启蒙救世的担当，不能过分责备文学批评的功利要求。文学到底要不要为国家和民族的灾难两肋插刀？笔者以为，这个问题见仁见智，没有唯一的答案。天才如乔伊斯固然可以给出否定的答案，可是当我们思考百年文学和文学思潮对于启蒙、对于民族灾难的担当，甚至对于建设新国家的贡献的巨大作用，亦断不可妄自菲薄。

最后，批评和理论能不能告诉我们一些文学固定不迁的特质，从而让作家按此照办？从历史上看，这是不可能的。这个答案意味着文学是可以被利用的，它似乎没有固定不变的"真面目"，也没有固定不迁的"独立性"。但利用者必然要为此付出代价。同时也意味着文学思潮所提出的命题，会永久地争议下去，不会有最终的结论。

（刊于《现代中国文化与文学》2015 年第 2 期，标题有改动）

论丘东平

丘东平是左翼文坛一位杰出的作家。一来因为牺牲得早，二来因为与胡风的关系，[①] 他对左翼文坛的贡献得不到应有的估价，在文学史的独特地位也得不到应有的论说。随着胡风冤案的平反，《丘东平文存》的出版和他更多散佚作品的发现，一个左翼文坛别开生面的作家形象逐渐浮现在学术研究的视野。本文就是一个这样的尝试，也为缅怀这样一位为民族解放事业而捐躯的英勇战士。

一

丘东平走上写作之路，与左翼文艺运动的大背景息息相关。他开始写作的准确时间不容易确定。据郭沫若记载，1932 年三四月间，丘东平请郭氏看看自己的小说。[②] 那时应是他秉笔写作之初，至 1941 年 7 月牺牲于苏北抗日战场，满打满算丘东平断断续续写了十年。他留传下来的文字不算多，但开卷即见那扑面而来的现实感，粗糙有之、幼稚有之，但绝无矫揉造作，绝无无病呻吟。如果要讲写"草根"生活，写下层的众生相，尤其是写大革命，很多相同年代已经享誉文坛的高手也无法匹敌。同是参加大革命，同是流亡日本，当丘东平把"习作"拿给新文学的文坛的"耆宿"郭沫若看时，郭氏异常敏感，说是"在他的作品中发现了一个新

---

① 胡风、丘东平两人在 20 世纪 30 年代上海文坛认识并成为好友。但周扬显然因为嫌恶胡风而对丘东平有成见。早在 1950 年周扬就说，丘东平"为革命牺牲是值得尊重的，但当作作家来看，那死了也并没有什么可惜"。罗飞：《丘东平文存·编校后记》，见罗飞编《丘东平文存》，宁夏人民出版社 2009 年版，第 381 页。

② 郭沫若：《东平的眉目》，见罗飞编《丘东平文存》，宁夏人民出版社 2009 年版，第 337 页。

的世代的先影"①。这句话非常中肯地道出丘东平登上文坛的代际特征。"新世代"是相对于"旧世代"而言的。郭氏比丘东平长 18 年，早登文坛十二三年，和五四的那一代作家相比，恰好构成了代际的差别。在这位直爽而质朴的晚辈面前，郭氏已经隐约感到一代新人的崛起。

郭氏的感觉其实是我们观察丘东平创作非常有价值的起点。在中国新文学的历史中，五四一代作家与受新文学感召、熏陶而成长的一代作家构成了鲜明的代际差别。五四一代作家，普遍有家庭背景的支持，受过良好的旧学训练，大都漂洋过海，从现代大学里"科班出身"，西洋文学的根底较为深厚，文字功夫较好。他们生活在晚清、民国初年动荡的社会环境之中，军阀混战，国家危机加深。他们登上文坛，诉诸文字，纯粹是社会和人生的苦闷的爆发。鲁迅两本小说集的名字《呐喊》和《彷徨》，非常清晰地把这种特征标示出来。一方面是为民族、社会的前途而呐喊，另一方面是个人追寻真理的迷茫与彷徨。当他们用文字表现自己对旧中国的"呐喊"和失望，表现对人生和真理孤独的探索的时候，他们的笔端是无与伦比的。但是紧接五四而来的大革命给新文学的第一代人非常强烈的震撼，对他们而言，如何确定自己在"革命坐标"中的位置，这始终是一个难以抉择的问题。叶圣陶有《倪焕之》，茅盾有《幻灭》《动摇》《追求》，十字路口的彷徨再次降临，不过这一次不仅仅是个人生活的十字路口，而且是社会历史演变的十字路口。在这个紧要关头，新文学第一代作家与其说是"豁出去"，不如说保持了理智的审慎。这不仅因为大革命改变了社会氛围，革命从一个展望中的事物变成了血淋淋的现实，而且也因为大革命改变了写作的生态，叙述革命的"专利权"已经落在了亲历者的手里。五四一代作家因为思想立场的差异，感情上可以亲近或疏远正在兴起中的革命。但是对写作而言，无论亲近还是疏远，革命作为写作的题材，却与他们渐行渐远，新文学作家之间的代际差别由此而形成。

20 世纪 20 年代后期，由"文学革命"到"革命文学"的转变，其背后的人脉基础正是后五四一代作家崛起于文坛。他们大都与丘东平一样，生长于清末民初传统社会急速破产的时期，没有多少家庭教养背景的支持，仅在新式学堂习得"新知"的皮毛，文字训练有限，旧学根底浅

---

① 郭沫若：《东平的眉目》，见罗飞编《丘东平文存》，宁夏人民出版社 2009 年版，第 338 页。

薄,对西洋文学的熟悉也仅限于初步涉猎。他们几乎没有留洋的经历,虽然大革命失败后有人漂洋过海,但与其说去留学,不如说是暂时流亡海外。如果讲到文学素养,他们自然比不上五四一代作家,但是因为他们是在大革命的社会氛围中悟解人生和社会的,这是他们安身立命的起点,所以他们与兴起中的革命简直如身体发肤,感同身受,须臾不离。这又是五四一代作家不曾经历过的。1927 年大革命失败,他们虽然也四散逃生,但内心绝对没有懊悔、沮丧,反而一面积聚能量,一面暗中接头,寻找组织,一旦机会重现,立即从头再来。他们能枪则枪,不能枪则以笔为枪。"左翼作家"这四个字,对他们而言不是"左翼"再加"作家",而是两者浑然一体,不分彼此。革命对他们而言,是一种日常生活,无时无刻不身处革命斗争之中,因而革命不是一种有待深入的"生活",而是生活本身。所以,无论创作还是批评,他们都不愿意"听令",不愿意在条条框框的指挥下写作。站在"组织"的立场,这种新派作风好像有点儿"个人英雄主义",有点儿不听号令。其实这是不幸的误解。因为如果革命有号令,那号令就在他们的内心。听从内心的召唤,就是最好的服从"组织",就是最好的为革命奋斗。理解了这一点,就理解了为什么胡风早在东京时期,就不喜欢由留洋学生组成的"创造社"的作品,也不喜欢茅盾的作品。他觉得它们没有普通人民的真情实感,只是无病呻吟再加一点性刺激。① 理解了这一点,就理解了丘东平为什么对自己的写作那么自负。他的傲慢、直率、自负,在他初登文坛时,一定传播给了许多人,以至于那位把他介绍给郭沫若的 W 君,称"这是中国新进作家丘东平,在茅盾、鲁迅之上"②。郭沫若记下这句话,当然是觉得夸张,或许夸张到离谱。但丘东平的内心却不这样看,他有自负的理由。他觉得,在他那个时代"多数的老作家都在腐化中"③,而郭氏未必不包含在其中。"腐化"一说,可能言过其实,但包含了对当时左翼作家状况的深切了解。一方面,老一代作家功成名就,说不上尊荣富贵,至少不必写了稿子又得求名家指正,投了稿出去不至于又四面碰壁;另一方面,现实的改变,革命斗

---

① 见胡风《胡风回忆录》,人民文学出版社 1993 年版,第 1 - 2 页。

② 郭沫若:《东平的眉目》,见罗飞编《丘东平文存》,宁夏人民出版社 2009 年版,第337 页。

③ 丘东平:《并不是节外生枝》,见罗飞编《丘东平文存》,宁夏人民出版社 2009 年版,第310 页。

争的重新兴起，"老作家"自然是无能为力，后生小子正因此而不遑多让。"倚老卖老的所谓文坛的权威们没有操纵文坛，垄断文坛的法宝了，年青的热情的文学者们可以自由发挥他们的才能了。"① 与丘东平的老作家"腐化"说差不多，胡风也不满意左翼文坛"文化生活里面弥漫着的那一种精神状态"②。这种精神状态不能"刺破文化生活里的迷妄的罩子，从这里透露出现实社会的发展要求，政治斗争或社会斗争的具体形态"③。胡风、丘东平这一代批评家、作家的出现，并不是无缘无故横空出世的，而是应运而生的，这个运就是大革命兴起和左翼文坛的形成。

丘东平留下来谈文学的文字很少，但即使就是这不多的文字，我们也可以发现他对文学最基本的见解，都是建立在强烈的作家代际意识基础上。他强烈地意识到，他是一代新人，他有写作的新使命。他说：

> 中国的老作家们看来似乎已经不能负起这个任务了，因为他们不能深切地了解这个炸弹满空，血肉横飞的现实，他们的语气中，"战士"，"勇士"，"冲锋"，等等，是一些讽刺的，不能承认的，否定的名词，和敌人血肉相搏的场面，他们除了不了解，不承认之外，就不免要把它看作唐吉诃德和风磨的决斗了……中国的青年作家们，他们站在中国大众的前头，期待这抗日战争已经很久了。④

当然，丘东平看不起"老作家"并不意味他认为和他一样的"新作家"一切都好。他批评"老作家"最主要的理由是"老作家"不了解已经变化了的时代，因而不能承担时代赋予作家的任务。但这也并不意味着"新作家"就自然熟悉这个烽火弥漫的时代，"新作家"也同样有让自己与时代合拍的问题。投入、拥抱乃至突进民族解放战争的伟大时代是作家最重要的使命，也是能写出伟大作品的前提。正是基于这样的认识，丘东平蔑视"老作家"，同时也批评"新作家"。他说，还有"许多弄文学工

---

① 丘东平：《在抗日民族革命高潮中为什么没有伟大的作品产生？——答塔斯社社长罗果夫同志的一封信》，见罗飞编《丘东平文存》，宁夏人民出版社 2009 年版，第 304 页。

② 胡风：《胡风回忆录》，人民文学出版社 1993 年版，第 35 页。

③ 胡风：《胡风回忆录》，人民文学出版社 1993 年版，第 35 页。

④ 丘东平：《在抗日民族革命高潮中为什么没有伟大的作品产生？——答塔斯社社长罗果夫同志的一封信》，见罗飞编《丘东平文存》，宁夏人民出版社 2009 年版，第 302 页。

作的朋友中，不认识实战斗，为战斗所惊吓而噤若寒蝉"①，而甚至有的新进作家沉迷于"有名无实的会议上鬼混"，做"无谓的应酬"②。丘东平非常清醒地意识到当时左翼新进作家的毛病，一方面是不熟悉实际进行中的革命，另一方面是缺乏主体自觉的意识。前者是"不认识战斗"，而后者是作家被战斗淹没了。特别是后一方面的认识，与胡风主张的"主观战斗精神"不谋而合。他以高尔基作为例子鲜明地提出问题：

> 俄罗斯当时有多少码头工人，多少船上伙夫，多少流浪子，为什么在这之中只出了一个高尔基？高尔基有没有天才我们不能肯定，但高尔基能够用自己的艺术的脑子非常辩证地去认识，去溶化，去感动，并且把自己整个的生命都投入这个伟大的感动中是铁一样的事实。这就要看自己的主观上决定自己是磁石之后，它就能够吸收了。不然，对于一块石头，钢铁也要失去存在的价值，中国的作家直到今日还说自己没有认识生活，没有和生活发生关系，我觉得这将不免是一种嬉皮笑脸的态度。③

这段话不但是对胡风"主观战斗精神"最好的解释，也一针见血地指出了左翼文学运动存在的弊端：作家缺乏主体自觉的意识，不能高扬自己的"主观战斗精神"去认识、溶化、感动眼前的生活，分明自己只是一块"石头"，还说不能吸引眼前的"钢铁"。左翼作家主体自觉意识的瓦解带来一系列问题：对生活理解教条化、僵化，写作唯上级领导是从，唯文件是从，沉浮在文山会海之中，沉浮在无聊的应酬之中。这种左翼文坛的"幼稚病"，正如胡风说的，"如果战斗热情虽然衰落了，但由于所谓理智上的不能忘怀或追随风气的打算，依据一种理念去造出内容或主题，那么，客观主义就化装成了一种主观主义，成了一种非驴非马的东

---

① 丘东平：《在抗日民族革命高潮中为什么没有伟大的作品产生？——答塔斯社社长罗果夫同志的一封信》，见罗飞编《丘东平文存》，宁夏人民出版社 2009 年版，第 301 页。

② 丘东平：《并不是节外生枝》，见罗飞编《丘东平文存》，宁夏人民出版社 2009 年版，第 309 页。

③ 丘东平：《并不是节外生枝》，见罗飞编《丘东平文存》，宁夏人民出版社 2009 年版，第 309 页。

西"①。和这种左翼文坛"幼稚病"作斗争，光靠"深入生活"的号召是不行的，因为病不在是否深入生活，而在作家自身，要靠作家自身的"力"。在左翼文坛的"幼稚病"面前，如果说胡风是站在批评的角度大声疾呼，那丘东平则是用自己的创作，为左翼文坛吹来强劲的清风，用他自己身上的强力，打破左翼文坛的窘状。石怀池说得非常好："从'底层'爬出来的作家，他们往往是'力'的化身，给温文尔雅的文学圈子带来一颗粗犷的灵魂，一股逼人的锐气的。"②

二

丘东平流传下来的作品按时期划分，分为抗战前和抗战中这样两个时期。相比而言，抗战前的作品要从容一些，不显得那么急迫，可能因为大革命失败，反倒可以有多一点的时间从事作品的构思和写作。而抗战一起，他就全力以赴深入前线，战事的急迫、战场的炮火，都使他不可能有充裕的时间从容应对。而这就是为什么丘东平抗战中的作品所运用的样式起了很明显的变化。他更多地运用战地通讯、短篇报告、人物素描，甚至谈话录的形式来反映战争和战场的情况。即使是虚构作品，它们的虚构性也没有战前作品那样讲究。丘东平抗战中的作品，大部分是可以当成那段岁月的历史细节来读的。从文学性的角度看，笔者个人偏爱他战前的作品。然而，毫无疑问，他的作品是粗犷的。这粗犷既是短处，也是长处。短处意味着从文字到构思都显得有欠精细。比如他的不少句子，很有"新文化腔"的味道，他对小说的节奏讲究不够，几乎每篇小说都是渐进式铺排一段故事或一个人物，然后以一个出乎意表之外的事件做结尾。这个笔法，短篇是可以的，但稍长的篇幅就不行了，没有节奏的起伏，叙事就不能从容。例如战前的《火灾》，就有这个缺点。但粗犷也是他的长处，他的作品，无论小说还是通讯、报告，生活气息扑鼻而来，现实感非常强烈，细节中透露出冷峻而强有力。左翼文学中那种"小资"味道，

---

① 胡风：《关于创作发展的二三感想》，见《胡风全集》（第 3 卷），湖北人民出版社 1999 年版，第 11 页。

② 石怀池：《东平小论》，见罗飞编《丘东平文存》，宁夏人民出版社 2009 年版，第 366 页。

在丘东平那里是绝对找不到的。如果左翼有原汁原味一说，那他的作品从题材、文字到情感、思想就可算作原汁原味的左翼了。

左翼文学因为与其理念的天然联系，那些由校园到文坛而染上"小资"味的作家很容易陷入革命理念的条条框框之中。而丘东平成为左翼作家的背景全然不同，他少年时即参加广东海陆丰农民运动，大革命失败后流亡到香港，先后当学徒、鞋匠、渔夫等，然后到上海，在左翼文坛崭露头角，参加"八一三"淞沪抗战，其后加入新四军。从他的经历可以看出，丘东平是一手拿枪，一手拿笔的人。拿枪能战斗，拿笔能写作。他写的故事，其实大部分是他的亲身经历和体验，所谓虚构也仅限于组织材料而已。他的左翼理念完全是从他生命的热情里流露出来的，丝毫没有外部植入和强制灌输。

《红花地之守御》写大革命时代一个游击队总指挥，这个总指挥在他的笔下回归朴素的本色：

> 他穿着一件黑灰色而有着极难看的黄色花纹的短衫，据说这短衫是在广州的时候，一个莫名其妙的车仔佬朋友给他的，而他的裤却是有点怪异了，那是一件十足的日本货，赫褐色，有着鲜黄色的细小的条纹，条纹的上面起闪闪发亮茸毛。这些乱七八糟的颜色涂在一个总指挥的身上，多少要使他变成一个戏子，在动作上显得矫揉造作起来的吧。[①]

丘东平用了看起来是挖苦笔法和几近讽刺的修辞，而真正表达的却是艰苦的游击生活在总指挥衣着上的烙印。这异乎寻常的用笔使一个在严酷生活中的游击司令——老大哥杨望——从生活的表面中浮现出来，反倒比直接的笔法更能凸现人物及其性格。丘东平又用这样一件事写他果断而不无冷酷的性格："有一次，杨望叫他的弟弟去放哨，他的弟弟是一个什么都不懂，驼背，鸳鸯脚，又患着'发鸡盲'的可怜虫。那一夜恰巧是杨望自己去查步哨，那可怜虫忘记了叫口令，杨望竟然立即一枪把他结果

---

① 丘东平：《红花地之守御》，见罗飞编《丘东平文存》，宁夏人民出版社 2009 年版，第 25 页。

了。"① 有了这个场景的铺垫，小说末尾那个令人震撼的收场，就显得有根有据了。仗是打胜了，俘虏了三百多民团。而严酷的生存环境和自我保存的需要，令杨望下了令人震惊而坚定的命令：枪杀全部俘虏。"——随着那数百具尸体笨重地颠仆的声音，整个的森林颤抖了似的起着摇撼，黄叶和残枝簌簌地落了下来，而我们的第二轮排枪正又发出在这当儿。"② 游击斗争的残酷，革命意志的坚定和人性的扭曲，尽在丘东平力透纸背的文字中显露出来。

丘东平的另一篇小说《一个小孩的教养》，虽然题目用词并不准确，但是写来仍然令人震撼。永真像他的名字一样，永远天真。其实所有正常的孩子都是天真的，这是人的天性。然而在残酷杀戮的年代，连孩子都被卷进来。站在永真面前的保卫队"长官"，其实就是来抓捕他父亲并致他父亲于死的人，永真并不知道这背后的一切。当他无意中说出"还有一个，那便是我的爸爸都猴友"③ 的时候，便落入了"长官"设置的陷阱里。他的坦率暴露了父亲的去向，于是保卫队半途设伏。正是永真的童趣天真，招致了父亲"可悲的凶讯"。丘东平将一个未成年孩子的童趣天真，放在大革命年代严酷的阶级对垒、无情杀戮和凶险阴谋中去表现，也只有丘东平有这样的胆识和才华，在不到三千字的篇幅中，将孩子的天真、率性，及其悲剧表现得淋漓尽致，震撼心灵。鲁迅曾说："悲剧将人生的有价值的东西毁灭给人看。"④ 丘东平的这个短篇悲剧正是这样，短短的文字，大革命的严酷，底层百姓默默地支持乃至为革命牺牲，不用多着笔墨便表现出来，收到了无声胜有声的效果。

读过去的革命战争作品或写英雄的作品，作者写到英雄人物的生死关头，往往大洒笔墨，写他们思想观念的转变，以突出他们不同凡人的高大。这基本上成为一个通行的模式。让丘东平享誉盛名的《第七连》，也是写人物在战争中成长的故事，但他便不落这等窠臼。我相信，丘东平的

① 丘东平：《红花地之守御》，见罗飞编《丘东平文存》，宁夏人民出版社 2009 年版，第 26 页。

② 丘东平：《红花地之守御》，见罗飞编《丘东平文存》，宁夏人民出版社 2009 年版，第 35 页。

③ 丘东平：《一个小孩的教养》，见罗飞编《丘东平文存》，宁夏人民出版社 2009 年版，第 22 页。

④ 鲁迅：《再论雷峰塔的倒掉》，见《鲁迅全集》（第 1 卷），人民文学出版社 1981 年版，第 191 页。

写法一定出于他本人在战争中生死关头的体验，因为它更符合实际状况。
"八一三"淞沪抗战炮火升起，军校学生丘俊被派往前线，担任连长。初
上前线的他心怀忐忑："一种不必要的情感牵累着我，我除了明白自己这
时候必须战斗之外，对于战斗的恐怖有着非常复杂的想象。这使我觉得惊
异，我渐渐怀疑自己，是不是所有的同学中最胆怯的一个。我是否能够在
火线上作起战来呢？"[1] 未经炮火洗礼，生死关头产生恐惧，这完全是自
然。但是，从恐惧到无畏可能并没有那么深的鸿沟，或许只有一步之遥。
因为恐惧只是想象的结果，战火自然会使人受到洗礼，自然会促进战士的
成长。作者借一位久经战阵的排长说出战斗与恐怖的关系："恐怖是在想
象中才有的，在深夜中想象的恐怖和在白天里想象的完全两样。一旦身历
其境，所谓恐怖者都不是原来的想象中所有，恐怖变成没有恐怖。"[2] 果
然，见识过敌人的炮火之后，"我再也见不到恐怖"[3]。从此这位连长成为
一位坚守阵地，创出奇迹的勇士。常见的左翼革命英雄故事，往往要拔高
人物，因而利用生死关头添加笔墨，丘东平完全反其道而行之。他并没有
在人物的"转变"上多加文字，但这正道出了生死体验的真相，也道出
了生死体验的秘密。实际上，丘东平作为一名转战多年的红色战士，生死
考验经受得多了，也深明此中的奥秘。他正不必故作玄妙，只将自己的体
验和观察如实道来就可以了。丘东平塑造的英雄，是平凡的英雄，也是真
实可信而感人的英雄。

丘东平牺牲时年仅三十岁，他的文学才华远远没有发挥出来。他的小
说不仅写得有真情实感，而且有很深刻的观察，有的还包含有哲学思考在
里面。这一层对左翼作家来说更加难得。丘东平曾经赞自己的小说有
"尼采的强音"和"马克思的辩证"。以书斋知识的角度看，他这两方面
都有点过于自誉。然而"尼采的强音"和"马克思的辩证"并非一定要
从书本上得来。丘东平一生在社会底层摸爬滚打，就算没有系统阅读尼采
和马克思，也能靠自己的好学深思，得出与他们相通的认识。他抗战前的
作品中有两篇小说，主题完全相同，但题材和篇幅相距甚远。一篇是
《慈善家》，另一篇是《火灾》。《慈善家》只有四千字，而《火灾》是中

---

[1] 丘东平：《第七连》，见罗飞编《丘东平文存》，宁夏人民出版社2009年版，第181页。
[2] 丘东平：《第七连》，见罗飞编《丘东平文存》，宁夏人民出版社2009年版，第183页。
[3] 丘东平：《第七连》，见罗飞编《丘东平文存》，宁夏人民出版社2009年版，第184页。

篇，接近五万字。

《慈善家》选取的是乡间生活的小片段。一个慈善家，叙述者称他为"那老头"，"刚刚为了吃饭而把热度升高了的身体揉拂得一片凉爽。他也不气恼，平心静气地骂了一声两声他的短工"①。他问同村一群路过放牛的孩子："你们有鸟儿吗？"这一声询问，给"树林里突然罩上了严重紧张的空气，开始响出了一片恐怖的噪音，那绿叶子缩瑟地颤抖起来，终于摇动了全部树的梢"②。遭殃的有一只斑鸠，这被捉住的斑鸠，伴随着其他鸟儿"巨大的震惊、损害和死亡"。还有一只"纯良、朴质的白头莺"，侥幸逃过一次"阴谋的暗袭"，却在回头张望的当儿，"小孩子飕的把一箭发射了，不偏不倚，这一箭正贯穿了它的盖着白色毛衣的胸膛"③。小孩子不放过树林里任何一只的鸟儿，穷追不舍，东西南北四处夹攻，这些可怜的小灵魂，最后都以惨剧告终，"猛然碰在一枝横斜着的树枝上面，扑的一声落下了，它张开着那黄色的像苦竹儿一般布满着斑点的嘴，一丝丝吐出了些儿鲜血、些儿的白沫"④。鸟儿蒙受所有这一切灾难，都是源于"那老头"的慈善行为，他向孩子收购活鸟以便放生。小说结束于意味深长的对话，"慈善家"问孩子还有没有鸟儿，孩子们爽快地回答，"多得很呀"，"明天吧，明天就有了"。明天当然意味着鸟儿又一次劫难。

与《慈善家》一样，《火灾》也是探索慈善和灾难之间的关系。一群饥肠辘辘的逃荒灾民与本村祭祀队伍发生冲突，酿出人命，灾民不依不饶，村民也恐惧惹官非，由本地"远近闻名的慈善家"出面，将逃荒灾民圈养起来。天长日久不是办法，"慈善家"打出"特种人工供应所广告"，阴谋将灾民一个一个卖出去当工厂佣工。但生意难做，连一个"特种人工"也没有卖出去。接着又起一计，将死去灾民的尸首卖为医学解剖的实验材料。如此险毒的消息走漏，圈养灾民的"蓬厂子"突然着火，灾民全部烧死。小说写到最后，叙述者旁白道："凡是有慈善家的世界，就不能没有灾难。"⑤ 人们通常认为，世界有灾难才催生慈善家出来救灾救难，然而丘东平的观察却有独到之处：灾难或许因慈善行为而起。他的观察至少

---

① 丘东平：《慈善家》，见罗飞编《丘东平文存》，宁夏人民出版社 2009 年版，第 45 页。
② 丘东平：《慈善家》，见罗飞编《丘东平文存》，宁夏人民出版社 2009 年版，第 46 页。
③ 丘东平：《慈善家》，见罗飞编《丘东平文存》，宁夏人民出版社 2009 年版，第 47 页。
④ 丘东平：《慈善家》，见罗飞编《丘东平文存》，宁夏人民出版社 2009 年版，第 48 页。
⑤ 丘东平：《火灾》，见罗飞编《丘东平文存》，宁夏人民出版社 2009 年版，第 98 页。

为我们理解这个灾难频仍的世界提供多一个切入的角度。而他的深刻领悟，亦与古人的智慧遥相呼应："大道废，有仁义；慧智出，有大伪。"①

三

左翼文学最受人诟病之处，就是它的教条化、模式化、落入公式的俗套。它出现文坛不久，这个毛病就为论者所指出，② 不少现代学者对左翼文学的模式化追根溯源，认识更加深入③。不过，从文学史的角度说，公式化、模式化其实是文学的痼疾，非独左翼文学才这样。曹雪芹当年指出的"更有一种风月笔墨"，"千部共出一套"④ 的明清才子佳人俗套，鲁迅所讥讽的"惟才子能怜这些风尘沦落的佳人，惟佳人能识坎坷不遇的才子"⑤ 的晚清鸳鸯蝴蝶小说，都是文学史上写作模式化的例子。左翼文学的这种毛病之所以成为批评和学术探讨的焦点，乃是因为它牵涉到现代文坛争论不休的文学与政治关系的问题。无论当年与鲁迅争论的"现代评论派"陈源、"新月派"梁实秋，还是现代文学批评中"去政治化"的主张，其背后是一种根深蒂固的见解：文学是表现人性的，一笔涉政治便落入窠臼。这个大前提几乎框死了对左翼文学的评价，等于说左翼思潮与文学的结盟，就是文学的歧途；言下之意就是左翼出不了好的文学。而左翼文坛上屡见不鲜的"革命＋恋爱"或写着"打打！杀杀！血血！"的作品，更给这种见解提供了似乎有理的佐证。

鲁迅当年是一人独当，两面开弓的。他既不留情面地讥刺左翼文坛公式化的幼稚，又一针见血地指出了陈源、梁实秋的主张貌似公允而背后却

---

① 《道德经》第十八章，见楼宇烈《老子道德经注校释》，中华书局 2008 年版，第 43 页。

② 如甘人（鲍文蔚）在《中国新文艺的将来与其自己的认识》一文中说："他们的识见太高，理论太多，往往在事前已经定下了文艺应走的方向，与应负的使命。无奈文艺须完全是真情的流露，一有使命，便是假的。"见上海文艺出版社编《中国新文学大系（1927—1937）》第二集《文学理论集二》，上海文艺出版社 1984 年版，第 20 页。

③ 参见朱晓进《政治文化与中国二十世纪三十年代文学》，人民出版社 2006 年版。

④ 见《红楼梦》（人民文学出版社 1982 年版）第一回《甄士隐梦幻识通灵，贾雨村风尘怀闺秀》，曹雪芹借石头之口讲出来。

⑤ 鲁迅：《上海文艺之一瞥》，见《鲁迅全集》（第 4 卷），人民文学出版社 1981 年版，第 292 页。

有充当"走狗"的嫌疑。① 在鲁迅的文学观念里，他既不赞成作家主体之外植入式的"革命文学"，又反对在人性的旗帜下扼杀无辜者、弱小者的"政治呼喊"。鲁迅在革命与革命者关系的视角下论述文学与政治的关系，他讲得非常直白："从喷泉里出来的都是水，从血管里出来的都是血。"② 文学并非天然抗拒、排斥政治和革命，它之所以往往走向歧途，问题是出在作家主体身上。作家如非革命者，便遑论什么革命文学；反过来，有真正的革命者，才能写出真正的革命文学。左翼文学所应该期待的，与其说是文学的"左翼性"，不如说是作家本身的"左翼性"。左翼文学并不因它的"赤色"而成为左翼，而因参与作家的左翼立场和左翼信念而成为左翼。如果我们循着鲁迅的思路看当年左翼文坛，就会发现参与这个左翼文学运动的作家，实在有相当部分是"小资味"甚浓的城市知识分子。他们为个人的苦闷或社会的苦闷所压抑而受左翼思潮的感召，对革命的理解既然肤浅，写作难免不唯本本和教条是从。但是除了这些左翼队伍里的"芸芸众生"之外，也有一些在大革命中摸爬滚打、出生入死而以革命为自己生命的作家。而丘东平就是其中最为出色的作家之一，他的作品彻底超越了早期左翼"革命 + 恋爱"的模式，彻底摆脱了左翼的"学生腔"和"小资味"，虽有不成熟和幼稚的地方，却没有一丝一毫的教条、公式的框框。他给左翼文坛吹进了一股清劲而质朴的风气，他的作品题材和内容均来自革命斗争和抗战的火线，来自亲身的体验，而他又能以鲜活、真切、感性的文笔感染读者，达到了左翼文坛第一流的艺术造诣。他是左翼文坛"新世代"最为优秀的代表。事实上，我们今天正应该以区别的眼光看待左翼文坛，不能因为那些落入了"革命俗套"的作品就以偏概全，不充分肯定左翼文坛对现代中国文学的贡献。

丘东平文学的幼稚是文字表达和故事节奏的欠成熟，但绝对不是文学的触觉、艺术的敏锐、作品的真情实感、作家立场和左翼信念的问题。以左翼文艺阵营的那些教条式的"创作原则"看丘东平小说，还真能找出不少"政治不正确"之处，但是如果我们能够超越那些僵化的条条框框，就会看到，正是那些"政治不正确"的地方，表现了丘东平最为敏锐的

---

① 参见鲁迅《并非闲话》(《华盖集》)、《"丧家的""资本家的乏走狗"》《"硬译"与"文学的阶级性"》(《二心集》)，见《鲁迅全集》(第3、4卷)，人民文学出版社1981年版。
② 鲁迅：《革命文学》，见《鲁迅全集》(第3卷)，人民文学出版社1981年版，第544页。

艺术独创。这些艺术独创，既是文学的，同样又是左翼的。他初登文坛而令左翼批评家刮目相看的作品《通讯员》，其中那个通讯员的形象不但说不上高大，而且他选择自杀的结局颇有"自绝于革命"的嫌疑。如果从教条出发，那这小说可以诟病的地方真是太多了。既可以说它赞美了一个游击队里的懦夫，又可以质疑这样的故事何来鼓舞人民同敌人斗争的价值。但是这种肤浅的责备，不仅缺乏起码的文学眼光，而且也对革命的艰苦卓绝没有切肤之痛。通讯员护送那位文书通过封锁线，但缺乏夜行经验的文书弄出动静被敌人发觉而牺牲了，通讯员反倒因此而陷入内疚和自责，由此而陷入精神危机，最后吞枪自尽。故事几乎是无悬念可言，游击伙伴也无人将文书的牺牲归咎于那位通讯员。通讯员当然不是通常意义的英雄，但问题正在于写革命斗争的小说一定要写英雄这样的"俗套"限制了批评对这小说意义的发现：丘东平正是通过这样的一个"极端事件"展现人性中良知的光芒。这故事显然有相当的人性深度，它表现了极端环境下的人性挣扎。谁又能说这小说不够"左翼"呢？

丘东平那些写得好的小说都有这种特点，他似乎特别爱好"极端事件"并从中发掘它不寻常的意义。上文提到过的那篇《红花地之守御》其实写的是一个杀俘虏的故事。战争中这样"极端事件"虽然是稀松平常，但放到文学中来表现，显然和文学的人道立场是有冲突的。写敌方的残暴容易放胆直言，但表现己方的残暴不仁，以笔者的阅读经验，丘东平的这篇小说为仅见。作为作家，他就是有这个胆量剑走偏锋。他用半肯定半讽刺的笔调来表现故事的主角——游击司令杨望。这样做既协调了文学的人道立场，又将生死存亡绝境之下的人性冷酷表现得跃然纸上。如果套上条条框框，尽可以说这篇小说暴露的不是敌人而是自己。但是，这既然是人性的一部分，暴露它又有何不可？这令人惊心动魄的刻画既是真实的，又是文学的。又如，细读丘东平写得最长的那篇《火灾》就可发现，他并没有完全贯彻"阶级斗争"的观念。灾民和村民固然对立，但灾民只想趁机敲竹杠而导致了自身的困境，他们本身并无"阶级觉悟"。村民仗着地头优势，开始是仗势欺人，一旦死了人，村民也怕惹官非，想息事宁人。这个双方的困境才引出了"慈善家"的调停。不但"慈善家"调停不了双方的矛盾，也正是因为这个和稀泥的调停，产生了更大的灾难。故事结局的言外之意当然多少偏向于激进的阶级斗争信念，但作者显然并没有以阶级观念为始终贯彻于故事中的人物关系，作者对人物关系的理解还是遵从了自己朴素的日常观察。从文学的角度看，丘东平朴素的日常观察显然胜过书本的"理论"。也正是因为这样，故事才发人深思。以上的分析说明，丘东平小说的左翼因素，完全是从他自己作为一个大革命的参与者自然而然流露和迸发出来的，不是理论教条从外部植入的。他叙述的故事未必能够吻合本本或理论说教，但依然不失之为左翼。或者说，正是由于丘东平能够用自己作为革命者的信念和主观精神切入故事素材，才使得他的小说表现出迥异寻常的左翼趣味和艺术独创性。

丘东平的创作在左翼文学运动乃至现代文学史上的意义在于，它提供了绝好的范例让我们再思考被争论得沸沸扬扬而至今没有定论的文学与革命的关系。文学是一个绝对需要个人禀赋和才华的领域，革命者而兼诗人，不仅需要认同革命的信念、参与革命的运动，还需要有诗的感觉、诗的才华。革命和文学在本然的意义上并不是相互排斥的，也没有必然的冲突。但是若要成就真正的左翼文学，就要建立在这样的前提条件之下：对革命的信念和认识必须从诗人生命的内部流出，而不是由外部灌输进去。革命激情只属于诗人生命主体的欲求时，才是真实的，否则它只是空洞的教条。革命与文学的关系，不能是革命去驾驭文学这样简单。左翼文学必须是诗人本身意识到、体验到革命而产生出文学欲求的产物；诗人必须是革命的发光体，必须将光芒从自身生命发散出去，才能照亮大地，感染时代。诗人所写也只能是自己所领悟到的生命感觉和体验，而作品就是诗人自己生命感觉和体验的文学结晶。诗人纵然革命，但如果没有可以点染为诗的生命感觉和体验，那也写不出革命的诗。即便写出，大概也如同口号诗、宣传诗一般，不能长久。革命、战争、社会动员，可以搞"群众运动"，可是写作却没有办法这样做。这并不意味着诗不可以和革命结缘，而是意味着革命诗人的个人创作是至关重要的。丘东平的创作就是最好的印证，他为左翼文学运动提供了正面的经验，他在文学上的贡献值得我们认真发掘和重视。

（刊于《学术研究》2011 年第 12 期）

启蒙的反噬

——张竞生提倡性学的悲剧

张竞生一生跌宕。从北大教授到家乡广东饶平县大榕铺村一介村民，从执舆论牛耳到求职无门，落魄中晚年，其人生起伏、思想行为都极有值得关注的观察点。他在现代思想史、舆论史上的位置也有待评说。张竞生的一生足提供给我们认识中国社会极有价值的切入点。奈何一场风流云散之后，他的著作文章散佚四方，寻访不易。尤其是引致一生转折的导火线——编辑批注和出版《性史》，以及主办提倡性学启蒙的《新文化》杂志，均难窥全豹。今得张培忠兄多年悉心访旧辑佚，与肖玉华主编成十卷本《张竞生集》，由生活·读书·新知三联书店推出。这项工程浩大，全凭无私的热情成就如此功德，嘉惠读者的地方，正所在多有。笔者之前曾就张竞生的生平草过随笔小文。那时便想就张竞生的关键功绩即他的性学启蒙谈一点鄙见，但碍于资料的困难，随后束之高阁。如今有全集出版的助力，加上前人的搜罗，可以略陈管见以就正于读者诸君。

一

20 世纪 20 年代中国，张竞生被舆论指为民国"三大文妖"之一。另两位是首开女模特裸体写生先河的刘海粟和谱写第一首流行歌《毛毛雨》词曲的作者黎锦晖。这三位先行者被赐"文妖"名号毫无例外都是因为他们的观念和行为挑战了中国人隐私领域的习俗和文化。《毛毛雨》无非唱"年轻的姐荷花刚展瓣，莫等花残日落山""小亲亲不要你的银，奴奴呀只要你的心"一类软性歌词。其实，从《诗经·郑风》开先河，古代诗歌就不缺此类调门。历代乐府、宋词、元曲小调，更有过之而无不及。黎锦晖被赐"文妖"，实属不可解。估计黎锦晖是被拉来凑数的，妖而不及三之数，难以鼓动讨伐的舆论。然而，黎锦晖虽妖而无损他现代流行歌之父的地位。那个年代，真正有挑战性的是刘海粟从西方美术教育引入的女性裸体写生。此举实为中国美术教育的破天荒。但美术毕竟是传承久远的行当，而刘海粟有过硬的绘画才能，画坛地位难以撼动。故即使做出如此犯众怒的行为，大不了退出美术教育自作自画就是了，对本人在美术界命运的影响毕竟有限。说白了，虽妖而无妨。真正因"文妖"之"谥"而殃及人生的只有张竞生一人。此事耐人寻味。

张竞生从法国留学归来，是比胡适还货真价实的哲学博士。蔡元培1921 年 10 月邀他加入北大教职，本意将他作为美学美育课程掌门人选而充任的。他的教授生涯一直延续到 1926 年 6 月离开北大。这期间的两部讲义《美的人生观》和《美的社会组织法》，虽是"美的乌托邦"，也颇得到同行的批评赞许，如周作人曾著文评论。《美的人生观》曾风行一时，出版两年内重印七次，一时洛阳纸贵。如果尚是如此在校园之内，张竞生即使偶有放言高论，但执稳教鞭，做稳民国领高薪的教授，估计没有什么问题。但是从 1926 年 4 月《性史》出版，张竞生的人生运气急转直下。用章克标的话说，"好端端的哲学博士一变而为'性学博士'了"[1]。同年 5 月北京警察厅开始查禁《性史》。6 月他离职南下。褚松雪这位先是张竞生性启蒙的"战友"，后是妻子和"怨偶"的女子，事后不无怨恨地说张"在汕头招学生讲授'美的性育'。乃听者寥寥，不能成班，于是到广州，上书国民政府，要求设立'考试局'，而自为局长。不得要领，又谒广大校长褚民谊，求为教授，亦无结果。愤极！遂回上海……"[2]。除了用词的不敬，事实大致如此。南行求职无果，张竞生只得利用其名气，到沪上办《新文化》杂志，开"美的书店"。这个选择实为无奈之举。因为经商实在不是张竞生的所长。美的书店开张了 15 个月，专售他的性学启蒙著作。开头以内容的吸引力似乎还能强撑下去，但为各路文化人不容。不管他们的动机如何，不是商榷讨伐就是挖苦讽刺。比如周氏三兄弟全不认同沪上时期张竞生的言论和做法，学者潘光旦据理批评，时评人梁实秋落井下石。再加上当局的书报检查，张竞生不时被提告，多次出入警察厅，局面便难以维持下去。1928 年 8 月《新文化》和后来的《情

---

① 章克标：《张竞生与〈性史〉》，见陈福康、蒋山青编《章克标文集》（下卷），上海社会科学院出版社 2003 年版，第 492 页。

② 褚松雪：《与张竞生君脱离关系的经过》，载《中央副刊》1927 年 4 月 30 日。

化》关门大吉。美的书店被上海临时法院判以销售"淫书"的恶名关停。接着资金周转不灵,股东撤股,至同年 11 月美的书店清盘。张竞生不但事业经营不下去,而且就算出入地方都成了问题。1928 年 9 月 7 日天津《益世报》消息:"著《性史》之张竞生逃避杭州,浙当局以其流毒青年,彻令(五日)公安局驱逐出境。"两年前尚是正人君子的北大教授,今日竟然遭坏人、恶棍一类人物的待遇,可见生存境况的恶化。

张竞生也有硬骨头,当然不甘束手就缚。他转向翻译,在自己的刊物登出《张竞生的一封公开信》,公布以数年之力翻译二三千本世界名著。胡适曾私下以"不可以人废言"的理由,认为张的计划值得研究。① 在胡适看来,张竞生为人是不足为法了,但其言尚属可取,个中消息透露出张竞生在严肃知识分子内心的形象。张竞生转行翻译本是好事,但难作为营生。他靠黄埔陆军小学时期同学、广东省政府主席陈铭枢的资助,二次出洋到法国。刚译毕《卢梭忏悔录》等数种浪漫派著作,不久陈铭枢因国内局势去职,张竞生经济来源枯竭,翻译大计半途而废。1929 年年初到巴黎,1931 年 8 月回到家乡汕头。从此与笔墨几乎绝缘,转而从事地方建设。他在家乡被目为改恶从善的君子,但恶名无从摘除,令他懊恼不已。1934 年写《对〈性史〉之忏悔书》一文。他回想自己提倡性学,编辑出版《性史》,"遂使美意变为恶意,余之懊悔,不堪名状。是以数年前再渡欧洲,潜心著述《民生建设》《民力建设》《民意建设》三部书,以赎前此提倡性学破坏社会之罪。……至于性学,绝口不谈,意为庶几可以赎前此之过失矣。而至于今,尚有对余不尽谅解者,故特草此《忏悔书》,使世人知《性史》前因后果,与夫余之罪状所在也"②。张竞生的忏悔是否出于真心,无从查考。据他倔强倨傲的脾气推测,内心是有不服的,但此事给他带来的挫折和人生的坎坷令他懊恼不已,当然也是真实的。他自离开沪上绝口不谈性学,一直如此。总之,张竞生的忏悔实质是面对乡亲父老、地方豪绅的姿态。如无此忏悔姿态,他在家乡找个立足之地恐怕也不容易。陈平原引周作人"张竞生时髦的行运到十五年(1926)底为止"的话说:"不是没有道理的。……此后的张竞生,左冲右突,上

---

① 参见《张竞生年谱简编》,见张培忠、肖玉华主编《张竞生集》(第 9 卷),生活·读书·新知三联书店 2021 年版,第 461 页。

② 张竞生:《对〈性史〉之忏悔书》,见张培忠、肖玉华主编《张竞生集》(第 9 卷),生活·读书·新知三联书店 2021 年版,第 201 页。

下求索，始终无法摆脱'性博士'的恶名。"①

无论同时代人、晚辈，还是张竞生本人的生平轨迹都说明，他的霉运源自他性学启蒙的行动，聚焦到一点就是编辑出版《性史》。这件公案并不简单，是一系列历史因果聚焦到他一人身上的结果。

二

现代史上做第一个性学启蒙之父的人之所以是张竞生，与三种因素齐集在他的人生有极大关系。三者齐备方有可能在新文化形成潮流之初掀起私人生活领域的性学启蒙。首先是对旧式婚姻和家庭关系有伤心入骨的切肤之痛。五四及稍后一代的人物，大都如此。他们是旧式婚姻和家庭关系这一旧时代象征物不同程度的受害者。有人伤得深些如鲁迅，有人伤得浅些如胡适，无伤无痛的幸运者极少。张竞生不幸算受伤很深的人。他对自己遭受盲婚哑嫁的不幸和对家族关系的积怨都写在《痛家庭之多故》一文里。他先指责他的父亲，晚年的最大错误是买了一位刁蛮的妾。"这位父妾在潮安的家中成长，受了城市坏人的狡猾习尚，本性阴险恶毒，到我家后，恃宠放刁，极尽挑拨的能事。大兄与二兄被父亲赶去南洋，大嫂二嫂经不住她的摧残，双双服毒自杀！我幸而少时在外读书，也曾一度被其间疏，父亲几乎不接济我的学费。"② 他十岁之年，父亲即定了亲事予他。这是"一位矮盾身材，表情有恶狠狠的状态，说话以及一切都是俗不可耐。我前世不知什么罪过，今生竟得到这样伴侣"③。他十九岁之年，父亲以结婚为条件，与他交换外出读书的自由。1908 年张竞生结婚月余即离家赴上海震旦大学习法文。其次因身受切肤之痛而生恨，因恨而萌生反抗社会、改造社会的大志气。张竞生也说得上是那个年代的豪杰。辛亥革命前就因营救行刺清摄政王入狱的汪精卫而与他结识。南北议和时张竞生

---

① 陈平原：《新文化运动的另一面》，见张培忠、肖玉华主编《张竞生集》（第 1 卷），生活·读书·新知三联书店 2021 年版，"总序"第 2 页。

② 张竞生：《痛家庭之多故》，见张培忠、肖玉华主编《张竞生集》（第 5 卷），生活·读书·新知三联书店 2021 年版，第 151 页。

③ 张竞生：《痛家庭之多故》，见张培忠、肖玉华主编《张竞生集》（第 5 卷），生活·读书·新知三联书店 2021 年版，第 151 页。

是南方代表团的"首席秘书",称得上是辛亥革命的有功之士。他虽有书生舞文弄墨的本领,但也不缺乏行事立功的热情与愿望。如果时势合适,他是有志气跳将出来大干一场的。1921 年他辞去为时一年潮州金山中学校长的职位,在《临别赠言》中写道:"实望跳入世界漩涡,与之偕亡。"① 张竞生日后提倡性学启蒙,即是出于他毫不惧怕"跳入世界漩涡"的大心志。1924 年他构想以美育来改造人生的时候说过一段话:"我国这样的社会丑极臭极了!我人生活无聊极和痛苦极了!物质与精神都无新建设,腐败的旧势力还是依然膨胀!挂招牌的新文化呢,也不过一些萎靡不振的中国式人生观,和那滑头滑脑的欧美式学说,一齐来欺骗诱惑我们可爱的青年,我们极不愿使这些怪现象继续生存下去,遂想建立这个'审美学社'。"② 张竞生自道建立"审美学社"的初衷与他两年之后提倡性学启蒙的初衷其实是一样的:痛恨旧势力,痛恨旧风俗旧习惯而生出改造它们的志向和勇敢心。

拼死一搏的勇气和痛恨旧式伦理与家庭关系在那个时代留过洋或受过新式教育的人里并不少见,但是新的私人生活应该是什么样子?性关系要启什么蒙?如何启蒙?则非有过亲身体验的人做不了这个事。刚好张竞生与他人不同,他有一段那个年代漂洋过海的学生鲜少的经历。他学习西洋知识的同时闯入过西方人"性解放"的世界。由于他曾任南北议和的"首席秘书",民国政府成立后他顺利取得"稽勋留学生"资格,拿着财政部一万银圆来到巴黎。八年留学算来每月使费超过一百之数。这与当时勤工俭学仅能果腹的寒酸学子相比,真是天上人间。用度充裕使他能进入外国人私人社交的圈子。据他回忆生平的散文集《浮生漫谈》和《十年情场》,张竞生在法国八年至少经历了五段与白人女子的情史。大致上都可以归入"艳史"一类,其先锋程度并不亚于法国人。与他同时代勤工俭学的穷学生仅仅能够从高头讲章或者小说描写中得到西方"恋爱自由""个性解放"和"个人主义"的书本知识,张竞生竟然能得自于私人生活,当然远为刻骨铭心。对这些西方价值的丰富意涵和隐微委曲,他也一定比之浅薄者更能心领神会。他的八年留学生涯,我认为对他之后在北京

---

① 张竞生:《临别赠言》,见张培忠、肖玉华主编《张竞生集》(第 9 卷),生活·读书·新知三联书店 2021 年版,第 10 页。

② 张竞生:《"审美学社"启事》,见张培忠、肖玉华主编《张竞生集》(第 9 卷),生活·读书·新知三联书店 2021 年版,第 24 页。

大学掀起私生活的"革命"和性学启蒙具有决定性影响。若要理解他日后在北京学坛和舆论圈一骑绝尘的先锋姿态，不可忽视他与别人不同的法国八年留学生活对他的影响和塑造。

也许今人会把张竞生的艳史当作古今数不清的人都有过的艳遇而等同视之。作为个人生活史的一页，它们固然毫无社会意义，但正是这些毫无社会意义的个人生活史，造就了一个在中国现代思想史上不同凡响的张竞生。作为纯粹的性爱，无论张竞生如何生花妙笔写出来，它都没有什么新鲜之处。从生物意义来说，性是万古如斯的，但是性又不是纯粹孤立于时代社会之外的。笔者以为，对于那些曾经与张竞生有过一段缠绵的法国女子，张竞生不过是她们个人私生活史的匆匆过客，分量微不足道。张竞生对她们人生价值观和思想观念毫无影响。因为她们会觉得这一切太平常了，人生本来如此。我们从张竞生的忆述里知道，她们都是平静分手，一去不返。旧情因为分离而逐渐淡褪。显然她们眼里的张竞生，不可能是她们情史中的浓墨重彩，最多不过聊充私人生活里东方风情的调剂。连曾经与张氏珠胎暗结的那位法国女子，也离去得无声无息。而那位明言只能与他同床共枕三个月的法国女写手，事后写了本估计属地摊文学一类的《三个月的情侣》，该书又不幸偶然被张竞生于地摊读到。她把张竞生当作猎奇男色的素材，但张竞生却拜她为真正懂得爱情生活意义的浪漫"教母"。因为张竞生与她们不同，他来自东方，来自中国，这些"性解放"的体验对他不仅具有个人私生活的意义，而且也将升华起性生活本来就应该如此的社会性含义。从他将法国女子视为懂得缔造爱情真义的"教练"，就可以看出这一点。既包括性，也包括待人接物行为举止，张竞生在情场生涯中体验并学懂了什么是人生值得追求的美好生活。他认为这种美好生活具有普遍意义。在国势衰微的年代，放洋留学者多是冲着西方的知识、主义而去的。张竞生本来也是如此，但是他歪打正着，有意无意体验了什么是"生活在法国"。他既学到了书本上的欧洲理念、人文知识，又体验到对中国留学生来说距离最为遥远的西方隐秘的私人生活的实相。他的体验在当年留学生中绝无仅有。这背景知识和体验启发他思考中国，思考中国私人生活领域的积弊。张竞生日后在北大讲授《美的人生观》和《美的社会组织法》，以美为召唤构筑一个"美的乌托邦"，并由此发起改造传统私人生活领域的"爱情定则"的大讨论，吸引大批读者包括鲁迅和许广平等人的注意，成为一时的舆论骄子。两年之后又借助

"爱情定则"大讨论的余温余热伸延到性学这一隐秘领域，发动性学启蒙。他在中国大地上的一切成和败，都发端于法国"十年情场"的心得和收获。这是我们今天认识张竞生的理念和言行以及估量他在现代思想史的意义时必须了解的出发点。

三

三种因素齐集一身，愿望、勇气与体验三者兼备。《性史》出版之前的张竞生在性学启蒙这事情上已经诸事具备，单欠将烈焰点燃的引信。1926 年新历年刚过，北大三团体请美国青年和平运动代表韩德（A. Hunter）公开演讲，演讲内容有关男女关系与性。张竞生曾撰文《介绍一个大问题》加以申述，他一连用了四段话，每段均以"这个问题真重大"来开头，用排比修辞吸引学生和公众的注意力。张竞生最后呼吁："今请从我们起始吧！把性一问题，从生理、心理及社会三方面好好地做有系统的研究。这是我们要实在享用性的高尚生活不可少的必备。"① 今天我们无从得知韩德是怎样陈述"男女关系"这一题目，但我们确实从中看到韩德的演讲对张竞生的刺激，萌发了他立志进行性学启蒙的雄心。他的性启蒙与一般的性知识传授不同，他是抱有"享用性的高尚生活"和优生优育目的。在他看来，这实在是改造社会，建设美好生活的一部分。所以他又说："希望从此后组成'优种社'一类的团体，将我国人种先改善，缓缓地推及于全人类，故我们一面对于性智识要实实在在充分去研究，一面对于性行为又要大刀阔斧地去改良。"② "优种社"之前就已经成立了，趁着寒假来临，为取得研究性学的材料，张竞生在《京报副刊》发出征集性史的广告《一个寒假的最好消遣法——代"优种社"同人启事》。他呼吁有心人大胆讲出自己难以启齿的性体验，行为、认知、看法都包括在内，事无巨细统统讲出来。这是他获得素材加以研究

---

① 张竞生：《介绍一个大问题——男女关系》，见张培忠、肖玉华主编《张竞生集》（第 9 卷），生活·读书·新知三联书店 2021 年版，第 55 页。
② 张竞生：《介绍一个大问题——男女关系》，见张培忠、肖玉华主编《张竞生集》（第 9 卷），生活·读书·新知三联书店 2021 年版，第 55 页。

和评说的第一步。张竞生身体力行，做半个模范。他鼓动其时已经成为他妻子的褚松雪将自己的性经历写出来。他征集到的第一份材料就是褚松雪写的《我的性经历》。看来征集的社会反响热烈，寒假过后张竞生陆续收到全国各地寄来的两百多篇稿子。他选了七篇集为一册。除了冠以序文，每篇后还仿金圣叹评点奇书的做法，写上一段的评点，点睛这七篇奇文，取名曰《性史》出版发行。中国社会的性学火药桶就这样被张竞生点燃，爆炸产生的火焰最终伤害到了点火者张竞生本人。这应该是他始料未及的，他完全低估了这个话题的敏感程度和对人对己伤害的程度。中国社会在近现代走向文明开化过程里有各种各样的牺牲者，张竞生也是其中之一。他以独特的方式把自己献祭在性启蒙的祭台之上。

在任何社会，性这个话题必然存在某种程度的忌讳。任你如何开明开放，也存在"青少年不宜"的规限。这与文明不文明，开化不开化无关。因为这是由隐私的性质决定的，它不可能是不受任何规限的公共话题。社会必以不同方式规限制约这个话题的公共性，不使其溢出公众能接受的范围。当然不同社会制约性话题的标准是不同的。有的宽松些，有的严格些，端视该社会先前的传统能允许它存在于什么范围之内。因为有性生殖是千万年进化形成的产物，性为生存繁衍离不开，也为组成为社会的细胞即家庭离不开，但性也有可能成为既定社会秩序的破坏性力量。当一定的社会秩序还能维持人类平静生活，而与之相悖理的性自由出现的时候，性本身的破坏性就表现出来；而当一定的社会秩序存在的合理性在社会变迁历程里逐渐失去的时候，性自由又成为社会变革的正面的助力。从历史上看，人对性又爱又恨，又好又悔。爱是因为生育报偿形成的性行为带给人乐此不疲的乐趣；恨是因为人无法估量由此种乐趣而生出的结果是福是祸。好是因为任何人创造的娱乐招数带来的快乐均无法与性的狂喜比肩，悔是因为性这种"基因骗局"被揭开谜底之后空空如也。性在人面前完全就是一个不可究诘不可捉摸的顽皮对手，如同赌博，刚以为下注可得万贯家财，孰料转眼变为倾家荡产。笔者完全认同弗洛伊德的看法，性伦理、性道德因性禁忌而生，而性禁忌的存在完全是因为无数惨痛的教训使之成为人的文明的第一缕晨光。于是人存在一天，性便存在一天，为了与这位又爱又恨又须臾不可离开的对手打交道，把它制约在一定范围之内便成为唯一的选择。禁忌是制约，婚姻也是制约，道德伦理更是从人生价值观入手的意识形态制约。

从历史上看，性知识及其传播被限制在一个狭窄的范围内。例如，在古代性知识包括俗称房中术的男女交接"功夫"，隐藏在中医类的典籍里。中国古代性知识是作为道教和中医知识的一部分而得到流传的。里面既有合理的成分，又有许多口耳相传的神秘术乃至迷信的东西。这种流传方式隐秘而只及于极少数人，极易散失。有心人必得寻访道教中人或中医的"高人"，才略知"天机"。一般情形下，社会甚少流传。例如晚清光绪年间，湖南士绅叶德辉在东洋日本访得中土散逸的若干医理医方兼及历代房中术的书籍，携回辑成《双梅景闇丛书》，嘉惠中医界和古代性学研究不少。另外，在民间性知识没有可能依赖公共话语传播的情况下，性知识的流传就成为父母的责任。从前听老辈人的讲法，民间嫁女妆奁箱底通常有称为"压箱底"的东西。那无非就是房中之事的绘本，以备新人不时之需。应该说这样的古代性文化与儒家主导的社会秩序是相适应的。性知识可以流传，可以传播，但被压制在一定范围之内，被规限在公开话题之外。古代的这种性文化从开明观点看当然有问题。比如当事人获取性知识的途径非常受限，如果为人父母而无知，婚姻男女只好暗中摸索。张竞生征集到的性史材料也印证了这种情况的存在。所以，当社会演变来到五四新思潮兴起的当头，与旧俗不同新的性文化随之兴起当然有它的合理性。但问题依然是，性是不是一个应该借助大众媒体进行大张旗鼓谈论的话题？这样做的接受度能超过它的反对程度吗？还有张竞生作为人文知识分子承担本质上属于医学领域的性知识的启蒙工作，到底是不是明智的选择？这样做的利弊如何？笔者今天复盘张竞生将近百年前性启蒙的历程，发现他对上述问题并没有深思熟虑。例如他在《性书与淫书》长文中，居然有"与其全无'性'，反不如任性去乱行冲动"① 这样糊涂的认知。

性启蒙确有必要，但公众和社会对利用大众传媒来谈论性启蒙和传播

---

① 张竞生：《性书与淫书》，见张培忠、肖玉华主编《张竞生集》（第 3 卷），生活·读书·新知三联书店 2021 年版，第 50 页。

新性知识的接受度不高。即使是经过新思潮的洗礼，性话题在中国社会依旧是一个不宜拿上桌面公开谈论的话题。这不是性启蒙有没有必要的问题，而是性启蒙的方式合适不合适的问题。用不合适的方式来做合乎道理的事情，这也是行不通的。比如即使到了一百年后的今天，性话题还是不宜在大众传媒里讨论，但是在小众传媒的杂志如医学杂志，心理咨询热线之类的地方，很容易完成性知识的启蒙。这不是封建不封建，也不是"淫"还是科学的问题。它纯粹是性知识的隐秘性带来的公众接受度的问题。张竞生发动这个"重大问题"文献征集的时候，没有分清两者的区别，单纯秉持破除封建陋习的心态，满怀提倡科学的自信心，一意勇往直前。他的勇气可嘉，但他的做法不为社会公众接受。南开学校的创办人张伯苓认为《性史》危害青少年身心成长，严禁南开学校学生阅读。张竞生不顾及公众的接受度将性启蒙作为大众传媒的话题，触犯了社会性的禁忌。这是日后殃及自身的一大原因。在张竞生看来，他是与封建旧俗作斗争，与虚伪的卫道伪君子作斗争。但性本身的复杂性使我们必须看到另一面。单从动机论张竞生也有几分站得住，但张竞生所秉持的，只是小道理，他没能看到大道理。大道理就是性这个话题在中国社会没有可能成为诉诸大众传媒的公共话题，因为它的自身传统不接受这个做法。这与性启蒙对还是不对、有或者没有必要，完全是另一个问题。张竞生那时完全可以通过其他途径进行性启蒙的工作。比如将它局限在志同道合者之内进行探讨研究，比如创刊或借助已有的医学刊物传播性医学知识等。张竞生不能区别这两者的差异，结果被掀起的舆论浪潮吞没。

当《性史》出街，惹起汹涌舆论之时，张竞生也知晓舆论反噬的厉害。原计划将《性史》一集一集编下去，但鉴于舆论决定第一集毁版不印，第二集撤稿，光华书局预付的一千元如数退还，二百元版税张竞生分文不取，全数给了作者。应该说张竞生之编辑《性史》天心可鉴，并非为一己声名小利。但《性史》出版，盗印蜂起，盗名伪作横行，张竞生覆水难收。他的本意确是为社会做件必要的好事，奈何在正确的时间选择了错误的方式做事，除了收获恶名，别无所得。代表社会性力量对待张竞生性启蒙这件事情上，除了公权力的查抄、罚没、提告之外，除了舆论给予的各种恶名和讥评之外，还特别不能获得新文化阵营人士的接纳。这也是一个有意思的现象。舆论不能容，卫道之士不能容，都好理解，新文化的提倡者也不能容，竟也成为张竞生性启蒙的对立面，这便值得细究。周作人性学问题态度甚为开明，与张竞生同为北大同事，还写过文章称赞《美的人生观》，但《性史》之后竟与张竞生反目。周建人数度写文章，与张竞生的性学观点商榷。鲁迅写文章暗讽张竞生开美的书店，以"性色"图财。① 纯粹的学界人物社会学家潘光旦写文章批评张竞生性学观点为"假科学"。② 以上诸人绝非冥顽不化的卫道之人，而是严肃开明的新文化的开路人。他们不约而同不认同张竞生的性学观念和做法，究其实际与张竞生本人的科学教养和知识程度有关。张竞生的性格也是多面的，他有真诚和勇气，但也有浓厚的江湖气和"猴气"，尤其缺乏学者的自我怀疑精神，自知一星半点就以为科学站在自己一边，深信不疑。性学，古人称为房中术。此类知识因其隐秘难宣，多主观臆测杂入。修道之人故神其事，术语模糊，莫可究诘；又因中国古代性学传统偏向养生修仙一路，非理性可以甄辨其中的究竟。如古代性学讲究的"还精补脑"就有多种解释，神妙莫测；至于同修的功夫所谓"蛰藏采补"，就更加玄之又玄。对于这类古代性知识，固然可以不急于定其是非，但无疑在科学逐渐昌明的时代，实在应该去除其玄学神秘的色彩。然而张竞生竟然无师自通，自创伟辞，创为"性部呼吸"和"第三种水"之说。这其实是袭古人衣冠而为新时代的玄神秘学，不但没有给他性学的科学色彩加分，反而炼成他性学的江湖术士的形象。虽有人叫好，但被更多人唾弃。这种来自新文化阵营的打击对张竞生来说其实更加致命。所以致命就在于张竞生本人毫无觉察。在新文化中人抛弃离开他的时候，他却坚持以为自己正确，站在真理的一边。在张竞生身上，来自自身认知的局限是更深的悲剧。

近世西风东渐而引发中国现代思想观念和价值观的深刻变迁。中西思想的不同和价值观的落差唤起了现代中国思想文化的启蒙浪潮。其中以为访得西土"真经"的启蒙之士时常自当先锋，一骑绝尘，远离了本国实际情形和风土民俗，远离了本土的文化传统。他们的言行不能为时代和社会所接受，反而因其言行而遭反噬。张竞生之提倡性学启蒙就是一个例

---

① 鲁迅：《书籍和财色》，见《鲁迅全集》（第 4 卷），人民文学出版社 1981 年版。

② 潘光旦：《〈新文化〉与假科学——驳张竞生》，载《时事新报·学灯》1927 年 5 月 5 日。

子，但他的不幸遭遇绝对不是一个孤例。这种本意可嘉而时运不济的案例正提醒我们，中国超大规模社会变迁过程的艰难和复杂。这种复杂性虽是思想史的小小侧面，但都不是用简单划一的观察和评价就能处理好的。对于性学启蒙先行者的张竞生，我们除了给予相当敬意之外，还要看到他自身的不足。从取"西天真经"到落地在"大唐东土"，这传统的新锻造和文化的融合是一个相当漫长的过程。

（刊于《东吴学术》2022 年第 1 期）

想象世界的道德秩序

金庸的十四部小说，除了《鹿鼎记》不太像武侠小说之外，其余的十三部无疑是归入武侠的范围。武侠小说作为一个源远流长的本土文类，与其他诸如言情、历史、侦探（推理）、科幻等通俗文类一起，构成了一个与严肃文学对峙的大本营。长期以来，通俗文类以文学上的成就，一样获得广泛的读者。

金庸小说的想象天地无与伦比，单就文学想象力的运用而言，自从《西游》《封神》和《聊斋》问世以来，无疑又是一个高峰。陈世骧说金庸小说是"终属离奇而不失本真"①，确是的评。各行各业的人，无分年龄，无分雅俗，皆以金庸小说为好看。就像"凡有井水饮处，即能歌柳（永）词"一样，当今世界是有华人处，皆有读金庸、论金庸者。凡有好奇心者，如阿里巴巴惊悉"芝麻开门"，他的哥哥亦甚向往之，强盗就更以为本门不传的秘辛。② 好奇心是人类的本性，同时，好奇心也是历史的产物。在社会生活中展开的好奇心，一定打上了历史文化的印痕。武侠小说是好奇心满足的途径之一，而想象力的运用是创造出神奇的武侠世界的重要条件。想象力所创造出来的那个超乎日常经验以外的神奇武侠世界，是吸引读者的诱惑。这种诱惑抹平了出身、教养、年龄、职业的差别，给予读者的好奇心以极大的满足。这或许可以解释金庸小说广受欢迎的部分原因。

然而，金庸武侠的想象世界既不是天马行空的，也不是神龙见首不见尾的。想象力所创造的人物和故事，必须归结为一种意义；就像好奇心刻上历史文化的烙印一样，否则就是拼凑出来的荒唐，它不会吸引读者。武侠作家手眼的高下即在于将自己的"想象世界"归结为何种意义，得之

---

① 陈世骧给金庸的信，见《天龙八部》（五），生活·读书·新知三联书店1994年版，第1977页。

② 见《一千零一夜》（六），纳训译，人民文学出版社1984年版，第412–443页。

深者为高明，得之浅者为庸陋。毫无疑问，金庸是属于前者。像其他武侠作家一样，金庸也是将笔下"想象世界"的基点落实在道德秩序的基础上。但是，金庸对"想象世界"的道德秩序有自己独特的理解。他在两个层面上展开笔下的道德秩序，首先是"侠士们必须遵行的伦理道德观念"，其次是"一套众所公认的是非标准"。① 前者相当于侠士的个人信念，后者则是江湖世界的秩序，就像人间所谓"正义"一样。侠士如果违背江湖世界的道德秩序，纵然武艺高强、手腕毒辣，亦必为武林所不齿。身败名裂，为武林所唾弃，是他们的下场。侠之大者，虽未必都有常人以为的那种圆满的结局，但侠之奸者、侠之恶者，则毫无例外不能最终逞其奸恶。不过，金庸所展开的这两个层面的道德秩序，并非等量齐观。对于前者，他倒是一如既往；而对于后者，则充满"正义"迟来的悲悯，同时也表现出形而上的厌倦和失望。笔者觉得，这正是金庸高明的地方，因为它表现作者对人性和社会的锐见。

一

　　武侠、言情、历史、侦探（推理）、科幻五大通俗文类，各与想象力的关系深浅不一。言情和历史虽然不免虚构，但是无论何种程度的虚构，言情和历史都需要在一个相似于现实人生经验的时空框架之内展开，想象力要受到经验的时空框架的制约，不能逸出这个时空框架之外。如果拿言情和历史文类的虚构想象与现实经验来比较的话，前者就是"未然"，后者就是"已然"。但是，"未然"绝不意味着无限的可能性，因为"已然"的时空模式规制着那个虽然未成为现实的"未然"。正是在这种意义上，亚里士多德将诗看成"摹仿"现实。因此，言情和历史文类是与纯粹的想象力关系比较浅的文类，或者说想象力的运用要局限在经验的时空框架允许的范围之内。侦探（推理）文类乍看之下与现实人生经验所展开的时空模式十分相似，所叙述的侦探故事、推理故事只是比我们经历的

　　① 金庸：《"说侠"节略》，见刘绍铭、陈永明编《武侠小说论卷》（下），香港明河社1998年版，第715页。另，凡文中所引金庸武侠小说的话，仅示作品回目，不一一赘注，版本以生活·读书·新知三联书店版为准。

日常经验更加神奇而已，除了它们的神奇，其余部分还是可以将它作为日常经验来接受的。如果我们的人生有足够的运气，说不定一样可以经历侦探故事和推理故事叙述出来的那种神奇。不过，在笔者看来，这只是一种"幻象"。侦探（推理）文类与我们日常经验的距离其实远比想象遥远，它们甚至是与我们此在世界的日常经验无关的故事，它们与日常经验世界的近似，仅仅是形貌上的近似。侦探和推理故事当然需要一个"案件"，以一个"案件"为题材。但是，仅仅把它当成一个"案件"，哪怕是一个比现实"案件"更神奇的"案件"，都不能说是清楚地了解这种文类。侦探和推理文类所提供的想象空间，我以为要比言情和历史更为广大。因为它们提供的想象空间是指向智力逻辑的，这种文类纯粹是对智力逻辑的偏爱，借助近似的日常经验做"外壳"而将它表现出来。因此，侦探和推理文类中的想象力，不是受到日常经验模式的制约而是受到智力逻辑的制约，它是人的智力逻辑制约下的想象力的运用。

武侠和科幻与纯粹想象力的距离似乎比言情、历史和侦探（推理）都近，也就是说，想象力诉诸武侠和科幻文类时受到的限制相对较少，想象力发挥的空间相对较大。想象武侠故事唯一不能违反的只是关于武侠的文化历史传统。在这个传统中，江湖只是一个想象的、展开与"庙堂"或"朝廷"生活方式相对的那种生活的场所，侠士则是关于一种早已绝迹的历史人物的回忆，武功来源于道、佛两家养生内外功夫的神化。在真实的日常生活场景中，既不存在江湖，也没有侠士，武功则可以随意发挥。可见武侠文类的想象空间是非常广大的。同样，科幻故事唯一不能违反的是技术，但是，技术在现代社会意味着发明的无限可能性。只要符合人类到目前为止的科学发现的原理，任何在此基础上的技术想象都是言之成理的。

有意思的是在这五种文类之中，侦探（推理）是半舶来品，而科幻是完全舶来品。古代有"公案小说"一科，与侦探接近，但从来没有推理小说。推理和科幻小说是最没有民族和传统根基的文类，到今天还是这样。以汉语写作的推理和科幻小说，其成绩远不能与言情和历史小说比拟。尽管今天现代教育已经大大普及，科学技术在社会生活中的地位也颇为显赫，但是，推理和科幻小说依然没有走出小圈子，以科幻为职志的作家在公众中的影响极为微弱。推理和科幻受阅读界的追捧程度甚至还比不上清末刚刚被介绍过来的时候。那时，一切都是"新"的，依仗着新鲜劲还能吸引到相当的注意力；如今推理和科幻不再新鲜，缺乏民族和传统根基的弱点显现出来。本身虽为通俗文类，但在它们生长的异地并没有大众的基础。这种情形恰与武侠小说在非汉语圈子的冷落相当。由此可知，通俗文类也打上语言、文化传统的烙印。不同的语言、文化传统会产生自己的通俗文类。如果要在汉语和英语中各自列举一种通俗文类作为代表，我以为武侠和科幻应该能够入选。武侠是汉语世界最有代表性的文类，而科幻是英语世界最有代表性的文类。

然而，更有意思的是，虽然武侠和科幻与想象力的关系都极为密切，想象力为这两种文类提供了广阔的发挥空间，但这两种文类中想象力安放的基础却完全不同，或者说想象力发挥的取向完全不同。武侠文类的想象力完全落实在道德秩序之中，作家对道德秩序的体验支配了武侠小说想象力的运用。即使武侠的世界完全不见日常生活的"踪影"，这个想象世界最终也还是有道德的一个世界。作家对道德秩序体验的程度决定了这个想象世界之中道德秩序的面貌。科幻则不然，科幻文类的想象力落实在对不确定的未来的探究之上，也就是说，对未来的追问、探究支配了科幻小说想象力的运用。无论科幻世界如何远离日常生活，如何离奇荒诞，它都是作家基于技术进展而对人类未来的一种想象。科幻急于寻求的，不是世界的道德性，而是世界的可能性。想象力创造的科幻世界，或者是美好的，或者是丑陋的，但关键在于，它是可能的。科幻世界的出现反映了人们对于技术的展望，也反映了人们对于技术的不安。技术越来越支配人们的日常生活，与此同时，技术也塑造了人们的生活面貌，它越来越像一股无形的力量，促使人们想知道在技术的塑造下，明天的生活会是怎么样的。在一个技术领先的语言文化中，对未来的疑问、焦虑正是科幻文类广受欢迎的文化心理基础。也许因为汉语文化不在技术上领先，它只是技术的追随者，人们没有那种因技术领先而来的对未来的焦虑，倒是安心于自己拥有的日常世界。既然是日常世界，那就意味着它有千百年来都是如此的秉性，人们对这个世界不太可能有关于它未来的焦虑，倒是有生活于其中的此在世界是否可欲的疑问。武侠文类中想象世界与道德秩序那种根深蒂固的联系，正是根源于这个疑问。如果说对技术的展望和焦虑是科幻文类想象力的基础，那对日常世界的道德性的疑问就是武侠文类想象力的基础。通过这个简单的比较，可知即使在通俗文类中，同样也积淀了深广的文化心理因素。在这个基础上，再来看金庸创造的武侠世界道德秩序，或许更清楚一些。

二

假如要在华人生活的社会列举最容易达成一致的道德规范，我想，"孝"应该排列在第一位，第二位的是"义"，然后才是"忠"。在人伦社会，神没有地位，故只得讲究人伦秩序。怎样才使人间社会显出伦常秩序呢？人间的伦常规范是不可缺少的，在"家"的范围之内，就是"孝"；出了家门，进入社会，与朋友相交，就是"义"；与代表社会秩序的国家相交，就是"忠"。"义"和"忠"，对象不同，性质则一。所以，古人往往"忠""义"并称，而《水浒传》其中一个版本的全名是《忠义水浒全传》。民间社会并不总是涉及"忠"的场合，而一举手，一投足，无不牵涉到"义"。洒扫应对，待人接物，离开了"义"，则语言行为无所依归。在民间生活的场合，"义"的影响力和深入人心的程度，甚过于"忠"。可以说，"忠"是那些为国为民、做大事的人的道德规范，而"义"，则大人者如是，升斗小民也离不开。概而言之，讲义讲信，在很大程度上塑造了华人社会的民间生活。

在金庸创造的亦幻亦真的武林天地，"义"也是武林人物所遵行的首要道德规范。正所谓江湖义气，没有义气，就不成江湖；江湖就是武林人物由义气而结成的独特的活动天地。如《笑傲江湖》中所说："武林中人最讲究'信义'二字。有些左道旁门的人物，尽管无恶不作，但一言既出，却也决不反悔，倘若食言而肥，在江湖上颇为人所不齿。"（第35回）在金庸构筑的江湖世界，侠者的武学有正、有邪，人品有善、有恶，但的确找不到不义的人。正派的武林英雄、侠者不在话下，就算那些在正派眼里是大奸大恶的侠者，起码在他们生活的小圈子里是有情有义的人。或者可以这样说，大信大义，他们沾不上边；但小信小义，还是站得住脚的。武林世界之中，人有邪正而凡侠皆义。这是金庸想象世界的一个重要特点。它使笔下的人物形象有充分的复杂性，善恶截然两分的看法，不能完全包举。

武林之中，自是武力横行，话不投机，就挥拳相向。但是，武力横行并不等于对侠士没有一些基本的道德约束。热闹的打斗场面自是好玩有趣，而人物的侠义勇气也使阅读者知所去取。《飞狐外传》中写了一个横行乡里、鱼肉弱小的恶侠凤天南。他是五虎门的掌门人，仗着掌门人的威势，镇霸一方。有一回，他落在少侠胡斐手里，眼看败阵下来，任由宰割。他却不是逃跑，反而挺身而出，对胡斐道："一身做事一身当，凤某行事不当，惹得尊驾打这个抱不平，这与小儿可不相干。凤某不敢再活，但求饶了小儿性命。"说完就要横过单刀，往颈中刎去。（第 5 章）怜爱小儿，虽属私情，但也足见这个恶侠是一个血性男儿，知耻知义，危急关头才会显出江湖汉子的气概。

《射雕英雄传》中"西毒"欧阳锋，为人可谓歹毒，看人不顺眼，即出手杀人。但第 38 回有一个场面，甚值得讲究。先是欧阳锋落入沼泽，要郭靖救命。他对于郭靖来说是害死恩师和心上人的仇人，但是，武林之中，乘人之危出手，未免胜之不义，更兼有饶他三次的盟约，像郭靖这样的大侠，当然不会干这些背盟兼不义的事情。于是，小说写郭靖出于不忍的仁心，救欧阳锋出沼泽。欧阳锋出得险境，乘郭靖不备，反过来占了上风。但这时欧阳锋也不杀郭靖，当然不是他的歹毒生性不想折辱郭靖，而是在高手面前，使出这等功夫，也是胜之不义；日后在江湖里，也要传为笑柄。欧阳锋因自身品性而恨郭靖，但他爱武功，故又佩服郭靖的武学修养，想从郭靖那里练到最上乘的武功。出于这些原因，他不能杀郭靖，不但不杀，还向郭靖学起"易筋功"。于是，两人就在荒郊野外亦敌亦友比试起武功来。人品截然不同的两大高手，却遵行同样的道德规范，或至少在同一道德规范之中，寻找到"共识"。这既是武林世界的"奇遇"，但这种情形何尝不是民间社会的"常情"。

坊间的通俗小说，写人物容易一好皆好，一坏皆坏，像曹雪芹当年嘲讽的那样"千部共出一套"[1]。皆是因为坊间作者对人性缺乏体验，不能明白道德的相对性。金庸写的武林人物，他笔下的侠者只有丰满和单薄之分别，却没有英雄和纯粹恶人的分别。英雄是有的，恶人也是有的，但恶人也必有他的"义"之所在，并在某种场合显示出来。金庸笔下的恶人的善根并未完全泯灭。人世间的善和恶固然是不变的，但什么是善，什么是恶，却随具体场合而有转移。武林之中，道各不同，固然各善其善，各恶其恶。但难得的是作者能够超越这种局限眼光，写出邪侠也有他的"义"。由此看来，这套通行江湖的道德观念，不仅是作者"设计"的，

---

① 〔清〕曹雪芹：《红楼梦》第一回，人民文学出版社 1995 年版，第 5 页。

这种虚构的"设计"也与人世间的道理相通。《笑傲江湖》的几个恶侠，似乎比其他小说里的恶侠在性格上更有"社会内容"，但即使是这样贯穿着影射人性和历史的侠者形象，也同样有行走江湖的义气。一心想建立武林"霸业"的左冷禅，在中原五大门派合并争霸的比武中，已得先手之利，眼看霸主之位就快到手，却被岳不群使出阴功刺盲双眼。弟子纷起鸣不平，左冷禅却说："大丈夫言而有信！既说是比剑夺帅，各凭本身武功争胜，岳先生武功远胜左某，大伙儿自当奉他为掌门，岂可更有异言？"（第34回）人虽是野心家，但终究不失武学大宗师的身份气派，拿得起，放得下，不愧为武林中的侠义之士。邪派教主东方不败使尽阴谋，夺得教主大位，练《葵花宝典》上的秘功，天下第一。遭任我行、令狐冲等四大高手围攻，四人本不能胜他，怎奈任盈盈攻击毫无武功的他的相好"莲弟"，引得东方不败方寸大乱。他临死前相求的一件事就是保住这位"莲弟"的性命。（第31回）东方不败与"莲弟"之间的感情，虽然是畸形的，但终究情深，深到令东方不败不顾自己性命，临危显义。由此看来，东方不败也是一条江湖汉子。岳不群阴邪虚伪，为人奸险，但他早年收养令狐冲，让他位列诸弟子之首，可见并非一开始就是冷血人物。后来走入奸邪一路，一来是偏执武学，走火入魔；二来是醉心权势，失掉人性。岳不群的后来的行径，当然算不上是江湖汉子，可是他先前收养孤弱，悉心栽培弟子，也算曾经有情有义。

金庸小说中演绎武林中的"义"，最充分的是两个人品性格截然相反的人物：《天龙八部》中的乔峰和《鹿鼎记》中的韦小宝。一个是大丈夫，另一个是小滑头；一个是武功盖世的奇侠，另一个是只懂出邪招取胜的小侠；一个临危取义、为国为民而捐躯，另一个危急关头遁迹山林。如此差异的人物，居然都符合信义的道德。从表面看来匪夷所思，可是细细看去，却合情合理。信义作为道德大节，虽然含义一样，但人生在世，有大信大义，有小信小义。为国为民者，为大信大义；为友为朋者，为小信小义。乔峰一生所演绎的正是为国为民的大信大义，而韦小宝一生所演绎的是为友为朋的小信小义。乔峰生为契丹人，血液里流淌着契丹人的血脉，但又自小成长在中原，为丐帮前帮主悉心栽培，做了丐帮接任的帮主。中原的文化哺育了他，然而不幸生在大辽征宋之世。站在契丹人的立场，他希望自己的民族强盛兴旺，但站在汉宋的立场，他不愿见到中原遭兵燹之灾。这个两造不共存的处境逼使他只能以牺牲一己的方法保存信义的道德规范。他和其他高手一起，阵前劫持辽主耶律洪基，逼他许下"于我一生之中，不许我大辽一兵一卒，侵犯大宋边界"的诺言。（第50回）完成这件造福大宋的义举，他发觉自己无法向契丹人的民族立场交代："萧峰是契丹人，今日威迫陛下，成为契丹的大罪人，此后有何面目立于天地之间？"于是，折箭自尽。（第50回）乔峰的大仁大义是道德原则高于生命的证明。当然，这种大仁大义不是每一个人都能做到的，在金庸小说中，这样的大英雄也不多见。

韦小宝天生聪明伶俐，是个幸运的机会主义者。但这并不意味着他没有自己的道德原则，他十分认同，"江湖上好汉，义气为重"（第43回）。一失掉义气，就再也没有在江湖上立足的余地。他就是靠着这点义气，以及逢凶化吉的运气，才受到朝野两面的看重。在康熙的身边，他是朝廷命官，贵为大内侍卫总管；在江湖好汉眼里，他是反清复明的天地会的青木堂香主。这两种身份乍看之下极其对立，可是在韦小宝那里就不是水火不容的。因为他从不以抽象的眼光分敌友，康熙在他的眼里，是小玄子、好朋友，是可以取无穷富贵的皇帝；天地会群雄也是好朋友、好哥儿们。不是他不能容纳朝廷和天地会两大势力，倒是这两大势力的对立搅得他不能安生。为了康熙性命，韦小宝可以舍身护卫；为了群雄的安危，韦小宝也可以冒险通风报信。朝廷和天地会不共戴天，是因为他们将这种对立赋予意识形态性，而韦小宝看不到，也不懂得这一点。他从来不生活在意识形态的世界，他只生活在个人化的世界，靠着他领悟到的"义气"，把这些人脉关系通贯起来。康熙也好，天地会的群雄也好，都是讲"义气"的人，既然都讲"义气"，就是一路人马，势孤力弱的韦小宝他为什么不能周旋其间？至于他们的对立，是他们自己的事，于韦小宝他何干？"义气"这种道德，在韦小宝的人生处境中，被发挥到淋漓尽致的地步。或许可以这样说，韦小宝不是一个深明大义的人，但对于人生小义小节的理解，没有人比他更为透彻。韦小宝在"义气"名目下的机会主义生活态度，要在对立的双方不撕破脸皮进逼的情况下，才能有善终。因为你固然可以回避意识形态而生活，但是，你不能阻止意识形态强行闯进你的生活。一旦后者发生，脚踩两只船的生活哲学就面临瓦解。果然，当康熙说出"小桂子，一个人不能老是脚踏两头船。你如对我忠心，一心一意的为朝廷办事，天地会的浑水便不能再蹚了。你倘若决心做天地会的香主，那便得一心一意的反我才是"（第49回）的时候，当天地会群雄苦劝他自己做皇帝的时候（第 50 回），无异于当头棒喝，宣告了他江湖行走生涯的结束。

　　金庸似乎对作为道德规范的"义"情有独钟，十四部武侠之中，始终贯穿对"义气"的正面评价。笔下的人物无论善恶，唯独"义气"是必不可少的。大忠大善的大英雄如此，大奸大恶的大枭雄也是如此。这种写法使得武侠人物的性格更有复杂性和文化内涵，在艺术上是非常成功的。刘再复曾经在 20 世纪 80 年代提出"人物性格的二重组合原理"，以为文学作品的人物形象应该具有多面性和复杂性，这样才能够表现更为基本的人性，也才具有生命力。[①] 金庸笔下的武侠人物与刘先生的看法，可谓不谋而合。当然，作家能够使笔下的人物形象丰富、生动，并不纯粹是一个艺术手法的问题，更为基本的是作家对人性有深入的理解，不囿于日常的偏见，才有可能做到如此。

三

　　武林的世界是一个有道德的秩序，可是这个有道德的秩序并不如我们当下生存的现实那样。现实社会的道德秩序是由人们认同的道德规范和推动或强制执行这些规范的力量共同构成的。比如在现实社会里那些不遵行共同的道德规范的人和行为会受到舆论的谴责和司法的制裁。在武林这个想象世界，江湖人物背离道德的行为并不会受到舆论的谴责，也没有司法力量的制裁。虽然书中有所谓"为江湖所不齿"的议论，但那是另有意指所在，并不能构成约束力。那么，作家是怎样表明想象的世界也存在道德秩序呢？换言之，是非标准的公认性是怎样显现在一个想象世界之中的呢？我以为是透过人物的命运来显示道德秩序的确在性的。作家只有安排人物的不同命运来告诉读者这个想象世界也是有是有非的，舍此别无他途。因此，观察人物的不同命运就可以透视作家想极力表明的那个道德秩序。

　　由于人物的命运有这样的功能，因此，人物命运的讲述也存在浅尝辄

---

　　① 参见刘再复《性格组合论》第三章"人物性格的二重组合原理"，中国人民大学出版社 2010 年版。

止的陷阱：肤浅的讲述者通常安排好人圆满的结局，安排坏人凄惨的下场，以此来显示关于恶行的"报应"和邪不胜正的秩序常轨。讲述者要跨越这个陷阱是不容易的，因为舍弃人物命运的安排无以显示一个如星空运行般的秩序常轨，而若果好人不得好死，做尽坏事而大富大贵，则秩序的道德性何在？所以，超越流俗的人物命运讲述一方面要对"好人圆满"的结局有独特的解会，另一方面对坏人的下场也要有独特的理解。金庸在这两点上都做到了。他描绘的武林世界，既让读者看到了邪不胜正的道德秩序，又跨越了因果报应式的老套，使人物命运显示出深远的意蕴。

金庸笔下的邪侠、奸侠、恶侠一般以两种结局收场：意外失手和自取其咎，甚少看到正派人物对邪派人物惩罚式的处理。当然，所谓意外失手和自取其咎有时是混合在一起的。在金庸的武林世界，秩序道德性的彰显不是通过"正战胜了邪"那样简单的方式，而是通过邪恶败于意外和邪恶因自身的邪恶而失败的方式。如果说意外失手多少是出于人世的无常和情节结束的需要，那自取其咎的结局就体现了金庸对道德秩序独到的体验。《雪山飞狐》中做尽了坏事的凤天南不是死于少侠胡斐之手，而是死于奸情败露之后的"恶吃恶"，可谓一世奸雄，死于一时之不慎。（第19章）《笑傲江湖》里的东方不败，多半属死于非命。他练出来的武功已然"天下第一"，四大高手本不能夺命，但因练了邪门功夫，发展出畸形的感情需要，成为致命之伤。弱点被偶然捉到，一时失手身死。（第31回）邪教教主任我行的结局也类似。小说写到末尾，中原的五岳正派已经因为争盟主的内斗，死亡枕藉，不复成派；而阴毒的邪派教主任我行复辟成功，正准备进剿中原正派残余。如此一来，至少在情理上便无法交代邪不胜正。于是，金庸让他"忽然从仙人掌上摔下来"，"只过得片刻，便断了气"（第40回）。一代枭雄，意外亡身。五岳剑派中的左冷禅虽然死在令狐冲的剑下，但他当初只为杀仇人岳不群，潜入华山洞中，不意碰上令狐冲，格斗之中不敌身亡。（第38回）可算是个意外，况且当初令狐冲也没有一定要诛灭奸邪的意思。意外失手的写法虽然可以使人联想到休咎无常，天网恢恢，奸邪也不能免此天谴，但毕竟感染力度有限。不过，它可以快速结束情节，用此手法也未可厚非。

如果邪侠、奸侠和恶侠都被大侠、侠之英雄者剿灭，那就是一种简单的因果报应的写法。相比之下自取其咎的写法更显示秩序的道德性：邪不胜正并不单纯来自力量对比的公式化信念，而是来自恶行的最神秘的惩罚，即恶行自己对自己的惩罚。正所谓恶贯满盈，自取灭亡。金庸小说的恶人往往是以自取其咎收场。他们向往武学而其心不正，想练成打遍武林无敌手的功夫，掠取最大权力来满足个人私欲。这时候他们所练的武学正是自己斩伐身心生命的工具。《射雕英雄传》中的"西毒"欧阳锋，一心想练成武功天下第一，无论多么伤德损生的事情都做得出。他的武功固然无人能敌，但他因练《九阴真经》上的武功而不识经文的意思，练致走火入魔，发了疯，自己和自己的影子斗法比武。（第40回）《天龙八部》中的梵僧鸠摩智几乎就是欧阳锋的翻版，崇拜武功霸道，以力取胜。所不同的地方是他为了那本记载无敌武功的《易筋经》跌落深井而内力全失，武功尽废之后，能够幡然彻悟："如来教导佛子，第一是要去贪、去爱、去取、去缠，方有解脱之望。我却无一能去，名缰利锁，将我紧紧系住。今日武功尽失，焉知不是释尊点化，叫我改邪归正，得以清净解脱？"（第46回）同书其他恶人，如"四大恶人"之首段延庆，最后知得段誉是自己儿子但因作恶太多而不为儿子所认，亦喜亦疯，行为失常。（第48回）日夜图谋复辟，一心想做皇帝的慕容复，最后竟然痴心成疯。（第50回）《笑傲江湖》中的岳不群，为了做五岳派盟主，练最阴鸷的《辟邪剑谱》，残贼命理，搞得众叛亲离，竟然死于自己精心策划的阴谋。（第39回）真是苍天有眼，以合乎情理的方式惩罚了恶人。金庸所写的那些恶人，因其恶而自取灭亡，包含了非常正面的人生哲学：武学如同才华、能力，本身不是生活的目的，它必须被德行所驾驭；德行高于武学，恶人所以为恶人，在于他们不理解或根本罔顾这道德的律令，以为纯粹的武力可以使自己"天下第一"。于是，神秘的惩罚因其邪恶信念追踪而至。

武林世界里的恶人罪有应得固然说明了它的道德秩序的一半，但也要有好人的圆满结局才能印证另一半。中国传统的戏文、小说多以大团圆结局，大概也是基于这种看法。综观金庸小说大侠的结局，当然不能说它们不圆满，但是，至少金庸对圆满本身是有自己独特理解的。他笔下的圆满绝不是大团圆式的圆满，更多的是超凡脱俗式的个人生命的圆满。因此，观察金庸小说的义侠、英侠、侠之大者的结局，就会觉得金庸在其中显示了某种超越人间秩序的哲思，或者说，他对武林中的道德秩序本身有深深的怀疑、失望。这种怀疑和失望不是对道德或德行本身的怀疑、失望，而是对道德落实为一种秩序时的怀疑和失望，归根到底，是对善恶兼有的人性的怀疑和失望，并将怀疑和失望的情绪寄托于可以超迈绝尘的个人生命。金庸小说里，无论是大侠的事业，还是邪正的对垒，最终都渗透了事业不成、对垒转空的氛围。从他第一部武侠《书剑恩仇录》结尾陈家洛为香香公主墓冢写的铭文"浩浩愁，茫茫劫，短歌终，明月缺"（第20回），就可以看出那种人事无常，转眼成空的浩叹。《碧血剑》里的袁承志，无疑是一位大侠。他毕生的事业是辅助义军，灭明抗清。可是，他慢慢发现，他辅助的李自成义军，除李岩之外，竟然一如明朝官员贪婪、暴虐；他要抵抗的清朝鞑子，居然明白事理，颇为爱民。他的义侠生涯，目睹了"十年兵甲误苍生"的现实，在"空负安邦志"之后，"遂吟去国行"，和旧友张朝唐一道，远征异域，离开中原。（第20回）《雪山飞狐》的结尾，少侠胡斐于绝境处意外得宝刀，杀出重围，然而，他的心上人程灵素已经为救他的生命而死，正应了圆性念出的佛偈："一切恩爱会，无常难得久。生世多畏惧，命危于晨露。"（第20章）《射雕英雄传》的结尾是郭靖和成吉思汗讨论什么人才是大英雄。郭靖以为成吉思汗杀戮太过，不算真正英雄。成吉思汗却认为郭靖幼稚。成吉思汗死后，郭靖南归，看见一路上"骷髅白骨散处长草之间"，正是"兵火有余烬，贫村才数家"。（第40回）这种景象无疑是暗示所谓"英雄事业"的荒唐。

《笑傲江湖》的结尾颇耐人寻味。经过一番搏杀，枉死的枉死，作孽者也受了现报，令狐冲和心上人任盈盈结为夫妇，一片祥和升平。但是，这个结局却是反"武侠"的。全书的叙述已经十分明显地说出，江湖的本性在于"一统"。人人争权，派派暗斗，都是为了这个"一统"带来的权力与荣耀。现在却太平气象，由"千秋万载，一统江湖"，改变为"千秋万载，永为夫妇"。侠士弹琴，优游于温柔乡中，那么，侠士也不复为侠士，江湖也不复为江湖。这个结尾是作者对江湖本性的批判，它超越了江湖，超越了武侠。可以说，正是因为金庸有了这种"笑傲江湖"的觉悟，才在后来写出《鹿鼎记》那样似武侠而非武侠之作。《鹿鼎记》中的"江湖"没有《笑傲江湖》里的"江湖"那么险恶，但也是充满杀机。红花会要反清复明；朝廷要剿灭红花会。两大仇家势不两立。韦小宝可以苟且于江湖一时，但不能得志于永久。在左右夹攻之下，他也只好装死，与妻妾一起，远离是非之地，逃逸到山林，隐逸起来。作者描写韦小宝的命运，用意之一显然是对江湖秩序的强烈不认同，他的成功和他的逃逸，都说明这个江湖世界的缺陷。它并不是理想之地，理想之地何在，作者大概也和读者一样没有明确的答案。作者只是用人物的命运来映照人间的不圆满。

　　想象的世界与我们生活着的现实世界一样，也存在一个道德秩序，只不过彼此通过不同的途径表现其秩序的道德性而已。综观金庸创造的武林世界，他比较钟情于民间普遍认同的"信义""忠孝"的道德规范，并且把它们当作武林人物立于天地间的普遍准则；无论人品的善恶，都一体遵行，并无非议。然而，金庸对于江湖秩序本身的正义性，虽然是基本肯定，抱有不失乐观主义的期待，但是，实际上则颇多怀疑。在他前期的作品中，这种疑虑只是一种气氛，一种人世无常的渲染；到了后期，由疑虑而转变成失望。武林人物的命运暗示，江湖世界的道德秩序可能只是可望而不可即的远景，义侠和侠之大者的盖世武功和绝顶聪明，并不能使这个世界更符合道德性，更符合正义性，他们的努力不白费，然而也决不能改变他们身处的江湖世界。如果他们有更高远的理想的话，这种理想也只能是关于他们个人生活的，而不是关于社会的。要实现这些关于个人的生活理念，唯一的办法就是从江湖世界中逃逸出来。这或许是一种更为可取也更为现实的生活理想。

　　　　　　　　　　　　　　（刊于《厦门文学》2004 年第 2 期）

论中国文艺批评标准的正偏结构

　　如果将中国固有的批评传统视为一个整体，可以看到，在这个整体里用以衡量、批评作品的标准显然存在一个正偏结构。从古至今，批评的关注点都聚焦于分辨、考究何者为正，何者是偏；哪些是值得弘扬的主流趣味，哪些是可以给予存身之地的旁流趣味。文艺批评即立足于正与偏的分梳、辨别和判定。在这个批评传统里，正和偏之间通常不是对立的，而更多是不同、差异、主次的关系。每一个时代，被批评确立为主流"正者"的文艺作品都处于正面价值的位置，并因此得到弘扬，而次要的"偏者"当然就处在主流之外的偏旁。对于具体作品，批评者或有争议和龃龉，但要之，批评作为整体，其孜孜不倦的努力、耿耿在怀的辨正识偏却是贯穿性的，超越具体的时代场景而成为恒久的传统。经过一番分辨考究确定下来的正者和偏者各自占据的位次不可更改。或许有的批评家过于执着个别趣味，将本来处于偏次位置的作品悄悄提升到正者的位置，但事后这种扶正的"偷袭"总被证明无效。正与偏不可相互代替，其位序不可淆乱，这个中国固有的批评传统值得我们一番解会。

一

　　最早体现这个批评传统的词是"雅"与"俗"。今天，我们有时过于执着于雅俗的阳春白雪和下里巴人的区分意味，以文体和体裁定雅俗这个后起之义又另当别论。雅俗的本然意味是：雅者，正也；俗者，偏也。因为是正，故位居上等，衍为阳春白雪；因为是偏，故位居下流，衍为下里巴人。批评标准所论的"雅俗"包含了严肃的伦理意味，不是纯粹的文学艺术形式之分。《左传·襄公二十九年》记载了一个故事，这是古代文献确凿记载的第一个关于诗和音乐批评的故事。吴国公子季札往聘鲁国，顺便观周乐以及诸侯国乐。鲁国当然尽力接待，"使工为之歌《周南》

《召南》。季札观后评论道："美哉！始基之矣，犹未也，然勤而不怨矣。"季札观过周乐，鲁国又为他演郑乐。"为之歌《郑》，曰：'美哉！其细已甚，民弗堪也。是其先亡乎！'"季札的批评标准很清楚，他并未完全否定郑乐的艺术成就，无论对周乐还是郑乐，首先都叹道"美哉"。但他认为"二南"是王化的始基，虽未尽善尽美，却灌注着勤而不怨的精神。而细究下去，季札对郑乐"美哉"的评价，更多是对鲁国乐工精湛演出的褒扬，对其诗句则微词颇多。什么是"其细已甚"？为什么"细"就导致"民弗堪也"？季札的逻辑是什么？杨伯峻的注释给我们提供了理解的线索。他说："此论诗辞，所言多男女间琐碎之事，有关政治极少。……风化如此，政情可见，故民不能忍受。"① 以今天的眼光看，"男女间琐碎之事"同样可以谱写成不朽的文学，这几乎是常识。但是季札对之并不认可，中国固有的批评传统对之也不认可。这不认可又不是蛮说，而自有它的一番道理。

"二南"雅正而郑风低俗，这个定评意味着"二南"的音乐文辞典雅而入于主流，郑风的文辞低俗而流于闾里曲巷。因为前者可以顺理成章地归入由文王武王开创的教化正统，而郑风则局限于表现私情，偏离了礼乐教化的正途，流入抒发男女私情的偏门，所以季札将文辞传达的意思与邦国的生死存亡联系起来。正是在这个意义上，文辞音乐的正与偏被认为关乎国运。陆德明解《毛诗·小雅》之义曰："先其文王以治内，后其武王以治外，宴劳嘉宾，亲睦九族，事非隆重，故为小雅。皆圣人之迹，故谓之正。"② 连"宴劳嘉宾，亲睦九族"都归入"事非隆重"之列，虽雅而小，更遑论男女私情、桑间濮上。其等而下之者，固然之理也。正是由于中国的礼乐文明，德义教化才有如此高隆的地位。亦是在这种社会氛围下，形成了文艺批评标准的雅俗之别。雅正趣味羽翼礼乐教化，而低俗趣味局限于男女私情。虽是人情的不得已，但也只能处于偏旁的地位。

季札对诗的鉴别和批评精神，在孔子身上同样可以看到。孔子也如季札一般，在正与偏的讲究、斟酌中衡量、估定和解说文本的价值。举个例

---

① 杨伯峻：《春秋左传注》（第 3 册），中华书局 1990 年版，第 1161–1162 页。
② 《毛诗正义》卷九，见〔清〕阮元校刻《十三经注疏》（上册），中华书局 1980 年版，第 401 页。

子,《关雎》何以居诗三百篇之首,这个问题今天可以重新讨论。① 司马迁在《史记·孔子世家》中谈到孔子返鲁后整理删定三百篇。如果太史公所言不虚,那么今天我们读到的《诗经》就是孔子手订的,而整理删定的最重要关目就是确定"四始":"《关雎》之乱以为《风》始,《鹿鸣》为《小雅》始,《文王》为《大雅》始,《清庙》为《颂》始。"② 孔子为什么要将《关雎》放在第一首?我们知道,目录编排中的首位通常意味着开端、基本和重要。《诗》小序"后妃之德"的说法虽然牵强,却因早出却无从违背,因此这个问题一直得不到学理的说明。如今楚竹书《诗论》出土,为这个问题的正解提供了强有力的线索和依据。楚竹书《诗论》是战国时代儒门师生讲论诗三百篇含意的文献。③ 它比毛诗更早出、更可靠。《诗论》将《关雎》的主题定为"改",就是改过迁善的"改"。讲论者认为:"《关雎》以色喻于礼,(中缺九个字——引者注)两矣,其四章则喻矣。以琴瑟之悦拟好色之愿,以钟鼓之乐【拟婚姻之】(上四字为整理者补定——引者注)好,反纳于礼,不亦能改乎?"④ 讲论者注意到,这首共五章、每章四句、八十字的短诗表达了两种要素:一是"色",另一是"礼"。诗的可贵在于由"色"而进于"礼"。由"色"而进于"礼"的机杼便在于"改"。故说诗者判《关雎》的主题为"改"。概而言之,《关雎》其实是一首高度浓缩的叙事诗,它用指代修辞的手法浓缩了君子改过迁善的故事。诗中的君子出于私情爱慕而不遵礼法去追求淑女,却自招烦恼,后来他幡然醒悟,遵从礼法指引,终于获得圆满结果。《关雎》结尾暗示得非常清楚:一场粗鲁不文的色欲追求,最后走上了文明的礼仪轨道。可以说,《关雎》表现了礼乐对人本能的规范、约

---

① 五四新文化运动中,随着诗三百篇被重新估定价值,它不再是古代的"神圣文本"而认作歌谣,包括司马迁"四始"的说法在内的传统解释也失去了意义。笔者认为,以三百篇为歌谣,离历史真相更远。

② 〔汉〕司马迁:《史记》(第6册),中华书局2014年版,第2345页。

③ 学术界对《诗论》产生的准确时间迄今尚无一致认识。李学勤认为其产生于战国晚期(参见李学勤《〈诗论〉简七问——在清华大学"新出楚简与儒家思想国际学术研讨会"上的演讲》,载《中国三峡建设》2006年第3期)。而刘信芳和黄怀信则认为其产生于战国早期(参见刘信芳《孔子诗论述学》之"《诗论》的作者与成书年代"一节,安徽大学出版社2003年版;黄怀信《上海博物馆藏战国楚竹书〈诗论〉解义》前言中"作者及成书时代问题"一节,社会科学文献出版社2004年版)。

④ 简文参见黄怀信《上海博物馆藏战国楚竹书〈诗论〉解义》,社会科学文献出版社2004年版,第18-19页。

束，它是礼乐驯服色欲之诗，也是粗鲁服从文明之诗。《诗论》的作者对诗意的训解纵有瑕疵，但对其基本精神的把握是准确的。礼乐驯服色欲就是"反纳于礼"，也就是所谓"改"。说诗者认为，《关雎》的这个主题非常宏大和重要，"《关雎》之改，则其思赗（益）矣"①。《诗论》以"改"来判定《关雎》的主题，笔者以为是合乎篇意、有充分文本根据的。如果不是楚竹书重见天日，《关雎》的真义或许将永远被湮没。

作为诗，《关雎》当然只是讲述故事、抒发情志，但它确实又可以被上升到文明基石的高度来理解，从中阐发出"微言大义"。因为诗所表现的由"色"而进于"礼"的"改"涉及中国礼乐文明的根本。按照荀子的说法，礼是约束、规范人欲的制度安排，可以使欲望成就人事，而不是败坏人事。② 欲望因此被视为礼的腐蚀性力量。一面是礼乐制度对欲望的约束和规范，另一面是欲望对礼乐制度的挑战与腐蚀。盖人诸欲之中色欲最顽强、最根本，举凡制度之衰朽、人事之腐败、人心之不可挽回，色欲往往在其中扮演主要角色。《礼记·经解》说，"昏姻之礼废，则夫妇之道苦，而淫辟之罪多矣"③，可见古人对色欲之危害礼乐制度是有充分认识的。正因为这样，礼乐制度就有很重要的方面是针对色欲的，要对色欲加以约束和规范。规范色欲的婚礼制度就成了整个礼乐制度的基石。在古人的冠礼、婚礼、丧礼、相见礼、射礼和乡饮酒礼等诸礼之中，婚礼居于"本"的地位。婚礼是诸礼的基石，《礼记·昏义》曰："男女有别，而后夫妇有义；夫妇有义，而后父子有亲；父子有亲，而后君臣有正。故曰：'昏礼者，礼之本也。'"④ 这正是司马迁指出《关雎》"始于衽席"⑤ 之义。在礼乐文明的意义下，夫妇是人道世界的开端，这个开端正与不正事关重大。如若男女无别、夫妇丧义、色欲横流，则人道的世界将倒退回孟

---

① 简文参见黄怀信《上海博物馆藏战国楚竹书〈诗论〉解义》，社会科学文献出版社2004年版，第18－19页。

② 《荀子·礼论》："人生而有欲，欲而不得，则不能无求；求而无度量分界，则不能不争；争则乱，乱则穷。先王恶其乱也，故制礼义以分之，以养人之欲……是礼之所起也。"见〔清〕王先谦撰，沈啸寰、王星贤点校《荀子集解》，中华书局1988年版，第346页。

③ 《礼记·经解》，见〔清〕孙希旦撰，沈啸寰、王星贤点校《礼记集解》（下册），中华书局1989年版，第1257页。

④ 《礼记·昏义》，见〔清〕孙希旦撰，沈啸寰、王星贤点校《礼记集解》（下册），中华书局1989年版，第1418页。

⑤ 〔汉〕司马迁：《史记》（第6册），中华书局2014年版，第2345页。

子所说的"禽兽"世界。

如果不希望这种倒退发生，礼乐德义就是一条必须坚守的底线。坚守礼乐德义的底线就是坚守文明的底线。正是由于礼乐德义的价值观，孔子和后来儒家的诗三百篇讲论者对《关雎》一诗表现的"色"与"礼"的因素特别垂意，尤其肯定它"反纳于礼"而"能改"的主旨。孔子生活的年代虽然还未发展出战国时代那种对《诗经》篇意的讲论，但孔子特别赞美《关雎》是有案可查的。他既称美《关雎》的意旨"乐而不淫，哀而不伤"①，又赞美其音乐声调"洋洋乎盈耳哉"②。这首短诗之所以能位列诗三百篇之首，得到孔子和后来儒家论诗者的赞美、垂顾和敬意，其背后所隐藏的对礼乐文明命运的关切是根本原因。用今人的话说，以儒家的批评标准来看，《关雎》所写的就是那个时代的"重大题材"。它不仅题材重大，而且对人心、人性存了一种不唱高调的理性解悟，十分符合儒家"中道"的审美趣味，所以也可认为这首诗体现了那个时代美学的"主旋律"。从这个例子可以看到，儒家所代表的批评标准其实植根于中国礼乐文明的深厚土壤。

钱锺书在《中国诗与中国画》中指出了批评史上一个十分有意思的现象，即批评旧诗和旧画所采取的标准是分歧的。他说："中国传统文艺批评对诗和画有不同的标准：论画时重视王世贞所谓'虚'以及相联系的风格，而论诗时却重视所谓'实'以及相联系的风格。因此，旧诗的'正宗''正统'以杜甫为代表。"③"神韵派在旧诗史上算不得正统，不像南宗在旧画史上曾占有统治地位。"④钱锺书的观察十分敏锐，今天可以略做补充的是旧诗批评史上这种现象形成的原因。正如朱自清说的那样，"诗言志"是中国传统诗学的"开山的纲领"⑤。诗是抒发情志的，而志又是分大小的，并不是所有诗人的志都可等量齐观。那些关乎天下江山和国运民生的志理所当然是大志，而关乎林泉高致和溪山寒月的志就是

① 《论语·八佾》，见程树德撰，程俊英、蒋见元点校《论语集释》（第 1 册），中华书局 1990 年版，第 198 页。

② 《论语·泰伯》，见程树德撰，程俊英、蒋见元点校《论语集释》（第 2 册），中华书局 1990 年版，第 542 页。

③ 钱锺书：《中国诗与中国画》，见《七缀集》，上海古籍出版社 1994 年版，第 22 页。

④ 钱锺书：《中国诗与中国画》，见《七缀集》，上海古籍出版社 1994 年版，第 21 页。

⑤ 朱自清：《诗言志辨》，见《朱自清诗言志辨·朱自清新诗杂话》，吉林人民出版社 2013 年版，第 8 页。

小志。批评史上的主流是首重其大者，然后才兼容那些小者。当大小放在一起比较时，价值的天平就要求分出位置的主次和地位的高下。志之大者自然就略胜一筹，而那些"神韵"一脉的闲逸小品，无论艺术造诣多么精致，多么富有纯粹的情趣，都不可能取得诗史上"正统"的地位。还是钱锺书说得好："唐代司空图和宋代严羽似乎都没有显著的影响；明末、清初，陆时雍评选《诗镜》来宣传，王士禛用理论兼实践来提倡，勉强造成了风气。这风气又短促得可怜。王士禛当时早有赵执信作《谈龙录》，大唱反调；乾、嘉直到同、光，大多数作者和评论者认为它只是旁门小名家的诗风。这已是文学史常识。王维无疑是大诗人，他的诗和他的画又说得上'异迹而同趣'，而且他在旧画传统里坐着第一把交椅。然而旧诗传统里排起坐位来，首席是轮不到王维的。中唐以后，众望所归的最大诗人一直是杜甫。"①

中国批评史上的种种现象，无论是《关雎》何以为三百篇第一首，神韵派的诗作何以不能如南宗画一样被视为正统，还是杜甫何以坐上诗人的第一把交椅，都涉及传统批评标准的正偏结构。中国的传统批评讲究辨识正偏，既毫不含糊地树正，也能够容偏。不像欧洲批评史，一种主义起来，就排斥另一种主义，新的打倒老的。例如：浪漫主义起来，就排斥古典主义；写实主义起来，就排斥浪漫主义；而现代主义起来，又排斥写实主义。中国的批评格局只是分主次、排座次。广而言之，这种正偏的格局不但在批评史上存在，思想史上也存在类似的现象。它们甚至影响到日常语言的用法。例如在中国思想的传统里，儒家与释道及其他诸子也是分出主次的，前者为主而后者为辅。李泽厚有"儒道互补"的说法②，但儒道的互补，不是位次对等的互补，是主次相济、羽翼主流的互补。儒家又有"正经"和"兼经"的说法。五经为"正经"，其余的归入"兼经"。中国文化倾向于兼容并包，讲究有容乃大。但要兼容得好，就要分辨主从。如果没有主脑，缺乏心骨，就会导致容而淆混，杂乱无章。这种文化上的解释，或许可以回答中国批评史和思想史上为何存在正偏结构的问题。

---

① 钱锺书：《中国诗与中国画》，见《七缀集》，上海古籍出版社 1994 年版，第 21 页。
② 李泽厚：《美的历程》，广西师范大学出版社 2000 年版，第 89 页。

二

历经现代革命，中国文化传统已经"日日新，又日新"①，旧貌换了新颜，枯树焕发了生机。从变的角度来看，可以说是前古未有、天翻地覆；但从不变的角度看，正如苏轼《赤壁赋》所说，"逝者如斯，而未尝往也。盈虚者如彼，而卒莫消长也"②，历史过程中形成的稳定特质依然存在不变的一面。比如我们还是可以问：新的文艺批评标准有没有继承古代的惯性？纵然"正"的内涵已经完全不同，"偏"的内涵也与古代相去甚远，我们还是可以思考悠久的文艺批评传统在现代社会积淀了什么。

在再造中国的现代革命过程中，形成了与古代中国的批评传统相似或接近的新批评传统。在这个批评传统里，关于文艺批评的标准也依然存在一个正偏结构。历经19世纪末20世纪初现代性的洗礼和社会的转型，新的现代批评传统所使用的批评术语已经与古代固有的批评传统完全不同，所树立的文本典范也不一样。无论是"诗言志"还是"文以载道"，都不见诸现代批评的范畴。然而新文学运动之后的现当代文学形成了强大的现实主义文学传统。在其中，写实的艺术手法还在其次，更重要的是关怀现实、感时忧国的现实主义精神，因此这个传统也把使用浪漫主义手法的文学包含进来。鲁迅是这个现代文学传统的创立者，也被认为是其中最杰出的典范。正如杜甫在古代诗史中坐第一把交椅，鲁迅是代表新文学传统的第一人。近一个世纪以来，任何流言、中伤、贬低都不能撼动鲁迅的文学地位，这个地位经受住了偏颇的政治"神化"和无聊的"妖魔化"的双重考验而未被撼动，岂不说明鲁迅的文学趣味与现代批评标准之间存在深度的契合？任凭文坛舆论风云变幻，这种深度契合一直维持不变。如果没有研究者和读者汇合而成的批评力量跨越世代的持续推动，鲁迅如何能成为现代文坛的第一人？

归根到底，诞生于20世纪现代革命过程中的新文学，在很大程度上形成了启蒙大众、教育人民和引导舆论的传统。它要求文学在文化生活中

---

① 《礼记·大学》，见〔清〕阮元校刻《十三经注疏》（下册），中华书局1980年版（影印本），第1673页。

② 〔宋〕苏轼：《赤壁赋》，见孔凡礼点校《苏轼文集》（第1册），中华书局1986年版，第6页。

同时扮演批判和鼓舞的角色。文学的使命是诉诸大众的，它是在与人生发生密切的精神联系中实现自身使命的。一句话，文学是而且必须是深度嵌入现实生活中的。鲁迅的作品是 20 世纪初形成的这个文学传统的美学呈现。如果上述看法有道理，尽管古代有古代的文学和现实，现代有现代的文学和现实，但是就文学与现实关系的格局来说，古代和现代其实是一脉相承的。正是在这个基础上，现代批评中同样存在正偏格局。处于主流地位的当然就是被文学史家排序为"鲁郭茅巴老曹"所代表的文学。这个排序曾受到坊间挑战，但最终再次获得肯定，显示出历久而弥新的性质。① 进入延安时期后，毛泽东基于已经变化了的"客观现实"，"从实际出发，不是从定义出发"②，在《在延安文艺座谈会上的讲话》中提出了文艺的"工农兵方向"。新中国成立后有"重大题材"和"典型环境中的典型人物"的创作提倡。③ 现在，"以人民为中心"不仅作为文艺的方向得到大力弘扬，而且作为批评的标准推动着文艺创作，并落实到政策实践层面。正如"主旋律"一词所表明的，凡是符合、接近这个文艺方向的文学理所当然居于主流的位置，它们是文坛的正者。

就像古代有神韵一脉——这里指的不仅是被叫作"神韵派"的文学，而且有钱锺书所说的"'虚'以及相联系的风格"的文学，20 世纪初文学转折时期也产生过类似的美学旨趣和风格。它们或被贴上"自由主义"文学的标签，或被叫作"象牙塔"文学。这两个名称也许都不准确，还不如周作人的散文集名"自己的园地"那样直白地说出了这一脉文学的追求和美学趣味。"自己的园地"这样的文学也产生了不小的社会影响，

---

① 这个排序 20 世纪 50 年代即告形成，它反映的是以现实主义创作为中心的文学史叙述框架。80 年代随着"西学"再次东渐，排序受到挑战。1994 年，王一川等主编"二十世纪中国文学大师文库"，再定座次为鲁迅、沈从文、巴金、金庸、老舍、张爱玲、郁达夫。1995 年，钱理群也提出大师的新名单：鲁迅、老舍、沈从文、曹禺、张爱玲、冯至、穆旦。（均见刘卫国《中国现代文学研究通史》第五卷《突破与创新》，广东人民出版社 2020 年版，第 91－93 页）2014年，习近平《在文艺工作座谈会上的讲话》再次提到了这个自 50 年代以来既定的排序（参见中共中央宣传部编《习近平总书记在文艺工作座谈会上的重要讲话学习读本》，学习出版社 2015 年版，第 5 页）。

② 毛泽东：《在延安文艺座谈会上的讲话》，见《毛泽东选集》（第 3 卷），人民出版社1966 年版，第 854－855 页。

③ "典型环境中的典型人物"一语，出自 1888 年恩格斯给作家玛·哈克奈斯的信。这个说法在左翼文艺运动时期传入中国，成为现实主义的经典表述［参见中共中央马克思恩格斯列宁斯大林著作编译局《马克思恩格斯选集》（第 4 卷），人民出版社 1972 年版，第 462 页］。

但和那个时代处于强势的左翼文学相比，不能不说是处于弱势，即整体文学格局中偏的位置。洪子诚在论及正偏双方最显出对峙性的20世纪40年代文学状况时说："40年代后期的文学界，虽然存在不同思想艺术倾向的作家和作家群，存在不同的文学力量，但是，有着明确目标，并有力量决定文学界走向，对文学的状况实施'规范'的，却只有由中共领导和影响下的左翼文学。在中国文学总体格局中，左翼文学成为具有影响力的派别。"① 或有人认为以左翼文学为代表的与"实"相联系的风格的文学，是依凭政治诉求取得了强势的位置，然而在20世纪三四十年代文坛的对峙中，自由主义文学也同样是依凭其政治诉求的。双方背后的政治诉求固然是一方面，但不是问题的全部。当我们观察同样由现代性所催生的现代文坛正偏格局的时候，不能不关注持久的美学趣味的顽强作用。那些与人生、社会、时代发生更紧密关系的文学，总是能得到更多阅读和评论力量的青睐，反之则总是处于偏弱的位置。植根于传统、历史和文明的美学取向，当然在具体的历史情景里与具体的政治发生关系，但仅仅从政治势力的强弱角度去解释渗透着美学评价而形成的正偏格局是偏颇的。鲁迅批评弥洒社的小说是"咀嚼着身边的小小悲欢，而且就看这小悲欢为全世界"②。若从题材来看，或有人认为鲁迅的看法也不见得完全合理，写个人的小悲欢同样可以写成不朽的巨著。但鲁迅讲的不是题材，而是美学趣味。在鲁迅的批评标准里，咀嚼个人小悲欢的文学在艺术上无论如何精美，比起忧愤深广之作当然是稍逊一筹。习近平在中国文联十大、中国作协九大开幕式上的讲话，代表了当代主流的美学趣味对文艺的期盼："我们的文学艺术，既要反映人民生产生活的伟大实践，也要反映人民喜怒哀乐的真情实感，从而让人民从身边的人和事中体会到人间真情和真谛，感受到世间大爱和大道。关在象牙塔里不会有持久的文艺灵感和创作激情。离开人民，文艺就会变成无根的浮萍、无病的呻吟、无魂的躯壳。"③ 由于现代性的作用，现代批评标准里的正偏对立和对峙总是显得比古代更明显一些，但是这对立和对峙总也不妨碍主流和支流在事实上的共存。在整

---

① 洪子诚：《中国当代文学史》（修订版），北京大学出版社2007年版，第9页。
② 鲁迅：《〈中国新文学大系〉小说二集序》，见《鲁迅全集》（第6卷），人民文学出版社1981年版，第242页。
③ 习近平：《在中国文联十大、中国作协九大开幕式上的讲话》，载《学习活页文选》2016年第74期。

体批评格局上，当今和古代相似，古代有雅俗二分，现代有主流与旁流二分。文学批评辨识、分梳和衡量所形成的正与偏格局将长期存在。

三

为什么是这样？道理在哪里？解释这种现象应当从根本说起。自欧洲浪漫主义文学观念兴起以来，文学的独立性或曰自性的观念就根深蒂固地树立起来。于是，研究文学的理论方向常常指向将文学与其他领域划清边界的道路。最揪心的划界当然是划分文学与政治的边界以及文学与道德伦理的边界。文学怎样和它们不同，又怎样自成一体，常常得到超常的理论关注。的确，遇到有文学自觉意识和热情的作家，你若说文学的独立性值得怀疑，或说文学的"自性"是想象多于现实，就似乎有冒犯之嫌，不尊重作家和他做的事。说作家写作是在做一件与其他领域划不清边界的事情，似乎就是不尊重作家和他的专业，这种观念已经牢牢扎根并得到广泛的认可。可是，即便笔者认同浪漫主义的文学观念，它也解释不了上文讨论的文学事实和批评现象。因为正偏格局的存在，不是正好说明文学本来不是那么独立，文学的自性也不是那么可靠吗？

历史地看，文学的独立性或自性命题，更多的是文学在现代性的环境下产生的防御性命题。它指涉文学"应该如此"的理想状态甚于文学"本来如此"的事实状态。应当承认，防御性命题也有其价值。当作家和批评家受到现代性环境的过度刺激时，揭出文学独立性和自性的主张能使作家认清写作的本分，回归本职使命。然而对这个"应然状态"的追求不能替代对事实的认知，怎样从文学的事实和历史出发来认识文学依然是一项重要的工作。只有从事实上说明了对象，理论批评的任务才能更好地落在实处。对文学的认识应当从它的"本来面目"出发，即从它的事实存在状态出发。事实和价值诉求虽然在人文领域难以截然分开，但这种"你中有我、我中有你"的纠缠更多存在于短时段的观察里，长时段的观察中还是能够基本分清的。所谓长时段，就是要求我们从一个相对漫长的历史阶段去观察文学，看它如何被评价、如何在社会场域中发生作用、如何影响读者等，而不是从概念去认知它，不是从原理去发展出对文学的认识。

无论中外，文学都是人的精神生活的一个领域。它有自身的特质，但又与其他精神生活领域交互作用，并且从属于更大的文明传统。这个文明传统事实上规约了作为精神生活领域之一的文学与其他精神生活领域关系的性质。不同的文明传统演变出文学与其他精神生活领域关系不同的规约。这些规约集合成人们对文学的基本认知。于是不同的文明传统就有不同的对文学的认知。古希腊时代那些沉思奥秘的思想家将诗看成是一种技艺的"制作"①，这种对诗的认识将诗自身的特质强调出来，而对诗与其他精神领域的关系缺乏论述。这成为后来西方文学理论探究文学独立性的精神起点。如果我们要问古希腊思想家何以产生这种认识，那就要从当时社会精神生活的情形中寻找答案。那些"上穷碧落下黄泉"地思考事物真谛的古希腊思想者，都是高高在上的"精神贵族"。由于奴隶制的存在，社会上下层隔绝，加上小邦小国的民主政治，使人们视野单一、纯而不杂。与利用思想的命题发挥社会作用相比，他们更愿意发现事物的特性。于是，文学之为文学的技艺"制作"一面就被发掘出来。儒家礼乐教化的文明传统则不然，首先是家族宗族聚居农耕，血缘纽带纵横、贯穿社会，组成牢固的人际网络，集体主义的价值和气质弥漫于礼乐文明精神生活的各个领域。在这个前提下，诗自然不是，也没有可能置身事外。论诗者并非不知道诗是由人"制作"并体现着制作者的技艺，只是由于"诗由人作"这一点太微不足道而不屑于将它置于台面上追究罢了。最要紧的是诗和文作为一种精神生活，如何在社会的整体格局中起到积极作用，推动良政美治、上下和洽。这种社会价值的最高追求不仅是宗族秩序的向往，也是公共政治秩序的向往，诗和文自然也只能在这个大文化格局中扮演自己的角色。诗文作者在"致君尧舜"的时候当然乐此不疲，即使在归隐林泉后，也不愿公开"叫板"。他们明白，与这头等大事相比，个体的隐情和需求只能放在次要的位置。总而言之，在这个文明传统里，被现代批评理论视为有充分独立性的诗和文，首先被置于辅助礼乐教化的位置，然后才被置于抒发个人情志的位置。诗文之辅助礼乐教化是一方，

---

① 宇文所安在对"诗言志"与古希腊"a poem is something made"的比较中有更详细的论述。他认为希腊文"poiēma"（诗）来自"poein"（制作）（参见［美］宇文所安著《中国文论：英译与评论》，王柏华、陶庆梅译，上海社会科学院出版社 2003 年版，第 26 页）。

抒发个人情志是另一方，它们当然是共存的，但前者重、后者轻是不能被颠倒的，两者的先后位置也是无法改变的。那些忽视前者或悄悄以后者代替前者的努力，在这个文明传统里是不被认可的。季札听了郑风觉得不妙，孔子特别垂顾《关雎》，后来的诗评家将杜甫置于诗圣的地位，其道理都是前后一贯的。

现代革命重造中国后，社会的基本价值不再由儒家所阐释的德义礼仁来规定，马克思主义深深扎根于现代中国的社会土壤。有意思的是，这种基本价值体系的重建并未改变中国文明一以贯之的集体主义品格，中国文明的集体主义品格只是由建基于宗法社会之上转型到建基于现代社会之上。在集体主义价值观的框架内，文学被关注和取重的依然是它在更大社会范围里发生积极作用的那种性质。鲁迅在五四时期愿意称自己的创作为"听将令""呐喊"和"为王前驱"，乃是因为他对这一点有深切的认同。革命战争年代，文学被称为"制胜法宝"中仅次于"枪杆子"的"笔杆子"，其意义不同凡响。在新中国成立后的建设年代，那些愿意紧随时代步伐的作家一度被称为"灵魂的工程师"。在市场经济推进、消费主义高涨的现在，作家虽然没有自信当"灵魂的工程师"了，但文学还是被赋予承担表现社会主义基本价值观的使命。关注当代史的人也许观察到，取重文学在更大的社会范围发生积极作用的批评诉求和立足于"自己的园地"的批评诉求，不再像古代那样和衷共济或井水不犯河水，而是"分庭抗礼"了。这是由于现代性放大了有差异的美学趣味之间的分歧，使得有不同趣味的双方富有排斥性。政治诉求有时盖过了实为不同的美学趣味诉求。这种趣味歧异和对峙性增强的情况，并不能说明文学之个人情志抒发的取向就没有地位。在事实的格局中双方还是共处一体的，批评标准的正偏格局比之古代并无大的改观，只是局面更为复杂罢了。

文学在社会诸要素中所处的位置，归根结底是被比它更大的文明传统所规约的，不是文学存在一个"本质"超越文明传统并凌驾其上，而是文明传统确定了文学作为精神领域之一所处的位置。文艺不会因为出于作者之手而天然地具有与其他社会要素无关的自性。当人们超越"文艺之所以为文艺"的局限眼光，驻足观察千百年来诗评、文评的价值取舍，看看批评家对文本价值的辨识、估定，就可以发现比文学更大的文明传统对规约文学位置起到的巨大作用。因为文艺也是文明传统当中的一部分，它自然不能脱离产生它的母体。中国的文明传统从奠基期开始就将诗文纳入礼乐教化之内，作为羽翼良政美治、作育君子的组成部分，但同时又给个体性的情志抒发留下一扇半开的门。即便诗文不是全部从属于礼乐教化，其主要部分也被要求追随礼乐教化。礼乐教化不仅是社会主导意识形态的儒家伦理，也是华夏社会日常生活的规定。诗文无法离开礼乐教化而独立，不过，礼乐教化也并非绝对排斥个体情感的抒发。表现在批评标准的考究里，只不过将纯粹的个体感情抒发摆在了非主流的偏旁位置而已。

四

批评标准所考究的正与偏，并不完全等于文艺创作的优与劣。文艺作品的优与劣，换言之，作品经典化的确定，与其说是批评辨识是正是偏的结果，不如说是跨越世代的读者反复阅读的结果。同一世代的批评努力固然可以造就一时风气，但是归根到底，不同世代的读者不约而同的阅读选择起着决定性作用。长远来看，诉诸语言文字的诗文小说，它们的第一性质还是可阅读性。当然，这里的阅读性不但指同世代的阅读性，更指跨世代的阅读性、被历代读者反复选择的那种阅读性。于是，一面是批评传统孜孜考究辨识的正与偏，另一面是它造成的结果与不同世代读者所筛选出来的结果时常存在不一致的情况。

传统批评标准辨识出来的优劣，当然也有站得住脚的。例如，中唐之后即视杜甫为诗圣。与杜甫相隔约半个世纪的韩愈在《调张籍》中说："李杜文章在，光焰万丈长。"[1] 这评价距今超过 12 个世纪，即使今天有人认为李杜的光焰不足万丈，但其在诗史上光芒最为耀眼总是说得通的。无论从选本的取舍、流传的广度，还是文学史评价来看，李杜诗篇都是居于前列的。又如用现代民主革命过程中所形成的批评标准来辨识、考究现代作家作品，最容易得到共同认可的作家无疑是鲁迅。虽然批评史上也有人诋毁鲁迅，但最终证明那不过是诋毁者的偏见。鲁迅文学在批评史上所受的推崇、他的作品历来版本之繁多、读者之广泛，在现代严肃作家中无

---

[1] 〔唐〕韩愈：《调张籍》，见严昌校点《韩愈集》，岳麓书社 2000 年版，第 69 页。

出其右。那种认为鲁迅的文学地位是政治力量推崇所造就的看法是毫无根据的。

　　然而，事情还有另一方面。历代批评标准所推许的典范有时也未必靠得住，未必经受得起时间和阅读的考验。比如，季札真有那样的神通，能预知郑风与郑国丧亡有关？又如孔夫子所推崇的《关雎》到底有没有那么好？在古代，鉴于经的权威性和孔夫子"一言九鼎"的地位，即使有人识得真面目，也还是不说为妙。而今天可以畅所欲言了，在笔者看来，孔夫子看中的是《关雎》的主题，如战国儒家说诗者认为的那样，它的主题确实宏大，但它作为叙事诗表现力不够，过于简略；而且就主题而言，过于伦理化，说教的一面超过了诗润物无声的一面。作为诗，《关雎》只能是一首二三流的诗作。孔夫子将它推崇到高过了它应有的程度。他这样做在当时也许没有什么问题，《关雎》也合乎当时的批评标准和美学趣味。但随着时间的流逝，其作为诗的弱点逐渐显露出来，它其实没有那么好。今天我们完全明白，它主要是因为题材重大并完美地诠释了儒家价值观而得到孔夫子的垂顾。而作为诗，它的艺术水准是有较大缺陷的。它与诗三百篇中如《小雅·采薇》《周南·汉广》等相比，在艺术上要逊色很多。正因为这样，孔子列《关雎》为诗三百篇的第一首在今天成为一个需要重新认识的问题。

　　文艺在社会中所处的位置不能脱离它生长的文明传统，这并不是说它只应该被当作实施良政善治意图的工具。文艺归根结底是作者的创作，作者主观上接纳教化的伦理价值，从而"导乎前路"是一回事，但政策实行者硬性推广和施行又是另一回事。社会的批评标准当然得有一个正面的价值主张，但这个正面的价值主张也要像随风入夜那样浸润作者的心灵，才能使文学创作最终受益。作为批评标准，正有正的理由，但偏也有它的一隅之地。无偏则无正，无偏则不显正。文学最终作用于人，而人的情志是多方面的。批评标准有正有偏就体现了情志表达的多样性。孔子删定诗三百篇，他固然推崇《关雎》，但郑卫之诗也赫然在列。就像毛泽东固然偏爱鲁迅，但也提倡"百花齐放"一样。

　　从古至今，批评标准既要讲正，也要容偏，这说明文艺确实有其复杂性。这种复杂性并不来自它有多么独立、多么超凡脱俗，而是因它是艺术才华的产物。生活固然是文艺的源泉，但需要艺术才华才能使这个源泉不白白流失，才能将它转化为真正的艺术。没有诗才，讲再多关于诗的大道理，也产生不了不朽的诗篇。而艺术才华之为物纵然并不神秘，但也不能单靠外部推动的良好意图实现。对艺术才华的认识和肯定，反倒是古人胜于今人。晋陆机《文赋》开首短序即揭"才士之所作"，"非知之难，能之难也"，故陆机观才士之作，"得其用心"，又"每自属文，尤见其情"①。钱锺书说这是全文"眼目所在"②。刘勰《文心雕龙·神思》也不讳言才华不足的尴尬："方其搦翰，气倍辞前，暨乎篇成，半折心始。"③苏轼讲得更加坦率："求物之妙，如系风捕影，能使是物了然于心者，盖千万人而不一遇也。而况能使了然于口与手者乎？"④ 正是艺术才华的重要性，使批评标准下无论正的还是偏的，都被放在同一天平下衡量。批评者如果对这一点深有默契，就能够既扬正，也容偏。

我们既要从文明传统与文艺的特定关系角度去认识文艺，也要从人性心灵表达的个体角度去认识文艺。古人虽然有批评标准的正与偏的考究，但对这个格局复杂性的一面缺乏认识。王国维最早触及这个问题，他意识到诗词评价会涉及艺术与道德的两难。他以古诗十九首之《青青河畔草》和《今日良宴会》为例予以说明。从道德评价的角度，这两首诗"可谓淫鄙之尤"。因为诗意从正面的角度肯定不严肃的两性关系和杨朱哲学。然而王国维又发现，诗评上"然无视为淫词、鄙词者，以其真也。五代、北宋之大词人亦然，非无淫词，然读之者但觉其沈挚动人；非无鄙词，然但觉其精力弥满"⑤。两性不伦，固然涉"淫"，但这是站在道德的立场看问题。"淫"而真情流露，则"沈挚动人"；"鄙"而真情流露，则"精力弥满"。这就是艺术的角度。当"真"成为估量作品好的标准之一的时候，它有时与"善"就存在不一致的情况。在礼乐教化的诗文传统中，用于衡量作品价值的主要还是与道德伦理相伴随的价值标准。即使到了现

① 〔晋〕陆机：《文赋》，见〔南朝梁〕萧统编、〔唐〕李善注《文选》（第 17 卷），中华书局 1977 年版，第 239 页。

② 钱锺书：《管锥编》（第 3 册），中华书局 1979 年版，第 1176 页。

③ 〔南朝梁〕刘勰著、范文澜注：《文心雕龙注》（下册），人民文学出版社 1958 年版，第 494 页。

④ 〔宋〕苏轼：《与谢民师推官书》，见《苏轼文集》（第 4 册），中华书局 1986 年版，第 1418 页。

⑤ 彭玉平：《人间词话疏证》，中华书局 2011 年版，第 401 页。

代，主流的价值也在批评标准里占据举足轻重的分量。这样，一旦文艺取其真，而批评标准取其善，就难免产生相互冲突的状况。如果批评标准一时强势，就会"误伤"作者和作品。因此，看待文艺作品的批评，既要顾及普遍性的准则，又要落实到具体作品具体分析，切忌简单化、粗暴化。

（刊于《文艺研究》2020 年第 10 期）

论庄子晚年悔意

我们对庄子其人其言的印象，恐怕与当年太史公差不多：庄子的一生，高标道家学说，"诋訾孔子之徒"；"其言洸洋自恣以适己，故自王公大人不能器之"。① 大概没有人否认，庄子为人和学问的取向，与孔子背道而驰。前者出世，后者入世。《庄子》一书，多取孔子及其门徒做寓言的角色，或者以之为得道的高人，或者以之为懵懂不识自然大道的蠢人，或者以之为知而不愿实行的顽徒。② 揣摩其用意，当有借孔门的声望而自高身价，但也不乏要弄、调侃儒家的意思在内。他的寓言手法，恰好说明他是一个独立特行，不为流俗所拘的人物。庄子自标真义，反叛世俗，有时到了匪夷所思的地步。《列御寇》篇记载："庄子将死，弟子欲厚葬之。庄子曰：'吾以天地为棺椁，以日月为连璧，星辰为珠玑，万物为赍送。吾葬具岂不备邪？何以加此！'弟子曰：'吾恐乌鸢之食夫子也。'庄子曰：'在上为乌鸢食，在下为蝼蚁食，夺彼与此，何其偏也！'"③ 这段具有"彻底唯物主义"色彩的大彻大悟，是他一生最后一次传播自己的学问主张，也是他汲汲然游方世外一生的缩影。

不过，庄子这样一个不食人间俗味，而吸风饮露，乘云气御飞龙，游乎四海之外的仙家形象，到底有多少符合他自己的内心世界？或者我们可以好奇地追问，他是如何评价自己富有原创性的思想阐述？如何看待由他展开的那种游方世外的人生？他有没有尝试过用反思性的眼光检视他自己的思想与人生？很多伟大思想者，对自己的思想与人生都有恍若突如其来的晚年发现。庄子会不会也是这样？幸而，我们在他和他门生共同的著述中，看到一些蛛丝马迹。他与惠子的一段对话中居然透露出"晚年悔意"

---

① 见〔汉〕司马迁《史记·老子韩非列传》，中华书局 1959 年版，第 2144 页。
② 以孔子为得道的高人，如《人间世》中的孔子；以孔子为不识自然大道的蠢人，如《德充符》叔山无趾寓言中的孔子；以孔子为知而不愿实行的顽徒，如《大宗师》子桑户三人寓言中的孔子。
③ 〔宋〕林希逸著，陈红映校点《南华真经口义》，云南人民出版社 2002 年版，第 460 页。

的消息。本文就庄子晚年悔意及其思想人生的意义做一些展开的论述。

一

《庄子·寓言》篇记载，庄子和惠子两人有一回在一起谈论孔子：

> 庄子谓惠子曰："孔子行年六十而六十化，始时所是，卒而非之，未知今之所谓是之非五十九非也。"
>
> 惠子曰："孔子勤志服知也。"
>
> 庄子曰："孔子谢之矣，而其未之尝言。孔子云，夫受才乎大本，复灵以生。鸣而当律，言而当法，利义陈乎前，而好恶是非直服人之口而已矣。使人乃以心服，而不敢蘁立，定天下之定。已乎已乎！吾且不得及彼乎！"①

这段对话看似简单，但求诸历代注家，则多有歧见。若要求得一通解，并不容易。对话谈论的对象是孔子。孔子（前551—前479）生活的年代比他们早一个多世纪，庄惠两人则活动于梁之惠王（前369—前319）及襄王（前318—前296）的年代。庄子之所以念念不忘孔子，把孔子挂在嘴边，当然与孔子乃先秦思想源头的地位关系密切。尽管庄子发明的学问与儒学背道，但在庄子心目中，孔子无疑是一代豪杰。自视超迈乎世俗的庄子，也不免产生英雄一较高下的念头，拿孔子与自己比一比，看看自己一世学问英名，与这位思想的前辈始祖，到底高下如何。这正是这段对话的真实背景。

对话从一个想象性的疑问开始。庄子把孔子看作是一个"不惜以今日之我，难昔日之我"②式的人物，于是会有"始时所是，卒而非之"的问题。至于历史上的孔子是不是"行年六十而六十化"，则是另一个问题。揣摩庄子的语气，颇有不以为然的意味。其实庄子是要虚设一个疑

---

① 这一段庄惠两人的对话，句读依从陈红映的标点本（第405－406页），但并不以"孔子云"至"定天下之定"为孔子的引语。此处依从郭沫若见解，故不以引号括出。理由详见下文。

② 梁启超：《清代学术概论》（第二十六节），见朱维铮校注《梁启超论清学史二种》，复旦大学出版社1985年版，第70页。

问，试探性地看一看惠子对孔子的态度。郭象《庄子注》很简洁地在"行年六十而六十化"后注曰"与时俱也"①，意为孔子能够与时俱化。成玄英的疏讲进一步强化了庄惠两人谈玄论道的意味。他于此句下疏云："庄惠相逢，好谈玄道。"② 大概是受郭象和成玄英的影响，后来的注家多不去注意庄子虚设的疑问中夹杂的不以为然的言外之意，而把这句话看成庄子赞扬孔子达到的虚玄境界。如王雱将这句话解作："夫圣人入道之妙与化为一，时之所变，与偕行也，安有凝滞之累欤！此庄子所以言孔子行年六十而六十化也。夫与时偕行，惟变所适者，有向往来今之殊也。故向之所为者是则今之所以为非也，今之所为者是则乃向时所为非也。"③ 即使"行年六十而六十化"，可以是肯定一个人修养达到的境界，但是显然设问的重点在于到了这个境界而引申出来的"始时所是，卒而非之"的问题，因为它会带来"未知今之所谓是之非五十九非也"的困惑。换言之，如果孔子六十而化，那么到底是现在错还是之前的五十九年都错了？看来庄子意在启发惠子认识孔子到底是一个什么样的人。注家完全不去关注上下文呈现的语义，而孤立地纠缠"六十化"这一组词书面的意思。如吕惠卿云："孔子六十而耳顺，七十而从心。从心则横心，所念更无是非；横口所言更无利害是也。"④ 又如林疑独云："孔子六十而耳顺，则无非是矣。"⑤ 再如褚伯秀云："夫子行年六十而六十化，则生道日新，不滞陈迹，其居化与人同。"⑥ 按照这种解说，孔子成了一个游世仙家的形象。这与下文庄子讲到的"义利陈乎前"和"好恶是非直"，显然是违背的。

惠子回答庄子的设问，解释庄子的疑惑："孔子勤志服知。"所谓志就是抱负与志向，而"勤志"，当解作锲而不舍地努力实现自己的抱负与志向；而"服知"就是追求真理并服从真理。在惠子看来，人生在世立定抱负，追求真知，这个过程当然也是不断扬弃错误的过程，并不存在"未知今之所谓是之非五十九非也"的问题。也许世俗的意见以为"始时所是，卒而非之"是不正常的，但只要"勤志服知"，实际上并没有什么

---

① 〔晋〕郭象：《庄子注》（卷九），四库全书本。另据刘文典《庄子补正》，谓俱下化字脱落，当作"与时俱化也"。见该著下册，云南人民出版社1980年版，第857页。

② 刘文典：《庄子补正》（下册），云南人民出版社1980年版，第857页。

③ 〔宋〕王雱：《南华真经新传》（卷十五），四库全书本。

④ 〔宋〕褚伯秀：《南华真经义海纂微》（第九十一卷），四库全书本。

⑤ 〔宋〕褚伯秀：《南华真经义海纂微》（第九十一卷），四库全书本。

⑥ 〔宋〕褚伯秀：《南华真经义海纂微》（第九十一卷），四库全书本。

不正常。可以说惠子很好地解释了庄子的设问。从问答的脉络看，一问一答，完全没有任何问题。但注家的意见，多以为两人的问答完全不在一个层次上。如郭象在此句后注曰："谓孔子勤志服膺而后知，非能任其自化。此明惠子不及圣人之韵远矣。"① 后来的注家，多跟从郭象的文意，以为惠子未能理解庄子设问的真义。如吕惠卿云："惠子不知此乃孔子之与人同者，至其与天同者，则自古及今未始有化，而真以为勤志而行，服知而知也。"② 又如林疑独云："惠子未知以为勤志服知而得也。"③ 细寻注家之所以如此理解，根本原因恐怕在于注家将庄子设问的前提"孔子行年六十而六十化"当作是孔子晚年达到玄虚化境的赞语。其实，这种理解是有问题的。"六十化"，从字面看虽然可强解作臻至化境之化，但配合上下文，此处"六十化"的"化"，只能解释作变化之化。意谓孔子虽然行年六十而仍然变化，求知不倦；而不是孔子行年六十而臻至化境，无有是非利害。因为后一种理解与下句"始时所是，卒而非之"并不勾连，文意不贯通。尽管字面合理，但于文意的通贯有阻隔和挂碍，故不可取。

庄子对惠子的回答不置可否，既不表示赞同，也不表示反对，可能是内心存疑。我们从他的接语"孔子谢之矣，而其未之尝言"，可以推知。问题是"谢"字在此处当何解？郭象的解释令人疑窦重重，他注曰："谢变化之自尔，非知力之所为。故随时任物而不造言也。"④ 郭象的注释，可以说既不尊重两人问答上下文的脉络，也不尊重语句内部的文意。将"谢"解作谢绝之谢，因此"谢之"就变成"谢变化之自尔"。然而，后世的注家又多所跟从。如吕惠卿云："谢，谓绝去之。"⑤ 又如林希逸云："'谢'者，去也。言孔子已谢去博学之事而进于道，但未尝与人言尔。"⑥ 又如褚伯秀云："夫子谢去所学所能久矣，默进此道而人不知耳。"⑦ 又如宣颖云："言孔子已谢去勤劳之迹而进于道，但口未之言

① 〔宋〕褚伯秀：《南华真经义海纂微》（第九十一卷），四库全书本。
② 〔宋〕褚伯秀：《南华真经义海纂微》（第九十一卷），四库全书本。
③ 〔宋〕褚伯秀：《南华真经义海纂微》（第九十一卷），四库全书本。
④ 〔晋〕郭象：《庄子注》（卷九），四库全书本。
⑤ 〔宋〕褚伯秀：《南华真经义海纂微》（第九十一卷），四库全书本。
⑥ 〔宋〕林希逸著，陈红映校点：《南华真经口义》，云南人民出版社2002年版，第406页。
⑦ 〔宋〕褚伯秀：《南华真经义海纂微》（第九十一卷），四库全书本。

耳。"① 今人陈鼓应一从旧说，将这句话译作"孔子已经弃绝用智了，他未尝多言"②。诸位注家的注疏中，对于"谢去"什么东西，说法微有不同，但要之是指去掉某些早年曾经有过的东西。诸注家之中，林疑独的说法模棱两可。他解作："谢，如阴阳代谢，未尝有言。"③ 他似乎察觉到郭象及其之后的解释于义未安，但又没有勇气直接说破。他对"谢"的解释是没有什么问题，但却去掉了主语。原文"孔子谢之矣"，变成"如阴阳代谢"。只有碧虚的注得其真义。他注曰："孔子久辞，世纷未尝载其言也。"④ 斟酌上述两种解释，其实只有一种解释才符合上下文："谢"是凋谢的谢而不是谢绝的谢。庄子的意思是，孔子辞世很久了，他本人并没有就此做出说明。因为惠子说孔子勤志服知，而庄子存疑，所以才这样应对惠子。对庄子来说，孔子是一位先行者，也是一位他心目中的伟人。斯人已逝，真义暗昧不明，后人无由得知真相。正因孔子并未亲说他自己是如何做的，而庄子又不肯定惠子的推测，于是才有庄子接着"孔子云"的那一段话。

由"孔子云"至"定天下之定"的一段话，一般都解作是庄子引孔子的话。如林希逸注云："孔子云者，庄子举孔子之言，谓孔子尝有此语也。"⑤ 又如王先谦《庄子集解》引宣颖的话谓："引孔子雅言。"⑥ 陈红映校点本，也将这段话用引号引起来。⑦ 我相信主要从语句的形式出发，才会有这样的认知。但是当我们把它理解为孔子的话时，马上就会发现一个矛盾：庄子在前一句明明说，"其（孔子）未之尝言"，如何又立刻说"孔子云"呢？从语句的形式上看，固然是如此，但这显然与文意有冲突。怎样解释这矛盾呢？郭沫若似乎也意识到语句形式与文意之间的矛盾。他在《庄子的批判》一文，将这段话看作是庄子本人的话，而用另一种标点法，化解语句形式同文意的冲突：

① 〔清〕王先谦：《庄子集解》，中华书局1987年版，第246页。
② 陈鼓应注译：《庄子今注今译》，中华书局1983年版，第733页。
③ 〔宋〕褚伯秀：《南华真经义海纂微》（第九十一卷），四库全书本。
④ 〔宋〕褚伯秀：《南华真经义海纂微》（第九十一卷），四库全书本。
⑤ 〔宋〕林希逸著，陈红映校点：《南华真经口义》，云南人民出版社2002年版，第406页。
⑥ 〔清〕王先谦：《庄子集解》，中华书局1987年版，第246页。
⑦ 参见〔宋〕林希逸著，陈红映校点《南华真经口义》，云南人民出版社2002年版，第405－406页。

　　孔子云夫？受才乎大本，复灵以生，鸣而当律，言而当法，利义陈乎前，而好恶是非直，服人之口而已矣，使人乃以心服而不敢蘁，立定天下之（大）定。已乎已乎，吾且不得及彼乎！①

　　郭沫若的句读，大体合理。问题是"夫"字从上句还是从下句。鉴于我们的古汉语知识，的确"夫"字从下句更为通顺，也更符合惯例。郭沫若的理解值得我们思索，他没有把这段话理解成孔子的话，没有用引号引起来。我以为郭沫若的理解是合理的。细按文意，这是庄子想当然替孔子作的"自我鉴定"。他似乎觉得自己与孔子是异代而同心，心灵相通，故借孔子之口，而述孔子的学问人生。这就好像后世戏曲小说的作者，用角色作为代言。庄子文笔诙谐，在这里玩弄了一下代言的笔法，想不到就把很多后世的注释家绕进去了。我们的确不该把它当成孔子的亲述。如果那样，就太辜负了庄子的好文笔。庄子在这里想象他所佩服的孔子是一个怎样的人物，他把他的心情、想法甚至语言都投射到孔子身上去了。这个孔子不可能是自述的孔子，而是庄子心目中的孔子。庄子塑造了一个"他者化"的孔子，并对此心悦诚服。如果这样理解语句形式和作者的笔法是有道理的话，那我们就可以在下文继续讨论其文意和作者的用心了。

二

　　这段代言体文字值得注意的地方首先是语气的不同寻常，庄子放弃了在其他篇目不时流露出来的嘲笑、轻蔑和耍弄儒学的态度，表现出真诚的佩服。这时候的庄子似乎换了一个人，不再是那个"列子御风"式的庄子，也不再是那个"相忘于江湖"的庄子。庄子的这个形象在整部《庄子》中也是仅见。② 不管《寓言》篇是不是庄子本人亲作，我们都要感谢将这个对话细节撰录下来的人。因为我们透过这段对话，可以感知庄子人

---

　　① 　郭沫若：《十批判书》，人民出版社 1954 年版，第 165 页。

　　② 　除这段对话外，《天下》篇中可以见到庄学对儒学的尊重和敬佩，但它毕竟不是谈论个人。就正面表达庄子本人对孔子的态度而言，这段对话确是仅见。

格思想的复杂性，可以窥见庄子内心世界的另一面。至于这另一面的内心世界，到底占有多大的分量，是一闪而过的念头，还是晚年恒常的心愿，则可以先置之不顾。起码作为庄子本人的心念，它是心迹的真实呈现。虽然没有明确地说出来，这段话的主题其实是涉及庄孔两人学问人生的比较。所以代言完毕之后，庄子深深地感叹了一句："已乎已乎！吾且不得及彼乎！"他似乎给自己的一生做了一个定论，不论庄子自视为何等样人，但他觉得自己远不及孔子。孔子是值得他追思的榜样。庄子的悔叹似乎把自己推到了自我否定的边缘：如果生命能够重来，他所倡导的学问和人生是不是多余的，是不是可以放弃？往者已逝，我们不能替代庄子本人作答，但有一点值得肯定。这就是对学问和人生的反思性态度。庄子毕竟是一位眼光远大的人物，不像那些毕生都生活在一孔之见中的陈腐书呆。在人生的某个时刻，他会反省自身的学问，反省自己的人生。一般来说，能够进入人生自我反思的角色恐怕多在晚年，尽管没有数据推知对话的时间，我们姑且将它定在庄子的晚年。① 虽不中，但也不会相差很远。这也就是本文提出"庄子晚年悔意"问题的理由。

庄子勾画出一幅清晰的"他者化"的孔子形象，这幅形象透露出他对孔子为人学问的认知。庄子把孔子看成一个天赋非常高的人。从语气推断，庄子当觉得其天赋在自己之上，所以才说"夫受才乎大本，复灵以生"。林希逸解得不错："反而归之本来知觉之性，而后可以尽人生之道，故曰'复灵'以生。"② 天生禀赋聪慧，又在一生中将天赋的聪慧尽情地发挥出来。这种先天和后天完美结合的典范，唯有令人兴叹。孔子不但天赋很高，而且他的为人宽容正直，从来不以高压手段使人屈服，而是用说服教育的方法，使人最终接受真理。所谓"使人乃以心服，而不敢蘁立"，就是使人认识到自己的缺陷与错误而不做无谓的对立。不过，庄子眼中的孔子形象最令人印象深刻的一点就是他赋予孔子天下无二的地位，但孔子的权力不是现世君主的权力，而是由他的学问、德行、真理构筑起来的权力。这倒有点儿像后人将孔子视若"素王"那样。拥有如此"软权力"的孔子其地位当然无人能及。"鸣而当律，言而当法，利义陈乎

---

① 据《庄子·徐无鬼》篇："庄子送葬，过惠子之墓。"可见惠子在庄子之前辞世。又据钱穆《庄周生卒考》［见《先秦诸子系年》（上册），中华书局1954年版］，惠子死年，庄子如果不是49岁，就是60岁。那段对话，当在此前数年，征诸古人寿数，也可以谓之晚年。

② 〔宋〕林希逸著，陈红映校点：《南华真经口义》，云南人民出版社2002年版，第406页。

前，而好恶是非直服人之口而已矣。使人乃以心服，而不敢蘁立，定天下之定。"庄子在这里投射出来的是对孔子学问人生在人世间实用性的强烈肯定。一言一行可以作为人世间是非曲直的标准，首先需要那一言一行具有可行于人伦政治世界的现实功用，否则就不可能"鸣而当律，言而当法"。律与法不仅意味着它们在世间的至尊地位，而且徒然羡慕是毫无意义的。问题在于所提倡的学问人生有没有实践的品格，有没有针对的现实性。实践品格是律与法至尊地位的前提。学问人生有实践品格，又不悖逆人心，说到底是有裨实用的，才能"当律"与"当法"。庄子终于认识到这一点并在这里发出强烈的信息：由孔子的学问人生建立起来的孔子的地位是无可替代的。如果这个信号是由儒家学派的人物发出，那还没有什么，可现在由反对儒家学问，提倡取向相反的道家学问的庄子发出，那就值得深思了。

庄子发明"和之以天倪"的"齐物"学说，他把群体性的伦理政治生活看得非常黯淡，以为这种日常性的人生严重背离人本应可以达到的自然之道。人的伦理政治生活简直就是一个囚笼，人生于其中"与物相刃相靡，其行尽如驰，而莫之能止，不亦悲乎！终身役役而不见其成功，苶然疲役而不知其所归，可不哀邪！人谓之不死，奚益！其形化，其心与之然，可不谓大哀乎"①。庄子的批判触及伦理政治生活的根本性质，这就是"与物相刃相靡"。我们不应该把庄子的话仅仅理解为夸大其词。在其夸大的背后，是直指要害的。因为伦理政治生活是人群为了保卫或扩展自身的利益而结成的。在这种生活中竞争和相互间的侵害是题中应有之义。为保卫或扩展自身的福利，一定要运用理性，而算计、谋划甚至不道德的手段都是寻常之事。这场悲壮的人生竞争、搏斗，除了获取、得到之外，一定会有付出、危险、牺牲，乃至扭曲人的自然天性，个人和群体利益的冲突也是不可避免的。这一切就是庄子说的"与物相刃相靡"的含义。庄子的批判并非没有道理，他不像儒家那样对伦理政治生活充满了温情和执着，并许诺一个美满的前景，而是一针见血，如浇一盆冷水一样令世人梦醒。批判固然有其价值，但问题是有没有能够全其美的伦理政治生活的解决之道？庄子无疑认为存在对伦理政治生活弊害完美解决的方案。他毕

---

① 《庄子·齐物论》，见〔宋〕林希逸著，陈红映校点《南华真经口义》，云南人民出版社2002年版，第22页。

生致力于一套道家学说，并由此发展出一种别样人生。庄子将这种诉诸道学信念的人生称作"游方之外"的人生，以区别于认同伦理政治生活的"游方之内"的人生。"游方之外"的人生大概可以这样描述："且与造物者为人，而游乎天地之一气。彼以生为附赘悬疣，以死为决疣溃痈，夫若然者，又恶知死生先后之所在！假于异物，托于同体；忘其肝胆，遗其耳目；反复终始，不知端倪；芒然彷徨乎尘垢之外，逍遥乎无为之业。"① 我们不能光看字面，以为庄子在否定生命的价值。其实他只是否定伦理政治生活本身的价值。由于"游方之外"的人生不能被社会中多数人所感知认同，庄子也不能将这种人生"做实"，只能诉诸语言的想象，去构筑一个远离人间世界的"仙性"人生。这也就是《庄子》一书有那么多寓言、怪人、奇事的原因。他深知不能脱离一套高妙的修辞而将"游方之外"的生活形态呈现出来。不过，我们可以透过庄子本人的真伪难辨的逸事，多少认知对立于"游方之内"的"游方之外"的人生。《秋水》篇记载：

> 庄子钓于濮水，楚王使大夫二人往先焉，曰："愿以境内累矣！"庄子持竿不顾，曰："吾闻楚有神龟，死已三千岁矣，王巾笥而藏之庙堂之上。此龟者，宁其死为留骨而贵乎？宁其生而曳尾于涂中乎？"二大夫曰："宁生而曳尾于涂中。"庄子曰："往矣！吾将曳尾于涂中。"②

透过庄子修辞的迷雾以及逸事显示出来的价值取向，我们可以明白，所谓"游方之外"的人生，其要义无非脱离群体性的伦理政治生活，回复到孤立的个人生命至上以及信念相同的小团体至上的价值。

毫无疑问，庄学开辟了儒学难以看见的人生道路的可能性。就像庄子说的，"吾将曳尾于涂中"，也未尝不是一种可以选择的生存。庄学宣示给生活在"游方之内"而浑然不觉其弊害的人们一条"游方之外"的路。然而，庄子原初的意思是将"游方之外"作为"游方之内"的替代方案

---

① 《庄子·大宗师》，见〔宋〕林希逸著，陈红映校点《南华真经口义》，云南人民出版社2002年版，第111页。

② 《庄子·秋水》，见〔宋〕林希逸著，陈红映校点《南华真经口义》，云南人民出版社2002年版，第254页。

提出来的，我们根据常识就可以判断，"游方之外"只能作为备选，不能作为替代。因为群体性的伦理政治生活无论附带多少弊害，它总是人群生活的常态，无由更改，也没有任何力量能够更改。这样儒家的"游方之内"和道家的"游方之外"两种人生实际上就并存于人间。在庄学的言辞中，其倡导的生存方式总是显得超迈于伦理政治生活之上，离尘脱俗，仿佛有神圣生活那样的意味。这当然是言辞修饰的结果。无论显得怎样超迈，它都脱离不了远离群体、走向个人生命的修炼的实质。朱熹曾经打趣庄子，说"他只在僻处自说"①。"僻处"用得非常传神，不仅指庄学当时少人跟从，而且暗寓它离群索居专注个人生命修炼的实质。本质上"游方之外"的人生依然是现世的、人间的，虽然它可以是非伦理、非政治的。既然是现世的、人间的人生，那"游方之外"的生存方式也必然遭遇来自另一方面的质疑，就像群体性的伦理政治生活遭遇质疑一样。追求至善的人类天性总是不满足于那些现世的、人间的事物，思想者、批判者总是要发现这些现世事物的弊害，如同庄子经过一番思考发现群体性的伦理政治生活的弊害一样。庄学倡导了另一种生活，但由于这种生活依然是现世的和人间的，它理所当然要被置于反思质疑之下。

我们有理由相信，庄子虽然曾经义无反顾地倾向于"曳尾于涂中"的生活，但他对这种生活的枯寂、沉重和需要意志力抵抗艰难的外部环境并不是没有丝毫的自觉。在他笔下描绘的那些"游方之外"寓言，我们通常能体会到他宣扬的那种精神上的解放感，却无法联想到感官的欢愉。或许他多少察觉到了吧，对群体性的伦理政治生活采取冷淡不屑的态度，意味着不合作。不屑的态度和不合作总得有一些副作用，所以庄子不愿意把他倡导的"游方之外"人生写得如同人间至福那样美满，像传教士向信众许诺的天堂那样。庄子笔下那些得道之士的人生，虽然凌虚傲视，但以人间的观点看，却不无辛酸、痛楚。如《大宗师》篇：

> 子舆与子桑友，而淋雨十日。子舆曰："子桑殆病矣！"裹饭而往食之。至子桑之门，则若歌若哭，鼓琴曰："父邪！母邪！天乎！人乎！"有不任其声而趋举其诗焉。子舆入，曰："子之歌诗，何故

---

① 〔宋〕黎靖德编，王星贤点校：《朱子语类》（卷一百二十五，第八册），中华书局1994年版，第2988页。

若是？"曰："吾思夫使我至此极者而弗得也。父母岂欲吾贫哉？天无私覆，地无私载，天地岂私贫我哉？求其为之者而不得也。然而至此极者，命也夫！"①

两位离群索居而志趣相投的好友，遭遇了严酷的自然灾难。子舆一人在穷愁病困中涕泪歌吟，不思改变环境而思其无解之解，子桑裹饭探望。这样的"游方之外"的生活，与其说是"相忘于江湖"，不如说是另一种"相濡以沫"。无论庄子是否明确意识到，他的字里行间确实在暗示"游方之外"的生活需要忍受、需要意志，它绝对不是唾手可得的许诺。像群体性的伦理政治生活需要代价、需要牺牲一样，离开群体的云游逍遥，也需要代价、需要牺牲。虽然庄子赋予逍遥人生比儒家躬行践履的人生更可取的价值，但这只不过是个人面临选择进退时所产生的"价值幻觉"。就其本质而言，同是现世人间的生活，群体性的伦理政治人生的不完美，一如逍遥无为的人生。而这一点已经在庄子的若干寓言中有所暗示，基于这些暗示或许可以推测庄子的晚年悔意并不是突如其来的吧。

儒学与庄学两相比较，儒学主张在群体性的伦理政治生活中追求至善的人生，而庄学则主张摆脱群体性的伦理政治生活，在逍遥无为中追求至善的人生。很显然儒学具有更广泛的适应性，因为它针对的是人生的常态，而庄学针对的只能是人生的局限状况。这也许是庄子始料未及的。庄子虽然在人格上始终尊重孔子，但学理上与儒学针锋相对。庄子揭示群体性的伦理政治生活种种伤害人性之处，以摆脱这种生活为达到人生至善的唯一法门。以人间的观点看，庄学陈义甚高，超脱尘垢，但怎奈曲高和寡，解者寥寥。人类生活自有其平凡而不可更易之处。庄学之不能替代儒学，其理由便在于这平凡而不可更易的人类生活本身。于是，儒学在社会上的影响力和地位高于庄学便彰然明白。因为一个人从社会所获得的声望和地位是与他对社会的贡献成正比的，不管在生前还是身后都是如此。当庄子随着年岁的增长，他对孔子人格的尊重，对自己学问局限的认知，便发而为对孔子及其学问的佩服和衷心感叹，发而为晚年悔意："已乎已乎！吾且不得及彼乎！"

---

① 《庄子·大宗师》，见〔宋〕林希逸著，陈红映校点《南华真经口义》，云南人民出版社2002年版，第117页。

三

人类天性所不懈追求的至善生活到底有没有一个彻底的解决之道？不同的思想文化背景的言说对这个问题会有完全不同的说法，会有完全不同的许诺。如果站在希腊、基督教的学理背景回答，那当然有，但在天上不在人间。如果要实现至善的生活，那把现世人生变成追求至善的"天路历程"便有可能实现。希腊和基督教的文化传统是把这个问题置于天上和人间、神圣和世俗的截然对峙的逻辑下给予解答的。它有对绝对至善生活的肯定，有明确的许诺，但这一切不在现世，不在感官可以达到的地方。于是在天上与人间、神圣与世俗相互对峙的框架下，把现世人生转化、超越为"天路历程"。中国的文化思想传统自周秦以来，神与人的二元对峙便瓦解烟消了，信仰虽然依然留下少少活动余地，但基本上是一个现世、人间的一元世界。无论儒学还是庄学，一元的世界意味着它们只能以现世的人间性的生活作为思考的对象。儒学给出了一个正面的答案，以为人应当在伦理政治生活中实现至善的人生；而庄学给出了负面的答案，以为不存在儒学所许诺的可能性，而应当反其道在逍遥无为中实现至善人生。但是，既然是现世的、人间的一元世界，则无论遵从儒学还是遵从庄学而生活，这种生活归根结底还是现世的和人间的。在天性追求至善衡量下的这种人生之不完美性便是显而易见的。这样当我们问到学理上有没有一个解决之道时，便发现这个文化思想的传统提供了一个相互矛盾的答案：儒学的答案和庄学的答案，而一元世界的现实为人们寻求答案时的摇摆——由儒学过渡到庄学或由庄学过渡到儒学——提供了可能性。

庄子的晚年悔意其实是思想史上颇有意思的问题。我们不应当把它理解为如同"变节"那样充满贬义，而应当把它当作认识我们文化思想传统的观察点。在现世的和人间的一元世界，如果要寻求至善生活的解决之道，则只有两种可能性：或者爱它，或者离弃它；或者拥抱它，或者远离它。前者是儒学式的，而后者是庄学式的。但是，有意思的是只有当你选择了一方，另一方才作为前景自动出现在你的面前。就好像站在了河岸的这一边，自然就能看见河岸那一边的风景，而跨过对岸看风景的诱惑始终存在。河岸两边的风景对我们都有吸引力，但我们不能同时都站在两边，而不论我们站在哪一边，对岸始终有无法摆脱的诱人之处。由于史料的湮灭，我们无法知道庄子晚年萌生悔意的具体原因，但我们从他对现世价值的重新肯定，赞扬孔子"鸣而当律，言而当法"，并且"定天下之定"，则可以推知，庄子或许恰好从逍遥无为的立场，看到现世价值的诱人之处。逍遥与执着看似截然相反，然其实是共处于同一的现世人间。无论学理倡导哪一种人生，其自身的不完美性使得由此至彼或由彼至此的过渡变得顺理成章。不像对神的信仰那样，存了一个信与不信的生死对立。

有意思的是庄子所佩服的孔子，其晚年也发生类似的立场摇摆、转移，孔子对自己的学理在现世的境遇产生了无可奈何的感叹，转而对摆脱群体性的伦理政治生活发出向往之情。应当指出，孔子在他生活的年代，并没有如庄子想象的那样，"鸣而当律，言而当法"，更没有"定天下之定"。尽管孔子对伦理政治生活充满期待的热情，带着门生，奔走列国，以求实现重整社会秩序的抱负，但不是不被接纳就是以失败告终。孔子的一生除了思想的创获和教育传承，他在公共领域的活动，充满了挫折。据司马迁记载，孔子在列国尽遭冷遇之后，招他的三位弟子子路、子贡和颜回来问："吾道非邪？吾何为于此？"子路以为："意者吾未仁邪？人之不我信也。意者吾未知邪？人之不我行也。"孔子不同意子路愚蠢的答案："有是乎？由，譬使仁者而必信，安有伯夷、叔齐？使知者而必行，安有王子比干？"子贡的回答好一点："夫子之道至大也，故天下莫能容夫子。夫子盖少贬焉？"子贡以为天下不能容纳至大之道，就只好委屈自己一下。孔子最满意颜回的回答："夫子之道至大，故天下莫能容。虽然，夫子推而行之，不容何病，不容然后见君子！"[①] 从这段老师与门生对话可知，孔子深知至大之道不一定存在于现世人间，但是道的世界又必定得依赖现世人间来施行之，用庄子的话就是"道"有待于"物"。当"道"容于"物"的时候，顺风顺水，没有任何问题。然正所谓理有固然而事无必至。当"道"不容"物"的时候，颜回的意见是逆而行之，然后显示"道"的人格力量。但是，既然"道"有待于"物"，而"物"又可能不容"道"，则必然产生感情上无解的困惑，或呼天，或叫地，如同子桑遭淋雨十日之后的情形。即使意志坚定如孔子，信念顽强如孔子，也难免发出穷途末路的悲叹：

---

① 〔汉〕司马迁：《史记·孔子世家》，中华书局 1959 年版，第 1931 – 1932 页。

明岁，子路死于卫。孔子病，子贡请见。孔子方负杖逍遥于门，曰："赐，汝来何其晚也？"孔子因叹，歌曰："太山坏乎！梁柱摧乎！哲人萎乎！"因以涕下。①

孔子的浩叹表示了一种与以往不同的人生前景的出现，这时的孔子与当年奔走呼号，说"吾岂匏瓜也哉？焉能系而不食"② 的孔子已经不是同一个孔子了。这时孔子形象已经同他曾经以为"鸟兽不同群"的"荷蓧丈人"没有什么区别了，孔子也"负杖逍遥"了。在现世人间的一元世界，既然"道"有待于"物"这个大原则不能改变，而人生情感必然寻求一种寄托，当不能托于"此物"时，必然托于"彼物"。当不能在群体性的伦理政治生活中施行"道"的时候，必然要在非群体性的个人生命的修炼中施行"道"。这就是儒和道的教诲规范我们学问人生的根本原因，也是作为个人可以摇摆、迁移、转换于儒道两家之间的根本原因。

[刊于《中山大学学报（社会科学版）》2007 年第 1 期]

---

① 〔汉〕司马迁：《史记·孔子世家》，中华书局 1959 年版，第 1944 页。
② 《论语·阳货》，见〔清〕阮元校刻《十三经注疏》（下册），中华书局 1980 年版，第 2525 页。

论生活形态中的美感经验

　　美在中国意味着什么？或者说在中国文化的脉络中创造出一种什么样的可用美这个语词指称的实际生活形态？作为生活形态，美生成于中国文化之中，它的实际存在状态是什么样的？纯粹依赖追溯词义和分析语源的方式并不能求得问题的完全解答，只能提供一些入手的线索。因为美所指称的实际生活形态往往与美这个词的语义不是一回事。同样，从历代文人学者的关于美的论述里也不可能找到我们需要的全部答案，因为他们关于美的论述往往是他们心目中追慕的关于美的理想。文人学士心目中美的理想虽然也折射着现实，但是它同美的实际的生活形态存在着较大的距离。本文试图描述和分析的美，既不是中文脉络里语义层面的美，也不是美学史研究里文献数据层面的美，而是中国文化创造出的实际生活形态的美。它既存在于美术、文学、音乐之中，这些被认为是表达审美感受的传统方式，也显现于那些看来是远离审美感受表达的政治生活领域，同时也存在于诸如洒扫应对或者饮食男女这样的日常琐碎之中。美这个语词指称的实际生活形态，在本文的理解中，是文化中各种因素相互作用而又与审美相关的领域。因此，本文描述分析的美不再是文人士大夫笔下的个人审美感受，而是取文化批评的视角剖析审美所进入的种种生活形式。当然，我们的描述与分析不可能穷尽所有与审美相关的生活形式，而且审美因素进入各种生活形式的分量是不一致的。我们只能选取那些与审美有密切相关的生活形式来作为分析的对象，由此展示一幅中国文化里关于美的意味的图景。具体说来，笔者认为政治、居室、饮食这三种生活形式在中国文化的脉络中积淀着最为深厚的审美意味。作为生活形式，它们渗透着中国式的对美的强调与理解，审美精神融化在政治文化、居室建造、饮食考究之中。固然，生活形式中体现出来的审美不同于我们在文学、美术作品所见到的审美。前者是集体性的，后者是个人性的；前者与诸多非审美的因素相关，共同构成一个审美的张力场，从中体现出审美的意味，后者则单纯存在于语言、色彩、线条等符号媒介中。了解这个近乎集体无意识的审美张力场是文化批评的使命，而了解后者则更多地带有文学、美术研究的色彩。本文的写作无论在何种意义上都是一次尝试，做智力的冒险，穿越由不同生活形式构筑成的审美的迷宫，进而理解在这个文化的脉络中美的意味。

一

无论我们把政治理解为利益集团、阶级之间的冲突斗争，还是把政治理解为公共政策的选择，它似乎都离审美很远，甚至毫不相干。其实，真相往往不是看起来的样子。我们有理由相信在某些文化语境之下，政治和审美因素是密切相关的。审美因素深深地渗透到人们的政治活动和政治生活中来，给予政治深刻的影响，甚至左右着政治的进程。在这种情形下，审美同政治就构成了很有意味的紧张关系。只有理解了审美因素在这种紧张关系中的地位和作用，才能最终理解具体政治实践的实质。中国文化语境下的政治和审美可以为上述看法提供一个很好的印证。

学者对中国文化多年的讨论已经可以达致一个大体的共识：中国文化是人文性很强的文化。存在一个超验的神这种看法在中国文化中基本上不被接受。彼岸世界的事情，在经典教诲中不是存而不问，就是亦信亦疑，它远远没有奉信一神教民族那种重要地位。孔子曾说"未知生，焉知死"，又说"不语怪力乱神"。他的态度表示了对不可能以经验感知的彼岸世界的理性。超验世界和彼岸世界在文化发展中的缺席自然使得此岸世界范围内的事情具有无可比拟的重要性。儒家经典主要是关于人伦—国家秩序的论述。在儒家看来，人伦—国家秩序的合理性恰恰又是人本身，因此是人而不是神成了儒家经典论述的中心和出发点。正如《礼记》所说："凡生天地之间者，有血气之属，必有知。有知之属，莫不知爱其类。……故有血气之属，莫知于人。故人于其亲也，至死不穷。"随生而有的理智和仁爱被认为是家族、社会和朝廷的所有礼仪典章的基础。从内心禀赋的德行开始，推而广之就可以"修身、齐家、治国、平天下"。传说中的三代圣主帝尧就是一个德行清明的贤君。由于他"允恭克让"的品格，能够"光被四表，格于上下"，跨出血缘再往外伸延，于是就达到"九族既睦，平章百姓"，进而就可以使"百姓昭明，协和万邦"。黄帝尧舜"垂衣裳而天下治"的故事未必历史上实有其事,但它是根深蒂固的文化信念。上衣下裳,"垂衣裳"就是衣在衣的位置,裳在裳的位置,衣裳各得其位隐喻着人君的恭仁品德能够使上下有度,尊卑有别,示天下以礼。这样自然而然就能够实现"天下治"的政治理想。就是说,公共政治的最后的根源和基础在于君子的品德修养。

理智之"知"和仁爱之"情"虽然是随生而有的,但每个人并不能必然地成为对治国平天下有用的君子。相反,后天的教养历练是非常重要的。缺乏了后天的教养历练,天生的"知"和"情"就会被私欲遮蔽,变成一个小人。为了不使天生的"知"和"情"被私欲遮蔽,愿意成为君子的人必须一生躬行实践,在伦常日用中磨炼自己的德行。所谓践仁履义,就是这样一番教养历练的功夫。最终达到隐于内而显于外的境界。因为德行作为个人的品格是存在于内心的,但它必须发用实践才有意义。他人是通过形于外的具体行为而观察理解到君子的德行品格的。因此,君子的德行不是玄虚无托的,它是显现于躬行实践中的。从根本上说,德行必须体现为举手投足、洒扫应对的具体行为。这样,德行在儒家文化的脉络中就被赋予某种"形式"的意味。德行不仅是无形隐于内的价值,而且还是有形显于外的"形式"。汉语称高尚德行为"美德",这是有道理的。德而具有美学意义,就在于内在价值同时显现为优雅可赏或可歌可泣的有形行为。德显形于行为举止,斯为美。

将德行理解为纯粹的价值,这恐怕是比较思辨和现代的看法。儒家文化脉络,不取这种理解。儒家认为,德行既是价值又是行为,可以而且应该显现为感性形式的外观。《世说新语·德行第一》记陈蕃自己有室荒芜而不扫,却认为"大丈夫当为国家扫天下":"陈仲举言为士则,行为世范,登车揽辔,有澄清天下之志。"以天下苍生为念,高尚德行透过"登车揽辔"的行为,表现得如在眼前。有澄清天下志之士,方有"登车揽辔"之举;而见"登车揽辔"之举,可识澄清天下志之士。

儒家君子的德行显现为富有美学色彩的那套行为举止,可以概括之曰"文"。在汉语语境中,文最核心的意思是修饰,如刘师培说:"盖'文'训为'饰',乃英华发外,秩然有章之谓也。"[1] 举凡与修饰有关或相近的事物及现象,均可称之曰"文"。古人认为,日月星辰是天的装饰,山川

---

① 刘师培:《论文杂记》第 10 则,人民文学出版社 1984 年版,第 118 页。

河流是地的装饰，典章文物、礼乐法制是人类社会的修饰，古有天文、地文、人文的说法。《易·贲卦》云："观乎天文，以察时变；观乎人文，以化成天下。"宇宙万物的源泉和本根的道外发而显现为现象界的就是"文"，所谓"道之发现于外者为文"①，就是这个意思；同样，道向下落实于人而成为德行教养，它表现为举手投足、言谈举止，这也是"文"。《论语·颜渊》篇记载这样一件事，郑国大夫棘子成说："君子质而已矣，何以文为？"子贡听后大不以为然，认为棘子成的说法非常不妥，如果君子只有质而无文，那么，色彩斑斓的虎豹毛皮岂不是等同犬羊的毛皮一般价值？这显然是不能接受的，因为当中存在"文"同"野"的根本分界。质而无文就是野蛮而未开化。孔子本人也是非常看重"文"的，对于作为社会文化制度的文，他表示了向往羡慕之情，孔子说："郁郁乎文哉，吾从周！"而作为君子德行教养的文，他更进一步说："文质彬彬，然后君子。"《论语·乡党》篇有一段文字描述孔子入朝门的举止行从，可见他是一个非常注重礼容风度的谦谦君子。孔子入朝门必欠身鞠躬，从不止身正立于门中，鞋不踩踏门槛而过；如果行过君位而恰遇位空无人，他也要蹑足提衣而过，屏住气色不呼吸，神色如同君在其位一样。直到出来下了台阶，才舒展气色；进朝门一路都提着衣裳，小跑行进。用今人的眼光看，也许会觉得孔子对权势者太过恭敬，甚至有阿谀之嫌，但这些都是那时浸润儒家人文教养的君子所必需的礼仪行止。君子之所以为君子，就在于他懂得这些礼仪行止，它们是君子行为中的修养和文饰。修养文饰的重要性不仅在于它区别于那些粗鲁无文的行为，而且在于它显示了符合天道人伦的德行教养。所以，由言谈举止流露出来的这种外观风度，既有道德价值，也有美学意味。当然有一点必须补充：经典教诲同样反对脱离德行的内在价值，一味追求空洞形式的"文"。规范人们行为的礼仪典章，如果抽掉了德行的内容，就会变成繁文絷节；士人在待人接物、举手投足中如果没有仁德之心的灌注，就成了纯粹的虚文伪饰。

将儒家人文教养关于君子德行的教诲落实到政治层面，就产生了一个如何选拔仁德君子的施政问题。既然文化的价值取向是推崇仁德君子的，那么由德行俱佳的君子统治，当然是最好不过的事情。就像德行能够带领自己穿过私欲的迷雾一样，仁德君子也能够带领民众获取更大的福祉。在

---

① 刘师培：《论文杂记》第 10 则，人民文学出版社 1984 年版，第 118 页。

中国历史中，王朝政治确实是以得人作为实施统治的首务。"人存政举，人亡政息"的古训，道出了人治政体中得人与否的极端重要性。但是，问题依然存在。当文化的价值取向落实为规则制度时，它能否保证该文化价值得到毫不走样的实现而转化为社会生活？也就是说，真正的仁德君子能否透过一种制度被推举选拔到官府任职？政治学常识告诉我们，制度有它自己的惯性，它可能会偏离价值观念。中国历史上发展出两种选拔官员的方式——察举制与科举制——可以作为例子为解答这个问题提供部分答案。察举制与科举制是为如何得人而设的，也是王朝政制的基础。从表面上看，德行是它们对士人最强调甚至是唯一的价值，但在实行过程中不可避免地发生制度性变异，对德行外观行为形式的强调远甚于对道德价值本身的强调，察举制与科举制蜕变成重形式大于重实质的制度。它们对德行的判断标准不是依据内在价值，而是依据外在行为的感性形式。于是，这样的标准自然而然就更加有审美的倾向。举贤荐能的政治终于同风雅逸秀的审美活动联系在一起，构成政治与审美的张力场。

中国文化里政治与审美的张力并不始于察举制奠定的汉代。先秦的主流文化更被学者称为礼乐文化。那时，鼓乐齐鸣、昭穆列序的祭祖仪式，勇武粗野、发扬蹈厉的战争舞，快活癫狂的娱神舞，甚至就是政治本身。政治在先秦时代被高度仪式化、审美化。中国文化中政治与审美之间那种相互渗透、相互牵制的关系，根本原因就是个人的德行教养在人生、社会生活中的核心位置。在中国文化脉络中，德行必然显示为一定的礼仪行为、言谈举止，而政治所具有的公共性决定它不能追溯到个人的内心动机和价值，它不能从动机和价值方面去判断一个人是否有德行。因为动机是不可确知的，而价值认同是极其个人化的，于是公共政治不得不从外在的方面规范人们的行为。创设礼仪，厘定标准，期望从效果而不是动机方面划清君子与小人的界限，判断士人是否具有德行。这种体制化、制度化必然带来礼仪规范判断标准的形式化，导致感性形式的东西在公共政治中扮演重要角色。先秦礼乐时代尚"仪"，"仪"就是德的寄寓形式。仪同德的结合变成那个时代的仪德政治。通行察举的两汉魏晋南北朝尚"名"，"名"就成了那个时代德的寄寓形式。名德结合就是名德政治。隋唐以后尚"文"——诗赋策论八股文之文，文就是该时代德的寄寓形式。文德结合就演变成文德政治。仪德、名德、文德虽各有不同，因应客观情势的变化，在如何解决将德行落实到具体政治操作方面各异，但万变不离其宗，始终贯穿着德行形式化、审美化的倾向。

先秦实行贵族制度，人在社会上的地位由与生俱来的血缘身份决定，不存在推举有才德之人参与统治的问题。那时，审美化的政治表现在决定国家大事的各种礼乐仪式之中。周人尚仪是从那个时代复杂的礼乐文化里产生出来的。先秦时期，"国之大事，在祀与戎"。每次祭祀都包含卜问鬼神、列队献牲、跪拜如仪、钟鼓乐舞等事项，而要求参与者具有与之相适应的仪容举止，包括服装、容色、言谈、行为。因为仪容举止被认为是德行教养的表现形式，唯有德者有仪。礼乐文化的浸润培养了贵族对"仪"的追慕与考究。有学者认为"仪"是周人的美的范畴，这是有道理的。① 所谓"仪"就是贵族人物与德行相配合的品格与形象，如孔子用以自勉的温润、纯良、恭敬、俭朴、谦让等。我们从流传下来的文献如《诗经》《周礼》《尚书》等，可以窥见周人怀德崇仪的礼乐文化风尚。《诗·大雅·抑》有歌曰："抑抑威仪，维德之隅。"（大意：优美威严的礼仪，显示着德行的廉正。）郑玄笺云："人密审于威仪抑抑然，是其德必严正也。"孔颖达疏云："言内有其德则外有威仪，与德之为廉隅也。""敬慎威仪，维民之则。"（大意：肃敬威严的礼仪，是管治百姓的大法。）"辟尔为德，俾臧俾嘉。淑慎尔止，不愆于仪。不僭不贼，鲜不为则。"（大意：如果君子努力实践德行，百姓就会跟随。君子要慎重自己的容止，不能违背礼仪。既不僭越也不伤害礼仪，就可以作为法则。）周人对礼仪的崇拜考究，简直到了无以复加的地步。《周礼·地保》的"保氏"条讲到"六仪"："一曰祭祀之容，二曰宾客之容，三曰朝廷之容，四曰丧纪之容，五曰军旅之容，六曰车马之容。"几乎每一举手投足都有相应的礼仪在规范着行为，任何洒扫应对哪怕其中的细微末节都被纳入一套形式规范之中。周人当然认为内德必然显于外仪，外仪源于内德。从个人修养的角度说，这多少有点道理。但人各秉性不同，具体的个别性的行为提升为普遍性的规范而成为礼仪时，它们同德行的联系只是文化赋予的设定，并非存在必然的因果联系。一方面，个别行为提升为普遍规范，它使形式化的行为产生审美的感性。先秦时期的政治文化相当具有审美性，就是礼仪本身的形式化导致的。另一方面，德行同礼仪的潜在紧张一直存

---

① 参见吴予敏《周代礼乐文化的伦理精神与美学精神》，见深圳大学中国文化与传播系主编《文化与传播》，上海文化出版社1993年版，第329－354页。

在，价值同形式的裂痕随着钟鼓齐鸣、跪拜如仪的礼乐普及到生活的每一个角落而扩大。最后，当礼乐仪式不能给现实生活问题提供全部解答的时候，就面临"礼崩乐坏"的局面，那套曾经富于美感形式的礼乐仪式就被时代淘汰，礼乐文化于是解体。

察举如果由西汉（公元前 2 世纪）算起至南北朝末期（公元 6 世纪）终，其间存在 7 个多世纪；隋唐（公元 7 世纪）至清末废科举（1905 年）以前，除元朝前期废止科举约 40 年外，科举存在约 12 个世纪。无论察举还是科举都是秦汉大一统以后的选官程序。察举重于推荐，地方州郡长官承担推荐的责任，按科目如秀才、孝廉等定期向朝廷荐上合乎标准的士人。科举定于考试，朝廷以文辞和经术开科取士，士人进退一决之于程文的等第。① 察举和科举虽然在选拔士人入仕做官的方式上不同，但同是落实儒家德行教养、实施以教为政的教化式政治的基础制度。它们是王朝政制的关键环节，承担沟通社会基层与上层的功能。富而好礼、讲求仁德的乡绅控制基础社会，其中的优秀者通过察举和科举进入官僚行政机构，上层由此取得基层的支持；士人亦凭借此种制度，取得上层给予的财富与地位的资源，实现人生的期望。

照道理说，这是极其政治化的运作，与审美没有多少联系，但在实施过程中不得不将选拔仁德君子这种最终的内在价值标准形式化，以期达到相对的客观性和公平，于是就同某些感性形式产生密切的联系。例如，在察举时代州郡长官根据士人的名声决定推荐与否，而士人的名声则产生于"乡论"和"清议"。构成"乡论"和"清议"的因素非常多样，如符合儒家道德标准的行为、优雅的言谈举止、渊博的学问文章、显望的家族身份等，都可能博得"乡论"和"清议"的嘉许从而得到郡守的推荐。但当内在价值落实为名声，落实为"乡论"和"清议"时，并不能保证这些形式标准与内在价值毫无差别。伪装出来的孝行、与郡守特殊的人事关系、自命清高的言谈完全可能博得士林清议。不过，无论被推荐出来的士人是否符合仁德的内在价值标准，至少有一点可以肯定，那就是这种方式的选官使政治和审美发生纠缠不清的关系。因为当士林名声最终决定士人的仕途时，它就会推动士人的行为按照"乡论"和"清议"所鼓励的时尚建立自己的声望。"乡论"和"清议"虽然根源于道德价值，但更多的

---

① 参见阎步克《察举制度变迁史稿》之"引言"，辽宁大学出版社 1991 年版。

却是时尚趣味；就像科举考试，虽然取法于圣人的文教经典，但更多的却是音韵、对仗等语文修辞的文辞技巧。

由于名德政治，士人必须要在士林中建立名声，晋身名士，方有可能为官作宦。汉末士林交游谈论，清议品题已经蔚然成风。"穷是非，定臧否"是士林舆论的使命，而士人一经品题，人品乃定。博取美名者如同身登龙门，自然身价十倍。《风俗通义·十反》讲了一件事：太尉刘矩的叔父出身世家，人品端正好学，但不好交游，士名不显，所以"仕进陵迟"；而刘矩亦有学问，但却"远近伟之，州郡辟请"。既然人品名声这样重要，那么导致一方面士林圈子里的清议坐论，终日品藻；另一方面，士人如何别出心裁去博取名声。举凡俊言雅行、美文警语、惊世义理，都可能博得清议的嘉许。总之，士人的努力多往标举个性、发扬趣味、言语举止的审美化的方向发展，形成汉末以来的所谓"魏晋风度"。《世说新语·赏誉》记名士蔡洪评议吴士季等吴地文士说："凡此诸君：以洪笔为锄耒，以纸札为良田；以玄默为稼穑，以义理为丰年；以谈论为英华，以忠恕为珍宝；著文章为锦绣，蕴五经为缯帛；坐谦虚为席荐，张义让为帷幕；行仁义为室宇，修道德为广宅。"其中，洪笔、纸札、玄默、谈论、文章云云，都表现了当时人物审美方面的趣味；更兼蔡氏的言语表达十分讲究修辞，亦足见当时的时尚风度。"竹林七贤"（魏晋时期著名的名士团体）之首嵇康，身材高大但风姿特秀，《世说新语·容止》引史传称嵇康"伟容色，土木形骸，不加饰厉，而龙章凤姿，天质自然"。而他的待人接物、处世为人也一如他堂堂伟岸的仪表，当时的人称他做人"岩岩若孤松之独立"。魏景元四年（263）他因不满当权诛杀异己而被陷害，入狱时，"太学生三千人上书，请以为师"，"于时豪俊皆随康入狱"[①]。一代名士被害居然牵动这么多士人的心，可见嵇康在士林的名声和清议对他的评价。他是魏晋时期乃至中国历史里人格质量审美化、趣味化的代表，锋利机警而幽默的言谈，也被博取士林舆论的风气所激励。因为只有这样，才能在文士圈子赢得他人注意从而脱颖而出。《世说新语·言语》篇载孔融十岁时聪颖过人，语惊四座。太中大夫陈韪甚不服，说孔融"小时了了，大未必佳"，孔融即反唇相讥："想君小时，必当了了！"像这样机锋犀利而情趣盎然的警语，在魏晋名士那里是很常见的。同是

---

① 《世说新语·雅量》，见余嘉锡《世说新语笺疏》，中华书局 1983 年版，第 344 页。

"竹林七贤"之一的名士刘伶常常纵酒放达,《世说新语·任诞》记他在屋内脱衣裸形。有人讥笑他,他却说:"我以天地为栋宇,屋室为裈衣,诸君何为入我裈中?"除了容色、言辞、文章,在名德政治下,名士还养成任情纵性的趣味化人生,追求彰显个性化的趣味人生,虽为史家所谴责,却有它的审美价值。《世说新语·任诞》篇记名士王子猷一则生活趣事,作者刘义庆不但深切了解当时名士们的时尚韵味,故文笔深达情趣,而且所写的事情,亦非至情至性者所不能为:

> 王子猷居山阴,夜大雪,眠觉,开室,命酌酒,四望皎然。因起彷徨,咏左思《招隐诗》,忽忆戴安道。时戴在剡,即便夜乘小船就之。经宿方至,造门不前而返。人问其故。王曰:"吾本乘兴而行,兴尽而返,何必见戴?"

文人名士非常个性化和富于审美趣味的言行的背后其实都有一个显名当世的动机,这个动机又被士林舆论所牵引。简言之,文士的进退前程决定于名声的彰显与否,而名声的彰显又与名士之间的品题识鉴密切相关。之所以存在这种相关性,则为深具儒家文化色彩的名德政治所决定。当个人性的价值认同转换成公共性的"德行"时,它必须借助审美性的感性形式而存在。站在朝廷的立场,不能想象一个寂寂无名而又德行圆满的文人,因为德是要名来彰显的;同样,隋唐以降,恐怕不能说一个屡试屡败的举子具备朝廷定义的"德行"吧!

在科举制下,审美同政治的紧张不在名与德之间展开而在文与德之间展开,德的标准最终落实为一套文辞技巧。对参加考试的举子而言,进入仕途的道路更加宽广平坦。因为"文"比"名"更加形式化而少受人为因素的操控。比试文的优劣显然较比试名的高下更加容易达致公平。但是,读圣人书的文士为进入仕途而发挥个人才华的空间实际上是越来越狭窄了。道理并不复杂:博取名声的方法有多样,出奇制胜也是题中应有之义;考试的范围就狭窄多了,只能在文辞技巧的圈子内讨生活。所以,察举时代德的审美化可以落实在人格趣味上,而科举时代德的审美化只能表现在诗赋、策论、八股等文辞技巧上。魏晋以后,像嵇康那样的龙章凤姿之士,唐或许仅见,宋以后则肯定绝了迹。他们已经没有那么广阔纵情任性的天地,只可以龟缩在诗赋策论八股文里。唐以诗赋取士,还没有明清以八股取士那么程序严密，尚算宽松。那时，举子有向朝廷显贵投"行卷"——自己平日著作的风气。他们的行为在当时被形容为"天下之士，什什伍伍，戴破帽，骑蹇驴，未到门百步辄下马，奉币刺再拜以谒"①，权贵的门子都不一定理会他们。一副摇尾乞怜的可怜相，哪里谈得上人格品行的风度？

文德政治的时代，创造了程序严密的考试文体。唐有省题诗，宋有策论，明清有八股文。毫无疑问，这些文体形式方面的讲究远远多于内容方面的讲究，它们是重形式的文体。从文学的观点看，它们不获好评。省题诗远不如自由创作的唐诗，策论被认为迂腐，八股文更是遭一遍骂声。这是可以理解的，文学作品毕竟需要有情感内容，表达作者对生活的理解，而考试文体则有意排斥情感内容。所以，我们不能用理解文学的方法去理解考试文体，它们的美是纯形式的美，或者说是比较接近纯形式的美。只能从纯粹形式的审美角度，才能理解隋唐以后的考试文体。与通行唐诗比较，省题诗的确拘牵于程序，但唯其拘牵程序，才能更集中地凝聚汉语诗歌声律的特点。省题诗过得了关，至少说明掌握话语权力是没什么问题的。举诗人钱起作于天宝十载（751）的省题诗《省试湘灵鼓瑟》为例：

> 善鼓云和瑟，常闻帝子灵。
> 冯夷空自舞，楚客不堪听。
> 苦调凄金石，清音入杳冥。
> 苍梧来怨慕，白芷动芳馨。
> 流水传湘浦，悲风过洞庭。
> 曲终人不见，江上数峰青。②

钱起这首诗可以说是空洞无物，将屈原《湘夫人》的内容加上河神冯夷的传说，用韵文再写一过，并无诗人自己的寄托。但音律讲究，对仗工整，虽言之无物，却言之有序，显示了作者对汉语及其书面表达的深厚素养。八股文自科举废除之后更是声名狼藉，但近年起有的学者开始能够

---

① 〔元〕马端临：《文献通考·选举考二》卷二十九，引江陵项氏语，台湾商务印书馆影印四库全书本，第610册，第629页。

② 〔唐〕钱起：《省试湘灵鼓瑟》，见《全唐诗》卷二百三十八，中华书局1960年版，第2651页。

平心静气地理解八股文。① 事实上，假如要列举一种文体，最能集中显示汉语书面表达特色，则既不是律诗或古体诗，也不是古文或赋，而是非八股文莫属。借用唐人形容传奇的文体特点的一句话，八股文是"文备众体"，它是历代文人摸索汉语书面表达特色，经千年以上锤炼而形成的形式臻至完美的文体。它既有古文散行的活泼，又有诗赋对仗的工稳；将骈文对偶的音韵铿锵与古文长行的纵横洒脱熔为一炉。如单看前股或后股，是散体的写法，行句活泼，正是唐宋八大家反对骈辞俪藻时追求的境界；及至两股对起来看，它们又是对仗工稳，虽然不像律句意象鲜明，但平仄音韵也是具备的，故读起来朗朗上口。古时举子习举业，念念有词，摇头晃脑，正从八股讲究音律和谐之美而来。又如八股文的"破题"极端讲究技巧，题破得好不好，不在乎卓见独识，而在乎是否对汉语文有深湛的理解，是否熟悉儒家文化。后人以为八股破题多为"无中生有"，然无中之可以生有，正在于汉字语汇在它的语境中的复杂多义。无中生有的技巧正是以汉字文化为基础的。例如，明赵时春以"子曰"二字破题："匹夫而为百世师，一言而为天下法。"② 将字面"孔子说"暗转为"孔子及其学说的地位"而成题，既不违背字面的意思，又从表面无义之中做出文章。八股文又极讲究文章的结构严整紧密，其间的开阖照应，起承转合不得含糊，虽然程序严密，但运用起来，技巧的高下立见。八股文最受人诟病的是"代圣人立言"，即在"承题"以后，作者要模仿圣人的口吻写句。其实，这也是增加考试文体难度的方法，加之出仕做官，文人有大量机会替皇上、上司作各种"代言体"文章，八股未尝不是一种训练。从科举的角度看，只有形式完美的文体，才能排除内容引起的歧见，最终以技巧为准绳。划一标准，考试的去取，才接近公平的理念。

由仪德、名德到文德，政治同审美的距离似乎越来越远，德行修养由发自内心的良知渐渐变成空洞的说教。唯其价值的僵化，才需要越来越凝固的形式维系其生命。在尚"仪"的时代，尽管"仪"也是一套形式规范，但毕竟强调躬行实践，须以个体发用实行的工夫来证实凝结共同价值的礼仪规范。在尚"名"的时代，躬行实践的意味就减轻许多。虚名可以

---

① 参见启功、张中行、金克木《说八股》，中华书局1994年版；王凯符《八股文概说》，中国和平出版社1991年版。

② 载〔清〕梁章钜《制义丛话》，转见金克木《八股新论》，见启功等《说八股》，中华书局1994年版，第121页。

坐至，终日品藻，相互标榜，则名远甚于实，但求名还是给个人才华的发挥留下比较大的空间，名作为显示德的形式，还是相当富有个性魅力的。在尚"文"的时代，价值同审美进一步拉开了距离，一方面是价值的萎缩和僵化，另一方面是形式达致完美的地步。当完美的形式包裹着已经僵化的价值，则说明儒家德行价值和与它相联系的完美形式的终结即将来临。

二

建筑史专家在探讨中国建筑平面布局特征时，发现其存在"绝对均称与绝对自由之两种平面布局"[1]。绝对均称的平面布局见于官署、宫殿、庙宇及一般民居住宅，它们通常取左右均齐的对称布局，围绕中轴线且四周绕以建筑物。这样的布置，左右分立，秩序井然。既配合官式礼仪如朝会大典等庄严场合的安排组织，又合适于民间婚丧嫁娶的私家活动。绝对自由的平面布局则见于园林建筑，它们一反整然规则，布局因应地形，出于随意变化，建筑饰以假山流水，间以池沼花木，以取近自然而入于画境。梁思成认为，"此两种传统之平面部署，在不觉中，含蕴中国精神生活之各面，至为深刻"[2]。

在精神生活方面，中国人受两种不同的传统塑造。儒家提倡仁义忠孝、礼义廉耻，是"入世"式的道德教诲；道家则提倡顺应自然而不为物役，是"出世"式的教诲。后世士大夫有"穷则独善其身，达则兼济天下"的说法。穷达之间的取舍正是士大夫人生观的写照。人生价值的取向本无绝对的准则，一切视乎人生际遇途程的穷通顺逆。入世而欲救苍生济天下时，则信从和奉行儒家修身齐家治国平天下的一套说教；仕途不济投报无门时，则隐身出世顺其自然，或者服食导引而养气治身，或者纵情山水而怡养神明。总之是要视乎具体的情形而做出取舍。既有一套"入世法"又有一套"出世法"，这是中国精神生活一个重要的特征。精神世界的价值取向一直是处于这种"入世"与"出世"的紧张之中的。"入世"与"出世"形成了人生价值的张力场。士大夫和民众的精神生活

[1] 梁思成：《中国建筑史》，百花文艺出版社1998年版，第16页。
[2] 梁思成：《中国建筑史》，百花文艺出版社1998年版，第17页。

无不笼罩在这样一个可以左右徘徊的张力场之中。虽然每一个人具体的
"入世"和"出世"有程度上的差异，有造诣上的高低，然大要不离儒道
两端，不是入于儒，就是入于道。

精神生活中"入世"与"出世"的不同价值取向，与建筑平面布置
绝对均称与绝对自由的两种方式存在深刻的关联。虽然我们不能断定儒家
入世式的价值取向是否衍生了讲究绝对均称的建筑平面布置传统，也不能
断定道家出世式的价值取向是否造就了绝对自由的建筑平面布置的传统，
但有一点可以肯定的是，当儒家与道家的人生价值观向下落实为具体的生
活形式时，当它们在建筑中寻求平面布置的具体形式时，绝对均称与绝对
自由的平面布置方式无疑成为"入世"与"出世"精神价值的最佳的审
美体现。在价值观与形式之间，也许没有绝对的因果。在历史上，它们是
相互影响的。精神价值一定诉诸某种形式来寄托和表现它自身，从而显现
为某种形式的美；同样，当我们观照到某种审美形式时，则必须返回与审
美形式相联系的价值观，才能得到真正的理解。中国建筑两种极端差异平
面布局方式正是渗透了塑造中国人精神生活的儒家"入世"式的价值观
和道家"出世"式的价值观。绝对均称与绝对自由两种布局之间的张力，
同"入世"与"出世"两种人生价值观之间的张力具有相同的性质。历
代士大夫在他们昂然入世的时候，总是居住在布局严整的官署里，衙役皂
隶一色人等跪拜如仪，为官者则居中正座肃然问事。整齐划一的美和威严
肃穆的美正好体现为政者悉心求治的气派，体现为政者追求的政治理想。
如果不是倦怠于政事，他们从无林泉丘壑之乐。而当士大夫失意政坛或告
老还乡之时，总是退隐山林，用为官时聚敛得来的银子经营自己的园林精
舍。一丛幽篁几株花木，池沼假山，流泉潺潺，配以堂厅馆阁、廊榭亭
台，这种"虽由人作，宛自天开"的随意自然之美，谁说不是闲情适意、
圆满自得的趣味表达呢？谁说不是士大夫由"有为"的政治前台隐逸到
"无为"的后台的壶中自得之乐呢？历代士大夫和民众既然在精神价值的
取向上不能逃脱儒家或道家的规范，那么在建筑平面布置的欣赏上也不可
能逃脱对于均称整齐的美的偏好或对于随意自由的美的偏好。中国建筑平
面布置的美积淀了深厚的传统文化价值。

众所周知，中国古代建筑均为木构，假如略去建筑物细部特点不论，
最基本的建筑单位就是堂屋与厢房。一正两厢是基本的平面布置方式，这
是建筑组织中的"细胞"。由此生发出去，产生廊庑、周屋、前殿、围

墙、角楼之属，构成完整的院落。建筑平面布局中最为考究的方位与中轴对称的思想就是从一正两厢布置中产生的，方位与中轴对称的思想联系着宗法、礼仪、政治、风水等因素，成为体现后者的美感方式。小者如民居、中者如官署宫殿、大者如城市设计，无不渗透着建筑"细胞"蕴含着的美感方式。例如，隋唐（581—907）王朝的首都长安城，城今虽不存，然部分城墙犹在，城市设计的平面图尚有文献可征，可以窥见大略。① 城市的平面布置为近似正方形，由高大的围墙环绕四周，每面均有三扇对应的城门进出；宫城在城内北面中央的位置，背北向南，是全城最尊贵而最有威势的位置；宫殿、官署、民居三者区域划分得一清二楚，笔直的南北街、东西街将全城划分成棋盘形，整齐划一，街宽有百步、六十步、四十七步等定制；四面街内的民居曰坊，坊有定名。现存我们能够看到而又最完整的宫殿建筑，无疑是明清（1368—1911）王朝的紫禁城了。城东西约 760 米，南北约 960 米，高大的城垣上有四角楼；紫禁城主体建筑是中轴线上太和、中和、保和三大殿，三殿建在高大的台基之上，是举行朝会盛典的地方；保和殿之后是乾清门，乾清门以北为乾清宫、交泰殿、坤宁宫内廷三宫及御花园，承古人前朝后寝之制。梁思成评论故宫建筑格局时说："清宫建筑之所予人印象最深处，在其一贯之雄伟气魄，在其毫不畏惧之单调。其建筑一律以黄瓦红墙碧绘为标准样式（仅有极少数用绿瓦者），其更重要庄严者，则衬以白玉阶陛。在紫禁城中万数千间，凡目之所及，莫不如是，整齐严肃，气象雄伟，为世上任何一组建筑所不及。"② 强调方位朝向和中轴对称，本身就是为了抑制活泼多变而有利于造成划一秩序。建筑布置能够产生整齐有序的美和肃穆庄严的美，当然就免不了单调呆板。其实这种绝对均称的平面布置风格不仅是官式建筑设计所追求的，而且也是民间建筑的一贯作风。前者正是植根于后者深广的土壤之上的，北方民间的四合院就是很好的例子。无论紫禁城还是四合院，它们的平面布置的思想和结构方式是一样的，紫禁城不过是一个放大了的极尽奢华的四合院。

近年在深圳市龙岗区发现一组客家人的建筑，名为"鹤湖新居"。客

---

① 长安城平面图见梁思成《中国建筑史》第五章"隋·唐"，图18，百花文艺出版社1998年版，第 99 页。

② 梁思成：《中国建筑史》，百花文艺出版社 1998 年版，第 291 页。

家人为避中原战乱，约在两晋（3—5 世纪）和南宋（12—13 世纪）时期迁居南粤，客家人较多保留了传统习俗与语言。"鹤湖新居"为罗氏所建，是一家族聚居民宅，呈梯形，南北长 166 米，东西宽 109 米，占地面积 18000 余平方米，始建于嘉庆二十二年（1817），历数十年而成。建筑外有十余米的高墙环绕，四角有角楼，只有朝南一扇门出入。入门内墙赫然写着"聚族而居"四字，建筑内部成回字形，分别坐落着居住单元，全盛时有 179 个同姓家庭居住。南北贯通而有明显的中轴线，建筑的中心点恰是家族祠堂，正堂供奉家族先人。建筑虽不富丽堂皇，完全是民间一贯的实用作风，但规模宏大，平面布置整齐肃然，在呆板单调的格局中表现出森然有序的气势。① 以绝对匀称的平面布置格局为基础的美感方式，在中国建筑中是一以贯之的，不仅存在于社会上层的官家，而且也散布在社会下层的民间。因为这种美感方式背后积淀的文化内容都是同质的。由于祭祀、婚丧、典礼等具有政治性含义的礼仪活动的需要，一个对称严整的建筑格局有助于渲染和增加威严的气氛；而正堂显赫的中心地位和配以两厢及周边附属建筑的布置，显然有利于衬托家族长老对社会生活组织的权威地位；方位朝向除了考虑到采光和温暖的实用需要外，还突显了祖先崇拜信仰的神秘性和长老权威的尊贵显赫；高墙作为分界以及院落内居住单元的有序安排，则体现了防务的需要和家族集体主义的价值观。这些文化因素落实在绝对均称的平面布置格局中而积淀为美感方式，成为源远流长的中国建筑的审美传统。

正如绝对均称的平面布置的代价是缺乏变化一样，整齐有序的美亦失之单调乏味。约在魏晋南北朝（3—6 世纪）的中古时期，老庄玄学和山水意识兴起，士大夫私家园林的建造进入成熟的阶段。园林的平面布置一反严整规则，讲究绝对随意自由，因为它追求在有限的居住空间内容纳无限的自然天地，以自然的无限丰富和万千变化寄托田园和隐逸的情意。园林布置的格局中存在"人作"和"天开"的矛盾。一方面，它是人为而满足居住需要的；另一方面，它又追求达到自然的境界。落实到具体的建筑物平面布置，就成了毫无例外的"壶中天地"。壶谓其小，天地谓其独有自然的雅趣。在一方狭小之地，自然所有的山水竹木虫草，无不具备，流泉、池沼、林壑、烟霞隐约其间，附以亭台廊榭，

---

① "鹤湖新居"资料见深圳龙岗客家民俗博物馆的简介。

以备观赏，居处其中，当然就是自有天地了。这种自由的平面布置所表现的是士大夫另一审美情趣：倦怠政事，无所施展抱负转而享受自我生命，故而在山水林泉的自然里寻访它的美感方式。中唐诗人白居易（772—846）有句云："君住安邑里，左右车徒喧。竹药闭深院，琴樽开小轩。谁知市南地，转作壶中天。"① 历代的士大夫正是在庄老哲学的启示下，感悟到生命有限而身为物役的悲哀，终于在山水田园中寻求到自我生命的欢乐，发现山水田园的美，并在绝对自由的平面布置的私家田园式建筑中感受自然的美。

郑板桥是清朝著名的画家，又做过一介县令，为人清廉正直。他想到老来退官还乡，就写了一封家书给他的弟弟，嘱咐在他儿时印象中"一片荒城，半堤衰柳，断桥流水，破屋丛花"的地方替他买一坡地，将来好建屋营庐。郑板桥在信中这样规划他将来的居所：

> 吾意欲筑一土墙院子，门内多载竹树花草，用碎砖铺曲径一条，以达二门；其内茅屋两间，一间坐客，一间作房，贮图书史籍笔墨砚瓦酒董茶具其中，为良朋好友后生小子论文赋诗之所。其后住家主屋三间，厨屋二间，奴子屋一间，共八间；俱用草苫，如此足矣。清晨日尚未出，望东海一片红霞，薄暮斜阳满树。立院中高处，便见烟水平桥。家中宴客，墙外人亦望见灯火。南至汝家百三十步，东至小园仅一水，实为恒便。或曰："此等宅居甚适，只是怕盗贼。"不知盗贼亦穷民耳，开门延入，商量分惠，有甚么便拿甚么去；若一无所有，便王献之青毡，亦可携取，质百钱救急也。吾弟当留心此地，为狂兄娱老之资，不知可能遂愿否？②

这是一封使人捧腹失笑的家书。古来只有开门揖盗的说法，未闻有开门纳盗商量分肥的故事。但我们从他旷达幽默的表述中，可以看到他天趣闲雅的人生态度。他的这种人生态度一如他对自己居室建筑的构想那样，没有富贵的炫耀，没有人工的矫情，但平面布置绝对崇尚自然，顺着半堤

---

① 〔唐〕白居易：《酬吴七见寄》，见《白居易集》卷六，中华书局1979年版。

② 〔清〕郑燮：《范县署中寄舍弟墨第二书》，见王缁尘校《郑板桥全集》，中州古籍出版社1992年影印世界书局本，第18－20页。

衰柳、断桥流水营建简朴的居所，借来日出红霞或者薄暮斜阳的大自然景色作为自家景色。这便是中国园林建筑中常用的"借景"手法的运用。郑板桥想象中简陋的草庐，或许称不上园林，但它同样十分出色地体现士大夫关于园林建筑美的理念：在平面的自由营构中寄托自我生命与自然融为一体的乐趣。诗人白居易所经营的庐山草堂规模亦不大："三间两柱，二室四牖。……堂中设木榻四，素屏二，漆琴一张，儒、道、佛书各三两卷。……是居也，前有平地，轮广十丈；中有平台，半平地；台南有方池，倍平台。环池多山竹野卉，池中生白莲、白鱼。又南抵石涧……"① 透过简单的描述，亦可想见其大概的布置。

历代文人学士那些虽简陋然不失天趣的草庐没有可能保留至今，现存的著名园林均为明清时期名臣权贵悉心营构之作。例如苏州拙政园、留园、网师园、同里退思园以及上海豫园等，由于园主富有及经历代修葺，这些园林规模大、场面阔、造园手法讲究而且细腻，在有限的空间中迭山理水，建筑、山水、花木无不极尽其妙。陶渊明（365—427）《归园田居》咏自家摆脱"尘网"复归园田的心情："久在樊笼里，复得返自然。"后世这些将天地自然、山水花木的精妙汇集于有限空间的园林，其实是士大夫归隐而自乐天命的新的"樊笼"，也就是他们的"壶中天地"。不过这个自家营造的"樊笼"与尘世无涉，只供他们自己闲雅品趣。园林是士大夫精神世界另一面的象征和寄托：一方面，它与礼法威严而纷纭喧嚣的尘世有别，平面和空间布置活泼自由，因水成湾，因石成势，丛篁花木，楼阁掩映，一片天趣自然的景象，正是"小红桥外小红亭，小红亭畔，高柳万蝉声"。它追求的不是那种肃穆威严、气势森然的美，而是雅趣闲适、真朴自然之美。另一方面，自由布置的园林既含自成天地的一重隐喻，则此天地实在狭小量窄，为了取法自然，不得不在平面和空间布置上巧加雕琢，愈雕则愈显狭窄，这归隐时托命的"壶中"亦暗示了精神世界的萎缩和命运的悲哀。实际上每一个江南名园的背后都有园主当年宦海沉浮最终不得不归隐以度余生的无奈故事。拙政园的园主王献臣，明朝弘治（1488—1505）进士，官拜御史。因言事获罪，贬为上杭丞，后再贬至广东。正德（1506—1521）朝方迁任永嘉知县。② 王献臣后弃官还

---

① 〔唐〕白居易：《草堂记》，见《白居易集》卷四十三，中华书局1979年版，第934页。
② 见〔清〕张廷玉等撰《明史·王献臣传》，中华书局1974年版。

乡，浚治山水，广兴土木，环以树木花草，师晋潘岳《闲居赋》"灌园鬻蔬，是亦拙者之为政也"之意而取名"拙政园"。将宦海的失意转化为山花野鸟之间的闲雅，然而在淡泊自然的林下消闲生涯里，依然可见"情以物迁"的落寞。退思园园主任兰生（1837—1888）靠清末军功发迹，所任均肥缺。在兵备道的任上因镇压捻军不力被参，险遭杀头之祸，后革职还乡，经营退思园，取"退则思过"之意。他的上司彭玉麟送他一副对联——"种竹养鱼安乐法，读书织布吉祥声"，嘱他慎守林下，勿问朝政。如此说来，"思过"仅仅是对朝廷的姿态，悠游淡漠的"壶中天地"，依然掩盖不了"入世"无门的无奈。

一如立身做人有"入世"与"出世"不同的价值观一样，建筑平面布置在中国也有绝对均称与绝对自由之分。不同的布置格局追求不同的美感意趣，而美感意趣的背后当然就是精神价值观念的问题。儒家和道家所阐释的精神价值，历千百年而融化入中国民族的血脉之中，塑造了中国人的精神世界，它们同样凝固在中国建筑里。中国建筑平面布置发展出截然相反的均称和随意原则，是体现儒家和道家的人生价值观的绝佳形式。认识了中国人精神生活中"入世"和"出世"的价值观，才能深悟建筑平面布置里匀称与随意的张力。当然，本文从文化与人生价值观的角度解释中国建筑平面布置的特征，并不是否认建筑形式美感中的其他文化内涵。例如，中国建筑均为木构，匠人对木材认识深而对石材认识浅；石材和木材都是易得之物而中国建筑偏爱木材，其中必有文化上的原因。就是说，不同的形式特性会寄托不同的文化内容，而在儒、道的笼罩下，中国人生的"入世"与"出世"的张力，追求整齐威严的美和追求淡泊自然的美，最佳的表现形式就是建筑平面布置中的绝对均称和绝对自由。

三

如果要追溯美感在中国文明中最古老的源头的话，那毫无疑问就是基于食物制作与饮食方式的味觉了。食而可以通之于美，是顺理成章的事情。[①] 就像寓目悦耳的体形、线条、颜色、声音可以造成人视觉、听觉

① 参见叶舒宪《美与文化：中、希、印美概念的发生学阐释》，见海南大学社会科学研究中心编《中国文化：阐释与前瞻》，海南出版社1993年版。

的美感一样，可口的食物同样可以使人产生味觉的美感。美首先是意味着美味，其次才是美视与美听，远古的华夏族人首先将食物作用于舌面的快感提升为精神上的美感享受——美食。在中国文化脉络里，美食不仅代表了美古老而深广的根源，而且文化价值的取向和文化体制一直培植和支持这种美感倾向，形成了中国独特的食文化。吃在中国不仅是求饱这样简单满足生理欲求的事情，同时具有丰富而独特的文化意味。中国是一个食文化的大国。

现存最古老的字书《说文解字》对"美"字的解释可以支持美源于食的看法。许慎从字形探讨美字的词义："美，甘也。从羊从大。羊在六畜主给膳也，美与善同意。"而许慎释甘字为："甘，美也。"美和甘是可以互训的两个词。所谓甘，就是后来形容食物味道的鲜甜，是古人表示口舌快感的专词。中国文字本身就有象形表意的特点，羊是最早驯化的畜类，无疑是当时膳食的主物之一，古人以羊和大合成一个"美"字，表示口舌快感。美的词源根据表明在中国文化里美的概念是以口舌快感作为源头的。《墨子》中的"食必常饱，然后求美"，用的正是美字的本义。饱仅仅是生理上饥饿感的满足，美却是口腹之欲满足之后的展开。这种在满足形而下的生理感觉基础上，追求形而上的与膳食快感相联系的精神满足，正是中国食文化的精髓。美与食在中文脉络里有天然的联系，而"吃"字的文化含义极其丰富。汉语里有美食、美味、美餐、美酒等词汇；一个人在社会上发达亨通，叫作"吃得开"，时髦走红叫"吃香"，被他人暗算就是"吃亏"，20世纪初信教被称作"吃洋教"，等等；而"秀色可餐"一词则是汉语语汇里独特的通感表示法，用口舌快感转喻对女人容貌的视觉感受。以食欲来暗喻性欲，至少从《诗经》的时代以来就是这样。

口舌快感得以提升为美食文化，不但在于美的概念的古老来源，而且也有一套成熟的文化体制来确立膳食在人类生活中的地位。《礼记·礼运》记录了孔子向弟子子游解释"礼"的起源，孔子说："夫礼之初，始诸饮食。"华夏古人崇拜祖宗，有祖先神灵的信仰，为祈求多福，不免以己心度先祖神灵。自己需要饮食维持生命，冥世的祖宗神灵也要饮食，虽不能食味，却可以食德。于是醴酒、牺牲、饭食无不供奉于前，由此讲究拜祭祖宗的长幼次序、辈分次第、男女分别，讲究等级、时辰、方式的安排，一套礼制秩序就是这样形成的。孔子的解释是有道理的。古代的礼制几乎都离不开饮食环节，饮食虽不是礼制的根本目的，但是规范人心、创造秩序的礼制却是围绕饮食来形成它独特的规范原则的。观乎古代的祭礼、射礼、乡饮酒礼、丧礼、婚礼，无不与饮食相关。"民以食为天"这句古训的深刻含义，不仅指明草民百姓需要面包才能活命这个朴素的道理，而且暗示在这个特定的文化里，无食就不可能有礼，无礼则礼崩乐坏，率兽食人，天下大乱。汉语用"钟鸣鼎食"来形容富贵豪华，钟和鼎都是祭礼或宴享时使用的礼器。富贵之家的饮食离不开钟和鼎，就是说他们深受以礼制为核心的文化教养的熏习，孔子赞许的"富而好礼"就是这意思。由此可知，考究和发展膳食文化的基本动力是来自古代世界的礼治秩序，由这一基本的文化体制给予膳食定位、规范，确立它在文化体系中的位置，赋予饮食人生的意义。故而饮食文化在中国蔚为大观，不仅烹饪在世界上独树一帜，而且饮食的方式别有文化意义，即就食本身亦有别出心裁的形而上人生意味。

饮食在中国文化中首先与为政之道相通，与待人接物的处世之道相通。中国烹饪一贯讲究酸甘苦辛咸五味调和，无论何种烹饪法均以味和为最佳，而人主求治君子处世亦要以"和为贵"，烹饪就成了治道和处世的隐喻。更何况饮宴本身自有它的亲和作用，杯盘狼藉之后自然增强了感情，增加了相互合作的信用度，或者冰释了前嫌，所以，饮食有它特殊的意味和功能。《史记·殷本纪》中记载一个故事，伊尹原本是贵族的庖厨，因做得一手好菜而为汤所知晓，汤欲得伊尹而伊尹亦欲投靠汤，后伊尹作为媵臣（陪嫁奴隶）而得以为汤说"至味"。《吕氏春秋·本味》载有他们的对话。伊尹告诉汤各种山珍海味、各种调味材料，要用一定的烹饪方法去除食物的膻腥之味，经"九沸九变"烹饪才可以达到"口弗能言，志弗能喻"的"至味"。《本味》篇虽另有隐喻所在，但也道出了传统烹饪追求诸味调和的境界。后来，汤果然授伊尹宰相之位。治庖之道与为政之道息息相关。周朝天子之下总领百官之臣曰太宰。近人柳诒徵认为："所谓太宰者，实亦主治庖膳，为部落酋长之下之总务长。祭祀必有牲宰，故宰亦属天官。"① 后世分工精细，宰相自然不必由庖人兼任，但以调和为取向的人君南面之术并无改观，故烹饪可以喻政治。例如，外戚、内廷、外朝是王朝政治的三股力量，外朝之中又分言官与事官，事官

---

① 柳诒徵：《国史要义·史原第一》，中华书局 1948 年版，第 5 页。

中又因政见地域出身等因素而分派别,人主的操控是不能使他们同,但却要和。同即是浑然一体,没有分别,这是不可取的。和却是各种力量的相互平衡、相互制约,而达到均衡的境地,这有利于人主的操控,在道理上则通于烹饪的"和味"。《古文尚书·说命》中有句"若作和羹,尔惟盐梅",以掌握酸咸为调和羹汤的关键来比喻治国。《诗经·商颂·烈祖》取譬亦同:治国就像调和羹汤,使臣下既怀戒惧又志性和平,不生龃龉,不起争论,才能成其大政。① 《左传·昭公二十年》记载齐相晏婴向齐景公指出,臣下一味附和君王,这是奉承,是"同"而不是"和",和是像庖厨做羹汤一样,调和众味而达到新的口味。他说:"先王之济五味、和五声也,以平其心,成其政也。"烹饪向来是中国政治的隐喻,表现于美味所追求的境界与政治所欲达成的理想是一致的。

饮食在中国大行其道,还在于文化赋予饮食不同凡响的功能,从而使它具有超乎口腹之欲的意义。群居饮宴从古至今一直是中国的固有风俗,民间婚丧嫁娶固然必有豪饮大食,家贫者筵开十数席,富有者筵开数十上百席均为毫不稀奇之事;更何况文士风流,雅集宴饮;朝廷官方也一直有各式各样的饮宴形式,从诗经时代的鹿鸣宴,到唐代的杏园宴、宋代的闻喜宴、元代的恩荣宴、明清的千叟宴。食风之炽,恐世界各民族无出其右者。《鹿鸣》是《诗经·小雅》的开篇,是一首饮宴诗,描写主人自己热情待客,赞美来宾德高望重。这类的宴享在周朝有很实用的政治功能,周天子用饮宴操控、维系与诸侯贵族的关系。《毛诗·序》说:"《鹿鸣》,燕群臣嘉宾也。既饮食之,又实币帛筐篚,以将其厚意。然后忠臣嘉宾,得尽其心矣。"② 隋唐以后实行科举制,乡试、会试揭榜之后必有名称各异的饮宴,诸如杏园宴、闻喜宴都是皇帝或主考官员主持的正式宴会。③ 朝廷利用宴享笼络士人,登科士子则利用宴会攀附师生、同门、故旧的关系,作为日后官宦生涯时的人脉资源。《新唐书·选举志》云,州县考试过后,"长吏以乡饮酒礼,会属僚,设宾主,陈俎豆,备管弦,牲用少牢,歌《鹿鸣》之诗,因与耆艾叙长少焉"④。所谓"叙长少",即是定辈分,定交情。人际交情、关系在这种文化氛围里借托饮宴形式来落实和

---

① 《诗经·商颂·烈祖》:"亦有和羹,既戒既平。鬷假无言,时靡有争。"

② 《毛诗正义》,见〔清〕阮元校刻《十三经注疏》(上册),中华书局1980年版,第405页。

③ 参见王学泰《华夏饮食文化》,中华书局1993年版。

④ 〔宋〕欧阳修、宋祁撰:《新唐书》,中华书局1975年版,第1161页。

展开。清代宫廷筵宴名目繁多，而以千叟宴为最。例如乾隆五十年
（1785）在皇极殿举行千叟宴，一等饭菜和次等饭菜共八百桌。以八人一
桌计，有八千四百余人出席。参与者为皇帝、王公贵族、大臣、九品以上
属僚、八十以上耆老臣民。① 千叟宴意义深远：显示太平盛世气象、天下
一家，象征皇帝、权贵及大小臣工上下一心，表明朝廷尊老敬贵和一贯的
"以孝治天下"的施政作风。借饮宴而贯串实用政治或功利目的，在中国
历数千年不变。

美食之风在中国常常又同文士风雅联系在一起，因为考究的食物、精
妙的烹饪和特殊的饮食爱好，完全能够传递出食物之外的文化意义，而文
士们重视的就是这种托于饮食的隐喻含义。人生的风雅品味在中国饮食文
化氛围里常可借美食而传递。《世说新语·识鉴》记了张翰的一件趣事。
张翰是吴人，被朝廷征辟到洛阳做官。张翰"在洛见秋风起，因思吴中
菰菜羹、鲈鱼脍，曰：'人生贵得适意尔，何能羁宦数千里以要名爵！'
遂命驾便归"。张翰是因洞穿官场利害还是因钟爱菰菜羹、鲈鱼脍而放弃
名爵，已经于史无考。但他认同的人生贵适意的价值观，却是借喜好吴中
这两道名菜表现出来。普天下人看重的名爵在张翰的眼里竟然不如菰菜
羹、鲈鱼脍，这就更显得名士不同俗世凡胎的品位。历代文士好酒也是与
此道理相通。酒精本使人神经抑制而进入失控的状态，这在中国酒文化的
共识里被解释为进入与天地同体的自然状态，酒可以使人返璞归真。于是
摒弃世俗，独标高雅之士，无不好酒。因为鄙视流俗的本真境界需酒助才
能发掘出来，酒具有文化的象征意义，自然成了文士的雅好。陶渊明一生
写了二十首《饮酒》诗，诗序云："余闲居寡欢，兼比夜已长，偶有名
酒，无夕不饮。"陶是通过饮酒作诗来表明他的信念，即在酒中寻求人的
自然本性，寻求远离尘世而把握生命本真的自然状态。《饮酒》诗云：
"达人解其会，逝将不复疑。忽与一觞酒，日夕欢相持。""不觉知有我，
安知物为贵。悠悠迷所留，酒中有深味。"② 陶渊明说的"深味"当然不
是酒醇带来的口舌快感，而是在痛饮中体会到的人生本真状态。唐代的李
白（701—762）继承了陶渊明的诗酒风雅，他的《月下独酌》云："三杯

---

① 参见周光武《中国烹饪史简编》第八章"明清的烹饪"，科学普及出版社广州分社1984
年版。

② 〔清〕沈德潜选：《古诗源》卷九，中华书局1963年版。

通大道，一斗合自然。但得酒中趣，勿为醒者传。"① 李白追求的"趣"如同陶渊明追求的"味"一样，是摆脱尘嚣、自悟生命的独得之乐。酒恰好是一条分界线，为领悟它的人和不领悟它的人划出了分别，其中的意味当然就是人生品味的高低。

饮食之在中国又同长生久视、永寿成仙相联系，通过精致考究的饮食而进入永生；或者以食为疗，治病养命，由对食物的味性和诸味调和的后果的认识中发展出中国独特的食疗学。饮食同成仙、治疗相联系，乍看之下好像是不可理解的事情，然在中国文化脉络里，它是有根据的。古代医学对生命必有极限此一问题采取暧昧的态度，如《黄帝内经·素问·上古天真论》既认为众生如善摄生治神，则能"尽终其天年，度百岁乃去"，但又认可少数体天得道之士，"能寿敝天地，无有终时"。永生在古代的生命观里是一件可以期待的事情，生命的极限不是必然的，死亡只不过是日常经验的现象。古代生命观为永生留下了空间，尽管很难实现。晋代的道家人物葛洪就明确论证过成仙是可能的。② 因为古代医学认为"人以天地之气生，四时之法成"③，生命即靠充盈于体内的天地四时之气赋予，体内之气的阴阳平衡就是生命的正常状态，环境、心情、饮食影响身体阴阳平衡，阴阳之气就会在体内自相杀伐，疾病死亡均由此而来。这种观念实际上设定，如果一个人能够永远保持体内阴阳之气的平衡，就会永寿成仙。而由何种途径通往羽化登仙之途呢？饮食包括炼丹服食就是其中之一。

饮食通于长寿，民间也有"医食同源"的看法。从长寿治疗的角度讲究饮食，就是在中国蔚为大观的食疗学问。这是一门复杂的学问。任何可以入口之物，都分别有性和味两种属性。不同的性和不同的味之间有相生相克的关系，不同的食物之间也有相生相克的关系。随着天象气候的变化，这种关系可能发生变化。④ 食疗的知识就在于告诉人们，根据自己体质寒热温虚的实际情况，选择食物及其具体的烹饪方式。中国菜的特殊烹饪方式，例如老火羹汤等，多少都同"进补"也就是食疗的观念有关。食疗已经成为中国食文化的一大特色。《黄帝内经·素问·四气调神大

---

① 〔唐〕李白：《月下独酌》四首之二，见《李太白全集》卷二十三，上海书店1988年影印本，第515页。

② 见〔晋〕葛洪《抱朴子内篇·论仙》卷三，商务印书馆四部丛刊初编本。

③ 《黄帝内经·素问》卷八《宝命全形论》篇第二十五，商务印书馆四部丛刊初编本。

④ 参见钱伯文等主编《中国食疗学》，上海科学技术出版社1987年版。

论》就有"圣人不治已病，治未病"的说法。所谓"治未病"就是主张食疗的意思。元延祐年间（1314—1320）饮膳太医忽思慧撰《饮膳正要》，谓"善摄生者，薄滋味，省思虑，节嗜欲……"，如此"形神既安，病患何由而致也"。理论上，人没有疾病当然就可以长生久视。他还开了一个方子，教人做"铁瓮先生琼玉膏"。此膏采数种中药经复杂程序炼制。忽思慧云："人年二十七岁以前，服此一料，可寿三百六十岁。四十五岁以前服者，可寿二百四十岁。"① 饮食由于同长寿延年的观念相联系，它在实际生活中常常引起神秘主义。死亡恐惧则因为所谓食疗的信念而得到舒缓。由此看来，食疗信念是中国人日常生活中的一位"准神"，它有类似宗教的作用。秦始皇、汉武帝等雄才大略的君主在有生之年，不惜劳民伤财，四出派人寻找不死之药；明代嘉靖、万历等皇帝崇信服食，祈求长生；历代不知多少权贵、文人、道士迷信炼丹，最后都不免一命呜呼。由饮食与成仙观念而结合产生的这位神秘的"准神"，当然无法拯救它的信众。

视饮食为得道登仙之途者，与视饮食为实现社会功利之手段者，其饮食方式有不同。前者持节制的观念看饮食，后者持放纵的观念看饮食。因为放纵，极尽奢华，才能显出主人的地位和面子，起到联络情感或笼络人心的作用；而因为节制，尽量疏食调养，才能益寿延年。中国美食文化里存在放纵主义和节制主义两种倾向，是由对饮食的不同价值取向造成的。饮食有这么重要的人生和社会作用，赢得美食的称呼，谁谓不然？

［刊于《跨文化对话》（七），上海文化出版社 2001 年版，标题有改动］

---

① 〔元〕忽思慧撰，刘玉书点校：《饮膳正要》卷一"养生避忌"及卷二"神仙服食"，人民卫生出版社 1986 年版，第 4、60 页。

第二辑

中国疆域及其观念的历史变迁

——以古地图为中心

流传至今而能够反映古人在国家规模上认识自己所生活的地理空间的早期地图，是北宋人制作的。当然，北宋人绘制的地图也承继了唐代甚至更早时代对地理空间的认知、经验和疆域观念。年代越早，流传下来的古地图就越罕有，本文选取由北宋迄清代有代表性的古地图为讨论对象，配合历代正史中地理志和方域志的记载，讨论中国疆域及其观念的变迁以及由历史上中国的疆域问题伸延而来的相关问题。笔者以为，历代古地图最能够显示古人对自己疆域的那种独特的观念，它们是理解古人关于国家疆域及其观念的最重要的资料。古地图有文字记录所缺乏的那种直观性，它凝聚着更直接的空间经验；从古地图入手探讨古人的疆域观念，可以避免文字记录固有的模糊性。

经过研读和索解历代古地图，笔者看到一个十分有趣的现象：古地图的制作显示有两个关于"中国疆域"的系统存在。它们既相互关联，又互有区别；它们是对"中国疆域"的认知和经验，可是两者又不一致。这种不一致并不是历代的王朝控制的地理区域有所变化的那种不一致，而是对"中国疆域"本身存在不同的观念。在地域上，它们描述的版图是不一样的。一个可以称为"禹迹图"系统，另一个可以称为"一统图"系统或"大一统图"系统。"禹迹图"系统所描述的疆域，基本上相当于"九州""赤县神州"等概念所指的版图，即长城以南，横断山以东广袤的东亚大陆。而"一统图"系统所描述的疆域，除了包括上述地区之外，还加上长城以北若干游牧民族活动地带以及包括青藏高原在内的广义的西域地区。前者是秦汉以来古代中国疆域的核心区域，为论述方便，姑且称为"本部中国"，后者中核心区域除外的广阔地带是古代中国疆域的周边区域，姑且称为"周边中国"。自古以来，以农耕为主的华夏中原势力与活动于周边草原、绿洲和高原的少数民族势力发生频繁的经济和文化往来，也时有军事冲突，双方拉锯，互有进退，由此开启了历时漫长的民族融合，后来又历经清朝的统治和现代民族解放运动。其间，"周边中国"逐渐融入"本部中国"，变成与"本部中国"一样具有相等主权意义的国家版图的一部分，中国也因此由一个具有"朝贡秩序"的王朝国家演变成现代民族国家，即现今的中国。当然，此是后话。本文的基本论点是提出这样一个历史上存在的关于"中国疆域"互有不同的观念系统，以及尝试分析这两个疆域观念蕴藏的历史内容及其丰富的文化意味，为学界关于"中国疆域"的讨论进一新解。

一

描述"本部中国"疆域，最值得讨论的古地图有如下几幅：绘于北宋元丰三年（1080）至绍圣元年（1094）的《禹迹图》，北宋宣和三年（1121）荣州刺史宋昌宗重立石的《九域守令图》，南宋地理学家黄裳绘制由王致远于淳祐七年（1247）刻石的《地理图》，绘制于明正德七年至八年（1512—1513）的《杨子器跋舆地图》，以及明万历二十二年（1594年）刊印后由一不知名的朝鲜绘图者摹绘增补的《王泮识舆地图》。①

单看地图的取名就很有意思，这些名字显示了它们与渊源深厚的地理历史传统的联系，超越了一朝一代的暂时性，表示了这片地理空间恒久如斯的意味。"禹迹"无疑就是悠久传说中那位超人英雄大禹，跋山涉川，疏治洪水，划分州界，确定疆土的人物所走过的地方。历经千年传闻，大禹的事迹早已深入人心，被这片土地上生活的人民奉若神明，由他的"足迹"代表这片疆土的共同归属，除了政治意味之外，更添一层文化的含义，是再恰当不过的了。同样，"九域守令"也有相近之意。"九域"就是大禹所划分的"九州"之域，"九域守令"寓含地图的作用就是更好地守牧这片大禹遗产之意。宋代流传下来的类似地图，还有称作《禹贡

---

① 《禹迹图》的图石存陕西省西安碑林博物馆，原图拓片存中国国家图书馆。《九域守令图》本碑存四川省博物馆，原图拓片存中国国家图书馆。《地理图》本碑存苏州碑刻博物馆。《杨子器跋舆地图》存旅顺博物馆。《王泮识舆地图》或《王泮题识舆地图朝鲜摹绘增补本》存巴黎图书馆，中国国家图书馆有照片复制本。以上古地图可参见有关朝代之《中国古代地图集》，文物出版社出版。可惜印刷本照比原图尺寸缩小许多，有不便之处。

九州疆界图》《圣朝元丰九域图》《帝喾九州之图》等。① 用"禹迹"和
"九州"来表示疆土的含义，说明人们的地理观念已经把历史、文化和地
理活动三者紧密联系在一起，它所指的地理区域的归属已经获得高度的认
同。在明代的地图中，"禹迹"一名已经不用，由南宋"地理图"取名可
以看出，绘制者倾向于用更有地理含义、更客观的名字来为图命名。笔者
相信，这是以国家为代表的地理活动更频繁地跨出了"禹域"这一现实
造成的。所以，明代"舆地图""广舆图"一类名字流传开来，不过，
"九州"一名用于地图的情况并未完全消失，明代还有《九边图》，② 意
即"九州"的边界图。

《禹迹图》是一幅非常精美的地图。制图者使用纵横的网格线显示比
例来确定任意两地之间的距离，故图的上方有刻字："每方折地百里，禹
贡山川名，古今州郡名，古今山水地名，阜昌七年四月刻石。"黄河、长
江两大水系和东南沿海海岸线的表示，以那时的制图水平来说，已经是准
确度非常高了。清代之前，许多地图的水系都不及它示意得精确。但这幅
图无山脉标示，地名稀少，亦无长城。李约瑟说它"在当时是世界上最
杰出的地图"③，恐怕是有道理的。地图所显示的地理内容，的确如图名
说的那样，凡"禹迹"所到之处则较详，而"禹迹"所未到之处则简略，
甚或不载。图纵72格，横68格，北以黄河河套地带为端；因为《禹贡》
提及弱水和黑水，图的西端远及瓜州和流沙；西南只标有一条似流向南方
的"黑水口"。这些地带本有丰富的周边民族活动刻下的地理记印，而制
图者完全没有涉及，所以图的北、西和西南端除了河流和极少量地名，就
完全是空白。这只能解释为制图者刻意为之，因为这些地方缺少"诸夏
人"的活动而不属于"禹域"，为"禹迹"所不及，于是就屏诸不论。尽
管绘制者没有标出边界，但是，看到那些空白的地方，当然就联想到无人
烟的荒远绝域，那里自然就不是"禹域"了。制图者观念中的疆域所指
是很清楚的，它就是"禹域"。制图的目的无非要使"禹域"有一个直观
的图示。

绘成于徽宗宣和年间的《九域守令图》更为精密，它在制图技术上

---

① 均见曹婉如等编《中国古代地图集：战国—元》，文物出版社1990年版。
② 见曹婉如等编《中国古代地图集：明代》，文物出版社1995年版。
③ ［英］李约瑟：《中国科学技术史》第五册《地学》，中华书局香港分局1978年版，第
133页。

与《禹迹图》没有联系。绘制者不用网格法表示比例，倒是借用山水画的写景法表示山脉形状和用叠加曲线表示海平面的波涛。辽东半岛和海南岛的形状比《禹迹图》更近乎真实，而南海波涛中画有帆船一艘向西行驶，似反映当时活跃的南洋贸易。图示最小的行政单位是县，故有一千一百二十五个之多，而州有二百四十二个，次府十个，京府四个，是宋代有最多路州府县治名称的地图。① 不过，它的疆域观念和《禹迹图》完全一样。《九域守令图》是一幅罕见的有明确边界的古地图。图的北部和西北部上方有一条明显的分界线，划分北宋和辽国以及和西夏国的疆界；西部和西南部也有一条明显的国界线，划分北宋和吐蕃诸部以及和大理国的界线。疆界以外只有示意的山脉、森林和平原，没有任何国名与地名。笔者有理由推断，绘制者这样处理，是表示疆界之外不属于大宋王朝管治的异域，而并不表示宋人对周边异域国家的活动不了解。这条明确的边界是宋人强烈的民族情绪的折射，它使宋人更明确地认同自己行政控制所及的属土。宋朝是历史上弱势的统一王朝，周边强邻环伺，备受欺压，有"一统"的渴求而缺乏"一统"的自傲。所以，内域与外域的界线也就格外分明。至于《九域守令图》所示的疆土，是不是完全对应历史上的"九州"，反而是不重要了。有一点可以指出，北宋控制东北部属土从未达到过"燕云十六州"，即河北北部和辽东，那里是属于"九州"范围内的幽燕之地。不过，《九域守令图》对"本部中国"的这种表示法，只是说明特别历史情形下的王朝的实际控制疆域状况，并不说明对"本部中国"的地理认知有任何变化。南宋黄裳的《地理图》可以对此做补充的证明。

《地理图》为南宋利州东路隆庆府普成县（今四川剑阁县）人黄裳所作，他的家乡正是当年南宋与金对峙的前线。他在宋光宗绍熙年间（1190—1194）任秘书郎，后迁嘉王（赵扩，继位为宋宁宗）府翊善，掌侍从讲授。黄裳绘制并进献此图是为了让未来皇帝披图而思光复沦陷于异族之手的祖宗疆土。图下方有王致远写的题记，对我们理解黄裳之所以如此作图有帮助，特录其中一段如下：

> 国朝自艺祖皇帝，栉风雨，平定海内。取蜀，取江南，取吴越，

---

① 参见郑锡煌《九域守令图研究》，见曹婉如等编《中国古代地图集：战国—元》，文物出版社 1990 年版。

取广东，又取河北。独河东数州之地，与幽蓟相接，坚壁不下。王师再驾，讫无成功。群臣欲上一统尊号。艺祖曰："河东未下，幽蓟未复，何一统之有？"终谦逊不敢当也。盖至太宗之世，王师三驾，河东始平。而幽蓟之地卒为契丹所有，不能复也。则祖宗之所以创造王业混一区宇者，其难如此。乃今自关以东，河以南，绵亘万里，尽为贼区。追思祖宗创开之劳，可不为之流涕太息哉！此可以愤也。[1]

接下去的一段话讲天地之数，离离合合，非有一定之规；要之，以德行仁者王。此可以作为中兴之龟鉴。作为同时代和有相同志趣的士大夫，王致远深切体会到黄裳作图的"苦心"。这不是一张一般的地图，而是一张为了"创伤记忆"的地图。南宋与金以淮河为界，而这张地图既不仅是南宋王朝的疆域图，也不是南宋与金国的地图。它包括了南宋的全部国土，而只包括了一部分金国的国土。两国之间并无分界线，而图中所示的那部分金国疆土，正是被认为属于宋的沦陷国土。它提醒在位者，不可一日忘记祖宗疆土惨遭沦丧的悲愤，不可一日忘记光复故土的奋斗信念。《地理图》的绘制不算精致，山脉的写景法虽更逼真，但密度过高，水系的表示过于粗糙，海岸的画法失真度大。如以制图技术比较，反而不如《禹迹图》与《九域守令图》，但它却是以"中原""九州"为"中国疆土"的意识最强烈的地图。

明朝继承元朝的国统，而元是一个疆土辽阔的异族主政的王朝，因为民族的关系，它将宋代还属于周边的存在的许多部族、政治实体、国家纳入自己的势力范围或版图。明朝在这方面虽然有所收缩，但是由于元的这层关系，它对"本部中国"之外的周边民族活动、地理知识肯定有了更深入的了解。例如，元之前人们对黄河源头可以说是无所见，都遵从《禹贡》"导河自积石"的说法。唐代薛元鼎使吐蕃，顺访河源，谓得之于"闷磨黎山"，但经岁月磨灭，不过如此。"元有天下，薄海内外，人迹所及，皆置驿传，使驿往来，如行国中。"元世祖至元十七年（1280）派都宝为招讨使，探访河源。终于得知河源于"吐蕃朵甘思西鄙"灿若

---

[1] 《地理图》王致远题识原文有掉字，今引钱正、姚世英据《江苏金石志》补足文本。钱正、姚世英：《坚理图碑》，见曹婉如等编《中国古代地图集：战国—元》，文物出版社1990年版，第46-47页。

列星的群泉，当地语曰"火敦脑儿"，汉译"星宿海"。① 明代地图均继承了这一点，地图上都标明河源地。这样就把周边地带的部族、国家活动包纳到版图的范围中来。从图面上看，明图比宋图有更傲视环邻的气象，但是，"本部中国"的观念还是一如既往，牢不可破。

《杨子器跋舆地图》乍看之下，似"一统图"，它把北部、西北部广阔地理空间都包括到图示的范围。学者考证，"杨子器跋舆地图的地理范围，东至大海，西北至哈烈（今阿富汗西北赫拉特）一带，南到南海，北至苏温（治所今址未详）、兀秃（治所今址未详）一带"②。但是，认真索解，却不能因此得出《杨子器跋舆地图》属"一统图"的结论。其一，图中"本部中国"所用的比例与周边地区所用的比例悬殊。由于地理知识和制图技术的限制，同一地图所用比例尺不一致是正常的。古图都有这种情况。然而，《杨子器跋舆地图》比例尺度悬殊过度，差别大到不可以据此作为可信的地理空间知识的程度。图中密布四方夷蛮国名，东南和西南方的均在海中，仅有名称而没有疆域的图示；北和西北方的则密集缩在一处或均匀散布，根本失去图示地理的意义。这只能解释为缺乏地理实质意义的一种"四夷来朝"的虚幻满足。其二，图中有一条明显的域内与域外的分界线。东起自山海关，北部沿着长城，西北则环绕整个河西走廊，再由松潘往下，绕过西南地带出海。凡是界线环绕的域内，即明朝两京十三司的疆域，山脉、湖泊、河流的标示非常清晰，各省司之间亦有界划，府司卫所县治亦很详细。但一涉及域外就不是这样了，这一详一略也显示出制图者的疆域理念。因此，孤立地以图所示的地理空间广阔度来定制图者的疆土观念，是没有意义的。《杨子器跋舆地图》当然是属于"本部中国"系统的地图。《王泮识舆地图》也是这样。因为现今看到的《王泮识舆地图》是曾经为一位不知名的朝鲜人摹绘增补过的，故它的正式名称应该是《王泮题识舆地图朝鲜摹绘增补本》。图中的远东部分，包括主体的朝鲜，还有日本、小大两琉球，无疑是那位朝鲜摹绘增补者绘制的。撇除图中远东部分，《王泮识舆地图》中原本的明朝部分，像一个正方形，北部没有长城，有一道近乎直行的山脉作为分界，西北部是一道

---

① 参见〔明〕宋濂等撰《元史》卷六十三《地理志》，中华书局 1976 年版，第 1563 - 1564 页。

② 郑锡煌：《杨子器跋舆地图及其图式符号》，见曹婉如等编《中国古代地图集：明代》，文物出版社 1995 年版，第 61 页。

"大流沙"通到接近西南的大海。大明就在这个为海洋、山脉和流沙包围的"天下"之内。图的上部空白处列有奴儿干都司的一百八十四卫和二十所的名称,图内也标列了明朝小到卫、所、县的所有行政单位名称,堪称完备。尽管王泮的题识称"我国家全抚方域,一统为盛","朝贡归王若朝鲜、安南等五十六国,速温河等五十八岛,奴儿干、乌思藏等都司所辖二百三十八区,靡不口列若星布云"①,但是,一审地图本身,满不如此,完全是夸大其词,名不副实。有的学者比较了图中各项资料,认为"该图的主要目的是为了反映全国各级行政区域及城镇居民点等政治要素,属于政区地图性质"②。笔者赞同这种说法。正因为它是政区图,凡"政"之所及,就详尽,凡"政"之不及,就极简略。而图中显示"政"之所及的域内,也仅是"本部中国",并不强调本部与周边、大明与四夷的地理空间的相互联系。

二

在古代地图绘制史上,还存在另一系统的"中国疆域图",这一系统的地图可称为"一统图"。它们大气磅礴,以"大一统"观念为确定疆域的基础,注重华夏与四夷在东亚大陆地理空间的相互关系,其版图所示跨出了"本部中国"而将周边异族的历史地理活动囊括进来。在制图史上,它与"禹迹图"系统一样,自有渊源,自成系统,和"禹迹图"系统并行不悖。这类地图显示关于"中国疆土"的另一观念,即大一统观念,以历代王朝大一统所能达到的疆界为中国疆域。代表这种地域理念的地图,有南宋的《华夷图》、明代的《大明混一图》、清代康熙年间的《(满汉合璧)内府一统舆地秘图》和乾隆年间的《乾隆十三排铜版地图》。③ 这些地图涉及的地理空间远比"禹迹图"系统的地图辽阔,图所

---

① 曹婉如等编:《中国古代地图集:明代》图之第60,文物出版社1995年版。

② 任金城、孙果清:《王泮题识舆地图朝鲜摹绘增补本初探》,见曹婉如等编《中国古代地图集:明代》,文物出版社1995年版,第112页。

③ 《华夷图》的图石存陕西省西安碑林博物馆,原图拓片存中国国家图书馆。《大明混一图》存北京的中国第一历史档案馆。《(满汉合璧)内府一统舆地秘图》和《乾隆十三排铜版地图》印本均存中国国家图书馆。

关注的不仅是"本部中国"的状况，而且还有本部与周边复杂的地理活动，以及诸夏与四夷的关系。

南宋绍兴六年（1136）刻石的《华夷图》，据学者考证，是缩绘自唐代贾耽的《海内华夷图》。① 贾耽绘制的原图，无疑是制图史上一幅伟大的地图。据贾耽自述："画《海内华夷图》一轴，广三丈，从三丈三尺，率以一寸折成百里。"② 可惜贾耽原图今不复得见，我们只知道它是"按方计里"为比例的，而且原图巨幅。而今传的《华夷图》长约 79 厘米，宽约 78 厘米，远小于贾耽原图。笔者相信，今图在缩绘或根据所传底图缩绘的时候，将贾耽原图许多重要的内容和微妙之处略掉了。与原图相比，今图缩略太多，省略是避免不了的。不过，最重要的地方倒是保存下来了，这就是关于疆域的观念。贾耽原图取名"海内华夷图"，明显是以华夏与四夷一起构成一个完整的"海内"。"海内"是一个"世界"，这个"世界"是由华夏与"四夷"共同构筑的。用今天的语言，当年贾耽的"海内"在疆域上，相当于今天的中国版图。今所见的南宋《华夷图》以"本部中国"为中心，四周无疆界；除了周边政治实体和地名标示之外，还有十七段注文，注文之多，为此图仅见。注文简述彼此关系沿革和该部族的来龙去脉，即使在长江上中游和西江上游水系生息的西南诸民族亦不例外。例如，关于西南夷的一段曰："西南夷，古要服。秦取黔中，汉时夜郎之属悉置郡县。晋宋以后，僭暴侵扰。及后周平梁益，遂同华人。唐太宗置羁縻州以领之。宋乾德以来，首领皆请内属。"又如关于羌人及吐蕃的一段："西羌禹贡析支之地，三代为患。秦汉之兴，逐之河塞之外；东汉匈奴少事，惟此屡叛。魏晋时多乱关陇，永嘉以后，吐谷浑兴焉。隋以其地置郡县镇戍。唐初吐蕃并吐谷浑、党项诸羌，东接凉松茂嶲，南距婆罗门，西陷四镇，北抵突厥，万余里，为强国。今吐蕃族帐党项部落，分处麟府陕西极，内属者谓之熟户。"细数《华夷图》上的注文，与华夏历史上有民族活动关联的四周围诸民族都有述及，《华夷图》显然不是以"本部中国"行政区划为重点的地图，而是以华夏与周边四夷关系为中心。笔者有理由推断，《华夷图》不能图示周边民族的地理活

---

① 参见曹婉如《有关华夷图问题的探讨》，见曹婉如等编《中国古代地图集：战国—元》，文物出版社 1990 年版，第 41－45 页。

② 〔后晋〕刘昫等撰：《旧唐书·贾耽传》，中华书局 1975 年版，第 3786 页。

动，或者是由于地理制图知识的限制，不能达到可以在平面上展示的熟悉程度，因而用文字叙述来代替图示；或者是由于缩绘贾耽原图或传世底图，绘图空间不够，因而以文字取代图示。后一种可能性比前一种可能性更大。虽然详略不同，但南宋《华夷图》还是展示了一幅"华夷一体"同属"海内"的地理图景。

联系贾耽绘《海内华夷图》的事实，更能看出"华夷"同属一个"中国"这种疆域观念的历史根据。贾耽生活在唐全盛之后，虽然国势不若从前，但是，那个四海一家、万方来仪的强盛往昔，作为集体记忆则不可磨灭。他是朝廷命官，负有重振国威的使命。他给皇帝进献《海内华夷图》和四十卷《古今郡国县道四夷述》，上表说："臣弱冠之岁，好闻方言，筮仕之辰，注意地理，究观研考，垂三十年。绝域之比邻，异蕃之习俗，梯山献琛之路，乘舶来朝之人，咸究竟其源流，访求其居处。"①在他这种求问异俗、研考边疆史地的兴趣和使命背后，可以想见那个时代正在热烈进行的区域文化、政治的一体化。在东亚大陆不断演进的区域文化、政治一体化进程基础上形成"一统"的疆域观念，当然是毫不奇怪的。贾耽说："臣闻地以博厚载物，万国棋布；海以委输环外，百蛮绣错。中夏则五服、九州，殊俗则七戎、六狄，普天之下，莫非王臣。"②这里说的中夏九州而百蛮绣错的"天下"观念，并不是一种虚幻的想象之词，而是有东亚大陆独特的地理政治的经验背景的说法。正是这种经验支持着"华夷"为"海内"的疆域观念。贾耽作图，就是要图绘这片东亚大陆的"高山大川"，分别这片大陆的"章甫"与"左衽"，让人们对这华夷共处的"宇宙"一目了然。

绘成于明洪武年间的《大明混一图》是一幅成图颇为神秘的地图，学者对它了解不多。此图气势磅礴，绢本彩绘，长 347 厘米，宽 453 厘米；东起朝鲜半岛及日本，西至中东和南亚半岛，北部几乎囊括全部蒙古地域。然而，绘图者无考。这幅地图描绘的广阔地理空间显然超越了明人的地理活动经验，虽然图的比例尺照例有差别，但是，全图非常明显地表示了两个密集的民族聚居地带，一个是"本部中国"，另一个是南亚半岛。以明人的知识考量，不可能达到这种了解程度。另外，地图对黄河的

① 〔后晋〕刘昫等撰：《旧唐书·贾耽传》，中华书局 1975 年版，第 3785 页。
② 〔后晋〕刘昫等撰：《旧唐书·贾耽传》，中华书局 1975 年版，第 3785 页。

绘制有明显的错误，虽以星宿海为黄河源，但黄河自今兰州起流向东北，达于河套地带，再折向往南顺陕北黄土高原南下，形成一个大回环，地图对此则完全没有标示。图中的黄河似一条与长江平行的河流。以华夏人对黄河知识的积累，这可说是一个常识性的错误，根本不应该犯。笔者根据这两点推测，《大明混一图》渗入了相当多蒙古征服亚洲大陆的经验，它根本超越了"大明混一"的概念。有学者根据图中的地名与先前地图地名的相似程度考证它的所本。然而，综合考虑其他因素，笔者对此只能在疑信之间。[①] 无论这幅图的来历如何被蒙上神秘的面纱，使我们今天对它的成图鲜有所知，但它显示的疆土观念，与蒙古征服亚洲大陆的经验，还是吻合的；如果以此来比照"大明混一"还有多少勉强的话，那它与蒙古征服构筑的辽阔版图，还是相称的。对于我们来说，《大明混一图》本于什么先前的底图，已经不重要，重要的是它凝聚了一种集体经验和记忆：以"一统"为疆域的观念。尽管具体的疆域落实为版图的时候，多少是有弹性的，但还是依王朝势力范围为基础的。

清朝被认为是一个帝国气派十足的王朝，它的内部施政与外交虽然基本上还是帝国的风格，但是，在疆域观念上，已经开始迈向现代民族国家，对自己疆土的认知和边界的确立，有许多地方已经非常接近于现代的观念和做法。笔者相信，这一方面是由于国与国之间交往的深化，例如历史上第一次有对朝贡秩序陌生的大国与清发生边界问题，于是只能谈判协商解决，产生了康熙五十年（1711）的《中俄尼布楚条约》；另一方面是由于测绘技术的进步，使实测疆域和划定边界成了可能。清代以前，历朝似乎没有专司舆图绘制、印刷的做法，流传下来的舆图都是由有兴趣和专长的官员、士大夫自己主持绘制，用于进献和教育。舆图的绘制、印刷虽与政治、教育密切相关，但它们与国家行为还有一段距离。进入清朝，大地测量和舆图制作，很显然变成了国家有组织的行为。康雍乾三朝都有前所未有的测量和绘图活动。[②] 清朝地图绘制的水平最高，印刷精美，当然

---

① 参见汪前进、胡启松、刘若芳《绢本彩绘大明混一图研究》，见曹婉如等编《中国古代地图集：明代》，文物出版社 1995 年版。该文谓《大明混一图》中国部分根据朱思本《舆地图》绘制，然而《舆地图》黄河流域的失真不若如是之大；又谓图的非洲、欧洲和东南亚部分依据李泽民《声教广被图》绘成，然李图又没有如是之精密。

② 参见秦国经、刘若芳《清朝舆图的绘制与管理》，见曹婉如等编《中国古代地图集：清代》，文物出版社 1997 年版。

是得益于西方传教士带来的实测技术，除此之外，国家主权意识的形成以及落实到地图的测绘作业，也是一个重要的方面。正如《清史稿》说的，"国家抚有疆宇，谓之版图，版言乎其有民，图言乎其有地"①。

康熙四十七年（1708），由康熙下旨，命传教士白晋、雷孝思（J. Regis）、杜德美（P. Jartoux）、费隐（Fridelli）、麦大成（Cordoso）等人，分头奔赴各省，实测绘制全国地图。限于条件，新疆、西藏无法实测，只能大致推算。到康熙五十七年（1718），历十年工夫，地图告成。传教士采用三角测量法进行实地测量，并用"梯形投影法"（trapezoidal projection）绘制成图，第一次采用经纬网图法。保存在沈阳故宫的地图称作《（满汉合璧）内府一统舆地秘图》，而存于北京故宫的叫作《皇舆全览图》。它是地图绘制史上的里程碑，也是关于"中国疆域"观念演变史上具有里程碑意义的作品。图有金息侯的题识："一统全图，东西包举，然专详边境，特边地满名注列独详，尤可宝□（原字脱落，疑是'贵'字——笔者）。"舆图以北京为零度经线分东西，最东到第一排第一号的东二十九，即库页岛的鞑靼海峡，西至第六排第七号的西四十三，即西藏阿里地区。这幅地图有两处最可注意的地方。第一，有清楚的边境概念。例如，第七排第四号云南与缅甸接壤地，缅甸部分空白，云南部分标识详细，边境用连点虚线表示。若遇河流为界，则以河流表示。第六排第六号西藏地区与印度接壤部分虽然没有连点虚线，但以山为界，印度一侧边地空白。第二，地图中"本部中国"的地名用汉文，其余满蒙新疆青海西藏周边地区用满文。我想，这是图题"满汉合璧"的原因。例如，第五排第四号四川盆地部分用汉文，而四川西部接青海境全用满文。"满地"与"汉地"构成一统的"皇舆"，联系到贾耽的"华"与"夷"构成一统的"海内"，就可知历史上"本部中国"和"周边中国"观念的传承和演变。图中边地与内地的地名注列文字的不同，这不是一个随意的安排。清人以异族再次入主中原，极大地推动了区域的一体化进程。两地的民族、生活习俗一面深刻地相互影响，另一面还是有所区别。站在统治者的角度，治理两地的传统手法也不一样。地名的注列文字的区别正好反映了"本部中国"和"周边中国"的存在以及逐渐推进的一体化过程。到了乾隆平定准噶尔部和回疆，再派人实测当年康熙无法实测的疆藏地区，

---

① 〔清〕赵尔巽等撰：《清史稿》卷二百八十三，中华书局1977年版，第10186页。

补绘成《乾隆十三排铜版地图》，图中所有地名已是用汉文。它标志着至少在地理政治意义上，"本部中国"与"周边中国"已经完全重合在一起，一个包括满蒙疆藏环绕中原具有辽阔疆域的国家政治实体已经牢固地树立起来。清代舆地资料清晰地显示了东亚大陆区域一体化的进展，雍正年间绘的《雍正十排图》地名注列文字尤沿用康熙满汉文杂用的旧法，[①]至乾隆图则满文弃置不用了。《乾隆十三排铜版地图》企图描绘更广阔的亚洲地域，但它达到的实际成就，只是在康熙图的基础上，实测疆藏地区而已。学者对它的称赞，笔者觉得过当。[②]

秦汉以前诸夏人的人文活动是在黄河、长江流域为代表的"本部中国"的疆域范围内展开的。历经数千年，这种活动的地理政治成果就是"九州"观念的形成与沉积。秦汉以后，诸夏人不得不在一个更广阔的地理空间生存，与更广阔的地理空间的周边民族发生冲突、融合，由此发育出了"周边中国"的概念。两千余年的漫长岁月，随着汉族与周边民族相互融合的重复进行，"周边中国"的概念亦随之深化和积累，直至完全融合在同一疆域政治实体之内。反映人们地理人文活动的古代地图，清晰地描绘了东亚大陆进行的这种悲喜交加的历史展开。"中国"观念的形成与沉积，就是秦汉以后两千多年的这种地理政治活动的成果。

三

如果上文从阅读古地图得到的关于中国疆域存在两个系统，即"本

---

① 《造办处活计档》载雍正五年（1727）谕云："再画十五省的舆图一张，府分内亦不用画山，单画江河水路，其边外山河俱要画出，照例写满汉字。"转引自秦国经、刘若芳《清朝舆图的绘制与管理》，见曹婉如等编《中国古代地图集：清代》，文物出版社1997年版，第72页。

② 如朱希祖说："反观清高宗此图，包举亚洲大陆全部适似弥补元代之阙，而新疆土如准部回部特加精测详绘，其识度超乎世祖上矣。"又如翁文灏说："乾隆图则西至西经九十余度，北至北纬八十度。故图幅员多至一倍以上，其幅员所罄北尽北冰洋南抵印度洋，西至波罗的海、地中海及红海，显然不仅为中国全图而且为当时最完全之亚洲大陆全图。"（引文均见乾隆图前的序文，藏中国国家图书馆。）笔者认为，朱希祖、翁文灏称赞乾隆图皆太过。乾隆图殊不能称作亚洲全图。图所涉及地域虽然广大，但非常疏略。如中亚、西亚尤其不详，缺乏地名等人文活动的记写，印度、东南亚虽然涉及，但图中几乎是空白，无河流，无地名，俄罗斯欧洲部分也是如此。除"本部中国"和"周边中国"部分外，其余的部分可以说是大而无当。制图风格与乾隆本人崇尚虚文、好大喜功的作风倒是十分相似。

部中国"系统与"周边中国"系统的看法以及这种疆域的历史变迁的看法，是有道理的话，我们自然还会追问这种独特的疆域观念背后蕴藏的历史内容是什么？换言之，是什么稳定的历史因素促使这种疆域观念的演化？疆域观念只是人们历史活动的"果"，那么，它的"因"是什么呢？笔者在这里不是要穷尽这种疆域观念的因果公案，而是行文至此，意犹未尽，略做推测而已。

为了使历史图像更加清晰，不妨将视野推到更遥远的秦汉以前。中国文明发源于黄河、长江流域，这是一片广阔的适宜农耕的地带。文明发育的早期，犹如星罗棋布，沿着黄河、长江中下游，发育着文明程度不等的城市国家、方国和部族聚落。① 一般来说，自然环境优越的区域，例如，黄河中游平原、渭河平原、胶东半岛、四川盆地、湘江流域和环太湖区域，社会进化的程度要高于它们的周边地区，由此而积聚起来的政治经济势力也要比它们周边地区强大。强大起来的国家势力免不了要整合周边相对较弱的势力，将它们包纳到自己的势力范围中来。这个整合过程就是民族的融合、政治力量的再造和经济财富的再积累过程。由文明初曙到秦汉大一统之前的数十个世纪，整合过程虽然时快时慢，但没有停止过。随着时间的推移，较弱的独立势力被更强的势力合并，历史舞台一直上演着"大鱼吃小鱼，小鱼吃虾米"的残酷戏剧。由文献记载可以看出基本的演变趋势：国家的数目一直在减少。笔者认为，造就民族和政治势力融合的基本力量是这片土地的生产方式的潜在一致性。土地、河流、温湿度和降雨量的相互配合，使这片土地在当时生产力水平下最高生产率的选择只能是农耕。农耕的生产和生活方式随着这个整合过程而普及。其实，透过上演于东亚大陆民族融合、国家吞并这幕残酷戏剧的表层，我们确实看到农耕生产方式、技术和生活方式普及的内核。在生产方式具有潜在一致性的前提下，国家林立的基础犹如一片沙滩，不可能牢固。秦汉以前，虽然亦有另一种冲突，与北边和西北边游牧部落的冲突。但是，那时如同日后成长于蒙古草原的强大游牧民族尚未出现，小股的游牧势力不是被吸纳成为农耕人就是被驱除出农耕区域。游牧与农耕势力的冲突，尚是民族融合和

---

① 参见许倬云的看法："新石器时代的中国本部有好几个源远流长的文化体系相激相荡，文化的交换刺激，使文化内涵逐渐融合。"见许倬云《西周史》，生活·读书·新知三联书店1994年版，第 32 页。

国家吞并基本趋势中的支线而不是主线。主线当然是宜农地带的融合和扩展。这种融合和扩展一直要伸延到其地理许可的极限。观察"中国"一词词义的变化，当可以从一个侧面折射这种融合和扩展。在西周时代，"中国"就是"王畿"，①其涵盖的地理空间仅仅限于京师。春秋时代，"中国"则指诸夏，其地理空间已经扩展到臣属的诸侯国，整个黄河流域和华北平原都包括在内。战国之世，"中国"则与"九州"同义，其地理空间已扩展到长江流域。此时"中国"所欠缺的，只是结束七雄分治混战局面的中央集权式的统一王朝。公元前3世纪，秦始皇建立统一王朝，补足了这个欠缺。

有意思的是，这种东亚区域政治一体化的进程并没有随着大一统王朝的建立而停止下来，相反却在一个更大规模的基础展开区域一体化的进程。只要我们看一看秦朝的疆域版图，就可以明白，农耕势力的扩展在东北、北和西北面已经达到了地理、气候和当时生产力水平的极限，农耕以长城作为分界线，就是这种极限的标志。塞外是一个地域更为辽阔，民族来源不同，适宜于游牧或小规模绿洲农业的地带；而塞内则经历了数十个世纪的融合，已经发展出精致和高度发达的农耕技术，在此基础上也已经形成文化的认同，大一统王朝为它们提供持续和可靠的政治保障。相比而言，塞内人烟稠密，经济发达，生活富足；塞外则地广人稀，气候严寒，生计艰难，财富积累尤为不易。这是两个截然不同的世界，可是，无论地理和当时的防卫水平都不能将它们截然分割开来。各自不同的需要使这两个世界持续发生冲突和联系。经济上，塞内对塞外无甚需求，它本身已经自成一体，除了王公贵族需要的奢侈品，塞外对塞内毫无经济或财富上的吸引力。可是，反之则不然，塞外需要塞内的粮食、织品、茶叶、陶器、铜铁制品等必需物品，这种基本需求在当时经济水平下很难通过发展自由贸易而得到满足。正是塞内财富的吸引力使塞内感受到来自塞外极大的安全威胁。塞外世界在安全上可以不依赖塞内而存在，因为塞内对它无所求；但是，反之则不然，塞内必须依赖塞外建立一个安全秩序，它必须得到塞外的顺从或许诺才有自身的安全保障。在当时幼稚的政治秩序下，完全冀望于理性的和平是不合实际的。经济和政治上更强大的一方总是使用

① 《诗经·大雅·民劳》："惠此中国，以绥四方。"郑笺："中国，京师也；四方，诸夏也。"见〔清〕阮元校刻《十三经注疏》（上册），中华书局1980年版，第548页。

骨头和棍棒（bone and stick）双管齐下的办法，获得自己的需要。秦汉以降的历朝历代，虽然时进时退，但从总的趋势看，它还是在更大的空间范围内把周边的民族包容到自己的历史活动之中。通过征伐、驻军等强硬手段，或通过朝贡、和亲、封爵、贸易等温和的方式，将周边民族和势力纳入王朝可以牵制的范围。因此，王朝强大的政治力量，甚至伸延到辽远的地带。就民族融合而言，秦汉大一统之前和之后存在基本的分别。之前是农耕区域内缓慢的推进，当然也夹杂着农耕人和游牧人的冲突；之后则是政治上已经统一的农耕势力与游牧势力的冲突，当然也夹杂着农耕区域内缓慢的推进，这主要表现在西南方向。农耕势力和游牧势力的冲突，因为有地理和气候的限制，它不是缓慢推进的，而是拉锯式进行的。大一统实现之后的每一朝代，这种拉锯式的冲突没有停止过。

古人对农耕世界和游牧世界的区别认识得非常清楚。西汉孝文帝遗匈奴书说："先帝制，长城以北引弓之国受令单于，长城以内冠带之室朕亦制之。"①"引弓"和"冠带"是它们的基本区别，"引弓之国"有自己的生活方式，同样，"冠带之国"也有自己的文化习惯。孝文帝以为最好是各尽其责，互不相扰。《旧唐书》的史臣有一个绝妙的比喻，把夷狄之国比喻为"石田"，说："夷狄之国，犹石田也。得之无益，失之何伤?"②这个比喻具有明显农耕经验的背景。"石田"不可耕种，它不是财富。如果夷狄的疆土是可耕之地，取之尤有理由。戈壁、沙漠、草原，加上严寒少雨，真是比"鸡肋"还要不如。"冠带之国"对"引弓之国"犹发生纠缠，只有一个理由，这就是谋求自身的安全利益。"古者帝王之勤远略，耀兵四裔，不过欲安内而捍外尔，非所以求逞也。"③《宋史》史臣的这个解释，是符合历史实际的。农耕世界不能从游牧世界获得经济的利益，而游牧世界则在生存上仰赖农耕世界。史书把"夷蛮"描述为"贪婪"，亦是由于其存在此种财富的需求。因为周边"夷蛮"的此种需求，农耕世界也产生了包纳游牧世界的更大势力范围的安全利益需要。由此而展开双方和战交替，怨恨和欢乐交加的冲突纠缠的历史。

对农耕世界而言，这是必须面对的无休无止的没有根本解决办法的对

---

① 〔汉〕班固撰，〔唐〕颜师古注：《汉书》卷九十四上，中华书局1962年版，第3762页。
② 〔后晋〕刘昫等撰：《旧唐书》卷一百九十九下，中华书局1975年版，第5364页。
③ 〔元〕脱脱等撰：《宋史》卷四百九十三，中华书局1977年版，第14171页。

峙。东汉蔡邕曾将边陲之患比作"手足之疥"①。在无根本治愈之方的意义上，他是正确的；但在无关全局的意义上，则不符合东汉之后的实情。由于游牧世界的广远辽阔和民族众多，农耕世界不可能对之完全征服，战而胜之只是暂时的；等待游牧人强大了，还是要进行侵扰。又由于没有经济和宗教利益的支持，对游牧势力的征伐，农耕世界更像临急抱佛脚，解决燃眉之急就算了。征服并不是历代王朝边陲方略的首选，比征服更可取的一贯策略是谋求"夷蛮之国"政治的顺从和臣属。实际上军事征服手段也是服从这个一贯策略的工具。农耕世界对自身之外的疆土缺乏夺而取之的野心，旋取旋弃。不像世界史上其他基于经济和宗教利益的征服，军事行动之后继之以殖民，继之贸易，继之以传教，直到建立殖民地政府。王朝对边陲游牧势力用兵，更像大人教训小孩，以服从为止；对方一旦表示臣服，随即罢兵，班师回朝。秦汉以来二千多年，边陲用兵无数，死伤无数，然而，边界线始终不见推进。如果不是蒙满入主中原，则"本部中国"的势力始终不能越过长城。历史上与"本部中国"关系最深的西域，历代多有戍屯，究其根本用意，也不在于殖民征服，而在于顺延河西走廊，分割北边与西北边的游牧势力，使之相互孤立，不能连成一体，从而保障自身的安全。② 古人面对强悍而辽阔的游牧世界，利用自身经济和政治的优势，发展出一套将周边势力包纳到自己势力范围的办法，古人将之称为"羁縻"，这实在是历代不易之法。③ 所谓"羁縻"，简言之就是以政治、经济和文化的诱惑为主，辅之以军事征服威胁的交往方略。它既有封建关系那种不平等的色彩，因为它追求交往方的臣属；但它与封建关系又有不同，双方并不存在契约下的权利义务关系。它既有骨头与棍棒策略的两重性，但又不是简单的胡萝卜加大棒政策。因为随着臣属程度的加深，文化的认同作用将会发生，由"生番"而"熟户"，最后"内"与"外"的界线将会消失，"诸夏"与"四夷"同为一体。古人说的"王者无外"指的就是这个意思。在"羁縻"方略之下，无论经济、文化还是

---

① 转见〔后晋〕刘昫等撰《旧唐书》卷一百九十五，中华书局 1975 年版，第 5216 页。

② 西汉建平四年（前 3），扬雄上书曰："且往者图西域，制车师，置城郭都护三十六国，费岁以大万计者，岂为康居、乌孙能逾白龙堆而寇西边哉？乃以制匈奴也。"见《汉书》卷九十四下，中华书局 1962 年版，第 3816 页。

③ 班固把"羁縻不绝"看成是"圣王制御蛮夷之常道也"。见《汉书》卷九十四下，中华书局 1962 年版，第 3834 页。

军事手段的运用，最后终极目的无一例外是政治的臣属。很明显，它是一种成长于东亚大陆农耕人与游牧人长期冲突基础上的知识与经验。

笔者有理由相信，古地图显示出来的"本部中国"与"周边中国"的分别，以及既有联系又相互区别的两种关于中国疆域的观念，反映的正是农耕世界和游牧世界共处东亚大陆而相互冲突和融合的状况。冲突和融合的漫长历史塑造了那种有中央属土和周缘边陲之分的疆域观念。它不像现代民族国家，由于赋税、驻军和国际承认的标准，相互之间可以有一条清晰的边界。游牧世界的存在，给农耕世界造成深刻的安全困扰。它既不能以军事征服手段一揽子解决，也不能以经济、文化手段一蹴而就，结果就是两个不同的世界势必长期共存于一个地理区域。中央王朝只能以经济、财富、文化的交往，换取安全利益，或者以军事征服为手段，取得安全。这种谋求周缘边陲部族势力和国家的政治臣属的努力，结果就是对周边地区建立起以农耕世界为核心的朝贡秩序。这样，中央王朝和臣属于它的部族势力乃至国家，形成了复杂的臣属关系。这种臣属关系有几种类型：封任土官、土司实行羁縻州司制度，驻军监视实行都护制，封爵确立朝贡臣属关系。这几种类型都只是以军事、政治、文化为纽带发展臣属关系，它们与中央权力的密切程度，依次递减。① 基于这些历史事实，古人在描述国家疆土版图的时候，很自然地将这种集体经验带入绘图中来。一方面，将禹迹所至的"九州"看成是中国；另一方面，将朝贡秩序之下与中央王朝有紧密政治臣属关系的周边区域亦纳进来，同属一统的中国。在现代民族国家的疆域观念之下，这似乎难以理解。但是，如果深入到东亚大陆古代政治、经济、文化和地理风土生活中去，这是一件理所应当的事情。

［刊于《北京大学学报（哲学社会科学版）》2010 年第 3 期，标题有修改］

---

① 这几种不同类型的政治臣属关系，有点像《禹贡》《山海经》说的"甸侯绥要荒"五服制度。不过，五服制度是历史事实还是先儒构想的理念，恐怕还是有争议的。笔者并不赞成把朝贡秩序与五服制度相提并论，尤其不赞成把朝贡秩序看成是没有边界的"天下模型"。杨联陞曾批评这种看法是欠缺历史事实的"神话"。参见杨联陞《从历史看中国的世界秩序》，见《国史探微》，台湾联经出版事业公司 1983 年版。

征服与绥靖

——文明扩展的观察与比较

自 16 世纪以来，澳门地区就是中国与葡萄牙以及其他欧洲列强国家冲突的交汇之地，这片弹丸之地的"租借"，拉开了一个延续数百年而至今的波澜壮阔的国家势力和文明冲突大戏的序幕。澳门大学文学院教授施议对先生在这个当初冲突的"前沿阵地"和极富文化融合象征意义之地就文明的冲突和融合的主题开坛论讲，让来自四面八方的学者纵论文明的冲突、对话与融合，这更是使人感慨万千。本人对施教授提供的机会表示万分的谢意。在这里只能提供一点浅见，以为抛砖引玉之用。

一

我们生活的这个世界，不论我们是否自觉意识到，文明的冲突、对话和经由冲突与对话之后的融合无时无刻不在进行之中。它不仅是一个饶有趣味的学术探讨的话题，而且更是我们生活的一部分。19 世纪上半叶中英鸦片战争之前尚且不计，自鸦片战争至今的数代中国人，都经历了文明碰撞、冲突、融合的酸甜苦辣，更让人记忆犹新的是这种碰撞所产生的深重国难，包括朝纲解体、政治溃烂、异族入侵，也包括生计日蹙、人民流离失所。改革开放后，国家经济繁荣，国力增强，人们过上了升平的日子。在这样的时刻来探讨这个令人感慨系之的话题，那当然是别有一番意味的。

除了草昧蛮荒、茹毛饮血的原始人类生活外，进入文明以来，人就是生活在国家形态之中的。这个事实，无论中外概莫能外。国家的规模可以有大小。远古时期由几个部族组成的数千人的酋邦可以看作是国家形态的初级阶段，但人类的历史很快就演化出各种各样的国家，如城邦、王朝、帝国、现代民族国家等。无论什么样的国家形态，对人的生活世界而言，有一点确凿无疑，这就是每一个人或多或少必定属于某个地缘性的政治实体。自从国家演化出来之后，人类就根本没有可能设想一种没有地缘性政治实体的力量参与其中的人类生活。于是，一边是个人，一边是国家，在交往中形成有趣的奇观。作为个人，人类对自然世界的探索而积累起来的知识和经验，对超验世界沉思冥想而得到的启示真理，概括为一句话，文明之所以为文明的文化内核，它们在本质上是人类共享的。这些数千上万年积淀而成的文明成果，它们是超越地缘性政治实体的狭隘边界而属于所有人的。尽管生活于不同地域的人对它们各有所好，各取所需，甚至由于所好不同、所需有异而相互矛盾，但这丝毫不妨碍文明成果的全人类共享的性质。只要不发生强加于人的现象，其实它们之间是没有什么冲突的。文化价值，就像市场里各类商品，它们的目的是服务于人的生活，虽然琳琅满目，各有不同，但并不自然发生冲突。然而，在现实的世界里，因为人生活在国家中，而国家是有边界的，这意味着文明成果的共享在现实的世界里是理想多于现实，至少不是一帆风顺的。这并不是说国家天然地阻碍人类的文化交往和分享，而是说这种交往和分享在国家和带有国家色彩的参与下会衍生出复杂的形态。因为国家有自己的本性，它只是一个地缘性的政治实体，并不负有推动人类走向文化融合的大同世界的天然义务。甚至它在事实上推动了文化的融合，但它的初始目标并不是这样，而只是无意中产生出来的连带效应而已。

任何地缘政治实体都存在能量外溢的本性，除非它的内部能量不足以支持它将自己的本性付诸实施。就像一个水杯，在装满之前它绝对不会外溢出来，但到了装满的临界点，若是还有更多的水源源不断产生出来，那它也毫无办法，会外溢出来，任何人都不能阻止这个趋向。也有点像处于发育期的孩子，在这个阶段里身体不断成长，它就自然需要占用更多的空间，自然需要往外伸展，只有到了发育期结束，这种占用更多空间的趋势才会停止下来。当然，一个国家并不是在它存活的任何时期都表现出能量外溢的行为，而只有处于它的内部力量，包括政治、经济、军事力量，强大到足以支持的时候才会表现出能量外溢的行为。在历史上，我们观察到大量这类例子，以致我们将能量的外溢当作国家这种地域政治实体的本性。这或许不中，但相信不会离事实太远。当国家间发生能量外溢行为的时候，通常就是发生战争的时候。如果说人类是天生具有攻击本性的生物的话，那国家演化出来，就是在极尽可能的范围内扩大了这种生物性的攻击本性。单独的个人只能单打独斗，而组织起来的人群则可以进行群殴，更进一步，在国家这种文明演进的高级框架内，人类则只有更残酷的选择，这就是进行相互之间的战争。数千年以来的文明史是一部人类的战争史，这个看法虽然未必能囊括人类历史活动的所有方面，但至少指出了其中最基本和最血腥的那种人类活动的面相。战争与地缘政治实体组织之间存在非常密切的关系。战争催生了国家，而国家因其能量外溢的本性把战争带向更大规模。希罗多德说："战争乃万物之父。"[①] 如此说来，战争与国家的关系是相辅相成的，一些国家在战争中衰落了，一些国家通过战争变得强大，国家边界由于战争而变动，国家的规模由于战争而日渐变得复杂和庞大。同时，国家的规模庞大了，人类组织技术提高了，战争中两军对峙，万炮齐鸣的震撼景象，亦远远超出人的一般想象。

文化的交流和分享正是在这样纷乱的背景下展开的。因为有国家因素的介入，文明的交流和文化价值的分享常常伴随着战争，伴随着令人痛心的破坏和杀戮。当一个国家风云际会，因技术、经济、军事、政治等强盛而信心满满的时候，它可能会将自己力量投射到遥远的异国他乡。较弱小的周边国家不得不臣服或遭受直接入侵。入侵者将自己的文化价值和生活方式带进来，而被入侵的国家很可能已经土崩瓦解了，但正如杜甫诗所说的"国破山河在"。只要人还在，其文化价值和生活方式，亦将如同破碎了的"七宝楼台"。"楼台"是没有了，但"碎片"依然存在。这个由战争和破坏交织起来的离乱世界，从另一面看正是文化融合的"大熔炉"。"大熔炉"里的文化融合是一个情节异常曲折的故事，这个宏大的故事又由无数具体的细节场景所组成。本文所讨论的只是这个宏大故事的某些基本特征，属于大题小做一类的管窥蠡测。

假如以环地中海和欧洲世界作为一个观察对象，以东亚大陆的中国作为另一个观察对象做比照式的思考而探索不同文化之间的冲突和融合的轨迹，我们就可以发现其间冲突和融合轨迹是有迹可寻的，并显示出不同的特征。前者可概称为征服，后者可概称为绥靖。无论征服还是绥靖，它们最终的结果都造成了不同文化的交流和融合，但就其文明扩展的历程来说，两者亦存在基本面的区别。征服始终以军事占领和殖民统治为枢纽，

①　转见 Niall Ferguson, *The Cash Nexus: Money and Power In the Modern World, 1700—2000*, The Penguin Press, 2001, p. 25.

在帝国的统治秩序之内建立文化融合的平台，任何与军事占领和殖民统治相悖逆的势力都在彻底扫除之列。正因为如此，征服往往伴随着横蛮的暴力和惊人的杀戮，但是由于征服者的力量，亦能将征服者自己的文化带到遥远的异地他乡，推动那种我们今天称为"全球化"的进程。犹如闪电般光芒耀眼的亚历山大征服推动了近东和中东世界的"希腊化"；罗马军团的铁蹄造就了环地中海的罗马帝国，而拉丁语亦在此过程中成为环地中海的"世界语"；近代欧洲持续的殖民征服造就了不列颠的"日不落帝国"，而今天"日落"之后我们发现，英语已经成了首选的通用语言。不过，征服的高压、暴力性质，决定了征服是一个比拼意志与力量的过程，一旦被征服者不甘心被奴役和臣服的命运，并且力量压倒了征服者，解放和独立的过程自然开启而征服的过程自然终结。所以，征服故事的另一面就是帝国的衰落、分崩瓦解和民族独立。

绥靖却与此不同，绥靖当然也伴随军事占领，也有殖民行动，但它不以军事占领和殖民为目的，绥靖追求的是化解对手，最终将对手融入自己的文化和势力范围。因此，绥靖是一个缓慢和渐进的过程，对手也不可能是远隔重洋的他国。那些为高山峻岭、荒漠戈壁和海洋阻隔的远国势力，从来都不是绥靖的对象。只有当周边势力存在并被理解为安全威胁的时候，才被纳入绥靖的视野。正因为如此，绥靖的推进是缓慢的，但也是持续的。中原大地五千年绥靖的历史——文化冲突和融合的历史，也只造成了黄河、长江和西江三大流域以及毗连周边的统一的文明国家。它的文化力量投射的广度远远弱逊于征服所造成的欧洲世界，不过我们也要知道，绥靖是一个持续的过程，它由文化融合造成的价值观和生活方式的均一程度，也要胜过由征服所推动的那个世界。

二

征服是文明的扩展的一种重要和常见的方式。对人类生存和发展有重要意义的文化及其价值在不同地域的传播，常常是通过征服行动而实现的。远征军源源不断开拔，被投送到遥远的异国，后勤供应亦需要持续输送，甚至家属也随军一起到达占领地。征服行动需要大规模和远距离人群迁徙作业的支持，并且需要长年累月地支撑这样的军事占领和殖民统治。

从文明扩展的角度看，征服其实就是将母国的生活方式人为地移植到遥远的殖民地。而所有殖民地的命运无非是两种：一种是同化的力量占了上风，殖民地与母国逐渐合并成一体，成为同一主权下的地缘政治实体；另一种是虽然在主权上形成另一个地缘政治实体，但其实这个主权分隔的政治实体，是母国文化的新生儿。前者如同帝国时期以前的罗马，由一个方圆数十里的罗马城邦国家，逐渐扩张并统一了全意大利半岛，将意大利半岛的原住民同化成罗马公民；后者如马其顿帝国统治以前的古希腊世界，由几个主要的城邦国家，逐渐殖民扩张成环爱琴海的希腊文化的世界。以现代史的例子来讲，罗曼诺夫王朝统治下的俄罗斯，由 17 世纪开始持续开疆拓土，殖民扩张三个世纪，由一个大公国演变成横跨欧亚大陆的庞大帝国，在现代史上延续了罗马由城邦走向帝国的神话。而如将 1620 年由朴次茅斯远航至北美新英格兰地区的"五月花"号的航行，当成是英国海外殖民开始的话，直至 20 世纪初叶，英国这个殖民母国已经先后成功"复制"出美国、澳大利亚、新西兰、加拿大等文化上的新生儿。这些新生儿虽然在国家主权上脱离母国而自立门户，但它们的制度、文化、语言，与原来的母国高度一致，显然存在亲缘关系。这当然是母国文化在遥远异地的新生。英国的现代殖民扩张，几乎"重现"了古希腊城邦向爱琴海周边拓殖的故事。假如要查找这些殖民时代的"产儿"的文化谱牒，毫无疑问要追溯到它们曾经的宗主国——英国那里去。

殖民地还面临另一种命运，这就是因征服者的支撑力量无以为继的时候，殖民地就会摆脱枷锁，走向独立。这种情形尤其常见于民族生活富有传统、文化力量比较的深厚的地域。维持军事占领和殖民统治需要源源不断的财力、军力的支持，如果征服者强大无比，直如泰山压顶之势，令被征服者无招架之力，那还好说，如美洲玛雅文明、阿兹特克文明，在西班牙人入侵之下，衰败灭亡；但像近代亚洲广大地区，虽然被欧洲列强征服于一时，但本身文化基础深厚，民族有自己的传统，征服者需要不断地投入力量，才能维持统治。而一旦征服者力有所不逮，极盛而衰，民族的自觉和本身力量的恢复就会很快发生，这种反抗力量汇聚起来，便成为声势浩大的民族独立运动。在现代史上，经历"二战"，几乎所有的亚洲殖民地，都从征服者的手中解放出来。在古代史上，一般看不到像现代的那种民族独立运动，相反更多的是帝国本身衰朽，不但无力维持扩张，反而自己收缩，于是发生帝国崩溃，最终四分五裂。罗马帝国由公元前 27 年屋大维称奥古斯都算起，到公元 4 世纪末瓦解，也不过维持四个世纪多一点。其间由于内乱和入侵，统治并不稳定。到 9 世纪查理曼大帝时期，虽然西欧大部分地方在他的治下，而他一旦死去，帝国随即一分为三。就算现代欧洲殖民，扩张活动亦不过维持了三个多世纪。比照东亚大地绥靖的历史，可知征服、殖民这种文明扩展的方式是不稳定的。它像地震引发的海啸，来势汹汹，看似难以抵挡，但数波过后，随即落入消退。原因在于挟持一时强盛的暴力和压制，可得逞于一时，但无法长久维持。

欧洲史至少到 20 世纪中叶"二战"结束前都是一部以征服为主要特征的历史。征服的浪潮虽然不是持续出现的，但各个地缘政治势力无不面临征服或被征服的命运。它们或者作为凯旋而骄傲的征服者，或者作为失败而沮丧的被征服者出现在历史舞台上。皇帝、君主、诸侯，无不在生死存亡之中挣扎，有的苟延残喘，有的卧薪尝胆，有的磨刀霍霍，有的东征西讨。总之，得势的时候挥刀相向，失势的时候夹住尾巴，退保自安。为什么这片土地上的皇帝、君主、诸侯都无一例外具有"征服的嗜好"？对于他们来讲问题也许很简单，如果他们不去征服别人，自己就要面临臣服于他人的命运。不论他们内心怎么想，既然落入了类似的"囚徒困境"，亦只有服从"囚徒定律"。但是，历史并不是纯粹的博弈游戏，笔者相信文化理念和价值观在其中是起了作用的。追求征服的价值取向一定在某种程度上塑造了欧洲君主们自己生活的世界。正因为如此，征服才不仅是一个被迫落入的情景，而且是一个主动追求的"嗜好"。重新思考这"嗜好"背后那些对征服活动推波助澜的文化理念，就不是一件没有意义的事情了。

德国政治学家施密特在《政治的概念》中说："政治的行动和动机的根本政治特征可以归约为敌与友。"[①] 这句话移用到形容征服者的文化理念，是再合适不过了。在征服者的世界里，只有两种人，一种是友，另一种是敌。"友"指的是同一地缘政治实体内的公民、臣民、顺民，"敌"则指的是周边甚至遥远地带的异国异族的人。敌与我的关系是你死我活、水火不容的关系。一边是我国我族的世界，另一边是异国异族的世界。敌

---

① 原文是 "The specific political distinction to which political action and motives can be reduced is that between friend and enemy." 出自 Carl Schmitt, *The Concept of the Political*, Rutgers University Press, 1988, p. 26.

我关系构成了这个征服者世界的基本格局。征服者就是这样生活在这一既现实又为自己的预设所加强的充满敌意的世界。这种文化理念使征服者对任何异己的地缘政治实体都抱有深刻的猜忌和敌意。异国和异族存在不是一个可供交往、可供借鉴、可供利用的对象,而仅仅是一个可供征服的对象。征服者唯一的事业就是征服,就是战争。正所谓我不图人,人必图我。马基雅维里对中世纪君主们这种处境体会颇深,他苦口婆心告诫君主:"君主除了战争、军事制度和训练之外,不应该有其他的目标、其他的思想,也不应该把其他事情作为自己的专业,因为这是进行统帅的人应有的唯一的专业。……亡国的头一个原因就是忽视这种专业。"① 由敌我的对峙进而克敌制胜,达到凯旋,这就是历代征服者生活的主轴,他们从这种代代相传的高级游戏中获得生活的意义。

欧洲社会的传世美德如冒险犯难、勇敢顽强、向往荣誉、视名誉高于生命等,毫无疑问与他们对生活世界的敌我对峙意识和文化理念有深刻的渊源关系。他人既然是如此充满敌意的,世界既然是如此凶险的,生存之道则只有挥刀舞剑。正如公元前 508 年,罗马贵族加伊乌斯·穆思乌斯(Gaius Mucius)在献俘仪式上对着伊特鲁西亚俘虏说的那样,"我是罗马公民……我是你们的敌人,作为你们的敌人,我将要杀死你们;我可以去死,就像我一如既往去厮杀那样:去死和去厮杀并勇敢地忍受,这就是罗马人的生活之道"②。穆思乌斯对罗马人生活之道的诠释真是把罗马精神淋漓尽致地表现了出来。这种精神其实就是人的野兽本性,或者说是用文明的伦理道德包装起来的野兽本性。野兽可以"勇敢地忍受"厮杀,但不一定能"勇敢地忍受"去死,野兽临死的恐惧很可能将死亡弄成一件缺乏生命尊严的事情。而能够勇敢地忍受去死,这算是罗马精神对野兽本性的提升了吧。罗马的道德观,无论勇敢、忍耐、冒险,还是无畏、节制,皆源自敌我对峙的认同和信念。罗马人明白一个道理,在一个残酷的丛林世界,舍此不能竞争求存。由这种"征服的嗜好"衍生出了一系列道德价值观。罗马的政客西塞罗反对恺撒独裁,但他依然可以走向元老院向元老们呼吁,请求他们表彰恺撒征服高卢,"因为他(恺撒)相信发动战争反对那些已经拿起武器对付罗马人的高卢人不仅是必要的,而且高卢

---

① [意] 马基雅维里著:《君主论》,潘汉典译,商务印书馆 2005 年版,第 69 页。
② Martin Goodman, *Rome and Jerusalem*, Penguin Books, 2008, p. 345.

人也必须臣属于我们，听命于我们。所以他与那些最凶猛的人战斗，与德
人、赫尔维蒂人展开战线广阔的战斗，并取得巨大胜利。他已经威慑、限
制和征服了其余蛮族，并使他们臣属于罗马人"①。西塞罗对恺撒的态度
用今天的术语说，叫作"双重标准"。他不是完全地反对独裁，他只反对
恺撒独裁罗马人；但拥护且赞扬恺撒独裁周边民族。今天，普遍认为超级
大国盛行"双重标准"，殊不知这种双重标准的始祖，正是纪元之交的西
塞罗。这是可以理解的。因为这个世界在西塞罗眼里，既然敌我泾渭分
明，那对我和对敌，处置方式应有所不同。对内应该秉持法治，对外则必
须独裁凶猛。罗马社会的一整套道德理念，和以西塞罗为代表的处事准
则，影响深远。亚历山大和恺撒是这一套道德理念和处事准则的人格化
身，直到 19 世纪，我们还可以在尼采对"金发碧眼的野兽"的狂热赞美
中找到回音。②

　　假如我们将全球化理解成由国家之间、文明之间接触日渐紧密而造成
的历史进程的话，那由征服和殖民所带动的文明冲突和融合正是全球化的
最基本力量。而日常生活题中应有之义的产品、技术、知识、货币的交
流，无论贸易也好，传教也好，只有当它们都被包括进由征服和殖民组织
起来的军事、政治、经济进程的时候，才能引发震撼一时的全球化潮流。
全球化在世界史上之所以不是一个均匀持续的扩展过程，原因就在于征服
和殖民是呈波浪状的，有时高潮，有时低潮。尽管理论上百姓生活没有一
天不需要产品、技术和知识交流，而且这样的交流也在现实中实实在在地
进行着，但是实际上它们从没有掀起过全球化的浪潮，只有征服和殖民活
动才能产生如此巨大的能量，推动文明的扩展与相互融合。无论亚历山大
征服带来的"希腊化"，还是罗马军团带来的环地中海的"拉丁化"，还
是欧洲现代君主国与民族国家从 16 世纪开始的资本主义殖民扩张，都可
以证明这一点。

　　历史的经验告诉我们，要思考文明的扩展就不能不重视征服和殖民带
来的巨大效应。它在历史进程里所起的作用不是简单的褒贬就能解决的。
原因在于敌我对峙的意识及其文化理念虽有可议之处，但它也在某种程度

---

　　①　Martin Goodman, *Rome and Jerusalem*, Penguin Books, 2008, p. 345.
　　②　尼采所谓"金发碧眼的野兽"正是指好斗的罗马贵族，也是他心目中崇拜不已的"超
人"，见《道德的谱系》。

上反映了人类身处的生活世界的真实状况。马基雅维里比我们更早观察到这一点，他说："获取领土的欲望确实是很自然的人之常情。"① 由秉持这"人之常情"的人组成的国家更不能脱离这特征。可以想见，当他们不幸地身处一个有限空间的时候，这种争夺显然具有你死我活的性质。马其顿人、罗马人，然后是资本主义全球扩张时代的欧洲人，深刻地认识到马基雅维里所说的"人之常情"，并把它铭刻在心，作为文化理念。所以，至今为止，世界史上最为波澜壮阔的全球化进程全是由他们发动的。亚历山大征服开创的"希腊化"世界分布在地中海东半和近东地区；然后是罗马军团造成的"拉丁化"世界已经扩展到环地中海、英伦和莱茵河以南的欧洲；再然后是成为教皇国的欧洲；从 16 世纪开始，这个欧洲更将文明的力量投射到美洲、亚洲乃至全世界。如果世界史舞台有一个主角，那这个主角毫无疑问是欧洲及其文化的产儿。欧洲中心主义是错误的，但否认欧洲在世界史舞台的主角地位却是愚蠢的。直到今天，世界舞台通行的基本规则、理念和价值，无一不是欧洲文明所贡献的，尽管这些规则、理念和价值中的某些要素亦与东亚文明或其他文明所暗合，但亦无一烙上它们的印记。欧洲史如果以王朝、帝国、国家的视角去观察，它是不相连贯的，也是断裂的。但如果以文明的血脉去观察，则是代有传人，征服和殖民也是其中一条连贯的主线。近代中国，作为受欧洲文明深刻影响而改变了自己原来历史轨道的国家，应该对欧洲史上的征服及其文化理念有更深刻的认识。

三

绥靖与征服在文明扩展方式的意义上是一样的，它们都是推动文明及其价值理念向更大的地缘空间与其他民族相互融合的途径。但是，两者所包含的历史内容确实互有不同：征服是欧洲地缘政治的历史经验的积淀，而绥靖却是东亚地缘政治的历史经验的积淀。它尤其体现在中国这样一个多民族的文明国家形成的历史进程之中。在国家力量外向拓展时所使用的具体方式上，两者亦有近似之处。绥靖并不意味不使用军事手段，不进行

① ［意］马基雅维里著：《君主论》，潘汉典译，商务印书馆 2005 年版，第 15 页。

殖民，而只是在绥靖的架构内军事手段和殖民并没有绝对的意义，它们要服从更高的政治目标，因此武力征讨和屯兵驻守异域只是作为纯粹的技术性手段而辅助推行。

"绥靖"一词在现代汉语的用法里，稍嫌词义混淆不清，[①] 本文用古代原义。绥，从系，右部又从妥。《说文》："绥，车中靶也。从糸，妥声。"段注云："靶者，辔也。辔在车前，而绥则系于车中，御者执以授登车者，故别之曰车中靶也。……周生烈曰：'正立执绥，所以为安。'按引申为凡安之称。"词义是明白清楚的，绥在马车中起把手的作用，无论上下车、行进，皆可以防止意外和颠簸，保证安全。由这个本义推衍到政治和国家层面的作业，则是平息纷乱、安定局势的意思。而靖也是安定、平静的意思。这与古人论到与四夷关系时经常使用的另一个词"羁縻"的意思较为接近。《史记·司马相如列传》："盖闻天子之于夷狄也，其义羁縻勿绝而已。"索隐案："'羁，马络头也。縻，牛缰也。'《汉官仪》：'马云羁，牛云縻。'言制四夷如牛马之受羁縻也。"羁縻与绥靖一样，多用于民族、国家之间的事务。如《诗经·周颂·桓》："绥万邦。"《尚书·无逸》："嘉靖殷邦。""绥""靖"出现在中国最古老的传世典籍，说明这种平息安定和周边民族冲突的历史经验是相当古老的，它甚至比文字的历史更为久远。

新石器时代晚期的考古发掘已经可以描绘出东亚大陆那时不同文化系统的基本面貌。东亚大陆地带由北往南，沿辽河、黄河、长江分布着不同系统的文化，它们出现的年代都在距今六千到四千年之间。它们分别是辽河流域的红山文化，黄河中游的仰韶文化、龙山文化和下游的大汶口文化，还有长江下游的良渚文化、中上游的三星堆文化。各文化之间的地理跨度在数百公里到两千公里之间，以那个时代的地缘政治实体的力量而言，各文化由一个程度相当的中心文化向四周扩张而形成，这个显然是不可能的。它们不是由一个中心开枝散叶分蘖而成的。虽然存在相互影响的情形，但各自演变，自我积聚力量而成其规模，更能反映它们形成的真实

---

① 20 世纪 30 年代，欧洲德意法西斯崛起，英法等国无奈而又恐惧，转而采取一种姑息、安抚和把祸水引向其他弱小国家的政策，称作"policy of appeasement"，后来翻译成"绥靖政策""绥靖主义"。这种政策因其破产而臭名昭著，连带"绥靖"一词在现代汉语中也追附上贬义。其实，"appeasement"译作"姑息"更能体现当时政策人被动无奈的窘状。

状态。这个看法也为考古所证实，也为古史研究所承认。① 这个时代恰好处于古史传说的三皇五帝的时代，不同的是古史的观念把这些文化看成是一线传承逐渐开枝散叶的进程。但那时的实际情形并非如此。这段新石器时代晚期至青铜时代早期的多个文化源头分头演进的历史非常重要，它们提供了日后华夏—中原文化的不同地域要素，为华夏—中原文明的演变或早或晚源源不断地灌注新鲜而互有区别的文化要素。

然而，这些早期文化既有相互影响又有以分头演进为主的情形，到了最迟至文字产生的时候起，一个政治经济和文化显然高出周边文化的中心势力俨然形成。这意味着中心势力与周缘势力对峙冲突的形式终于变成现实。而最耐人寻味的是在华夏—中原文明演变的历史进程中，这个中心势力与周缘势力对峙冲突的形式传承数千年至今仍然存在，挥之不去。控制中心势力的王朝可以衰朽，可以瓦解，但它旋即又被战胜它的王朝所取代，新王朝继承旧衣钵，作为崛起的统治力量并没有改变那种中心势力与周缘势力的对峙格局，依然将这个格局传承了下来。这种格局的存在说明在中原大地形成的地缘政治文化与周缘政治势力是有明显演化程度和性质差异的，但又是每一方都难以根本撼动对方的。这个格局只能缓和，不能消除。所以，不论哪一个王朝代表华夏—中原文化，它都要日复一日地面对周缘势力，苦思缓和与化解之道。笔者相信，这个相互对峙格局的存在是绥靖产生的历史背景。只要这个历史背景没有改变，任何控制中原大地的王朝亦只能以绥靖的方式回应周边势力的挑战。

将这个情形同崇尚征服的欧洲比较，其间的不同就立刻突现出来。任何民族在自己民族文化强盛、自信心高涨的时候，很自然地意识到周围民族不如自己，把周围民族叫作野蛮人（barbarian）。"barbarian"这个词，最早就是由希腊人叫出来的，希腊人嘲笑东方的异族口齿不清，称他们为野蛮人。这说明希腊人一样有中心意识的觉悟，一样意识到与周边民族的文化冲突。罗马人同样把帝国边界外的民族称作野蛮人，后来基督教世界亦同样将异教徒视作野蛮人。资本主义扩张的时代，列强国家来到东方，也同样视我们为未开化的野蛮人。在文明演变的历程中，中心势力和周缘势力的对峙是一个普遍现象，并非仅仅华夏—中原文化才这样。但问题是当希腊成为罗马帝国行省的时候，当罗马帝国为蛮族入侵而土崩瓦解的时

---

① 参阅许倬云《西周史》，生活·读书·新知三联书店 2001 年版。

候，当殖民地在现代纷纷独立的时候，这个中心与周边对峙的格局在欧洲也就烟消云散了。它在欧洲历史是一时一事的经验，而不是一个需要日复一日地面对的格局。虽然在欧洲它会此散彼来，某时某刻又会重现，但它究竟不像挥之不去的永续存在。当中心势力与周缘势力的对峙成为日常而普通的东西，而又长年累月系于民族的存亡，这种经验就会积淀下来，成为民族的集体无意识，进而影响它的政治和文化的风格与做派。绥靖作为中国文明外向扩展的方式显示的正是这个问题。从"中国"这个名字的取名方式，可知古人对中心与周边的对峙有高度的领悟和自觉。古人将自己居住之地称作"中国"，并不仅仅是自豪和傲慢，而是充分意识到周边异己势力的存在。"中国"这个词最早见于西周早期青铜器"何尊"上的铭文"宅兹中国"。①《诗经·大雅·民劳》亦有"中国"一词："惠此中国，以绥四方。"以"中国"和"四方"对举，期望"中国"得到上苍的嘉惠，能够抚平"四方"。这里只有对中心和周边对峙的焦虑，而没有任何傲慢的意思在内。晚清西风东渐，有识之士也步西人的后尘，以古人自称"中国"为天朝傲慢的例证。殊不知在古人那里，自称"中国"，其傲慢的意味并不浓厚，更多的是意识到周边的存在，意识到中心与周边的对峙，是一种危机意识和忧患意识的反映。

就像征服在欧洲史扮演着文明冲突和融合的重要推动力一样，绥靖也是华夏—中原文明扩展的主要方式。"中国"所对应的疆域在历史上不是一成不变的，而是经历了一个逐渐扩展，由狭小到广袤的过程，这个扩展的过程也就历代绥靖的过程。"何尊"的时代即西周早期，"中国"不过是沿黄河两岸即今豫西、晋南平原一带。而《诗经·大雅·民劳》所说的"中国"，郑注以为"京师也"，可见亦只包含王畿及附近地区。但绥靖的缓慢推进逐渐将周边的势力纳入华夏—中原的范围。武王伐纣，周取殷而代之，特别是到周公平息管蔡二叔叛乱以后，黄河中下游和华北平原诸夏势力基本上连成一片，混成了周人的势力范围。《诗经》十五国风，周南、召南、邶、鄘、卫、王、郑、曹、齐、魏、唐、秦、陈、桧、豳，都在今陕西、山西、河南、山东一带。以流域论，则除了周南、召南是汉水属长江流域外，其余均在黄河中下游流域。而汉水在长江以北，秦岭山

---

① "何尊"为一精美的青铜器，有 122 字铭文，记述成王经营成周之事。现藏于宝鸡青铜器博物馆。

脉以南，中原势力南下第一站就是汉水流域。古人称周南、召南是"王化南渐"，所反映的正是这种由绥靖带动的文化融合。春秋早中期"中国"对应的疆域，基本上就是《诗经》十五国风的疆域。而春秋时代历史的主要展开，除了诸侯相互征伐之外，更重要的就是"尊王攘夷"。周天子的势力无可奈何地衰落了，而中国的存亡又受到四夷的威胁，那些强盛起来的诸侯就适逢其时承担"攘夷"的使命。春秋五霸齐桓、晋文、宋襄、楚庄、秦穆皆以"尊王"为旗号而建立"攘夷"的功业。齐桓公"九合诸侯，一匡天下"。孔子赞齐桓公相管仲，"微管仲，吾其披发左衽矣"。孔子念叨的就是管仲"攘夷"的功劳。以今天的立场看，其实"披发左衽"也没有什么大不了。但孔子对中原礼乐认同极深，以为这是大是大非，可见那种对峙意识在华夏—中原经验中是非常深厚的。正是由于这种持续的"攘夷"，周边民族逐渐融合到华夏—中原的世界。春秋早期活跃在淮河流域的"东夷"，华北平原北部的"狄人"，山西北部的山戎，到了春秋晚期，统统不见了踪影。长江下游，良渚文化的后裔吴人和越人，在春秋晚期也都成了中原的一分子；盘踞长江流域的楚人，在春秋早期都被当成"南蛮"，但到春秋晚期则成了堂堂正正的华夏传人。春秋尊攘绥靖的历史固然有血腥、残酷的一面，像司马迁说的，春秋"弑君三十六，亡国五十二，诸侯奔走不得保其社稷者不可胜数"[1]。因为对外的"攘夷"也同时激起了华夏—中原势力内部的凝聚，转化为政治的统一力量，成为民族融合的大熔炉。中原大地之内，强势的诸侯吞并弱势的诸侯，生存下来的诸侯国规模增大，而它们的数目逐渐减少。这个总的历史趋势到战国时代就非常清楚了。秦统一六国之后，华夏—中原的势力已经南渐到了西江流域，东亚大陆上三条自西而东的大河的流域彼此相连，在这片辽阔的土地上融合成政令一统的王朝国家。按照世界史的惯例，这王朝国家已经是一个超大规模的地缘政治实体了，它绥靖的步伐似乎应该就此打住了。但是事实却不然，在它的北边、西边和西南方向，这种绥靖的历史进程还在继续。中原王朝历朝历代，还继续与活跃在周缘地带如戈壁草原、西域绿洲、青藏高原、西南丛林的民族进行绥靖的拉锯战。双方时有胜负，如同文武之道，一张一弛，这种民族历史活动的最终结果却是将周边民族融合到这个华夏—中原熔炉里面来。最迟从唐代起，我们就看见

---

① 〔汉〕司马迁：《史记·太史公自序》，中华书局1959年版，第3297页。

古人关于"中国"的疆域概念有两个系统：一称为"禹域九州"系统，其实就是秦平六国后的疆域；另一称为"海内华夷"系统，它除了"禹域九州"之外，还包括周边民族活动的区域。① "海内华夷"与"禹域九州"分别对应的历史实在由来已久，至少战国秦汉以降，双方由经济、贸易、文化的交流和战争的冲突，经历着时断时续的民族融合，后又经过现代民族解放运动。"禹域九州"与"海内华夷"合为一华，而表达这两个关于"中国"的观念系统当然也合而为一。华夏—中原文化在三千多年的文明史里，"中国"从黄河中游豫西、晋南平原一小地方，逐渐伸展、打开，最终成为一个具有自己稳定的文化内核、始终连贯、规模庞大的国家。"中国"这个既是文明又是国家的带有双重含义的政治和文化实体的独特演化历程，在世界国家与文明的演化史上是一个独有的奇观，而创出这一奇观的文明扩展途径就是绥靖。

与征服有一套价值理念支撑一样，绥靖的背后也有一套对东亚大陆的"世界格局"的认知。这套认知在国史的春秋时代大体定型，它包含两个方面的论述。第一是"夷夏之辨"。在这个东亚的"世界格局"中，存在着两种相互对峙的势力。诸夏为一方，而诸蛮为另一方；诸夏是一个势力阵营，而诸蛮又是另一个势力阵营。聪明的国君务必要分辨夷夏而区别对待，切勿混淆两者。《左传》里有关于这方面丰富的例子，如："戎狄豺狼，不可厌也；诸夏亲昵，不可弃也。"② "非我族类，其心必异。"③ "德以柔中国，刑以威四夷。"④ "蛮夷戎狄，不式王命。"⑤ 这种"夷夏之辨"的思想自新文化运动以来受到猛烈的批评，那个时代的文化批判当然有其社会文化的背景，亦存在合理的地方。但是，那个时代的文化批判导致了后来的一笔抹倒，反而忽视了古人的深意和合理性。首先我们要承认，"夷夏之辨"的思想存在着轻贱周边民族及其文化的"诸夏中心意识"，这或许属于"政治不正确"。但像上文说过的那样，当演化较早的文化和演化迟缓的文化相遇的时候，这无非就是强化自我认同的反应而已，就像

① 笔者写有《从古地图看中国的疆域及其观念》一文，刊于《北京大学学报（哲学社会科学版）》2010 年第 3 期，可参阅。
② 《左传·闵公元年》。
③ 《左传·成公四年》。
④ 《左传·僖公二十五年》。
⑤ 《左传·成公二年》。

希腊人称东方民族为"野蛮人"一样，并没有稀奇之处。同时，我们也要认识到，"夷夏之辨"与罗马人征服的世界观那种敌我对峙的意识其实是有微妙的区别之处。敌我的对峙归根到底是利益势不两立的对峙。罗马人要征服和奴役周边蛮族，要占领它们的土地，要在蛮族世代生活的土地上拓土殖民。这个土地和人格的冲突是零和博弈，没有任何调和的余地。但是，我们却不能把"夷夏之辨"简单归约为利益的对峙。它有利益的因素在内，但更根本的不是利益，而是对文化价值的忠诚。"夷夏之辨"归根结底是文化价值之辨。所谓"夷蛮戎狄"针对的不是民族、族群、地域意义上的"夷蛮戎狄"，而是文化认同、生活方式意义上的"夷蛮戎狄"；同样，所谓"诸夏"针对的不是民族、族群和地域意义上的"诸夏"，而是文化信念、生活方式意义上的"诸夏"。只是因为文化信念、生活方式终究需要落实在人和地域之上，所以才产生了同样有指称人和地域色彩的"诸夏"和"夷蛮戎狄"等词汇。春秋时代讲究"夷夏之辨"，讲究"内诸夏而外夷狄"，其根本目的是在周天子权威衰落，四夷交侵，存亡系于一线的情形下，通过强化文化价值的忠诚来拯救诸夏及其文化，使其得以延续。所以，"夷夏之辨"显示的夷夏对峙，既是族群、民族的对峙，同时更是文化价值的对峙。在绥靖的历史演变的展开中，这后一方面的对峙是更根本的对峙。仅仅看到"夷夏之辨"所显示的族群、民族对立，而看不到更为根本的文化价值的对立是十分片面的。

顺着"夷夏之辨"接下来第二方面的论述就是"用夏变夷"，在深刻理解夷夏对峙的矛盾性质的基础上谋求化解之道。既然夷夏不纯粹是族群、民族问题，而被理解为存在文化价值和生活方式的差异，那它们的矛盾就从族群、血缘和地域等"族群政治"（ethnic politics）的因素中摆脱出来，而成为一种对特定文化价值及其生活方式的选择。凡是认同诸夏文化价值和生活方式的，不管原来是什么族群、什么血统来源、什么地域，都可以纳入诸夏的范畴。这种认知一方面极大地缓和了人类冲突中那些难以化解的族群、血缘因素，将族群、血缘等冲突的悲剧性因素降低到一个可以忽视的地位，从而开辟出化解的可能之道；另一方面又使诸夏文化价值形成了海纳百川的特点，由于源源不断的异民族文化因素的纳入，使得"诸夏"不是一个僵化、死板、不变的概念，而是一个流动、新鲜活泼、时刻准备接受与原来不一致的"外来文化"的存在。事情肯定是相互作用的，"诸夏"海纳"诸蛮"的时候，也是"诸蛮"丰富和改进"诸夏"

的时候。

应该承认"诸夏"和"诸蛮"的冲突是有对抗性的，也不排除敌我的对峙因素，但在"夷夏之辨"和"用夏变夷"的认知之下，敌和我不再是绝对的、终极性的双方对抗，因此敌与我的博弈也不是零和博弈。这一点和征服的世界观之下的敌我对峙的认知有很大的区别。征服者将对手看成是一个绝对的敌人，一个必须依赖自己的力量给予征服的对象。征服者之所以将敌人看成是绝对的，不仅因为这敌人是一个需要征服的对象，而且因为使敌人屈服的行动是征服者荣誉、骄傲和尊严的唯一的证明。你是贵族，你要证明你的荣誉、骄傲和尊严，你就去征服敌人吧，舍此没有第二个办法。在这种情况，敌人就不仅是对立面，而是一个自我证明的"靶子"。即便"靶子"有可能转敌为友，也一定要排除这可能，而把它塑造成终极的敌人。正是征服者的人生观、价值观因素，使得"敌人"成为超越经验层面而具有形而上学意义的绝对的存在。不妨看看公元前331年亚历山大回复给波斯王大流士三世的信：

> 到我跟前来，就像你去到亚洲大陆的王那里一样。你应该是恐惧在我的手里蒙受侮辱吧，然后派你的朋友过来，我会给他们适当的保证。但是你要来，向我恳求你的母亲、你的妻子、你的儿子和任何你所请求的东西。你将会得到他们，否则，你得不到任何东西。以后你我通信的任何时候，你都要称呼我为"亚洲的王"（King of all Asia），别想和我平起平坐。你所有的东西现在都是我的，所以如果你想要回任何东西，都要以相称的方式让我知道，否则我将以对付罪犯的方式对付你。如果你还想竞争你的王冠，你要站出来为此而战，不要逃窜。你要知道，不管你藏身哪里，我都会把你挖出来。[1]

大流士已经在两年前的伊苏斯战役中被亚历山大打败，本人虽然逃生，但妻儿母亲都成了俘虏。这时的大流士虽然还有部分军队，但已经跟秋后的蚂蚱差不多。他也服输了，派去信使，信内称亚历山大为王（King the Alexander），想要回他的妻儿母亲。可是，亚历山大征服要的不是打败敌人。作为战场的对手，大流士事实上已经失败了，他失去了对手的分

---

[1] 笔者译自 Arrian, *The Campaigns of Alexander*, Penguin Books, 1971, pp. 127 - 128.

量。亚历山大对此也很清楚。亚历山大要的是通过征服波斯来证明自己的尊严、骄傲和荣誉。这种内心的虚荣不是大流士的逃窜能证明的。除非大流士来到帐前跪拜称臣，或者死去，舍此并无方法证明。作为对手，亚历山大是尊重大流士人格的，因为只有大流士的人格，才能显示亚历山大本人荣誉的分量。这封信堪称征服者内心世界的经典独白。

上面的叙述有点长，无非是为了说明虽然夷、蛮都被称作"敌人"，但在不同的观念框架下，实质的含义是有区别的。在绥靖的观念框架下，所谓戎狄夷蛮，纯粹是经验层面上的"敌人"，丝毫没有绝对的意义，也不涉及荣誉、自尊等内心的概念。因此，戎狄夷蛮和诸夏是可以相互转化的，入于夏则夏，出于夏而入于夷则夷。"用夏变夷"的实质是淡化族群、血缘、地域因素，转而展开对峙双方的文化价值的竞赛。这个竞赛的结果当然是诸夏的势力逐渐扩展，但诸夏的扩展亦因为诸蛮的加入而使自己丰富起来。正因为如此，"用夏变夷"也意味着诸蛮也是诸夏的一面镜子，也是诸夏学习的对象。"天子失官，学在四夷"和"礼失求诸野"等说法印证了历史上诸夏用诸蛮做镜子照见了自己，印证了诸夏向诸蛮学习的事实。"用夏变夷"的过程当然有武力的冲突，有暴力的杀戮。但是，一方面，武力被置于控制和反省的视野之下，诸夏文化从很早的时候起，就对武力有所警惕。古人造字，"止戈曰武"，意味着古人意识到武力的价值是制止武力，而不是成就虚荣。先秦文献里，也有不少对武力的反省。如《老子》第三十一章："兵者，不祥之器，非君子之器。不得已而用之，恬淡为上。胜而不美，而美之者，是乐杀人。夫乐杀人者，则不可以得志于天下矣。……杀人之众，以哀悲泣之。战胜，以丧礼处之。"《左传》亦记载了很多古史上穷兵黩武而自取灭亡的例子，如后羿，如殷纣，等等。在人类的早期文明对武力的反省与批判的超前和深刻程度上，恐怕也只有印度佛教的慈悲观念可与诸夏比肩。另一方面，"用夏变夷"更多的是和平渐进的过程。由于夷夏的对峙被理解为是经验的、暂时的和相对的冲突，因此它可以通过"和"的方法去化解。从春秋时代起，就已经有了"和戎"的讲法。《左传·襄公四年》山戎无终派信使孟乐如晋求和，晋侯以为"戎狄无亲而贪，不如伐之"。但晋大夫魏绛跟晋侯讲劳师远征的教训，以为应该与山戎和平相处。他认为和戎有"五利"："戎狄荐居，贵货易土，土可贾焉，一也。边鄙不耸，民狎其野，穑人成功，二也。戎狄事晋，四邻振动，诸侯威怀，三也。以德绥戎，师徒不勤，甲

兵不顿，四也。鉴于后羿，而用德度，远至、迩安，五也。"魏绛终于说
服了晋侯，与诸戎结盟。魏绛这个和戎"五利"，用今天的话讲就是和平
共处，互通有无，各取所需。与使用武力比较起来，在"用夏变夷"的
认知里，"和戎"的思想是更根本的，在绥靖的历史里亦是最富有可行
性的。

　　华夏—中原文化的绥靖历史经验历经春秋时期的"用夏变夷"，终于
在战国时期积淀为关于论述王道和霸道的政治哲学。霸道单纯诉诸武力、
追求富国强兵，而王道仁爱亲民、以德怀人、天下一家。王道是值得所有
君王追求的最高政治理想，与霸道相比较，它或许在现实政治的层面没有
那么强的可行性，但也绝不意味着是一种幼稚的政治空想。它是从华夏—
中原与周边民族势力漫长的冲突和融合的历史实践中总结和提升出来的政
治精华。作为一种政治理念，它在多大的程度上付诸了实施，这或许是一
个有争议性的问题。翻开历史，有时候我们的确很难说王道政治得到了实
现。不但王道政治，就算霸道政治，也不是能说到做到的。历史事实和理
念永远都有距离，但是王道政治的理念的确在历朝历代的绥靖历史上刻下
了很深的烙印。即使我们看不到王道政治在历史实践的层面如同阳光普照
大地一般得以弘扬光大，然而王道政治理念也如同一股不枯竭的清泉滋润
历代明君明臣的政治想象力，使他们在绥靖的历史格局中焕发出别具一格
的政治智慧。《三国演义》几乎无人不读，人们对诸葛亮"七擒七纵"孟
获的故事耳熟能详。文学故事来源于历史记载，裴松之注《三国志》卷
三十五引《汉晋春秋》：

　　　　亮至南中，所在战捷。闻孟获者，为夷、汉所服，募生致之。既
　　得，使观于营陈之间，问曰："此军何如？"获对曰："向者不知虚
　　实，故败。今蒙赐观看营陈，若只如此，即定易胜耳。"亮笑，纵使
　　更战，七纵七禽，而亮犹遣获。获止不去，曰："公，天威也，南人
　　不复反矣。"遂至滇池。[1]

　　这个故事其实就是王道政治的典范。孟获所不服的是心，而诸葛亮率
兵讨伐，所追求的不是要战胜孟获为代表的西南少数族群，而是要通过征

---

　　[1] 〔晋〕陈寿撰，〔南朝宋〕裴松之注：《三国志》，中华书局 1959 年版，第 921 页。

伐使他们心悦诚服地归顺中原势力。武力在这里是被限制在从属于政治目的的，所以它只是辅助手段。直到孟获承认"天威"而不是臣服，征伐才算达到了最终目的。当然，诸葛亮的"不杀之恩"也是建立在政治现实主义基础上的。西蜀与边疆诸民族的对峙是一个长期存在的均势对峙，占领屯兵解决不了问题，杀得了一个孟获，杀不了千千万万个孟获；此去彼来，纷扰不已，西蜀朝廷亦经不起如此折腾。只有以德怀人，使之心服。换言之，对峙的两造在文化上融合了，事情才算底定。三国时代诸葛亮南征，只是一个小小的例子，但它无疑就是王道政治理念支配下的"用夏变夷"的绥靖实践。华夏—中原文化势力由涓涓的细流而海纳百川汇聚成浩瀚的巨流，王道政治的理念在其中起到了不可磨灭的作用。

四

无论征服还是绥靖，它们都是产生于欧洲和东亚大陆的文明扩展的历史实践。这两种文明扩展类型的形成，与各自民族生活的地理环境、宗教传统和生活方式存在密切的关系。关于这方面的追根探源，由于笔者的能力和论题的不同，在此不能多叙。但是，它们的存在可以使我们意识到，文明的扩展方式是互有区别的，也不是唯一的。也许站在不同的价值立场对这不同的文明扩展方式会产生不同的评价。古代罗马人曾经将他们所向披靡的征服引以为无上的荣耀和自豪，但在近代，帝国主义的殖民扩张就被批判得体无完肤；先秦诸子也曾经对绥靖的理念和王道政治推崇备至，但降至晚清，则首先被传教士中的明白人，继则被新思想的先驱者视作虚文和矫情的无聊游戏。就算在今天，要认识它们的功过价值，相信也是很难取得一致意见的。不过，作为一种历史存在，我们不但要承认它们，而且还要认识它们。征服和绥靖的出现，它们是不以人的意志为转移的。好也罢，坏也罢，我们都得面对。因为从根本的意义上说，它们是不同的文明对各自不同的生存环境的适应。若要恺撒"怀柔远人"，则恺撒将被视为懦夫；若要中原王朝穷兵黩武，耀兵四夷，则恐怕中原王朝也只能得逞于一时，而不能成就于久远。既然文明及其国家势力的外溢效应是无可避免的，那任何外溢方式的进化形成也必然是环境、传统和历史的产物。我们能做的事情是清楚认识它们的性质，亦只有在清楚认识的基础上才能探讨未来的可能性。

人所生存的空间是有限的，各种各样边界的存在形成了这种有限性的感知。国家、族群、语言、信仰甚至习俗都是这样一些使人们在生活的世界中感知生存空间有限的边界。平常则浑然不知，而一旦一脚踏界，一个迥然相异的"他者"就顿然呈现在面前。这境遇在生活世界里确实有它悲壮的一面，它意味着他者的存在束缚了自己的手脚，边界的出现阻碍了手脚的伸展。从此就被惶恐不安的心理焦虑以及资源匮乏的紧张所笼罩，这片他者带来的阴霾挥之不去，以致寝食难安。这境遇的无解在于当事的双方感知都是一样的，因而也是平等的。如果置身事外做一个裁断，确实没有任何理由说边界之间的某一方的安全焦虑和利益紧张更加有道理，更加合乎理性，而另一方则相反。可是如果置身其中，每一方都可以用相同的理由来给自己辩护。就对峙双方冲突的意义而言，它是悲剧性的。

其实我们不应该把征服看作是单纯的好勇斗狠、仗势欺人的霸道。霸道固然是霸道，但这种欧洲历史经验显示出来的霸道不是暴发户的霸道，而是有深刻哲学教养的霸道。它对人类因各种边界困扰而产生的生存斗争的悲剧本质有痛切而深刻的感悟和认知，它明白这是一个理性无解的谜团，而生存就得直面这个惨淡的真相。征服就是从感悟理性的无解和直面生存中发展出来的"承认的斗争"。冲突的双方既然已经被命运安排到一个生存困局之中，就必须赢得对方的承认才能存活下去，胜者全赢，败者出局，命运只爱最强者。所谓承认，不是口头、语言之争，而是意志、性命之争。必须而且只有拿出用生命做抵押的勇气，才有可能争取到命运的青睐。因此，征服是生命的骄傲，它与道德评价无关。征服与被征服只是强与弱，不是善与恶。征服者既不善也不恶，被征服者亦然。在道德伦理的天平上，征服者与被征服者永远都是平等的，在人格上也是如此。唯有这种人格与道德的平等才能彰显征服者胜利的价值。欧洲民族至少自青铜时代以来就浸润在"征服游戏"之中，荷马的两大史诗其实就是征服者的史诗，希腊联邦与小亚细亚特洛伊的冲突就是一场悲壮的征服之战；阿喀琉斯与赫克托尔两人都算得上是"征服之神"。虽然一胜一败，胜者固然凯旋，但败者有不屈的斗志，其精神亦足以千古。欧洲的历史自有记载以来，如此的"征服游戏"盛演不衰，征服者层出不穷，代有传人。甚至纪元前后，随着基督教的出现，征服这一概念扩展至精神领域。以反抗罗马征服为契机而崛起的宗教，却奇迹般地接过征服者的衣钵，把它运用在信仰的精神天地。可以说，征服的经验是欧洲民族基本的生活经验。

世代相传的人生经验亦发展出与之相适应的美学趣味，这就是对悲剧的爱好和执着。悲剧与作为民族生活经验的征服在逻辑和理念上是高度重合的。按照黑格尔的理解，悲剧就是"合理性"之间的冲突，只不过是他把这种"合理性"看成是伦理实体自我分裂的结果。悲剧的过程就是这种已经自我分裂的伦理实体寻求"和解"的过程。"和解"不是两造消弭，缓和，乃至共存；"和解"捍卫自身原则直至流尽最后一滴血。因为非此不足以证明自身的"合理性"。穿越黑格尔这些不无玄学色彩的美学烟雾，抵达人生经验的痛切之处，其实这不就是"承认的斗争"吗？这不就是"征服的游戏"吗？黑格尔说："这种冲突中对立的双方各有它那一方面的辩护理由，而同时每一方拿来作为自己所坚持的那种目的和性格的真正内容的却只能是把同样有辩护理由的对方否定掉或破坏掉。"① 而身处征服游戏格局中双方的处境正是如此，"理由"不言自明，征服者的理由也是反抗征服的理由，结局只有一个，在悲剧中黑格尔称之为"和解"，在征服中称之为"胜负"。一句话，悲剧是欧洲作为民族生活经验的征服游戏的美学升华，悲剧是征服者的美学。

20 世纪经历两次大战，欧洲忽然离开了原来的经验轨道，征服的美学光芒消失殆尽。大概是看到了征服游戏的惨烈吧。这场短短六年的战争使全球最发达、最文明进步的欧洲沦落为一片废墟。好战与征服一旦背上沉重损失的包袱，也就不可避免地转化成灾难和毁灭的代名词。历史真是和欧洲开了一个不小的玩笑，原来征服者称雄之地，凯旋文化氛围最浓厚之地，在"和解"的废墟之上，忽然之间出现了一个真正和解的欧洲，欧洲在和自己的过去告别中成长。② 当然，征服之魂还是在大西洋上游荡，不过它已经胎投他乡了。"反恐"开战以来，我们从"先发制人"的强悍宣称中不是俨然看到一个从"老欧洲"接过征服之魂的"新欧洲"吗？当然，此是后话。

绥靖和征服一样也是在承认生存空间的有限性下展开的，不过，它似乎并没有把国家、族群、语言、信仰甚至习俗的边界看得那么绝对。边界

---

① ［德］黑格尔：《美学》（第3卷，下册），朱光潜译，商务印书馆1981年版，第286页。

② "二战"的结束其实也是工业化以来三百年欧洲各国的"战国时代"结束的标志，因而也是一部对外征服史的终结。"二战"之后，欧洲史转入了一个新的阶段。详细请参阅 Tony Judt, *The Postwar: A History of Europe Since 1945*, William Heinemann, 2005.

是存在的，但也是可以变动的。就像《周易》所讲的易理一样，在这个由阴阳构成的世界里，阴和阳是存在基本分界的，但是阴和阳不是单纯对立，互不通约的；阴中有阳，阳中有阴。这种古代的道理，或许可以叫作"有界无限"吧。因为阴阳之道固然有承认事物差别的时候，但首先重视和关注的不是事物的差别，而是它们你中有我，我中有你的复杂局面以及相互通约的可能性。这个中国古代的阴阳图式当然涵盖了处理与周边民族关系的绥靖经验，反过来，千百年来的绥靖实践也强有力地支撑了这个宇宙人生的阴阳图式。原来相互敌视、存在利益冲突而且分属不同政治实体的周边族群缓慢而不断地加入诸夏民族大家庭，这不正说明了"夷"可以转化为"夏"吗？边界作为生存空间的抽象界线依然存在，但具体的界限却由于绥靖的努力而推移、转变；虽然它没有一劳永逸地根本解决冲突，但话又说回来，什么族群和文化的冲突可以一劳永逸地被解决呢？没有。一时一事的当下了断远胜过怀抱宏大理想而苦苦执着，这就是绥靖的世界观对人生宇宙所抱的态度。如果说绥靖经验发展出什么美学趣味的话，那毫无疑问就是"中和"的哲学境界了。孔子有"和而不同"的讲法。若是以绥靖实践来讲，"同"就是彻底荡平，而"和"则是互有不同诉求的两造和平共处。前者既不可能，后者就是值得肯定的理想了。"和"是在承认矛盾的前提下努力使矛盾不至于激化，使之处于和平状态。作为一种美学趣味，"中和"似乎不够超越，不够绝对，又没有崇高感，但是它平易冲淡、柔中有刚，用古人的话就是"极高明而道中庸"。在这种世俗而老成的文化氛围之下，宜其没有悲剧的产生。

绥靖作为一种民族政治生活的经验，它同样产生于一定的地理环境和族群生活的现实。在这个环境和族群现实面前，它似乎是"放诸四海而皆准"的应验良方，而一旦越出环境和族群现实，它的局限性便显露出来。绥靖之所以能作为政治方略屡代施行，其实是因为存在一个前提。这就是华夏—中原政治、经济和文化的演化一直领跑于东亚大陆；而周边族群及其政治实体直到近代来临之前，从来没有在政治、经济和文化的竞争上胜出过。华夏—中原朝廷与周边族群的关系，类似于"老大哥"与"小弟弟"的关系。这不是说"老大哥"从来没有向"小弟弟"学到东西，而是"老大哥"在体魄、见识、智慧、力量等诸方面，都要远胜于"小弟弟"。这种文明演化和发展不平衡的现实，是绥靖方略得以奏效的前提和保证。古人对这一点其实是没有领悟到的，他们把"局部真理"

当成了"普遍真理",认为以绥靖方略应对周边族群势力的挑战无往而不胜。历史也与华夏民族开了一个大玩笑。近代西方列强顺着资本主义的强势扩张打上门来,而清朝的当国精英和士大夫犹然以为只不过来了一群"新夷蛮",所不同的是以前海路来的夷蛮最远来自南洋,而"新夷蛮"来自更远的大西洋。吃了丧权辱国的大亏之后,他们还是没有认识到这是一种新的文明力量,不能以旧眼光看这个新现实。连洋务运动涌现出来的最有开阔眼光的士大夫郭嵩焘,还期望从总结传统的绥靖智慧中发展出对付西洋列强的方略,他编辑历代绥靖事略的书取名《绥边征实》①,显然以为旧策略可以在新时代大有作为。过了一个多世纪的今天,我们可以肯定地说,绥靖的智慧和方略解决不了清朝与西方列强的冲突。因为时移势易,不但势力的强弱颠倒了过来,而且在文明与社会进步方面,清朝与西洋列强显然不在同一个阶梯之上。无论如何,弱势的清朝没有可能绥靖西方列强这"新夷蛮";反过来,"新夷蛮"绥靖这古老的王朝国家倒有可能。当然,西方列强那时正方兴未艾,他们不会也不懂这"东方的智慧",列强用的是征服、瓜分、殖民的一贯方略。积弱而不思改进的清朝在这赤裸裸的强盗式进攻政策面前束手无策,在强弱颠倒的情形下,一厢情愿的绥靖只能变成矫情和无聊的游戏。清朝的失败同时也是绥靖方略的失败,清朝的崩溃同时也是绥靖方略的破产。当然,反思这个自盘古开天地以来未有的大失败可以有多个角度,而从政治和外交角度看,过度地浸润在传统的旧智慧之中而不能认清正在来临的时代的根本性质,显然是失败的一个重要原因。近代这个沉痛的教训值得华夏有识之士好好记取。

在近代的较量中,列强的征服胜利了,清朝的绥靖失败了。但这失败是具体的失败、世俗的失败。绥靖作为民族活动的历史经验,它到底有没有一些超越的意义?有没有启发今后的价值?这是颇难回答的问题。行文至此,笔者亦只能略陈鄙见。绥靖当然有属于历史和世俗的一面。它本来就是一种历史情境的产物,不是哪位圣贤或君王苦思冥想发明出来的。从这个意义上说,它是华夏民族集体经验和智慧的真正结晶。那些积淀长久的经验和传统,它必然成为潜移默化的思考方式、观念、价值观而屡代相传。因此,即便绥靖的时代结束了,绥靖作为经验和传统依然是存在的。

---

① 此书已经失传,但留有残篇传世。《郭嵩焘诗文集》(岳麓书社 1984 年版)有他为此书写的序。

问题是它有没有可能从历史情景中获得升华，灌注入当今的现实生活之中。依笔者的见解，绥靖在根本意义上是处理牵涉"边界"事务的经验，它非但不强调"边界"本身的实在性，反而有意模糊"边界"，以此来开创对峙双方可以共存的现实空间，最终达到"中和"的融合境界。对于这种思考方式和价值，我们可以从两个方面来观察它与当今世界的关系。一方面，当今世界是由西方 18 世纪工业革命以来所开创的，它的一套意识形态，如权利话语、自由和人权至上的观念、族群和性别认同的话语，还有建立在族群政治（ethnic politics）上的民族国家的国家形态等，毫无疑问，这些与模糊"边界"执着于"中和"的绥靖思考和价值是有颇多龃龉的，或简直就是格格不入的。讲权利，其实就是分清楚彼此的"边界"，只有分清你的是你的，我的是我的，才能谈得上保护权利，而自由和人权至上观念的扩展，也是要在彼此牵连的事物之间划分清晰的界线，并将这种界线神圣化。族群和性别认同的话语也是一样，通过强调与他者的分界来达到对自我身份的认同。族群政治更是如此，它以为只有同一族群才是建立国家的合乎道义和可靠的基础。这些在主流世界畅行无阻的观念和价值简直与模糊"边界"的绥靖思考和价值背道而驰。一边致力于划清彼此"边界"，一边却模糊彼此"边界"，和稀泥。这两者至少风马牛不相及。假如承认前者的一套是代表世界的，那后者的一套当然悖逆历史潮流。绥靖的思考方式和价值观不可能有什么价值和前途。不过，事情并没有那么简单。我们也可以换位思考：世界到底意味什么？世界难道不包含绥靖的历史所造就的那个地理空间吗？它已然身在世界之中又如何不属于这个世界呢？问题出在暗含的前提，把西方对世界的主导跃升和转换为确定的未来发展方向的价值。其实世界是一个多样性的世界，绥靖所造就的世界本来就属于这个世界。它虽然与西方世界不同，但世界因此不同而精彩。像划清事物的"边界"存在其合理性一样，模糊事物的"边界"也存在其合理性。

但是另一方面，这些三百年来由西方创始的意识形态话语和民族国家体系，除了爆发出令我们惊叹的财富和力量之外，还带给世界灾难，这是不容忽视的。远的工业化三百年欧洲恍如战国的历史不必说，近的东欧共产主义退潮后"族群政治"抬头造成的国家分裂、族群仇杀、种族清洗，令人触目惊心。例如巴尔干地区的南斯拉夫，自 1991 年斯洛文尼亚和克罗地亚宣称独立以来，由一个政治统一的联邦国家先后分裂为五个国家，事实上独立的科索沃还不计算在内。十年种族仇杀的战争和国际介入使诸国经济水平倒退三十年，以致还不及铁托统治的 20 世纪 70 年代的经济水平。捷克斯洛伐克一分为二。庞大的苏联 1990 年到 1991 年陆续分裂，释出欧洲部分六国：立陶宛、爱沙尼亚、拉脱维亚、乌克兰、白俄罗斯和摩尔多瓦；释出中亚部分八国：格鲁吉亚、亚美尼亚、阿塞拜疆、乌兹别克斯坦、吉尔吉斯斯坦、塔吉克斯坦、土库曼斯坦、哈萨克斯坦；最后"独立"的是俄罗斯自己，时间是 1991 年 12 月 25 日。这场分裂伴随着的战火至今犹然未熄灭。如果追究原因，因果的链条肯定是相互循环的，东欧高压统治和国际不恰当的介入是其中的环节，但账全都算在它们身上显然是缺乏智慧的。将这些因果链条贯串起来的理念线索正是以划清"边界"为基本特征的通行西方世界三百年的意识形态话语和民族国家体系。事实似乎昭示我们，假如模糊"边界"的绥靖思考方式不能"放诸四海而皆准"，那划清"边界"的权利话语也一样不能"放诸四海而皆准"。笔者以为，这个看似悖论的彼此两行状态，正是评估绥靖的思考方式和价值的合理性的基础。

大的事物如国家主权、领土、族群，小的事物如阶层、个人、性别，都是有边界的。我们不能将不同国家的主权、领土和族群混为一谈，也不能将不同的阶层、个人和性别混为一谈。但是，区别它们彼此和定义它们各自的自性的那条"边界"到底有多重要，这却是一个见仁见智的问题。在为时空条件限定的真实世界里，我们找不到逻辑自洽而一致的原理来将"边界"的重要性做一个最终的判明。认为它极其重要和认为它不重要，这两种认知皆共存于此一世界。毋宁说，它是一个政治实践的问题，用黑格尔的话说，它是属于政治艺术范畴的事情。因为"边界"是客观存在的，但客观存在并不等于要"天天讲，月月讲，年年讲"。像记忆一样，忘却也可以开辟通往未来的道路。何取？何舍？归根到底，这是需要操作来回答的，需要政治实践来回答的。如上文讨论的那样，在文明冲突的历史经验里，征服和绥靖是两种不同的选择。至于两者是不是有同等的价值，这与对它们的取舍一样，本文必须在这个未决的疑问面前打住。

［刊于《北京大学学报（哲学社会科学版）》2012 年第 5 期，有改动］

正统论与中国的国家认同

朱维铮为饶宗颐《中国史学上之正统论》所作序文说："任何观念，即使在后人看来纯属荒诞的观念，在历史上能占一席地位，无不有其理由。"[①] 正统论是中国古代史学中渊源深厚而又生气勃勃的历史观念。为论说正统，历代皆有辩驳，争议不息。到了清末民初新史学兴起，它就被看成"纯属荒诞"的史学观念。应当承认，时至今日若再遵循古人的思路，辩驳历史上建立的众多政权何者为正统，何者为非正统，已经没有意义。这种争议已经不能带来对历史真义的了解。或许是出于这原因，正统论在过去一个世纪基本上可以说沉入了无声的世界。然而，笔者认为，正统论之不能进入今天的历史观念并不等于我们今天可以给它贴上"纯属荒诞"的标签而一概摈弃不顾。正统论产生于中国历史的土壤，古代史学家必为某种历史环境、情形和关切而形成此种历史观念。这就是朱维铮说的"理由"。而这种"理由"，古代史家亦未必能清晰地意识到。他们只是按照自己的认识来叙事历史，并凭此种认识来处理他们所讨论的历史材料。因为他们生活在一个自成一体的世界，将面对的历史环境、情形和关切视为天然如此、天然合理，而我们今天拜与更广阔世界的接触所赐，明白这只不过是复杂世界其中的一种情形。今人有今人的认识，不必同时排斥古人。给正统论贴上"荒诞"的标签是容易的，但重新回到古代史家面对的历史环境、情形，认识他们的关切，说明孕育正统论的历史土壤，并不容易。笔者有感于朱维铮当年未能来得及申论正统论能占有一席地位的"理由"，故不揣冒昧，为中国古代历史观念与其历史情景之间的关系进一二新解，就正于方家。

[①] 饶宗颐：《中国史学上之正统论》，上海远东出版社 1996 年版，"序"第 3 页。

一

　　历史意识的萌发来源于对相异于自身的他者的发见。即便自身建立成为政权，组成国家，但若没有一个他者前来寻衅入侵或臣服献贡，历史意识即使有感于时序迁移人事变动不居，但能否强烈到将它们笔之于书的程度依然是个疑问。历史记载出现之前，人类一直在世代更替中延续，但此种自然的世代更替事实并没有即时催生将之记录下来的冲动。直到一个作为群体的他者来到眼前，历史意识就开始萌发了。这一点可以说中外皆然。希腊史学和罗马史学都因异族入侵而萌发。① 现存中国最早的历史记载《春秋》《竹书纪年》和清华简《系年》，其记载内容最多的，就是祭祀、出征、结盟、入贡、朝聘。祭祀看似纯属内部事务而与外部无关，实际即为由外部刺激而生的增强内部凝聚力的一套仪式行为。恰如现代民族主义意识形态，看似只属国家之内的行为和情感诉求，实则为外国势力的刺激所致。不过萌生于环地中海的早期历史意识很明显地呈现出将政权/国家作为一个记载单元来处理的特征，就是说写史的人很明确地意识到历史记载是叙述和解释政权/国家或国家间的事务的。例如，修昔底德的《伯罗奔尼撒战争史》是叙述和解释雅典与斯巴达这两个国家的一场战争的，而《罗马史》是叙述罗马国家历史的。自国家产生以来，人类公共活动最核心的部分是环绕政权/国家而进行的，其历史记载以政权/国家为轴心来叙述也是理所应当的。萌生于黄河长江流域的早期历史意识也呈现出相近的特征。例如，《春秋》是以鲁公室为轴心记述前 722 年至前 481 年的鲁国史；《竹书纪年》虽然包含前代诸多传说和事件的记载，但核心却是战国时期的魏国史；而清华简《系年》是秦由宗族而国家，由蕞尔小邦而大国的国家发迹历程史。战争、结盟、朝聘和祭祀都是它们的叙述核心。

---

　　① "希腊史学诞生于公元前 5 世纪，这一个世纪即是以希腊受到波斯人大规模的军事威胁而开始。"见［德］穆启乐（Mutschler）著，黄洋编校《古代希腊罗马和古代中国史学：比较视野下的探究》，北京大学出版社 2018 年版，第 18 – 19 页。［英］穆瑞（Murray）说："希腊人和犹太人各自独立地产生了历史学，但是时间大致相当，也是为了应对相似的压力，即在中东庞大帝国面前建立和支撑一种民族认同感。"见［英］博德曼、格里芬、穆瑞编《牛津古希腊史》，郭小凌等译，北京师范大学出版社 2015 年版，第 231 页。

　　然而，历史意识萌芽时期所产生的历史叙述，黄河长江流域和环地中海还存在一个明显的区别，这个区别至少在《春秋》中是存在的，即在价值的取向上以一统为大的大一统历史观念。历史记载虽然以一定的政权/国家为对象，但这并不意味着作为记述核心的政权/国家本身就天然俱足，在它之外便是外在的他者。大一统历史观念主张一定的政权/国家之上还有更高的存在，虽然它不必然落实为政权/国家。在不能实现为国家/政权的时候，大一统便是政治的价值诉求。这诉求在价值上应当凌驾于具体形态的政权/国家之上。因为此时具体形态的政权/国家并非俱足，只是由于暂时不能实现更大地域的统一的国家形态而不得不接受此种分治的局面。这种产生于黄河长江流域的历史意识，是环地中海出现的历史意识所不具有的。古希腊时代有超越城邦国家的泛希腊的认知，这种泛希腊的意识是一种纯粹的文化共通性，它超越城邦国家，但不指向政权/国家，不具有政治价值的特性。大一统的历史意识却是纯粹指向有时并不存在的政权/国家，或者说它迫切地追求表现为政权/国家。要知道大一统历史意识并非仅仅显示为文化的共通性，更重要的，它本质上是从历史活动中孕育产生的国家认同。笔者不能断言这种超越政权/国家的历史意识一定就产生于春秋时期，因为也可能是战国时期儒家解释活动的结果①。要之，春秋战国之际，大一统这种超国家但本质上又是国家的政治和历史的价值观，已经产生并且孕育成熟。它的产生给历史叙述带来了有趣的复杂性，无论对纵向时间轴还是对横向空间轴都产生了深刻的影响。在时间轴上，历史叙述要说明后起政权所承之统，以求得其存在的合理性和政权变迁更替的一致性。在空间轴上，如果同时存在数个政权，历史叙述要说明政治法统的究竟所在，即哪一个政权才是真正拥有其法统。这种驾驭历史事实的观念常常造成意想不到的混乱，因为不同的叙述者对于大一统历史观念有不同理解，不同地域来源也影响叙述者的情感取向。不过也正是由于这些不同，形成于春秋战国之际的这种历史观念才显得生气勃勃。由于战国之后崛起的秦、两汉皆是统一政权，大一统历史观念所覆盖的地域空间与政权/国家所统治的地域空间相重合，关于何者才是正统的争辩并没有生

---

　　① 公羊家解释《春秋》开篇隐公元年（前722）书"元年春王正月"为："曷为先言王而后言正月？王正月也。何言乎王正月，大一统也。"见《春秋公羊传注疏》，见〔清〕阮元校刻《十三经注疏》（下册），中华书局1980年版，第2196页。

长的余地。这种情况由于三国（220—280）的出现而改变。

三国时期超过半个世纪，如果以近代欧洲史的眼光看魏蜀吴三国，它们是互相不统属的三个分治的政权/国家。三国各自称帝，互不臣属。事实确是如此。然而史家并没有完全把这个事实处理成政治上互不相关的国别史。在大一统的历史观念下，魏蜀吴三国政治互不统属但又共处于一个"天下"。这个超越政权/国家的"天下"并不是如现今世界完全由国家相互往来而合成为所谓的国际体系，它远比现今的国家间关系更紧密而特殊。如果以外交的眼光看，魏蜀吴之间是介于国内与国际之间的一种国家间的关系。此种特殊性因未能进入现代史学的探讨，故无与之对应的概念，无以名之。此处笔者沿旧例称它为"天下"。这固然是依循古人惯例，但也是无奈的选择。魏蜀吴虽然互不隶属，但却存在共同的政治基础。这个共同的政治基础便是它们都从竞逐统一华夏中原的优先权中获取存在的合理性。这与政权的生死存亡攸关。假如不参与竞逐这优先权，政权则失去存在的合理性，或迟或早归于消散。古人将这种政权生死存亡的竞逐生动地称为"逐鹿中原"。这固然可以归于豪杰的野心，但"逐鹿中原"的野心与人类某些统治者征服殖民某处原先陌生土地的野心不同，前者系于政权存在的合理性，后者则纯粹是统治力膨胀后的外向投射。同为政治野心，背后的驱动力量有所不同。古代黄河长江流域存在的中原竞逐，其实是一种具有共同的政治基础的力量竞争，而之所以在相互分治的情形之下，还能存在共同的政治基础，根本原因就是存在大一统的政治价值及其所指向的历史事实。

陈寿《三国志》提供了大一统史观历史叙述的范例。他以传记文体将三国的历史纳入一个完整的叙述框架内。在这个叙述框架内，既体现分治的现实，又渗透着高于分治现实的政治内涵。他能做到这一点，与他秉持的大一统史观密切相关。《三国志》以魏志首列，次为蜀志，又次为吴志；称曹魏三代为"武帝""文帝""明帝"，而称蜀汉两代为"先主""后主"，称孙吴两代为"先主""嗣主"。这种先后排序与称呼讲究，很显然是以曹魏政权为正统所系。东晋史家习凿齿比陈寿晚生近一个世纪，他的《晋承汉统论》更是直接针对陈寿而倡异调。习氏认为："今若以魏有代王之德，则其道不足。有静乱之功，则孙、刘鼎立。道不足，则不可谓制当年。当年不制于魏，则魏未曾为天下之主。王道不足于曹，则曹未始为一日之王矣。"① 习凿齿虽然否认曹魏为天下之主，否认曹魏政权的正统性，但其内心毕竟存在天下之主的观念。他否认曹魏正统的目的，在于重新追问谁才是天下的真正的主，并给出自己的答案。他并不否认即使天下处于分裂时期但终究还是有天下之主。大一统历史观念造成了具体历史叙述的有趣局面：谁才代表正统是可以各是其是、各非其非的，但存在正统本身；即使分裂但依然存在天下正统本身，这是没有史家否认的。史家固然可以自由辩驳，辩驳并不导致支离破碎，恰好相反，辩驳导致天下有正统的观念更加牢固地树立起来。正统观既从中原独特的历史活动中产生，反映了这种历史活动的真实面貌，又反过来以观念力量加强了这种历史活动，成为追求统一的政治诉求和助力。由于陈寿并未申论以曹魏为正统的理由，笔者猜测他恐怕是按照既成惯例来决定三国的主从，以体现大一统史观。他大概是看势力的大小和传承的次序来决定，取重于势多过取重于德。然而习凿齿反其道而行之，取德多过取势。他从申论蜀汉之德的角度挑战陈寿，以为曹魏的德不足以为正统，故应让正统予蜀汉。

习凿齿对于史家前辈陈寿的挑战，开启了日后关于正统的标准和具体辩驳谁为正统的长久争议。争议虽然纷繁，但其实无不徘徊于取势还是取德的两端，或者取重于势，或者取重于德。这因人因时代而异。在取德的论家里面，南宋郑思肖为最极端的代表。他主张依经断史，"史书犹讼款，经书犹法令。凭史断史，亦流于史；视经断史，庶合于理"②。由他所断而可归于正统者，不过"三皇、五帝、三代、西汉、东汉、蜀汉、大宋而已"③。这种依经断史的观念，一方面寄托了史家对前代历史事件和前人施政作为失德的忧虑，在历史评论中显示出一定的正向意义；另一方面也存在脱离历史主义的轨道，滑向泛道德主义的倾向。历史评论当然不能免除价值判断，但毕竟不能不顾事实真相，用价值判断代替事实真相。依经断史的观念看起来站高看远，其实它的弊端即在于用价值判断代替寻求历史的真相。作为历史叙述者，其第一要务在于尊重事实，在尊重

---

① 〔晋〕习凿齿：《晋承汉统论》，见〔清〕严可均校辑《全上古三代秦汉三国六朝文》（第3册），中华书局1958年版，第2230页。

② 〔宋〕郑思肖：《古今正统大论》，见陈福康校点《郑思肖集》，上海古籍出版社1991年版，第136页。

③ 〔宋〕郑思肖：《古今正统大论》，见陈福康校点《郑思肖集》，上海古籍出版社1991年版，第134页。

事实的前提下寻求历史的真相。事实证明像郑思肖那样以道德判断代替尊重事实，往往是行不通的。司马光作为史家对此有清醒的认识，他非但不取依经断史，甚至不取正闰之论，明言"正闰之际，非所敢知"。但他的《资治通鉴》将统一和分裂时期分别对待，统一时期"全用天子之制以临之"，分裂之时就取王权实际更替的顺序以"识事之先后"。① 司马光的做法是不论正闰但叙述有正偏。欧阳修也看到了决定正统究竟是取势还是取德标准的不同，将"正统"一词析之为二。他说："正者，所以正天下之不正也；统者，所以合天下之不一也。由不正与不一，然后正统之论作。"② 正与不正偏重于德，统与不统偏重于势。势德两衡，厘定正统。后世史家皆以欧阳修的说法为允当。③ "正"代表理解对历史事件的价值判断和道德标准，而"统"则意味着中原历史演变中"天下归一"的独特面相。

概而言之，正统论在古代有三方面含义。其一，是统治者或好事者依据三统五运说来确定政权的合法性来源，此意义上正统论就偏重于政治操作。其二，正统论作为传统史学的核心理念，发展出兼具解释与重整史实的完整框架，并据之以叙述与解释历史。其三，在此基础上进行道德的褒贬与批评，期望扬善惩恶，吸取历史的教训。今天看来，正统论三方面含义中，说明政权合法性的辨正统的论述最没有价值，三统五运之说等同于无学理的迷信；道德褒贬与批评的部分视作者具体的史识和眼光为转移，需要具体分析；而正统论作为重整史实的观念框架，笔者以为需要重新认识，不能如民国新史学那样将脏水和孩子一起倒掉。这不仅在于正统论在古代史上是符合中国史情史实而有效的观念框架，背后也反映了国家认同的特殊情形。

---

① 〔宋〕司马光：《资治通鉴》（第5册），中华书局2011年版，第2187页。

② 〔宋〕欧阳修：《正统论上》，见李逸安点校《欧阳修全集》（第2册），中华书局2001年版，第267页。

③ 如苏轼明言，正统之说，"吾与欧阳子"。〔宋〕苏轼：《正统论三首》，见孔凡礼点校《苏轼文集》（第1册），中华书局1986年版，第121页。

二

如今重新探讨正统论，已经没有必要再来争议到底要还是不要道德批评。因为无论如何回答，究其实都是价值立场先行而不是对于事实的理解。就如梁启超认为"中国史家之谬，未有过于言正统者也"①，以否定命题的合理性代替理解命题存在的合理性。或者像饶宗颐所云，"正统之'正'，其时义诚大矣哉"②，从肯定史实的善恶是非之辨的重要性而肯定正统论的可贵。这些都是史学批评中的价值先行。价值先行或许有其存在的价值，但显然是不足够的。相对于正统论包含强烈的道德批评色彩而言，笔者认为更重要的是，它作为中国史的叙述和解释框架在古代史的范围之内具有无可替代的重要性，而认识这种重要性是我们今天还正统论本来面目所应当遵循的途径。

对古代史的叙述而言，史家遇到的头等挑战，是古代史经常出现多个政权/国家并存而又共处一体的情形。当国家与这个一体的"天下"处于重合时尚好处理，一旦国家与这个一体的"天下"并不重合，史家的叙述如何体现天下尚是一体呢？换言之，统一的时候史实的处理并无麻烦，一旦叙述分裂时的史实，怎样体现依然共处一体？自秦并六国，天下共处一体以来，有学者统计，中国分裂时期长于统一时期。③ 面对这样的历史现象，如果史家离开正统之辨，各个政权自立其史，自叙其史，一国还归一国，那天下一体即无所系属，不能在历史叙述中呈现出来。这不仅不够完整，也未能反映出这片土地上人类活动的真实面目。而正统论作为解释这片土地上人类活动历史的史学观念，它能完整地包容分裂时期这两面的史实，既涉及互不统属的各分治政权的历史活动，又将它们纳入一个终究是属于一体的"天下"之中。因此，这个解释史实的叙述框架至今都有意义的地方，不是谁是正统所系谁不是正统所系，而是正统树立起来的本

---

① 梁启超：《新史学》，见《饮冰室合集》（第4册），中华书局2015年版，第20页。
② 饶宗颐：《中国史学上之正统论》，上海远东出版社1996年版，第80页。
③ 葛剑雄排比过历史上中国统一的时间，从公元前221年秦并六国到1840年鸦片战争，统一的时间共950年。他说："如果把基本上恢复前代的疆域、维持中原地区的和平安定作为标准，统一的时间是九百五十年。"见葛剑雄《统一与分裂：中国历史的启示》，商务印书馆2013年版，第65页。

身。因为只要正统树立起来，则必然意味着有偏，正与偏共同构成一个完整表达华夏人的历史活动的观念框架。就如一部三国史，陈寿和习凿齿看起来非常对立，前者视曹魏为正统，后者视蜀汉为正统。这个对立其实是小事，更值得我们关注的是，陈寿和习凿齿都坚持正统论的叙述观念和框架。以曹魏为正统，则蜀汉和孙吴都不是纯然自外脱离了天下一体的政权。若视蜀汉为正统，则曹魏和孙吴亦然。可以说，只有正统论才能使人们洞察到中国史处于分裂时期的复杂性，并将这种复杂性放在一个完整的叙述框架里加以表现。

国别史的视野用于处理分裂时期的历史现象存在天然的盲点。因为它以政权/国家为唯一的叙述对象，而中国史的复杂性恰好是国别史的视野驾驭不了的。除了统一时期国家与一体的世界相互重叠而问题简单之外，多数时期政权林立。这时的政权/国家虽然分治立国，但并不等于它们就脱离了已经存在的华夏一体的世界，不存在政治认同方面的相关性。这时的一体世界超然于分治的国家之上，但缺乏一个政权实体将之落实成形。史家要将这个面貌刻画出来，舍正统论外没有其他的途径。正统论一方面通过对"统"的认定，使超越于分治政权的华夏一体世界的政治相关性得到体现，使大一统的价值观得到维护和坚持；另一方面又刻画了分裂的事实，分治的政权/国家历史在此一框架内得到叙述和呈现。因为既然存在正，那么同时也意味着存在偏。偏不越正，但正也不替代偏。偏与正共同构成对历史事实及其面貌的恰如其分的反映。历代史家对谁代表正统固然有争议，但也没有忘记正所相对的偏。古代史家发展出今人看来也许多余的复杂论述来处理被划分为正与偏的历史现象，把相对于正统政权的，称作闰、伪、僭、霸等，总之是不入正统的偏系。① 名称是不好听的，但我们也要理解这是古代史家在不能摆脱道德制约的情形下，唯一能将分裂时期的历史状况容纳于一体世界而进行叙述的可能框架。闰也好，伪也好，僭也好，霸也好，在古代史家叙述框架下，它们就是不正常从而也不

---

① 王钦若等撰《册府元龟》除有归属正统的"帝王部"外，另分有"闰位部"和"僭伪部"。撰者将那些"本非灵心之所眷，暂为人望之攸属，或绍承于大统，或专据于一方"的，归入"闰位"（《闰位部总序》，见《册府元龟》第 3 册，中华书局 1960 年版，第 2185 页）；而将"豪杰窃起以蓄乎觊觎，强弱相凌分据乎土宇"的，归入"僭伪"（《僭伪部总序》，见《册府元龟》第 3 册，第 2621 页）；章望之正统之外，又有"霸统"一说（见苏轼《正统论三首》之二）。

足取的意思。史家使用《春秋》褒贬的辞法也含蓄地表达了期望华夏回到天下一体的状态。同时，笔者愿意在这里强调，这个古代史家发明的叙述框架所反映的，不仅仅是史家的价值观，同时也反映了分裂与一体并存的"天下"的真实历史状况。因为任何一个分治政权存在的合理前提是参与竞逐主导"天下"的竞争，并以成败决定自己的命运。这种不无残酷的竞逐成为分裂时期的历史状况的主轴。试问什么样的历史叙述框架能够呈现这历史的真实？是国别史吗？绝无可能。唯一可能的答案是正统论。国别史框架的前提是主权不可分享这一西方政治学的金科玉律，而正统论隐含的前提恰好是主权的可以分享性。正统论包含着正偏框架，能够将政权分治的破碎状况囊括为一体，以保全华夏的整体性。只要深入到正统论论述的内部，我们就会发现在所执"正"与"统"之间，更多的论家选择"统"作为标准来决定分裂时期的正统所系。这是因为"统"联系到势，更强大的势更能呈现分裂时期竞逐主导"天下"的竞争的最终走向。站在此立场看正统论，正统论不但不陈腐，不但不荒谬，恰好相反，它是中国古代史学观念的精华所在。因为它在理解一部中国史最为关键、最为基础的地方渗透着真知与识见。

自4世纪初北方游牧民族内迁后，越来越多西北和东北方向的少数民族族群或东进或南下，介入华夏民族活动，华夏所指的地理范围亦因此得以扩大，不仅越出黄河和长江流域，甚至进入了黑龙江流域和蒙古高原。在先后兴起的政权中强大的有北魏，后来又有辽金和西夏。此分裂时期的性质与魏蜀吴三国又有不同。后者同为汉族，前者则民族来源杂多，既有匈奴、鲜卑、羌、羯、氐等少数民族，又有汉族。有意思的是，正统论的框架继续适合刻画此时的历史状况。出于时代体验和民族感情，同时代或稍后的史家排斥这些政权/国家，但时过境迁之后又在正统论的框架内将它们纳入进来，甚至将它们放在"正统"的位置。一般而言，两宋史家有感于华夏分裂，民族意识高涨，故而持论严苛。如郑思肖所说："得天下者，未可以言中国；得中国者，未可以言正统；得正统者，未可以言圣人。"[①] 但到了元代，王权一统而史家恰如其分地认识分治情形，避免单凭民族感情代替对历史事实的认知。元代论家王祎更显客观和包容，他认

---

① 〔宋〕郑思肖：《古今正统大论》，见陈福康校点《郑思肖集》，上海古籍出版社1991年版，第135页。

元为正统的回归。他说："自辽并于金，而金又并于元，及元又并南宋，然后居天下之正，合天下于一，而复其正统。"① 王祎抛开强分正闰和以夷夏辨正统的陈论，显示出过人的眼光。

古代是一个王权的时代，国家的法统所系必表达为一个人格的王者。用现代的眼光看，很难免去梁启超所说"一家之谱牒，一人之传记"② 的讥讽。然而放在古代完全是合理的。国家的法统所系和国家的历史很大程度上与王者的"一家之谱牒，一人之传记"是重叠的。古代王者无我的说法，讲的就是这种重叠性。也就是说，国家的法统和历史必寄于王者"一家之谱牒，一人之传记"来呈现，舍此则无由实现。这不是书写出来的历史的缺点，而是它恰恰就反映古代王权系于一人的真实历史状况。王权既然系于一人，古代史家所论的正统则不得不同样系于一人，于是就产生了辨正统、明正伪这个史学议题。分裂与统一是中国这片土地上基本的历史现象，它不存在于此外的世界史，这是华夏历史演变产生的特殊性。当国家处于分裂时期，史家不可能也不愿意将政权林立的天下处理成互不相关的国别，就只有根据历史叙述者各人的价值原则，选择其实是某个王者的"一家之谱牒，一人之传记"，来表达天下虽分裂但依然还是同属一体的状况。陈师道的话讲得很透彻："夫正者，以有贰也，非谓得之有正与否也。天下有贰，君子择而与之，所以致一也。不一，则无君。无君则人道尽矣。"③ 人道不能有尽，人心不愿有尽，人治则必须有君，然而现实是君治林立，于是不得不取其正者，树立为统，期待他日河清海晏，重归统一。至于千数百年讼聚不息是因为史家各自所依据的价值原则不一致，对正统究谁所属的具体问题有分歧，而这不是议题本身荒谬。不过，关于正统究谁所属的讼聚不息确实给史家出了道难题，影响此命题的声誉。所以到了古代时期的末端，就有论家不同程度跳出了旧论。如清代储同人就有"统可言，正不可言"的看法，表达出期望历史叙述摆脱过度的道德评价但保留处理历史叙述中的统一与分裂的框架。他提出的"书法"更为中肯："天与人天下，有一有不一，为编年书者，盍一以天为断。遇天下合于一，则称某纪以冠之，循其改元而纪年纪事焉。不幸天下

---

① 〔元〕王祎：《正统论》，见《全元文》（第55册），凤凰出版社2005年版，第356页。
② 梁启超：《新史学》，见《饮冰室合集》（第4册），中华书局2015年版，第21页。
③ 〔宋〕陈师道：《正统论》，见《后山集》（《四库全书》集部·53册），台湾商务印书馆文渊阁影印本1983年版，第635页。

为二为三为十数,则以甲子书系某国、某元、某年于甲子之下,而勿称某纪以冠之,俟天下复合于一,则书法如初。"①

三

通俗小说《三国演义》的开篇第一句"话说天下大势,分久必合,合久必分"② 脍炙人口。它说出了古代中国史与其他国家历史非常不同之处。古代中国史的神奇之处不在于合久会分,而在于分久会合。因为政权衰朽而崩塌是人类历史常见的现象,毫不稀奇,强大如罗马帝国,辽阔如哈布斯堡王朝,辉煌如奥斯曼帝国,一旦崩塌离析,从此如被打破的瓷器,碎片散落四方,再也无由废墟上重生。古代中国史却是不同,在原来的政治废墟之上竟然能重生与原初底色几近一致的统一国家。何以如此,其缘故值得现代史家深思。而本文所论涉的大一统历史观念肯定在其中扮演了重要的角色。杨维桢《正统辨》言:"汉之匈奴,唐之突厥,不皆兴于汉、唐之前乎? 而汉、唐又与之通和矣。吴、魏之于蜀也,亦一时角立而不相统摄者也。而秉史笔者,必以匈奴、突厥为纪传,而以汉、唐为正统;必以吴、魏为分系,而以蜀汉为正统。何也? 天理人心之公,阅万世而不可泯者也。"③ 杨氏的话固然指具体的正统所系,即他属意的汉唐和蜀汉为正统是"阅万世而不可泯"的,但也包含有正统观念本身是"天理人心之公"的意思。他敏感地意识到是生活在这片土地上的黎民百姓之心认同了以一统为大的"天理",遂使此"天理"哪怕在分裂的时期仍昭如日月。这个"天理人心之公"成为日后统一国家重生的人心土壤。以统一为正、以小朝廷为偏的正统观念正是根源于这人心土壤。人心如此反映在史家叙述上就是华夏独具特色的正统论。

然而,理有固然而事无必至。"天理人心"并不能必定落实为统一的国家实体。不相统摄的分治,时间或长或短,由晋室南渡至隋统一前分裂

---

① 〔清〕储同人:《正统论》,见沈云龙主编《近代中国史料丛刊》第 376 册之《在陆草堂文集》卷 1,台湾文海出版社 1966 年版,第 156 – 157 页。

② 〔明〕罗贯中:《三国演义》(上册),北岳文艺出版社 2013 年版,第 1 页。

③ 〔元〕杨维桢:《正统辨》,见《全元文》(第 42 册),凤凰出版社 2005 年版,第 487 – 488 页。

曾长达近三个世纪；程度或浅或深，强大如西汉，与之并存的南越国亦得以享国近一个世纪，而五胡十六国的状态简直可以说中原糜烂，国几近于不国。加上周边族群或迟或早、或深或浅介入到华夏民族活动，造成民族的交流和融合，统一或分裂亦因此得以在更深刻的程度上进行。分治分裂其实和统一一样，也成为另一种常态。这种分合不定的事实昭示我们，国家认同也存在其复杂性。概而言之，就像正统论下的历史叙述框架有正有偏一样，古代时期中国的国家认同也存在二重性的现象。以一统为大是其主流价值，而地域性的认同和周缘地带少数族群的认同是支流价值。要之，其国家认同不是清一色、均质化和单纯的，而是杂糅的、分层的、复杂的。这种国家认同的二重性现象对应了两种不同的历史面貌。一方面是古代统一国家自身的脆弱和衰朽，一旦崩塌，衍生出争雄的割据政权，给地域性认同留下扩展的空间；另一方面，与中原相接的周缘地带不时发生少数族群强权崛起，这些强权主动或被动卷入到华夏民族的社会和历史中来。它们既带来了华夏发展的鲜活的动能，但也带来了天然的不稳定性。于是生活于核心区域中原地带的汉族，既得地利之便，又兼广土众民，发展程度相对较高，顺势承担了大一统价值和理念的主要民族角色；而或迟或早加入华夏的周缘少数族群则走在逐步加深华夏国家认同的路上，处于尚未尘埃落定的状态。这是一个漫长的过程。古代史家对周缘少数族群建立的国家曰伪曰篡曰霸固然存在偏见，但也有对于大一统的理念不易落实的感慨。

如果说大一统价值认同是古代国家的向心力，那地域性认同便有可能演变成分裂的离心力。向心力的存在固然助推大一统国家的实现，而离心力的存在则加重了维持大一统王朝的施政成本。当治理成本使大一统王朝不堪重负而崩塌的时候，离心力所造成的后果，基本上是负面性的，尤其对道德人心伤害甚大。古人的国家认同系于人格化的王权，这在古代世界皆是如此，中外同理。不同的是华夏一旦处于分裂时期，它的王权就转换成复数。华夏分裂时期林立的王权存活的时间长短不一，长则百数十年，短则数十年或数年。长的也就罢了，短的则给国家认同带来了极度混乱，而为人处世品德之一的忠诚甚或处于无所寄托的境地。君王来了一茬又走了一茬，你方唱罢我登场，如同走马灯，享国的年数短于人的自然寿数。对国家生活的忠诚无法在王权频繁更迭中建立起来，因为它未及建成就又遭逢崩塌。五代（907—960）是分裂的极端时期，五十三年里中原历梁唐晋汉周五朝，频繁的改朝换代放大了国家认同和忠诚荡然无存的状况，让我们看到令人震惊的一幕。兹录两个历史的瞬间以呈现其面貌。923 年后唐代后梁，"己卯迟明，前军至汴城，嗣源（即后唐明宗李嗣源——引者注）令左右捉生攻封丘门，梁开封尹王瓒请以城降。俄而帝（指李嗣源——引者注）与大军继至，王瓒迎帝自大梁门入。梁朝文武官属于马前谒见，陈叙世代唐臣陷在伪廷，今日再睹中兴，虽死无恨"①。易代之际苟且求生，人情或不可免，但也可见中原裂土之际，所谓国家所谓忠诚，竟无一丝一毫的存在。947 年，契丹即辽国势勃兴，不时南下干预中原小朝廷的废立，一手导演后汉代后晋："正月朔，契丹主次东京城北，百官列班，遥辞帝（即晋少帝石重贵，其先已被叛臣监守于封禅寺——引者注）于寺，诣北郊以迎契丹主。帝举族出封丘门，肩舆至野，契丹主不与之见，遣泊封禅寺。文武百官素服纱帽，迎谒契丹主于郊次，俯伏俟罪，契丹主命起之，亲自慰抚。"② 五代时期，契丹尚属列国，后晋满朝文武竟至于素服纱帽郊迎异国之主，不说国家的认同，就连人生尊严都扫地荡尽。盖因华夏分裂之世，各自称王，忽焉而起，忽焉而灭，国家认同殆无所适从。人生德行常至于颠倒虚无，唯强是从，唯生是求。

冯道（882—954）与五代相始终，通过他的仕宦人生得以窥见分裂时期国家认同的混乱。冯道一生，仕唐晋汉周四朝，虽不掌枢密，却是朝廷倚重的宰臣。在改朝换代如翻书的年代，他不但官宦如旧，而且官位日隆，更以"长乐老"自号。他如何在变幻无定的政坛中应付局面？史书记载他奉晋高祖命出使契丹一事最能显出他的态度：

> 契丹赐其臣牙笏及腊日赐牛头者为殊礼，道皆得之，作诗以纪云："牛头偏得赐，象笏更容持。"契丹主甚喜，遂潜谕留意，道曰："南朝为子，北朝为父，两朝皆为臣，岂有分别哉！"③

在冯道的眼里，既然契丹与晋以父子相称，他便把自己当成两朝的臣

---

① 〔宋〕薛居正等：《旧五代史·唐书》（第 2 册，修订本），中华书局 2016 年版，第 470 页。
② 〔宋〕薛居正等：《旧五代史·晋书》（第 4 册，修订本），中华书局 2016 年版，第 1308 页。
③ 〔宋〕薛居正等：《旧五代史·冯道传》（第 5 册，修订本），中华书局 2016 年版，第 1927 页。

子，泯然无彼此。既然无彼此，当然也不存在国家忠诚的观念，不存在国家的认同。冯道虽置身宰臣之列，但究其内心，亦不过是在乱世中求自生自乐而已。他之处世，毫无比这更高一点的人格信念。正因为这样，《旧五代史·冯道传》的临末，执笔的史臣也有如此的疑问："然而事四朝，相六帝，可得为忠乎！"① 冯道晚年作《长乐老自叙》，他固然对自己一生所得的官禄甚为自豪，但也未尝对自己大节有亏毫无省察。他知道自己的德行大节是站不住脚的，叮嘱后代在自己身后"无请谥号，以无德故"②。他自认一生奉身有余但为事不足："不能为大君致一统、定八方，诚有愧于历职历官，何以答乾坤之施。"③ 如此看来，冯道也算有自知之明。果然，进入北宋，纲常气节和民族大义的情绪高涨。冯道的为人处世，即遭欧阳修、司马光等人痛诋，斥之为"可谓无廉耻者矣"④。欧阳修、司马光的形容或过于尖刻，求之过苛，但也不是无所依据。

结 语

正统论产生并扎根于华夏的土壤。在这片辽阔的土地上，多族群、多民族迁徙、冲突、战争、融合从未停息，使数千年来交织着或统一或分裂的国家生活局面，正是此种交替出现的历史现象塑造出大一统的国家秩序观念。历代史家亦本此观念描述和解释这丰富而充满歧义的历史。归根结底，观念框架的合理性来源于历史经验本身的可靠性。只要史家深入华夏统一与分裂的历史内部一探究竟，则必然遭遇正统论，无从回避。只有正统论能圆满且合理地解释统一与分裂交替出现的历史现象，且维系大一统秩序的优先性。不是理论自身有多高明，而是历史经验有多可靠。若回避

---

① 〔宋〕薛居正等：《旧五代史·冯道传》（第 5 册，修订本），中华书局 2016 年版，第 1935 页。

② 〔宋〕薛居正等：《旧五代史·冯道传》（第 5 册，修订本），中华书局 2016 年版，第 1932 页。

③ 〔宋〕薛居正等：《旧五代史·冯道传》（第 5 册，修订本），中华书局 2016 年版，第 1933 页。

④ 〔宋〕欧阳修：《新五代史·冯道传》，中华书局 1974 年版，第 611 页。司马光不仅赞同欧阳修对冯道的评价，更斥责冯道"君则兴亡接踵，道则富贵自如，兹乃奸臣之尤"。见《资治通鉴》（第 20 册），中华书局 2011 年版，第 9512 页。

统一与分裂现象，不承认此种历史经验是华夏独特的历史经验，而以国别史的视角理解这问题，那在说明历史上族群、民族冲突和融合现象时，必定自设囹圄，作茧自缚。近代新史学的兴起，以正统论为"纯属荒诞"，流弊至今，未能消除。

虽然如今已经没有必要袭取正统论去说明从古至今一部完整的中国史，但亦不意味着正统论已经成为远离当今现实的过去式。过去的一页正在翻过去，但亦未彻底完成。由近现代中国社会变迁为开端的翻篇历程至今尚是现在完成式，正统论阐述和促进的大一统秩序始终深度镶嵌入了当今中国的现实。在当代情形下，正统论依然有正面意义。例如在正统论的框架下，分治政权存在的合法性是依其竞逐统一的意志和能力决定的，并非由本身施政理民的俱足程度决定的。分治政权一旦丧失竞逐统一的意志和能力，其存在的合法性基础即摇摇欲坠。同时，分治政权的存在和民族融合正在进行中的现实，反映了中国的国家的认同是复杂的、多层的，要推动国家认同达致"多元一体"的理想局面，正统论在其中完全能够起到正面的积极作用。

正统论在近现代之所以沉入无声的世界，原因之一是国别史视角的兴起。由于"西方中心论"在近现代传播，以欧洲现代国家构成原理来解释中国的视角随之形成并占据主流位置。欧洲现代国家从王权单一的封建国家演变而来，组成民族单一治理俱足的民族国家，并在"威斯特伐利亚体系"下定义了主权国家。事实证明，用欧洲国家构成原理来观察和解释中国的国家现象的可行性是极其有限的。用这个舶来的学术框架根本理解不了王权可以是复数的大一统国家秩序的现象。因为这不是欧洲历史的经验，而是亚洲中国历史的经验。此事不能责备他人，而是我们学术自觉不够，盲目跟从。也许在"西学东渐"的大气候下，这种以西学格义中国历史经验的做法无可避免，但当今应思改进之道。笔者以为有两条途径可以尝试，一是复活固有史学的某些概念，重新阐释，赋予新义；二是深入本土历史经验的内部，提炼精义，构造能够说明其历史经验的新概念。当然，此事道阻且长，任重而道远。

［刊于《中山大学学报（社会科学版）》2022 年第 4 期］

论地缘、民族冲突与大一统秩序

人类早期国家形成的历史表明，定居人和游牧人的冲突是促进文明之间的技术传播、提高人类生活的组织化程度的主要力量。它的结果是促使国家规模的扩大。当然，国家的形成和发展也取决于其他因素，比如定居人之间由于财富积累不平均引起的内部阶级分化和紧张、人口增加招致的压力、生产技术的积累和崇拜神的宗教精神等因素，都是我们观察国家这种统治形式起源时要考虑的。因为所有这些因素都促进了早期人类的定居生活，而定居生活正是迈向国家统治的起点。当然，我们也可以反过来看定居生活，它同样加强了上述所说因素的进一步成熟。无论如何，它们是相互作用的。按照戴蒙德（Diamond）的看法，五万人以上定居群落，只要共同生活于一片土地上，各氏族、部落、酋邦之间必然形成国家统治。① 因为如此众多人的聚居生活使社会成员单靠信息的横向传播已经不能形成秩序，而信息的横向传播在小社群中是能够形成秩序的。众多人群的聚居生活必须演化出层级式的垂直统治方式，建立日常管治、防卫和裁决纠纷等统治形式，才能形成社会秩序，这就是人类最早时期的国家形成。

财富积累、人口、技术、宗教等在国家的演化史上，是持续起作用的因素。但是，当城邦或方国的生活方式形成以后，驱使国家向更大规模演化的力量，无疑首推定居人与游牧人的冲突。在距今一万至八千年前的新石器时代革命，使人类放弃了采集与渔猎的被动的生存方式，转而通过驯化野生种子植物发展出农业，驯化野生动物发展出畜牧业。农业和少量小牲畜的饲养必须要有相对固定居所，而马、牛、羊等大群牲畜的饲养则须逐水草而居。这样，定居和游牧就成了两种基本的不同生活方式。定居人有较高的生产率，财富积累的速度较快，能够过着较为富裕的日子；社会分工也使得他们产生一部分精神贵族，例如僧侣等，因而拥有较高的文

---

① Jared Diamond, *Guns*, *Germs and Steel*, Vintage, 1998, pp. 267 – 270.

化。游牧人就没有那么幸运，在水草丰美的季节食物可以不愁，但严寒降临则如同死神来临一般。加上肉食不便久存，即使冬季可以储存可又不方便迁移。因此千百年来，游牧人除了一身武艺、少量牛羊、几顶帐篷以外，几乎别无长物。但是，世事也有难以预料的地方。定居人的致命弱点正是在于他们居所固定，而易受攻击。定居人的活动范围有限，即使是早期贸易，其数量必然是不多的，也不能达到较远的地方，因此他们对自己周遭环境的了解，特别是对活动于自己周围的游牧人的了解，必然不及游牧人对他们的了解。定居人拥有富裕的生活，养成享乐的惰性，而又生存于一个固定的地方，这自然就成为游牧人劫掠和入侵的对象。游牧人垂涎定居人的财富，游牧人欺负定居人的文弱，他们啸聚而来，乘虚而入，大肆抢掠一翻又呼啸而去，逃向无边的大草原；或者战胜之后干脆实施继续的征服，在敌人的土地上建设自己的国家，将自己转化为定居人，过上衣冠生涯。但是，胜利者的选择同样不能保证他们不重蹈覆辙，后续的征服者不久就会步前任胜利者的后尘，将他们征服。游牧人与定居人的征服和反征服的斗争，在早期国家演化史上演出了至为关键的重要一幕。韦尔斯把游牧人和定居人的冲突称为早期历史的主要情节。他说：

> 统一起来的游牧民向不好战斗和没有武装的平原居民潮水般地涌来，随着发生的是一场征服的战争。这些征服者不再把战利品运走，而是在征服了的土地上定居下来，这块土地全部成了他们的战利品。村民和市民被迫服役和纳贡，他们变成伐木工、运水汉，而游牧民的首领则成为国王、王子、主人和贵族。他们也定居下来，他们从被征服者那里学到了不少艺术和教化，他们不再是体瘦挨饿的人了。①

关注定居人和游牧人的冲突在国家演化史上的作用，并不是要把一部古代国家的演变历史简单约化为定居人和游牧人冲突的历史。游牧人之间也会发生战争，发生劫掠行为，这样征服战争当然使得游牧人不同部落得以组成为联盟，扩大自己的统治形式；同时定居人之间也有战争发生，我们没有任何理由相信定居的城邦之间、方国之间，会由于生活方式的相同而消弭战祸。因为定居规模也是随人口增加和生产率提高而扩大，城邦之

---

① ［英］韦尔斯著：《世界史纲》，吴文藻等译，人民出版社 1982 年版，第 172 页。

间和方国之间的距离感因而改变，原来的异国可以不视为威胁而现在则被理解成威胁。战争就随这种恐惧感和威胁感的增加而到来，或者随统治者的野心膨胀而降临。但是毫无疑问，在古代史的诸异族征服战争中，定居人同游牧人的冲突规模最巨大、时间最长久、影响最深远。欧洲直至中世纪的中期，这种性质的异族征服由于生活方式的混同才告结束，不久就为以宗教和资本主义为背景的殖民扩张所取代；而中国则要到 17 世纪清人入关，定鼎中原，定居和游牧的紧张关系才告一个段落。这种看法丝毫不排除其他性质的异族征服在国家演化过程中的重要性。放远眼光看，不论什么性质的异族征服，它都为城邦或方国带来了安全威胁，也创造了争取更大统治的向往。挥之不去的恐惧和与生俱来的野心在征服战争中表现得淋漓尽致。人类征服活动产生的顽强防卫与抵抗，促使早期国家向更大规模演化。因为只有这样才能减轻死神的威胁。赫尔佐克说："人们可以在全世界广大地区看到的游牧民族性喜抢劫和定居民族对他们感到恐惧这样一种现象，乃是历史上一个最根本的问题，而由于这种恐惧心理而产生出一种顽强的、为达目的几乎不惜任何牺牲的防卫意志，便差不多是不言自明的了。"①

　　征服战争推动国家向更大规模演变，这是世界史的普遍现象。但是，所有的人类活动都是在一定的地理区域范围内进行的，征服活动也是一样，它不可避免地受到地理环境的影响。在影响国家演变的诸因素中，征服活动和地理环境两者值得特别提出来讨论。地理区域就是人类活动的舞台，而舞台的状况、它的大小肯定会影响到表演的方式，这是显而易见的。问题不在于我们能够抽象地肯定地理环境对人类活动的影响，而在于具体而仔细地辨认这种影响，说明何种地理环境的作用，产生何种性质的影响。

　　例如，澳大利亚土著 17 世纪前的历史，就是一个很好的例子。它说明了地理环境的绝对孤立可以遏制异族的征服。而免受异族的征服且存在相对良好的气候和物产，使得土著社会不再演化，长期停止于一个恒定的水平。白人来到之前，澳大利亚土著的进化坐标止于新石器时代。考古的发掘证实，澳大利亚大陆三万年前已有土著居住。他们大约是在四万年前

---

① ［德］罗曼·赫尔佐克著：《古代的国家——起源和统治形式》，赵蓉恒译，北京大学出版社 1998 年版，第 105 页。

地球最后一个冰河时期，趁着海岸线下降，由亚洲东南部即现今爪哇、加里曼丹、帝汶一带，迁徙至澳大利亚。冰河时期结束，海岸线上升，他们同外界异族，就再也没有瓜葛。历史上，印度人、中国人等都曾经为了贸易或殖民的利益有过扩张，但最远到达帝汶岛，为新几内亚和马鲁古海阻隔而止步不前。[1] 因为帝汶海、班达海和马鲁古海正当太平洋和印度洋海流交汇之处，海流终年湍急，不能航行。数万年来，澳大利亚土著在绝对孤立的地理环境中演化。那里没有大型哺乳动物如马、牛、羊等可供驯养，它们的祖先恐怕在冰河时期或冰河时期以前就已经在澳大利亚大陆灭绝。而袋鼠、树熊等又不便驯养。加上可供作食物用途的野生植物众多，采之不尽，发展农业也是没有必要的。设想一下，如果地理环境不是如此孤立，哪怕在早期，人类的技术水准也可以实现异族征服，容易获得外来刺激，那征服者带来的畜牧和农业技术便很快会令土著社会进化，征服也会令国家出现。究其原因，地理的孤立遏制了一系列相关因素特别是异族社会对土著社会的作用。他们自身进化出来的部落而非国家的生活，已经能够很好地适应这个全球最大的孤立大陆的环境。土著人实在没有必要，也没有能力再上一层进入所谓文明国家的阶段。在澳大利亚的历史文献里，我们读到 18 世纪英国殖民者库克船长对澳大利亚土著人生活的描写：

> 在某些人看来，他们可说是世界上最不幸的民族，可是实际上他们却远比我们欧洲人幸福。他们完全不懂在欧洲那么迫切追求的那些奢侈的乃至必需的便利品，因而他们也乐于不知道它们的用途。他们生活于不受不平等条件干扰的宁静状态中：陆地和海洋自动供应了他们生活上必需的一切；他们不羡慕高楼大厦、家具等等；他们生活于温暖良好的气候中，享受非常新鲜的空气，因此他们很少需要衣服。这一点他们似乎充分地意识到了，因为当我们把布料等等送给他们时，很多人都把它当做无用的东西，随便丢在海滩上和树林里。总之，他们似乎毫不重视我们送给他们的任何东西，也不会舍弃他们自己的任何东西来换取我们能给他们的任何物品。在我看来，这件事表

---

① 参阅［澳］曼宁·克拉克著《澳大利亚简史》，中山大学《澳大利亚简史》翻译组译，广东人民出版社 1973 年版；郑寅达、费佩君《澳大利亚史》，华东师范大学出版社 1991 年版。

明他们认为自己拥有一切生活的必需品，同时表明他们没有什么奢侈品。①

　　澳大利亚土著经历了上万年他们自己相当满意的与世隔绝的生活后，当其他人类的活动能力冲破地理的阻隔，将他们带进一个不再孤立的世界时，他们悲惨的遭遇是可以想见的。当然，那是后话了。

　　地理的孤立性和开放性其实是一个相对的概念，它是随着人类的活动能力而改变的。比如在今天，地球上再也不存在孤立的区域了。人类在地理活动的能力上，已经实现了全球一体化。但是，在古代却不是这样。不同的人文地理因素共同促成了不同的孤立程度。像澳大利亚那样的绝对孤立大陆，也是仅此一例而已。从诸国之间的关系来思考国家的演化，我认为，西亚、埃及和地中海地区，可以看作地理孤立程度最低而地理开放程度最高的类型；美洲大陆基本上是一种孤立程度高而开放程度低的类型；而东亚大陆绵连中亚的中国是介乎前两者之间的类型，它没有美洲类型那么孤立，又不如西亚、埃及和地中海类型那么开放。这里说的孤立和开放，不是形容文化和文明程度的概念，笔者纯粹是着眼于人和地理环境的关系而提出来的，它们是地理和气候方面的概念。地理环境的或者孤立或者开放，在古代国家的演化史上刻下了明显的烙印。西亚、埃及和地中海类型，国家分合无定，兴衰无常，征战的结果是民族四处迁徙，以致同一片土地居住者的血胤百年之间，面目全非；美洲类型，偶有征服，建立起庞大帝国，但寥寥可数且国家的组织程度不高，自生自灭；中国类型，混一宇内，进至大一统王朝，国家分合有常，兴衰有定，民族高度混血融合而形成庞大的汉族以及周边地区不同程度汉化的少数民族。

　　打开公元前6000年至罗马帝国兴起前的西亚和地中海地图，这里有全球最大的内海——地中海。它有人类早期航海的适中距离。距离太远，如横跨大西洋的距离，则造船技术和航行定位技术达不到要求；距离太短，则没有持续发展航海的必要。而且地中海没有季风，没有大洋环流，行船不靠帆而靠人摇橹桨作动力，不像加勒比海会产生飓风，太平洋会产生台风，随时给航海者招来灭顶之灾。地中海是孕育人类早期航海冒险的

_____

① ［澳］曼宁·克拉克著：《澳大利亚简史》，中山大学《澳大利亚简史》翻译组译，广东人民出版社1973年版，第15－16页。

天然温床。在它的周边地区，分布着河流、草原、沙漠和山脉。黑海和里海之间有大高加索山脉，两河流域的东面有扎格罗斯山脉，翻过扎格罗斯山脉则是一望无际的伊朗高原，那里水草丰美，后来威震地中海国家的波斯帝国就在这里崛起。伊朗高原的东面是印度河流域，那里发育着另一个文明。幼发拉底河与底格里斯河并行流过一片沃土，整个流域和从它的上游折返西南临地中海一带，呈新月形，约有七十万平方千米，史称新月沃土。那里气候适宜，有足够的水源灌溉耕地，而且地势平坦，适宜农业与畜牧。据希罗多德的说法，那里小麦的收成，二百倍于种子。它是人类文明的最早发源地。新月沃土的南面是沙特阿拉伯沙漠，西南与埃及隔着西奈沙漠，两地间隔最短的距离约六百公里。它的西面是地中海，由此往西海路约两千公里，即可到达另一个稍后发展起来的迈锡尼—克诺索斯文明。但不走海路而走陆路，横穿古称小亚细亚今称土耳其的地方，然后渡过爱琴海，也可以到达迈锡尼—克诺索斯。古埃及文明成长于尼罗河两岸的狭长地带，上游是草原和森林，第四瀑布以下东面是沙漠，沙漠之后是红海，西面连接全球最大的撒哈拉沙漠。尼罗河定时泛滥同样为农业带来良机。要理解文明和国家最早从新月沃土和尼罗河两岸发育成长，是可以从那里的自然环境得到重要启示的。

但是随着文明的发展，国家力量的增长，国家之间的关系在这样的地理环境里会演变出什么状态呢？国家在这样的地理环境下意味着什么？国家之间的征战是不可避免的，征战的后果将是如何呢？很显然，游牧人对定居人的征服也好，定居人的自身扩张也好，在中东、地中海这片土地上的征战使得任何民族以自己为主，同化外来者而建立国家、取得长久统治成为不可能；但各民族的知识、技术、社会组织和宗教精神会因征战而带来的交流得到文明意义上的较大提升。为什么？知识、技术、宗教和基层社会组织可以不依赖于国家而存在发展，征服战争造成的大量交流使得这些文明的碎片流布四方，相互激荡而有助于它们的进化和提升。而以某民族为主体建立稳定的国家，则取决于地理环境是否支持这样的人类努力。毫无疑问，任何一个民族，当演化成国家统治秩序后，它都存在一种倾向，就是通过顽强努力使自己建立起来的统治形式千秋万代，永远存续。但是，在西亚、地中海地区，地理的开放特征不支持这样的人类努力。地中海的存在，保持了环绕它的周边区域文明的多样性，遏制了雄才大略的君主实现政治统一的野心，但又使得它们之间可以透过航海维持频繁的接触。出于地貌本身的特征，这片土地上的各国家所依存的地理区域不大，无险可守，没有退路；而相互之间的地理分隔，可以通过航海和骑马来克服，特别是各国以及与欧亚腹地的游牧民族的地理分隔程度，恰好可以容纳大规模的军事征服。崛起的各国都处在有进攻无退路的境地，处于这种境地的国家，是不可能长久的，入侵的狂潮一定会淹没它们。地理环境的开放特征显然不可能成就那种周而复始的朝代国家，而只能成就那种旋生旋灭的国家。国家的版图并无定则，全凭统治者的魄力、军事力量和运气来决定。表 1 是文明产生以来至罗马帝国兴起前的西亚、埃及、地中海和印度河流域的国家兴灭大事表。

表 1 公元前 6000 年至公元前 330 年西亚、埃及、地中海及印度河流域国家兴灭大事

时间	新月沃土区（美索不达米亚及叙利亚）	埃及	爱琴海	波斯	印度河流域
前 6000—前 3000 年	苏美尔人在两河流域聚居，建立城邦国家	沿尼罗河建立上埃及和下埃及两王国。上埃及灭下埃及，初步统一			建立了城邦国家
前 3000—前 2000 年	游牧的塞姆部落迁入，与苏美尔人混居，建立阿卡德人的巴比伦尼亚王国。流域南部苏美尔城邦连年混战，统一为乌鲁克王国。北部阿卡德人联合游牧民族南侵，灭亡苏美尔人国家，建立阿卡德王国。东部游牧的古提人入侵阿卡德，实现异族统治约一百年。乌尔兴起，赶走入侵者，建立乌尔	自埃及第三、第四王朝时期起，王国稳定，建立中央集权统治。古王国结束，中王国时期开始	克里特岛上出现米诺斯城邦	依蓝人建立国家	

续上表

时间	新月沃土区（美索不达米亚及叙利亚）	埃及	爱琴海	波斯	印度河流域
	第三王朝。新塞姆人、依蓝人、印度日耳曼人如潮水般入侵，乌尔第三王朝没落，埃及人消灭乌尔第三王朝				
前2000—前1000年	阿摩利人建立古巴比伦王国，至第六代国王汉谟拉比统一两河流域，颁布法典。游牧的赫梯人南侵灭亡巴比伦国，旋即退出；继而入侵的加喜特人建立加喜特王朝。本地巴比伦人兴起，建立巴比伦第四王朝，公元前12世纪的国王尼布甲尼撒一世，战胜亚述和依蓝，扩大疆土至波斯湾，但终于在亚述人的攻击下崩溃。赫梯国家兴起，占领叙利亚，征服腓尼基，称雄西亚约三个世纪，公元前13世纪末因海上民族入侵而崩溃。两河流域北部的亚述国家兴起	游牧的喜克索斯人入侵中王国，建立埃及第十五、第十六王朝，统治约一世纪。本地人驱逐喜克索斯人，恢复埃及人统治，进入新王国时期。埃及四出征战，征服了腓尼基人、赫梯人、亚述人、巴比伦人约两个世纪	由希腊人建立迈锡尼国家。希腊人持续入侵克里特岛，米诺斯王朝灭亡		约公元前15世纪，游牧的雅利安人入侵两河流域，建立贵族国家

续上表

时间	新月沃土区（美索不达米亚及叙利亚）	埃及	爱琴海	波斯	印度河流域
前1000—前330年	亚述国家强盛，实行中央集权统治，称霸西亚，连年东征西讨，成为西亚的大帝国，公元前7世纪被游牧的斯基泰人不断入侵，后灭亡。亚述崩溃后，由入据的迦勒底人建立新巴比伦王国。新巴比伦王国被波斯人征服，并入为行省。后再被新崛起的亚历山大征服	被亚述人征服约一个世纪，后恢复统治，重归统一。其后被波斯征服，成为波斯帝国的一个行省。被亚历山大征服后并入版图。不久分裂为托勒密王朝的埃及	斯巴达兴起，打败阿果斯人建立伯罗奔尼撒半岛的霸权。雅典国家兴起。罗马国家出现。以雅典为首的希腊同波斯大流士进行长达半个世纪的希波战争，以缔结合约结束。斯巴达和雅典爆发伯罗奔尼撒战争，城邦民主制动摇。马其顿兴起，联合希腊力量，由亚历山大发动东侵，历时十三年，所有波斯版图，包括埃及、小亚细亚、西亚全部落入亚历山大帝国手中。亚历山大远征至印度河流域。他死后，部将分有其属土，帝国裂土为四：埃及的托勒密帝国、波斯腹地和亚述的塞琉古帝国、马其顿和希腊的卡桑德尔帝国、小亚细亚和色腊基的米辛马卡斯帝国	波斯帝国强劲崛起，进行持久的西向扩张，前后经历居鲁士和大流士两次征服，巴比伦、亚述、埃及等地一一落入版图，征服直达爱琴海。后被亚历山大灭亡	反马其顿侵略促使印度河流域的孔雀王朝出现

注：本表参照［英］杰弗里·巴勒克拉夫《泰晤士世界历史地图集》（中文版，生活·读书·新知三联书店1982年版）、周一良和吴于廑主编《世界通史》（人民出版社1973年版）、［英］韦尔斯《世界史纲》（吴文藻等译，人民出版社1982年版）、［德］赫尔佐克《古代的国家——起源和统治形式》（赵蓉恒译，北京大学出版社1998年版）编制。

在西亚、埃及和地中海广泛地域的国家兴灭历史中，我们同样看到地理对征服活动的强烈影响。埃及在公元前2000年以前，幸运地免受外来入侵，而到了公元前1000年前，也只有喜克索斯人入侵，受他们统治约一个世纪。这是因为地理的孤立特征相对于那时人类活动能力是存在的。尼罗河东西向都是沙漠，只有等到大规模航行发展了，或者能够沿地中海岸边越过西奈沙漠，实施军事征服，它的地理孤立特征才最后消失。对埃及人来说，那就是公元前最后一个一千年。它先后被亚述人、波斯人征服。等到亚历山大征服的时候，埃及已经是一个政治上被人蔑视的地方了。因为它被异邦人统治的历史已经太久了。相对于公元前最后一千年人类的军事技术、航海技术和已经拥有的国家力量，埃及已经无可挽回地与更广大地域的人类活动联系在一起了。当发生军事征服的时候，尼罗河狭长的地形使他们无路可逃，无怪乎这是一片入侵者垂涎的沃土。

与古埃及稍有不同，新月沃土地区自国家产生以来，入侵、征服几乎就没有停止过。这并不是因为那里的人特别好战，而是因为不战则无以生存。那里的地理特征可以解释该地人类的频繁征服。新月沃土地区地势平坦，幼发拉底河和底格里斯河受惠于上游雪山融化，与尼罗河近似，有泛滥期也有枯水期，流域区适宜农业，但周边却是草原和沙漠。西亚气候干旱，有河流或水源允许的地方就发展出农业，草原地带则发展出畜牧业。从整个地域来看，这是农业区夹杂着畜牧区，周边被更大的草原区包围。定居人和游牧人犬牙交错地分布于广阔的西亚地域，那里没有地理的屏障，不能造成生活方式的一致性，无法混成巨大的文明质量来化解入侵者。入侵者到来的时候，唯有筑城固守，战胜则侥幸，战败则受奴役。西亚的历史上，肥沃的地区就是战火硝烟最浓的地区，人类注定要把它蹂躏到贫瘠，践踏到失去吸引力的时候，才善罢甘休。

到亚历山大征服的时候，富于侵略性的帝国已经出现。亚历山大本人得到当时最好的教育，传说他是亚里士多德的学生，他对西亚和埃及以及对周边野蛮人的知识，一定是第一流的。贸易和军事征服已经使西亚、埃及和地中海彼此关联，其密切关联程度要远甚于汉朝本土与西域的关系。它被包容于希腊人关于世界的概念之内。加上亚历山大本人无穷的精力和统治万国的野心，这诸种力量的混合，是否支持一个统一的帝国出现呢？答案是否定的。亚历山大帝国如闪电火花，稍纵即逝。与其说是一个成形的帝国，不如说是一次人类历史上伟大的征服活动。亚历山大征服源于野心要远远多于生活的事实。野心和才华可以导致一时的成就，但生活事实的支持才使某种人类的活动持久。亚历山大起初游说希腊支持他出兵的理由是抵抗波斯人入侵。这个理由当然成立，他于公元前334年，率领一万二千步兵和一千五百骑兵出征波斯。可是，抵抗侵略的军事进攻，很快就演变为个人野心的表演。他俘获大流士三世的母亲和妻儿，大流士写信求和，亚历山大以他的方式拒绝：

> 到我跟前来，就像你去到亚洲大陆的王那里一样。你应该是恐惧在我的手里蒙受侮辱吧，然后派你的朋友过来，我会给他们适当的保证。但是你要来，向我恳求你的母亲、你的妻子、你的儿子和任何你所请求的东西。你将会得到他们，否则，你得不到任何东西。以后你我通信的任何时候，你都要称呼我为"亚洲的王"（King of all Asia），别想和我平起平坐。你所有的东西现在都是我的，所以如果你想要回任何东西，都要以相称的方式让我知道，否则我将以对付罪犯的方式对付你。如果你还想竞争你的王冠，你要站出来为此而战，不要逃窜。你要知道，不管你藏身哪里，我都会把你挖出来。①

历史上唯一能和这种傲慢、尊严和野心的征服相比的，我想大概只有冒顿单于和成吉思汗了。大流士死后，亚历山大还是要执意东侵印度河流域，他要把所有的王冠都踩在自己的脚下。为此，亚历山大和部将产生分歧，还醉酒失手杀死反对东侵的爱将Cleitus。他因此大受打击，自己也在归途中可疑地死去。为什么亚历山大的部将反对他东侵？理由很简单，东侵纯粹是个人野心的冒险。失败了，将士跟着受苦；成功了，名誉是亚历山大个人的。马其顿人或希腊人并不需要这片远在西亚的土地。地理的特征并不能配合这种古来无有的个人野心的征服。亚历山大的伙伴Callines说得好："主人，伤害我们的是你让波斯人变成我们的同类。"② 他的意思是长年累月的远征，致使将士娶了波斯女子，生儿育女。从民族交流的角度看，这当然是征服带来所谓西亚的希腊化，但是地中海、埃及和西亚的地理开放特征的确使任何透过征服而成为统一世界的个人野心变成空想。

---

① 笔者译自 Arrian, *The Campaigns of Alexander*, Penguin Books, 1971, pp. 127 – 128.

② Arrian, *The Campaigns of Alexander*, Penguin Books, 1971, p. 365.

比较一下汉高祖刘邦的故事。刘邦封巴蜀称汉王，项羽称楚王的时候，诸侯就国，天下息兵。刘邦手下的将士也有思东归者，"诸将及士卒多道亡归，士卒皆歌思东归"①。诸将不辞而亡命者数十人。但他的核心谋臣将领，却相反担忧他小王即安，缺乏取天下的壮志。韩信劝他，"天下已定，人皆自宁，不可复用。不如决策东向，争权天下"。张良则劝刘邦，烧绝通往关中的栈道，以麻痹项羽。萧何不辞劳苦，月下追还不得大用而亡命的韩信，以为只有韩信才能摆脱局促汉中的命运。韩信果然不负众望，定计先统一关中，再从关中出，争权天下。人类的军事、政治行为大体上是理性的，决策反映了人们对周围自然环境和敌我强弱的认识。亚历山大的部将反对东侵，我有理由相信是因为他们看不出建立统一世界的前景，即使侥幸征服而统一也是毫无意义的；而刘邦的部将唯恐他苟安一隅，也是因为他们看到，在一个地理的孤立性支持建立统一王朝的地方，如果贪图安逸，踞守于巴蜀的南郑，不主动出击，那么等待他们的将是灭亡。事实证明，两者都是对的。毫无疑问，这两种截然不同的命运并不能都从地理因素获得解释。但是，排除地理因素的作用显然不能说明军事征服的不同前景。希腊人当时的世界观虽然也有实际的疆域，大体相当于亚历山大帝国，周边都是野蛮人，但这个世界被海洋、沙漠、山脉分割成流域、草原，相互之间可以沟通却没有一个中心区，可以崛起成为大国的地方有数处，彼此间隔相当的距离。大国之间各不相能而相互觊觎，时有征服而无法统一，是必然的命运。反观中国，在春秋战国之世即演化出天下的概念，它很大程度反映的是东亚地理的相对孤立特点。天下，虽然也可以说是古代中国人的世界观，但在这个世界里，却只有一个中心区，和这个中心相配合的是只容许一个王位。不是在万人之上，就是在一人之下，舍此别无遁途。

与西亚、埃及和地中海比较，美洲可以说是一个相反的地理类型。地理大发现之前，只有印第安人生活于美洲。他们的来源有争议，可信的看法是他们和蒙古人种近似，在冰河时期的不同时候越过白令海峡到达美洲。大约经过一万年，才由北美扩展到南美。由于各部族到达美洲的时间不同，又经过长途迁徙形成的分隔生活，印第安各部族文化存在一定的多

① 引文均见《史记·高祖本纪》《史记·留侯世家》和《史记·淮阴侯列传》，中华书局1959 年版。

样性。但是，对文明的进化来说，与地中海沿岸和东亚相比，是远远不够的。特别是美洲和澳大利亚一样没有野马可供驯养，形成不了农耕人与骑马人的冲突，致使国家这种统治形式的发展缺乏持久的动力。例如，兴起于墨西哥尤卡坦半岛的玛雅文明就是自生自灭的。历史学家相信是气候变化，干旱缺乏水源所致。西班牙人到达的时候，南美有印加帝国，北美有阿兹特克帝国。其国家组织的水平约略相当于殷商时代吧。但是，即使这样低水平的国家组织，也和军事征服大有关系。阿兹特克人原来是一个小部落，特别尚武好斗。约于 11 世纪开始扩张，由北向南，一路征战，最后落脚于墨西哥高原中部地区。他们建有庞大的宫殿和祭祀场所，统治的人口约有一千万。神权和武力是阿兹特克人的两张统治王牌。阿兹特克人的统治方式没有丝毫的改变，一直维持到西班牙人的到来才终于崩溃。

　　美洲地理在自然的意义上，虽然有它的多样性，但限于那时的技术和生产水平，人类对其却不能加以利用。孤立的地理环境阻止了文明演化过程中不同种族和文化的刺激，虽然我们不能断定印第安人之后哥伦布地理大发现以前没有任何欧洲人或亚洲人到过美洲，比如，维京人的船队在 10 世纪左右曾经行挪威过冰岛到格陵兰的线路越过大西洋到达过美洲，[①]但是如此微弱的交流量不足以促成文明的改观。如果不是大西洋或太平洋的阻隔，如果美洲到欧洲或亚洲的距离仅仅是英吉利海峡的距离，美洲印第安人的历史一定不会那样单纯，也不会像殖民者到来以后那样悲壮惨烈。现在我们已经很清楚，印第安种族灭绝的惨祸，固然是因为殖民者的杀戮，但另一个祸首却是病毒和细菌。印第安种族在孤立的土地上繁衍，又没有饲养大型牲畜的历史，体内的免疫系统没有得到足够的进化。西班牙人到来的时候，一面是带着枪炮，另一面是带着身上的病毒和细菌。这些病毒和细菌对西班牙人无害，对印第安人却是致命的利器，它们有甚于枪炮。当年四百西班牙士兵攻占了阿兹特克人的宫殿和神庙后，发现阿兹特克人大批大批莫名其妙死亡，比 14 世纪流行的黑死病还要厉害。就这样四百西班牙士兵征服了有一千万人口的阿兹特克帝国。[②] 殖民的是非姑且不论，这个事实昭示我们，无论在生物意义上还是社会组织的意义上，长期孤立的演化最终一定会招致毁灭性的后果。阿兹特克帝国的崩溃，两

---

① 见 Yves Cohat：《维京人——强盗与水手》，张容译，上海书店出版社 1999 年版。

② Jared Diamond，*Guns*，*Germs and Steel*，Vintage，1998，pp. 210 – 212.

者兼而有之。

美洲是一片广袤的土地，假如没有欧洲殖民者，当然不能排除它演化出以复杂的国家组织为代表的高级文明的可能性。因为不同地域的生活一定会促使种族的分化，而分化则带来技术、组织、宗教等文化的多样性，多样性能够规避进化路途上的风险。但是，这种假设的成立需要若干千年甚至万年的时间和它配合，而人类在地球上的生活最终是相互关联的。等不到美洲印第安人进化出健全的免疫系统和高级的国家统治形式，他们已经被欧洲人抢先一步卷入殖民扩张的浪潮。在古代世界，人类之间的交流，总是通过迁徙传播生产技术、通过贸易交换所得，或者通过劫掠获得人口和财富，实现融合和混血；国家产生以后，大规模的军事、政治征服，占据了人类交流的重要地位。美洲遥远孤立的地理环境，既阻隔了和平的航海贸易，也阻隔了暴力的军事征服。文明演化需要的刺激全部来自印第安种族内部的微弱差异。当人类的航海技术成功跨越地理的阻隔以后，印第安人便面临了一个极为痛苦的时期。美洲的历史给后人留下一个发人深思的教训，思考孤立的地理环境对社会演变进程的深刻影响。

从国家演变的角度看古代世界，文明发展的三个主要地区，西亚、埃及和地中海，美洲，东亚大陆，大体上是相互分隔的。欧亚大陆之间虽然存在内陆交通，例如著名的丝绸之路，但我要说明的是这种程度的交通只能在产品和文化交流的层次上定义。[①] 它们对地缘政治的格局不产生明显的影响，可以忽略不计。其实，远在史前时期，由于欧亚之间大陆相连，人类的生产技术就已经相互传播。比如，马的驯养就是从欧洲传入亚洲，小麦很可能是从西亚传入东亚的，而猪的驯养从东亚传至地中海也并非没有可能。问题是当我们把视线转移到观察国家生活的时候，就不能不承认地理的分隔。因此，我们正在探讨的地理孤立性和开放性的概念并不是着眼于人类活动任意形式之间的联系的，更重要的是文明区域的内部有组织的人类活动和地理环境之间相互作用的状况。西亚、埃及和地中海的地理环境的孤立程度低，是因为它支持了多个文明核心区一定程度的分立发展，它在诱发大规模军事、政治征服的同时，又使得集权而统一的统治只

---

① 参阅张广达《古代欧亚的内陆交通——兼论山脉、沙漠、绿洲对东西文化交流的影响》（见中国史学会编《第十六届国际历史科学大会中国学者论文集》，中华书局 1985 年版）。张广达讨论了历史上的欧亚内陆交通，它们全部都属于文化交流意义上的交通。

能够昙花一现，无法长久。正是在人和地理环境的交互作用的意义上，提出地理的孤立性的概念，说明一定的地理状况对国家生活的影响。

中国文明生长于东亚的土地，它的地理、气候等自然环境因素对人类活动的作用，表现出一个特征：农耕人与游牧人活动范围存在一个明显地理的分界线。秦帝国的北面和西面的疆界基本上可以说是分界线的所在。北面和西北面绵延万里的长城更是游牧和农耕划分的见证。巴尔克（Parker）称万里长城是农耕人和游牧人的"一大血线"并没有说错。①农耕区域广大，南北的长度接近两千公里，东西约一千五百公里。有黄河、长江、西江等水系支持，可以有很高的潜在的粮食出产量，可以养活巨量的人口；游牧区地域更为广大，北面是内蒙古草原，西面是青藏高原，西北沿河西走廊穿越沙漠、戈壁，通达西域的绿洲地带。农耕区和游牧区不是间隔的、分散的，像西亚地中海那样，而是存在清晰的分界线。这一点对国家活动的影响深远。对农耕人来说，威胁来自北面和西面，这是他们务必死守的防线；对游牧人来说，南下和东进才能劫掠到他们垂涎的财富。即使是和平进行贸易而各得其所，依然存在生活方式的根本分歧。农耕人和游牧人的生活方式彼此不可替代又共同生活在这片土地上，注定要上演战争与和平、征服与反征服的悲壮的戏剧。因为这个戏台是地理、气候等自然环境的作用下形成的，彼此都是别无选择。

农耕人和游牧人双方似乎都没有什么退路。海岸线之外是浩瀚无涯的太平洋，再退就只有死路了。它令我们想到南宋末帝 1279 年被蒙古骑兵穷追不舍在珠江口崖山跳海身亡的故事。同样，西南也不是退路。那里崇山峻岭瘴疠弥漫，地形险恶异常。南明永历帝为清兵追杀，最终逃遁缅甸山林而渺无音讯。蒙古草原虽然水草丰美，一望无际，可是大漠之北，气候苦寒，"幕北寒苦无水草之地"②，不宜文明生长。汉武帝统治时期，下决心动员全国力量追剿匈奴。尽管匈奴有降将赵信献计，以为移居漠北可以避汉兵锋，没想到卫青、霍去病领兵穿越草原，奔袭两千里直达漠北，大大削弱凶悍的草原民族的攻击力量，使匈奴其后不是归汉称臣就是远遁

---

① ［英］巴克尔：《鞑靼千年史》，向达、黄静渊译，商务印书馆 1937 年版，第 5 页。
② 这是武帝年间使臣郭吉劝匈奴单于投降的话。见《史记·匈奴列传》，中华书局 1959 年版，第 2912 页。

欧洲。① 西域都护三十六国是汉武帝时为制服匈奴，隔绝匈奴与南羌、月氏的侵汉联盟而开拓出来的属国。西出敦煌阳关向西，顺着塔克拉玛干沙漠的南线和北线分别有两条交通线通达西域以西诸国，如康居、安息、大月氏、大夏、罽宾等"不臣之国"。这两条交通线就是今称的丝绸之路的南线和北线。路虽然一直向西伸延，但西域诸国与更西的"不臣之国"之间，存在一个明显的地理分界，这就是古称"葱岭"的帕米尔高原。汉成帝（前33—前7）时廷臣杜钦这样描绘南线由西域莎车、蒲犁诸国至罽宾国的路途艰险（罽宾国即今克什米尔一带，大唐玄奘西天取经即由此路进入身毒国——印度）："又历大头痛、小头痛之山，赤土、身热之阪，令人身热无色，头痛呕吐，驴畜尽然。又有三池、盘石阪，道狭者尺六七寸，长者径三十里。临峥嵘不测之深，行者骑步相持，绳索相引，二千余里乃到县度。畜坠，未半坑谷尽靡碎；人坠，势不得相收视。险阻危害，不可胜言。"② 杜钦所说的"身热无色，头痛呕吐"显然就是高原反应。这不是一般习惯低地生活的汉人能够适应的。丝绸之路的北线比南线略为平坦，但通往的却是康居、安息、大食等与朝廷内政无关的国度。用汉成帝时西域都护郭舜的话说，"空罢耗所过，送迎骄黠绝远之国，非至计也"③。他建议朝廷干脆不要与这些绝远之国交往。至于繁衍于青藏高原的羌族或吐蕃人，南为喜马拉雅山脉阻挡，西为帕米尔高原阻隔，所以历史上好战的吐蕃人并无南侵和西侵的记录。虽然他们在文化上较多地受南来佛教的影响，但作为民族关系则与汉族纠缠远多于与尼泊尔和印度民族的纠缠。因为教义的传播仅赖少数坚韧之士即可进行，而武装入侵或劫掠则一定要凭借地理的允许和便利，因为它涉及众多人的有组织行为。吐蕃人只有两条通路突破地理的阻隔进入在其西面的农耕区：沿黄河上游下到陇西入中原，或沿横断山谷进至西南地区。

---

① 匈奴经汉武帝和其后持续的讨伐，元气大伤。公元前50年左右分裂为南匈奴和北匈奴。南匈奴降汉，北匈奴约于公元4世纪远遁欧洲。汉朝讨伐匈奴的战事，见《史记·匈奴列传》和《汉书·匈奴传》。匈奴西迁一事，参见齐思和《匈奴西迁及其在欧洲的活动》，见林幹编《匈奴史论文选集（1919—1979）》，中华书局1983年版。

② 成帝时，罽宾国遣使入贡。杜钦进言大将军王凤，谓其国在险阻绝远之地，不必与之交往。见〔汉〕班固撰，〔唐〕颜师古注《汉书·西域传》，中华书局1962年版，第3887页。

③ 成帝时，康居王遣子侍汉为质，都护郭舜以为康居自恃绝远，骄慢都护使臣，若与之交通，得不偿失。见〔汉〕班固撰，〔唐〕颜师古注《汉书·西域传》，中华书局1962年版，第3893页。

西域的绿洲地带以西，是荒凉的中亚高原、戈壁和沙漠。作为国家关系无论是中原朝廷还是西域国家几乎就没有可能越过中亚的分隔地带与西亚国家发生军事征服活动。亚历山大征服印度河流域的时候，中原正当战国，战火正鏖。他班师向西，Arrian 认为亚历山大并不是听从了印度哲人的劝告。印度哲人告诉他："Every man can possess only so much of the earth's surface as this we are standing on."① 亚历山大赞同印度哲人的看法。也许是因为部将的反对，也许他根本不知道东边约四千公里外还有七个王在混战，也许他望着中亚的茫茫雪山就打消了东向的念头。约二百年后，汉武帝派张骞出使了西域，东汉班超恢复西域都护。最迟至东汉，中原人已经知道罗马帝国，称之为大秦。然而汉武帝没有表现出比在西域设都护更大的野心。东汉和帝永元九年（97）班超派甘英继续向西探险，出使罗马，但到地中海东岸条支国，可能为现今叙利亚、黎巴嫩临地中海之地，欲西渡大海因风暴而作罢。② 这是汉朝有组织探险的最远记录。无论亚历山大帝国还是汉帝国，人事活动不约而同止步于中亚高原、沙漠、戈壁。这应当能够说明中亚地理屏障的作用。它直到近代以前都是西亚和东亚大规模人事活动不可逾越的分隔线。自此以东，组成了相对孤立的东亚世界。汉朝人关于世界秩序的观念可以印证这种看法是正确的。班固总结西汉人的西域论，以为中亚地理的屏障，"此天地所以界别区域，绝外内也"③。

东亚世界里，农耕民族和游牧民族之所以有如此密切的关系，完全是受地理的影响。中亚高原隆起，地势西高东低。就中国西部的地形，古来即有"昆仑三龙说"或"葱岭三龙说"。④ 西部由北往南三条主要山脉，天山山脉、昆仑山山脉、冈底斯山山脉，均呈西东走向。昆仑山山脉东行连接祁连山和贺兰山，又另分出一支东南走向连接秦岭山脉；喜马拉雅山脉连接横断山脉东下云贵高原。河流亦顺着山势从西部高原咆哮而下，黄河、长江虽有曲折，大致是西东走向。高原干旱，气候恶劣，北边大漠以

① Arrian, *The Campaigns of Alexander*, Penguin Books, 1971, p. 349.
② 甘英出使大秦一事，见《后汉书·西域传》。条支国在今叙利亚，西海为地中海之说，从宫崎市定的考证。［日］宫崎市定：《条支与大秦与西海》，见［日］砺波护编《东西交涉史论》，日本中央公论社 1998 年版。
③ 见《汉书·西域传》的赞文，中华书局 1962 年版，第 3929 页。
④ 参见翁文灏《中国山脉考》，见《翁文灏选集》，冶金工业出版社 1989 年版。

北，草莽榛榛，荒无人烟。游牧民族的生存出路，势必指向中原膏腴之地。如果是和平贸易，他们能够得到食盐、茶、布匹、酒、丝绸等生活必需品；如果是战争或劫掠，到手之物即是财富。以农耕人的心态度量，游牧民族之需要中原膏腴之地，远甚于农耕民族之需要游牧人的产品。本来，产品的交流都有互惠的一面。现在的问题是东亚的地理状况迫使游牧民族只能从一个方向索取。他们也是被迫卷入了与中原民族爱恨交加相互纠缠的历史。假如蒙古草原以北不是那么苦寒，那里生长着另一个文明，假如连接西亚和东亚的中亚是一条坦途，假如西藏高原南面没有喜马拉雅山脉的阻隔而是一个平缓的坡与印度平原相连，那中原周边的游牧民族和汉族的关系一定比现在要疏远得多。因为他们可以有几个方向来发展贸易或进行征战，以满足生存的需求。当然以上的假设不可能是真实的，但它有助于我们看清楚地理情势对游牧人的压力。东亚的山势、水势和气候，源源不断如驱使万流归大海一般，驱使游牧民族面向他们的东南方寻求生存的出路。而中原的汉人世世代代都要接过这种来自游牧民族的压力，在蒙受持久而强大的游牧民族的压力中建设自己的文明。若按清朝的版图比较，中国的农耕区约占全图的三分之一，而游牧区、半游牧区及其少数定居点占了三分之二。可以说如此辽阔的游牧区能够最终纳入版图，是为这种地理特征造成的生存压力所引致的。当我们观察东亚游牧人与农耕人的关系时，既要注意到他们的关系持久不衰，冲突紧张造成的压力一直存在，又要注意到他们的关系格外密切，因为周边的地理屏障迫使他们共存于一个世界，虽然这个世界可以划分为游牧区和农耕区，但他们都无所逃于天地之间。用费孝通的话说，东亚大陆这片各民族的生存空间是一个"地理单元"。① 事实上是地理的相对孤立性使各民族在这个生存空间形成了较紧密的依存关系，无论和平还是战争都发生在这个共同的生存空间之内。

东亚大陆农耕区与游牧区的区别主要是气候差异造成的。而影响气候的因素主要有海洋和陆地的分布，山岳的阻隔和高度以及风暴等。中国地居的北纬地带，正相当于南至非洲摩洛哥与北至英格兰之间，但与西欧、地中海地带的气候截然不同。前者为大陆性气候而后者为海洋性气候。海洋性气候的气温和降雨变化都不若大陆性气候区显著，因为海水在日照充

---

① 参见费孝通等《中华民族的多元一体格局》，中央民族学院出版社 1989 年版。

足的夏季可以吸收太阳的热量，减弱日光的热作用，而在日照弱的冬季释放热量。加上大洋环流的作用，海洋气候的地方全年降雨均匀，秋冬略多于夏季。在这样的自然条件下，无论农业还是畜牧业，都可以获得很好的收成。历史上，法国以农业著称，英国以畜牧名世。然而，地处东亚的中国就没有这样幸运。它一面与浩瀚无涯的太平洋相接，另一面与酷寒干燥的欧亚内陆腹地相接。春夏季含水汽的海洋气流沿东南、西南方向吹向中国大陆，引发较强和集中的降雨；秋冬季严寒干旱的风浩浩南下，一时肃杀之气遍布全区，成为典型的季风气候区域。竺可桢综合季风和地形对中国气候的影响说：

> 季风对于中国气候之影响有二：第一，以冬季风来自干燥之内陆，夏季风来自润湿之热带海洋，故全国雨泽因有显著之周期性，夏季最多，冬季最少。第二，以中国各地冬季风多来自严寒之北方，夏季风则起自温暖之南部，冬夏两季温度之差异，于是益甚。
>
> ……中国在地形上，为一山岭崎岖之国家。舍长江、黄河连合而成之三角洲以及其他有数之小盆地而外，全境均山峦重叠，峰岳嵯峨。山岳之影响有二：第一，在夏季足为饱含湿气的东南风之阻碍，在冬季又足为自北来砭骨寒风之屏障。第二，高度渐增，温度每千米大约减低 6 ℃。而降水量则渐行增加，至相当高度而后止。①

作物的生长极需雨水滋润，假如降雨量全年少于 400 毫米而又没有溪流灌溉的可能性，就很难发展出有规模的农业生产。全国的降雨量大体上是由南向北递减，而地势较高的西南降雨亦不少。在季风和地势的共同作用下，同经度的地方降雨量会差别很大。竺可桢曾举汉口和开封两地说明问题。汉口在秦岭的南面，开封在秦岭的北面。汉口常年降雨量有 1155 毫米，而开封只得 566 毫米。水汽随山势增高而凝聚为降雨，如四川盆地峨眉山在 20 世纪 30 年代曾录得十二个月降雨 9235 毫米的记录。但在西北地区，湿润的夏季风一为喜马拉雅山脉阻挡，再为昆仑山脉阻挡，三为天山山脉阻挡，所以西北干燥荒瘠不毛，新疆乌鲁木齐年降水量 260 毫

---

① 竺可桢：《中国气候概论》，见《竺可桢文集》，科学出版社 1979 年版，第 192 页。

米，而库车仅得60毫米。① 按现代气象科学对中国气候的了解，分气候区为七：关外东北自为一区；秦岭、淮河以北内蒙古草原以南为华北气候区；秦岭、淮河以南，武夷、梅岭以北为华中气候区；武夷、梅岭以南为华南气候区；云贵高原和四川盆地为西南气候区；蒙古草原和新疆为蒙新气候区；青藏高原自为一区。② 在历史上，七区的气候，华北、华中、华南、西南适宜农耕，其余适宜游牧或半游牧，而适宜农耕的四区恰好与秦朝的版图重合。这说明了地理和气候的作用使得古代中国一直存在农耕区和游牧区清晰的地理分界线，以农耕区为核心，由农耕人和游牧人相互冲突、纠缠、融合而使其余更大的适宜游牧的区域纳入民族活动的版图。就气温、日照和降雨的自然条件来说，除西域自古就有若干绿洲农业之外，东北、蒙新、青藏高原的若干地方，并非不可以发展农耕。在这些地方今天已发展出大规模的农业，但我们应当注意到这是以今人的技术条件做出的成就。举凡种子改良、农用薄膜保温、施放化肥、现代灌溉方法等技术，都不是古人能够想象的。东北大部、青藏高原一部分地方，降水量虽然自古以来就能够满足农耕的要求，但气候寒冷，无霜期短，它适宜农耕的潜在可能性近代以前一直无法有规模地利用。所以传统上仍然是游牧为主，农耕只占很少的分量。根据竺可桢的研究，华北地区在东汉以前，年平均气温比现在略高，降雨亦较现在为多，所以气候比现在温和潮湿。③北部中国游牧与农耕的分界线沿战国秦汉的长城划定，这是很有地理气候方面的根据的。

由于地形、降雨和气温的作用而自然形成游牧和农耕两种生活方式，在古代史时期是一直无法逾越的。适宜游牧的地区不可能由于人类的活动而改造为农耕区。同样，适宜农耕的地区改造为游牧区也是注定要失败的。游牧区的人民自然要适应游牧的生活方式，生活在农耕区的人民也是如此。这是自然地理的状况影响所致，不是人事努力的范围。假如游牧人入侵农耕区并且在那里定居下来，那他们迟早也会变更原来游牧的习俗，转而师法农耕人的习俗；假如农耕人因战乱或不堪官府压迫而避地游牧

---

① 参见竺可桢《中国气候概论》，见《竺可桢文集》，科学出版社1979年版，第193页。

② 参见盛承禹等编著《中国气候总论》，科学出版社1986年版，第六章"中国气候区划和各区气候特征"。

③ 参见竺可桢《中国近五千年来气候变迁的初步研究》，见《竺可桢文集》，科学出版社1979年版。

区，则其生活方式也会入乡随俗。"胡人的汉化"是中国历史的常见现象，"汉人的胡化"也不少见。习俗的转变是因为人类迁徙，生活于不同原先的地理环境，迁徙迫使人们适应新的生活习俗。一定的习俗与一定的地理环境紧密相连，不可更易。结果，由于迁徙，改变的只是人类自己。历史上，游牧人或者南迁，或者东迁，源源不断进入中原，带着他们的好战、骁勇和部落生活习俗，为中原汉族注入新血，对中原社会的军事、政治和文化产生影响。① 反之，汉人因和亲、人质、避祸，迁入游牧地，也促进了游牧社会的技术、文化的提高。但是，无论农耕人和游牧人发生如何的民族混血和融合，也无论他们一直存在如何的技术和文化的交流，东亚世界里的游牧区域和农耕区域的紧张和冲突始终存在。游牧人需要向农耕区域寻找生存和发展的出路，农耕人则需要抵御游牧人入侵的浪潮。冲突的背后原因是地理环境对人的压力，对生活于该地区的农耕民族和游牧民族来说，地理环境的压力是不可抗拒的。

解明了东亚世界相对孤立的地理环境和气候条件以及它们对人类生活方式的影响，就可以进一步分析在这片辽阔土地上如何会上演一出混一宇内的壮观戏剧，以及如何形成大一统秩序观的意识形态。

与美洲只生活着印第安人不同，东亚大陆远在史前时代就存在足够差异性的不同种族、文化和部落社会。我们一般相信现今的中国人多为两个种属的后裔：蒙古人种与马来人种。蒙古人种为东亚北部的人种，而马来人种生活在南部地区。这两个种属的人在漫长的岁月中混血融合，形成汉族和其他民族。考古学家和历史学家早就不相信中华民族存在一个共同祖先的说法。由一血缘相对纯净或文化一致的人群衍生出汉民族及其他民族，这个说法是站不住脚的。黄帝是汉族的共同祖先，这个起源于春秋时代的神话，反映的正是文化信仰和政治制度越来越趋于一统的演变趋向。地下考古发掘证实，直到大一统奠定之前，早期国家的多样性和地域文化的多样性是一直存在的。许倬云综合新石器时期的文化系统，绘制成表，② 从中可以看出清晰的不同发展脉络。

许氏综合了东亚大陆新石器时期三个主要的文化系统：仰韶系、大汶

---

① 陈寅恪《论隋末唐初所谓"山东豪杰"》："山东豪杰本为胡种，先世迁入中国，与汉杂糅，因其勇武好战，为李唐忌恨。"又《论唐代之蕃将与府兵》一文，谓李唐看重蕃将能征善战，常委以重任。均见《金明馆丛稿初编》，上海古籍出版社1980年版。

② 见许倬云《西周史》，台湾联经出版事业公司1984年版，第10页。

口系、河姆渡马家浜系。三者虽同为农耕文明，存在共同之处，但相异之点亦复不少。仰韶系以彩陶著称，所以又有"彩陶文化"的别名；大汶口系最突出的特点是黑陶，又称"黑陶文化"；而河姆渡马家浜系生长于太湖流域，属于稻作文化。这些不同的文化系统同古史或传说的众多部落、不同系统的神氏的情况是一致的。近代学者认为，古代存在若干不同系统的部族，或称之为集团。例如，蒙文通主张古代有汉江民族、河洛民族、海岱民族三大系统之说；徐旭生则以为存在华夏、东夷和苗蛮三大集团；傅斯年又创为东夷集团与西夏集团相互斗争，互为消长之说。[①] 虽远古的历史已经不能详考，但重要的是这些事实昭示我们，东亚的远古世界是多姿多彩的。它的文明虽然略晚兴起，但较之两河流域与古埃及，并无逊色。许倬云说："中国在夏商时代，显然是一个多元的小世界，其中每一个地方文化，都代表古代的一个族群。在河南龙山的基础上，夏人建立了在中原的优势地位。夏代似是中国第一个超过村落界限的国家，能够动员成万的劳力建筑二里头那样的宫殿（或宗庙），但是夏代可能只是若干部族中较强大的一个。'夏后'的称号，禹会万国的传说，禹死后启益相争的故事，以及启益的治权依靠百姓自动找他统治和讴歌，都说明了夏初的政权未必能称为强固的国家。"[②]

儒家对上古历史有一影响深远的说法：夏商周三代是前仆后继，处在四周夷蛮的包围之中孤立发展。可是，考古资料越来越不支持这种说法。张光直认为，古史上夏商周三代一脉相承的文明发展观和三代国家在一个野蛮社会的孤岛上孤立发展的说法要做"根本性的修正"。这不仅因为三代国家曾经在各自的地域生存发展了相当长的时间，使自己与别一朝代产生横的关系，与之平行发展；而且也因为在后的朝代取而代之以后，前代并没有立即退出历史舞台，而只是不当华北地域的主角而已。张光直说："这三个时代中夏的王室在夏代为后来的人相信是华北诸国之长，商的王室在商代为华北诸国之长，而周的王室在周代为华北诸国之长。但夏商周又是三个政治集团，或称三个国家。这三个国家之间的关系是平行的：在夏商周三代中夏商周三个国可能都是同时存在的，只是其间的势力消长各

① 参见蒙文通《古史甄微》，见《中国现代学术经典·廖平　蒙文通卷》，河北教育出版社 1996 年版；徐旭生《中国古史的传说时代》，科学出版社 1960 年版；傅斯年《夷夏东西说》，见《傅斯年全集》（第 3 册），台湾联经出版事业公司 1980 年版。

② 许倬云：《西周史》，台湾联经出版事业公司 1984 年版，第 17 页。

代不同便是了。"① 三代的历史演变与其说是国家—社会的内部更迭，像后来朝代国家的前后更迭一样，不如说是相异的族群的入侵。入侵者因其武力的征服，造成了一个比前代疆域更大的新国家。这个新国家名声显赫，光耀盖过失败的弱者，而失败者的势力退出中原的核心区，遂使后人将势力的消长误认为是朝代的更迭。

夏商周三代都是兴起于黄河流域，文化上存在相当的共通性，它们的前身属龙山文化。因此，夏商周也可以看成是龙山一系在河南、山东和陕西三地的分别发展。文化的相似能不能成为趋向一统的解释呢？答案是否定的。文化的近似和相通当然提供了交流和认同的便利，但在国家演变的历史上，文化的近似是一回事，国家势力的各自为政又是另一回事。国家的演变是人类事功活动的结果，它同文化有关系，但文化的近似从来就不是国家由小变大的前提。世界史上无论古今都有许多例子。中东同为伊斯兰文化区，可是从来就没有统一过，现在也看不到这种趋势；欧洲是基督教文化区，可从来就是诸国林立。欧洲当今有统一的趋势，标志是欧盟的出现。但欧盟是经济全球化的结果，而不是文化的近似和相通推动的。这个道理同样适合理解东亚早期的历史。我们之所以有中华文化由黄帝开始，尧舜禹夏商周一线单传从不间断的印象，很大程度是儒家的历史观念造成的。如果这种历史观念还能够说明秦汉以后的大一统的话，那以此来理解春秋以前的历史则是不适当的。

周人崛起渭河流域，小心经营，联合周边部落即所谓"八百诸侯"的力量，以弱胜强，最后战胜商人。经过成康之世的封建诸侯，营建洛邑，周人倾力向东扩展自己的势力，总算是在沿黄河流域的华北地带，造成了一个周人的势力范围。② 值得注意的是，所谓封建亲戚，以藩屏周室，只是周初建国的一部分，并不是后世仍继续进行的常制。③ 这意味着，一方面需要占领和继续开垦战败者的土地，需要监视、驯服战败者和周边异族；另一方面技术条件又不允许实施直接的统治，就将封建作为了

---

① 张光直：《从夏商周三代考古论三代关系与中国古代国家的形成》，见《中国青铜时代》，生活·读书·新知三联书店1999年版，第87页。

② 周人克商之后，并非立即拥有黄河流域。傅斯年考周初齐燕鲁初封之地，均在成周之南，随着成康之世的武力向东扩张才改封在下游地区。见傅斯年《大东小东说——兼论鲁燕齐初封在成周南后乃东迁》，见《傅斯年全集》（第3册），台湾联经出版事业公司1980年版。

③ 参见许倬云《西周史》，台湾联经出版事业公司1984年版，第五章第一节"分封的本质"。

一种可能的制度安排。对同姓亲戚、异性立战功者和归顺的战败者封土、赐姓、命氏，由族长带领同族人到封赐的地方建立统治。[①] 在这种封建关系中，周天子自然凌驾在受封的诸侯之上，诸侯有臣属和藩屏周室的义务；可是维持封建关系的力量，来自血缘感情的成分要比来自人事监控的成分多得多，来自虚文的礼乐意识形态要比来自经济厉害得多。从统治的角度看，周天子与诸侯的关系并没有诸侯与卿大夫的关系那么密切。周王室没有办法定期重新检讨已经定下来的封建契约关系，从而形成对诸侯的制衡。因为这种封建关系不是建立在纯粹的权利义务关系上的。它固然有封建双方权利和义务的内容，但更重要的是，它是氏族势力扩张的形式。一旦封土建国，诸侯以后的发展往往就无从干预。为了大范围的扩张，牺牲了权力统治的稳固性。因此，我们不能用统一王朝的眼光看西周。西周存续将近三个世纪，在华北地区培养了广泛的势力。但是这种势力与其说是政治统治的势力，不如说是文化的势力。它为春秋史的展开奠定了基础。春秋时代酝酿成熟的诸夏或中国的说法的出现是一个重要的信号，它标志着同周边民族的冲突使民族意识上升到自觉的程度，并且以此为契机创生出大一统的秩序观。

先周时代在政治和文化方面的多元小世界的格局，经西周的酝酿进入春秋时期被逐渐加速的统一趋向所取代。国家组织的扩大标志着活动范围的伸展，大国四出征讨，把一些小的方国和部落社会吸收进来，这本是社会演变史里应有的。就像西亚、埃及和地中海一样，从公元前1000年左右，大国相继崛起。先是埃及，然后是亚述、波斯和马其顿，小国在频繁的征服战中纷纷解体，归并入大国。但人类的野心在该地区无法跨越地理的限制，纵然有征服，国家的规模必须停止在某个程度上面。所以，公元前最后一个一千年的文明演变的加速，并不能总是说明统一的趋向。文明演变的加速在东亚造成统一的趋向，根本的原因是地理的相对孤立性无法创造出足够的地理屏障阻止大国征服的野心。游牧人不断劫掠、侵扰农耕区域，这种压力势必促使农耕人结成国家联盟共同抵御游牧的异族，而联盟又促进了经济、文化的沟通和社群的融合，削弱国家各自为政的力量，大国的称霸野心就可能在这种局面中将统治疆域推进至地理允许的极限。

---

① 参见杨希枚《姓字古义析证》，见台湾"中研院"《历史语言研究所集刊》第23本下册，1952年。

春秋到秦朝的历史就是这样的一部历史。

从"中国"一词含义的演变，就可以清楚看出农耕和游牧两种不同的势力在一个地理相对孤立的区域内相互作用而导致大一统秩序观的形成。在古代的文献里，"中国"一词最早似见于《诗经·大雅·民劳》："惠此中国，以绥四方。"按《毛诗正义》的说法，诗作于周厉王的时代，春秋开始于公元前722年，周厉王早于此一个多世纪。"中国，京师也；四方，诸夏也。"① 这时候的中国仅仅是一个狭小范围的地理名词，而四方则是藩屏周室的封建亲戚。当然，这个地理名词有一特殊的地方，就是它有处在中心的位置的含义。在古代史的早期，文明先进的国家，如印度、希腊、罗马都将本土当作世界的中心。② 古人活动范围不大，受地理知识的限制，各自将自己的居土视为世界的中心，这是无可非议的。伸延至春秋，中国的含义起了明显的变化。它除了疆域的扩大以外，还包含有鲜明的民族血缘以及文化意识在内。与中国相对应的已经不是处于四方的封建诸侯国，而是文明程度较低而且被歧视的四夷。中国、诸夏、诸华都在与四夷相对中显示。在《春秋左传》里，我们读到这样一些句子："德以柔中国，刑以威四夷。""和诸戎狄以正诸华。""戎狄豺狼，不可厌也；诸夏亲昵，不可弃也。""凡诸侯有四夷之功，则献于王，王以警于夷；中国则否。"③ 对周边异族的歧视是一个重要的信号，它标志中原诸华民族意识的兴起。歧视反映的是一种人我的区别，它本身是否反映了客观的实际情况并不重要，重要的是它通过人我之间差异的非理性的强调来增进文化的自我认同。"戎狄无亲而贪""戎，禽兽也"④ 等看法，与其说是一种常识性的错误，不如说是一种以夸张的手法来突现诸华文化的优先地位的说辞，而它背后凸显的正是诸华的文化中心意识。农耕与游牧在生活方式上存在根本的差异，但双方在同一地理空间内活动，不能彼此隔绝。所以，习俗、文化上的区别显而易见，正如襄公十四年（前559）戎人驹

① 〔清〕阮元校刻：《十三经注疏》（上册），中华书局1980年版，第548页。
② 钱锺书《管锥编》："法显《佛国记》称印度为'中国'而以中国为边地，古希腊、罗马、亚剌伯人著书各以本土为世界中心。"《管锥编》（第4册），中华书局1979年版，第1556页。
③ 《春秋左传》僖公二十五年及襄公十一年。引文见杨伯峻编著《春秋左传注》，中华书局1981年版，第1册，第434页；第3册，第993页；第1册，第256页；第1册，第249页。
④ 《春秋左传》襄公四年，杨伯峻编著《春秋左传注》（第3册），中华书局1981年版，第936页。

支说的："我诸戎饮食衣服不与华同，贽币不通，言语不达。"① 这种习俗文化上的区别，如果在一个比较开放的地理空间，双方不必争夺得你死我活，那它很可能就只是习俗文化的差别而已。但若地理的限制造成双方对生存的空间的争夺志在必得，势力较为强大的一方就倾向于透过歧视异己者来增进和维持自我民族的认同。将周边戎狄认定为天性贪婪，行为如同禽兽，这种认识今天看起来的确幼稚，但中原诸夏正是通过如此幼稚的歧视来提高自己文化的优越感，维持民族自我认同。可见对周边异族的歧视是诸华面对游牧民族强大压力做出的反应，也是大一统秩序观形成的初步。

促成地居中原的诸华民族意识兴起的根本原因是持续的异族冲突。春秋时代霸政崛起，取代周室维系诸侯国之间的秩序，而诸侯国之间所以有一个相对的秩序，例如服从霸主、参与盟会、虚尊周室等，就在于有强敌压境，需要反抗周边异族的入侵。霸主的口号是"尊王攘夷"，它意味着攘夷的目的是尊王，反过来，尊王的人就一定要攘夷。"尊王室"和"攘狄夷"是一件事情的两面。戎狄交侵造成了周室频繁的灾难，自然也构成诸侯国生存的难题。在这种情况下，谁能够凭自己的实力抵抗戎狄的威胁，谁就是中原事实上的主人。春秋齐桓、晋文的霸业，历来为正统史家诟病，谓其以赤裸的暴力行霸道而不是行王道。但还是孔子有深切的体会："微管仲，吾其被发左衽矣。"② 其实，霸政是大一统的先声。春秋虽然礼崩乐坏，但毕竟礼乐犹存，内部制度因封建的传统而各自为政，未能与抵抗异族的入侵相配合，由一个实力最强的诸侯来领带诸国，这是当时诸侯国维持生存可能的出路。"尊王攘夷"的霸政是在异族入侵的危机中出现的，入侵刺激了民族意识的生长，日渐兴起的民族意识在当时没有一个现存的政治制度可以附着，只能聊寄于欲坠的周室，所以才存在攘夷与尊王的联系。等到大一统落实为政治制度，它便与这种春秋时代出现的大一统意识形态互为表里，融为一体。传统史家以道德眼光看春秋的霸政，以尊王为虚伪，以求霸为实质。这是未能将人类历史活动中的野心和野心在一定环境下达致的结果相区别。霸政毫无疑问是霸主追求自身权威的扩

---

① 《春秋左传》襄公十四年，杨伯峻编著《春秋左传注》（第3册），中华书局1981年版，第1007页。

② 《论语·宪问》，见〔清〕阮元校刻《十三经注疏》（下册），中华书局1980年版，第2512页。

大，而霸主权威的扩展对周室的确不利。但周室在当时的环境下已经不可能恢复中原领导者的角色，设想霸主还政周室，在封建传统下是不可能的。封建制度的演变已经彻底剥夺了周室对中原的管治实力。面对衰落的周室唱挽歌显然不是史家应当做的事情。应运而生的霸政充盈着霸主个人对权力的野心，勤王为求霸之术也是春秋时人所共知的伎俩。但霸主权力野心导致的是诸夏民族意识的觉醒。春秋 242 年，诸夏各国三方以上的盟会多达 83 次。这些盟会当然不是全部为解决与周边夷蛮的冲突而设的，也有为平息内部纠纷而进行的。但盟会活动向周边异族显示了一个逐渐一致的中原诸夏的形象，封建诸侯顽固的各自为政的传统也被盟会活动逐渐削弱，小国成了大国的附庸，举凡出兵、盟会、行政等唯大国马首是瞻，① 为日后的大一统奠定了基础。不论霸主的个人野心是什么，霸主的活动客观上创造了消灭封建制度的条件。

春秋时代存在频繁的戎狄入侵。《春秋左传》大体上算是勾勒出当时诸华与戎狄冲突的轮廓。从公元前 722 年到公元前 481 年春秋 242 年的历史中，有记载的与戎狄的战争 50 次，盟会或议和 7 次。实际的情况肯定比书面的记载只多不少。《春秋左传》记事，极少涉及燕与秦，这两国均处在戎狄的包围之中。它们的孱弱或强盛都与戎狄脱离不了干系。例如，公元前 623 年，秦穆公听从由余的计策西向征伐，灭西戎十二国，开地千里，秦国从此奠定强国的地位。这件大事见于《史记·秦本纪》，而《春秋左传》记载太过简单以致看不出事情的轮廓。从不完全的历史记录里，我们可以想见威胁的迫切和征伐的频繁。农耕民族为了拓土强国，为了消除入侵的威胁，出征游牧人；游牧民族为了生存，需要劫掠农耕人。频繁的征战首先是直接刺激了大国的出现，其次是统一的实现。春秋四强国当中，楚国另当别论，其余齐、晋、秦都先后与戎狄发生深刻的关系。这正应了古人多难兴邦的说法。

蒙文通考证约当齐桓公之世（前 685—前 643），狄族强盛，曾经一度东进，缺黄河使改道，齐鲁郑燕首当其冲。② 桓公在管仲的辅助下，内

---

① 如宋国合左师所云："大国令，小国共，吾知共而已。"杨伯峻注释"共"为"供职事"，犹言大国发号施令，小国追随供职事。这道出了春秋时代大小国关系的实况。见《春秋左传》昭公元年，杨伯峻编著《春秋左传注》（第 4 册），中华书局 1981 年版，第 1203 页。

② 蒙文通：《国史上黄河初次改道与狄人东进》，见《蒙文通文集》第四卷《古地甄微》之第五章，巴蜀书社 1998 年版。

政修明，负起华北东部诸夏各国抗击戎狄的责任。特别是公元前 663 年，山戎大伐燕国，燕国向齐国告急。《史记·齐太公世家》记此事："齐桓公救燕，遂伐山戎，至于孤竹而还。"按杨伯峻的说法，孤竹即当今河北卢龙、滦县一带。① 若从齐都临淄进发，陆路大约五百公里，对古人来说，是一次大的远征了。北征得胜后，公元前 656 年，齐桓公南征楚国。其时楚国虽强，但夷蛮自置，曾多次入寇诸夏，不与中国会盟。桓公兴师问罪，阻止楚国对中原的野心。齐桓公的霸政对诸夏的安定和新形势下的封建秩序贡献良多，遂令葵丘之会周襄王派朝官赐桓公文武胙、彤弓矢等，等于承认齐桓的霸主地位。齐桓公统治四十三年间，"兵车之会三，乘车之会六，九合诸侯，一匡天下"②。我们今天已经不太可能得到确切的史料以观察外部异族入侵的压力如何导致齐国内政的变化，但春秋早期，齐国与戎狄有较多的接触，在入侵的压力不至于强大到摧毁内政的时候，外部压力就是自强的正面刺激，例如可以得到戎狄的马匹、借鉴游牧人骑兵战术、士兵亦因屡战而更有经验等，对提高战斗力事关重大。所以，齐国春秋早期称霸中原，与游牧人的压力存在相关关系，这是一个合乎情理的推测。齐桓公之后，北方的戎再也没有找过齐国的麻烦，而一种被诸夏称为狄的人，对齐国有过几次入侵。据马长寿的考证，狄人其时已是半定居的民族了。③ 狄侵齐的最后记录是公元前 605 年。大概到了春秋中期，山东黄河下游地区的游牧和半游牧人已经转变为农耕，原来存在的农耕与游牧的紧张关系消解了，齐国也就不再面临游牧人的压力。但它在中原诸夏的主导角色也随之减退。

游牧人的压力对春秋霸政的积极影响如果在齐国仅仅是推测的话，那在晋秦就可以找到直接的证据。晋的先世虽为中原嫡传，晋侯是武王子叔虞之后。但它的三面都是游牧人的势力范围，东有狄，北有北戎，西有狐氏之戎和翟。晋献公（前 677—前 651）以前晋是诸夏的弱国，直到公元前 655 年，晋献公灭了位居晋南平原的虢国与虞国，晋才日见强大。这恐怕得力于晋将归化的游牧异族势力吸纳入自己的势力范围。《春秋左传》记晋献公娶二戎女，其中大戎狐姬生重耳，就是日后的晋文公。这显然是

---

① 参见杨伯峻编著《春秋左传注》（第 1 册），中华书局 1981 年版，第 246 页。
② 事见《史记·齐太公世家》，中华书局 1959 年版，第 1491 页。
③ 参见马长寿《北狄与匈奴》，生活·读书·新知三联书店 1962 年版，第 8 页。

和戎政策的一部分，利用血缘亲情拉拢周边游牧势力，以为己用。重耳为公子时，避公室乱，出亡母家戎地避祸十二年，戎人又以二女妻之。观晋献公的谋士进言："狄之广莫，于晋为都。晋之启土，不亦宜乎！"① 提议的背后虽然有权力的阴谋，但它反映了晋国推行的和戎拓土政策。归化者则涵而纳之，不服者则侵而镇压之。绥靖政策使晋国在春秋中后期成为一大国。公元前 538 年，楚使求盟，晋侯犹未许，而自恃"晋有三不殆，其何敌之有？国险而多马，齐、楚多难；有是三者，何乡而不济"②。齐楚多难，是别国的事情，晋平公将自己的希望寄托在别国的灾难上，未免牵强；国险属于地形范围的事情，春秋诸大国中，秦晋地理优势最明显，而秦又优于晋，这话晋侯算说对了一半；多马则肯定得益于绥靖戎狄的策略。我们今天虽然无法做诸国战车、骑兵的比较，但晋侯对自己的战车、马匹的估计，多到可以自恃的地步，想必是在诸国中占有优胜的地位。秦国的发迹也是得益于与西戎的冲突和融合。秦先世为小邦，被犬戎压迫，沿着渭水一直向东迁徙。秦人的发迹几乎重复了周人发迹的故事。早期弱小的时候被犬戎追打，但秦人迁徙避祸，忍辱负重，依赖农耕积累力量，然后反攻，奠定胜利基础。秦人最先在犬丘即今甘肃天水西南的地方立足，经数迁而至雍即今陕西凤翔附近，战国时再迁至今咸阳地方。秦穆公的时候，秦人大反攻，占有陇西走廊的大部，并尽可能将他们吸纳进农耕的生活方式。马非百分析穆公时代的征战策略，谓有东进、西进、南进之分。一开始东征晋人，失败，转而讨伐西戎，大获全胜。军事胜利和民族融合带来的结果对秦国日后影响至巨，马非百说："秦人异日统一之基，实自穆公建之。"③ 秦人定居农耕于渭河流域后，即与游牧人开始了长期的拉锯战。西周末年，定居的诸华和半游牧的戎狄在黄河流域附近交错杂处，你中有我，我中有你。但由草原南下和东进的戎狄对土地的价值认识不高，农耕技术显然落后于诸华。戎狄和诸华拉锯战的结果并不能消除冲突，并不能根本改变冲突的存在，只是将接近半游牧的那部分戎狄融入农耕社会，促使农耕社会势力的扩大，也促使国家的规模向更大的方向扩张；而将不愿意归化臣服的那部分戎狄向北驱赶，驱逐他们回到原来他们

① 杨伯峻编著：《春秋左传注》（第 1 册），中华书局 1981 年版，第 240 页。
② 杨伯峻编著：《春秋左传注》（第 4 册），中华书局 1981 年版，第 1246 页。
③ 马非百：《秦集史》（上册），中华书局 1982 年版，第 21 页。

祖先生活的地方。在这无尽期的拉锯战中，与游牧人有较多接触的诸夏国如齐、晋、秦，比别的国家更强烈地感受到自身安全的压力，亦能够在入侵的压力中奋起，所以在称霸中原或统一战争中占有先手之利。至于长江流域的诸国，如楚、吴、越等，原本就是农耕社会，它们只是在这个过程中逐渐被吸纳入中原诸夏的范围，正所谓礼乐被于蛮荒之地。

楚的先世可疑。童书业认为楚本中原之族，并不是真正的夷蛮。[①]《史记·楚世家》虽然提到周成王的时候受封，但这种受封与诸夏封建亲戚之封含义恐怕有所不同。疑楚人本在江汉的荆地孤立发展，已经渐有模样，其时一来楚人仰慕中原礼乐，二来周人亦需要拉拢周边势力，故此就给予了一个虚封，并无裂土、赐人、铸鼎这样实封之事。读《春秋左传》，经在庄公二十八年，即公元前 666 年以前，称楚为荆，此后才叫作楚。这至少是反映了当时史官视楚为非中原嫡传的态度。公元前 656 年，齐桓公伐楚，出师的名号就是"尔贡苞茅不入，王祭不共，无以缩酒"，还有"昭王南征而不复"。[②] 这说明楚国多少年来并没有向西周王室入贡，甚至还因为周人向南扩张而发生过战争。公元前 606 年，楚伐陆浑之戎，进兵到达洛水，陈兵向周室示威，周定王派人劳军。楚庄王乘机问周鼎的大小轻重。[③] 这显示楚人不习中原王化而无礼，为中原所不齿。现存的史料表明，春秋早期以前楚国不入诸夏范围，楚对中原的入侵，被认为是与北方戎狄的入侵没有什么两样的，都是对诸夏文明的威胁。但长江流域诸国的生产及生活方式与中原诸国并无根本不同，中原的文化通过战争和盟会等活动迅速向南扩散，历经春秋战国之世，政治、经济、文化完全混合为一体，有区别的仅是地方习俗而已。

诸夏的势力向北扩散和向南扩散的速度截然不同。向北缓慢而向南神速。假如以洛阳为诸夏势力的中心点，春秋时代诸夏的势力，最北的地方是燕，已经是北纬 40 度地方。经历春秋战国五个世纪，在河北一带仅推进到北纬 42 度包括辽河下游地方，在陕西、山西则由太原附近北纬 38 度推进至北纬 40.5 度河套平原一带，止于阴山山脉以南。但在洛阳以南，春秋早期诸夏的势力尤在汉水、淮河一带，即北纬 32 度地方。傅斯年认

---

① 参见童书业《春秋左传研究》，上海人民出版社 1980 年版，第 51 页。
② 杨伯峻编著：《春秋左传注》（第 1 册），中华书局 1981 年版，第 290－291 页。
③ 参见杨伯峻编著《春秋左传注》（第 2 册），中华书局 1981 年版，第 669 页。

为，周初封建的疆域，南不逾于陈蔡；毛郑所谓文王化行江汉，并不是事实。① 这是很有道理的。然而，经过五个世纪的融合，到秦始皇统一时，诸夏的势力已经南到珠江流域，即北纬23度地方。在相同的时间内，向北只推进两度左右，向南却能够推进九度，东面和南面沿海的地方，全部落入版图之内。唯一能够解释文明扩散速度的差异的是地理因素，以及由此而产生的生产、生活方式的因素。长江流域以南，直到西周末年春秋初年虽然在政治、文化上另有一套，不入中原诸夏势力范围，但同属农耕区，生产方式和生活方式不存在重大差别。因此，长江流域和珠江流域诸国各自为政的支持力量当然就没有北方戎狄那样顽强，中原诸夏与周边诸国的混战便自然使文明较高的黄河流域的文化扩散至发展程度略低的长江和珠江流域。说到底，地理和气候创造的生产方式和生活方式的一致性，为政治势力和文化的扩散提供了前提条件。但是，地理和气候的差异却在华北和华北以北的地区之间划出了清晰的分界线，这条分界线是诸夏人类活动不能逾越的。诸夏的势力只能在混战中，将游牧的异族在还能够进行农耕的地方改造为农耕人，至于在那些不宜进行农耕的地方的游牧人，也就无能为力了。因为这已经是地理许可的极限了。汉初刘邦出兵讨伐匈奴，在今呼和浩特南四十公里的白登山被匈奴四十万精兵团团围住，不得脱身。刘邦用厚贿买通阏氏，阏氏向冒顿单于进言："两主不相困。今得汉地，而单于终非能居之也。"② 匈奴如为保持自己的生活方式计，即使占领了汉地，亦为无用，这倒是说了大实话。匈奴竟然因此而撤兵。多少年来，塞内和塞外就是一条截然的界限，农耕和游牧的势力虽然互有胜负，双方处于拉锯的状态，但始终维持了双方在生活方式上的差异。这其中的原因当然只能是地理和气候影响。

经过春秋战国五个世纪的混战，华戎交错杂处于黄河流域的局面结束了。游牧人向北后和向西退回草原地带，诸夏向南扩张到南海和东海的海岸线，将东亚大陆可能的农耕区都囊括入自己的势力范围。但是，值得注意的是这并没有结束早期就已经存在的农耕人和游牧对垒的局面，反而在一个更大的规模下展开这个已经存在的对垒。农耕区的规模在扩大，提高

① 参见傅斯年《大东小东说——兼论鲁燕齐初封在成周南后乃东迁》，载《傅斯年全集》（第3册），台湾联经出版事业公司1980年版。
② 〔汉〕司马迁：《史记·匈奴列传》，中华书局1959年版，第2894页。

了国家阻击游牧民族入侵的力量，同时，游牧区也存在走向联合的趋势，他们入侵和劫掠的能量较之北狄和山戎的时代亦势必不可同日而语。地理和气候的原因将他们划分出农耕和游牧截然不同的生产生活方式，也划分出由此而来的不同文化和习俗；但东亚大陆的地理的相对孤立特征，又将他们带入一个密切相关的共同生活空间。农耕的汉族面对北边和西边生活于草原、戈壁和沙漠的游牧民族，就像渔民面对茫茫大海，猛烈的阳光照射使得水汽蒸腾，热能量假以时日积聚到一定程度，就形成狂暴的飓风，吹向大陆而影响渔民的生计，但既生为渔人，就不得不与飓风打交道，积累关于飓风的知识，减少风暴的侵害。在汉族农耕区北边和西边莽莽辽阔的草原，哺育着彪悍善战的游牧民族，他们在这片土地上生息繁衍，积聚能量，在强大到足以入侵程度的时候，就会挥师东进或南下，宛如一股旋风狂刮向农耕地区。在中国历史上，匈奴、鲜卑、突厥、回鹘、吐蕃、契丹、西夏、金、蒙古、女真等，先后发动猛烈的游牧人的旋风，挥师指向农耕地区。游牧人的入侵模式，也由远古期的劫掠过渡到中古期的定居，然后是近古期的入主中原。

当我们明白地理的孤立性在东亚大陆造成的游牧和农耕不可消除的对垒，就可以明白这块土地何以自然形成核心区和周边区的分别，也可以明白大一统秩序观所强调的夷夏界限和一统的含义。农耕区成为东亚文明的核心区是在情理之中的。它的经济力量强大厚实，财货丰裕，人口稠密，社会组织的复杂程度高，虽然军事力量并不一定能够抗衡游牧势力，因为军事战斗力关乎组织内部是否腐败，但组织复杂程度高的社会尽管遭受不利于己的入侵，它最终总是会同化新来的入侵者，因为组织复杂程度低的游牧社会不可能以它们的一套规则来代替现存农耕社会更复杂的组织规则。这大概就是文明演进的不可逆定律吧。游牧社会虽然有所谓"控弦之士"和尚武传统，但缺乏足够的财富支持它的军事活动。考古发掘出的匈奴墓，墓葬简陋，多以马牛羊为殉葬品，还有少量粗糙的生活用陶器和青铜制品。[1] 这可以证明草原生活积累财富不易，其养活的人口也远逊于农耕。当年匈奴就承认"匈奴人众不能当汉之一郡"[2]。但由于草原游

---

[1] 参见田广金《桃红巴拉的匈奴墓》，见林幹编《匈奴史论文选集（1919—1979）》，中华书局 1983 年版。

[2] 这是中行所讲的话。他是降匈奴的汉人，有两地生活的经历，其说应当可靠。见《史记·匈奴列传》，中华书局 1959 年版，第 2899 页。

牧民族存在这个事实，"中国未得高枕安寝也"①。对农耕的汉族来说，最好没有游牧民族的困扰；而对于游牧人来说，最好的是邻近的这块肥肉更丰腴一点。由于力量的对比和历史关系的特点，农耕民族和游牧民族同台演出东亚历史这幕活剧。汉族当然是主角，游牧的异族就是配角。核心和周边的自然形成，不仅仅是地理意义上的，更重要的是它意味着历史活动的分量。

大一统秩序观的要义在于分清夷夏的界限，这种观念当然是歧视周边异族的，但它反映了双方在地理上的对立和共处，反映了东亚文明存在核心区和周边区这样的现实。农耕的汉族需要一种意识形态来维持自己的民族认同。因为它能够帮助汉族进行战争动员，抵御周边异族的入侵。夷夏的区别，只论文化信仰，不论血统，就是因应了游牧和农耕双方长期冲突的事实而演变出来的。如果夷夏的区别要论血统，那就没有了弹性。事实上诸华也是由无数的来源不同的部族、部落融合而成的，根本无血统的纯净性可言。若要举世界上血统驳杂一民族，汉族恐怕名列第一。夷夏的区别只讲究文化信仰就可以有充分的弹性。只要倾心归附中原文化，熟习华夏习俗，就可以视为同一的民族。这种意识形态的特征显然是有利于化解与周边异族的紧张，它使自我认同的必要性与对周边异族的包容性处于一个精巧平衡的地位。一方面是划清人我的界线，原则不容混淆；另一方面又不至于使这条界线僵化，留下民族融合、冲突化解的空间，以大一统包容东亚土地上诸民族的利益均衡。春秋以来正统的史书，讲到周边异族的来源出处，一定是黄帝的苗裔而散落四方，虚拟的黄帝被尊为东亚诸民族的共同祖先。神话当然是捏造出来的，但被捏造出来的神话未必不是折射了人们的某种需要。大一统秩序观虽然有过于高傲而不切实际的地方，例如歧视周边异族，将他们统统归到黄帝的苗裔之下等，但当我们明白了东亚秩序的实质和根本冲突之后，就会认识到大一统秩序观是对古代东亚秩序合乎情理的意识形态说明。

---

① 这句话出自扬雄建平四年（前3）《上汉哀帝书》。见《汉书·匈奴传》，中华书局1962年版，第3814页。

超大规模国家的近代化

自公元前 221 年秦始皇灭六国统一，中国就是一个超大规模的国家。其土地、人口和国家制度所构成的有效管治能力，一直远超于其他国家。除了间歇性分裂的时期，统一帝国所拥有的繁荣和强盛，远不是历史上其他帝国可以比拟的。就算到了国运转衰的清朝季世，在中国的传教士，也感叹这个衰弱帝国的庞大。连同传教士一起到来谋求通商的政客和商人，亦有鉴于中国的庞大而无法实行传统的殖民政策。最迟在道光年间，西来的殖民者就已经接受了这样的现实：对付中国不可采取传统的拓殖政策，只可用武力逼迫中国开放门户通商和传教。当时最强大的英国，一面武力要挟通商和传教，一面提倡"保全"中国政策。他们吃不了，也不想别人有朝一日把这块肥肉吞下去。中国文明的规模，既让殖民者垂涎，又让殖民者无奈。正是超大规模国家的现实，造成了中国在殖民扩张时代独特的历史景观："门户开放，一体均沾。"换句话说，西方列强涉洋远来，并不以掠取殖民管治权为重要目的，而这恰是他们扩张到世界其他地方时的首选。中国适逢殖民扩张的浪潮来势汹涌之际，又逢国运衰颓的季世，最终能避过被殖民瓜分的厄运，它本身超大型的文明规模不能不说是一个重要的原因。

超庞大的人类组织在遭受外来者挑战的时候长于防卫，却短于转变，正应了"船大调头难"这句民间俗话。本来，顺利的近代化过程是多个层面可以相互配合的转型，比如殖产兴业带来的经济增长和生活改善、现代科技和教育推广带来的知识普及、政制调整带来的法治秩序、民族主义生长带来的意识形态都能够相互配合而成为相互兼容的人民日常生活。当然在相互兼容的演进过程中，多少有点儿矛盾是不可避免的，甚至现代性自身也是有自相矛盾的地方。但如果它们能够相互兼容配合就不至于冲突到酿成社会灾难的地步。至关重要的是这些转变可以接近于同步的配合，创出一个后进国家迎头赶上，参与全球竞争的局面。例如，近代日本与列强签订不平等条约比中国晚十六年，但 1867 年，即清同治六年，萨摩、长州等四藩的武士旋即策动"王政复古",演变出一个既可以包容经济增长、现代科技和教育,又可以包容宪政秩序和狂热民族情绪的近代的"天皇制",由此而开出日本式的"内圣外王"天地。明治时代因此而成为日本近代化的代名词。近代的"天皇制"之所以能够创出,当然有其他历史因素,但导演这幕活剧的萨、长武士在当时只是一股弱小的地方力量,而偏处一隅的地方力量首先觉悟,策动推翻幕府的宫廷政变而能成功,在当时的日本应该看作是运气和奇迹,但在超大规模的清帝国,这种奇迹是根本不可能出现的。因为即使控制宫廷,也不等于控制全国的局面。国家规模巨大使得作为制度创新手法之一的政变风险极高,仁人志士都要望而却步。庚子事变,慈禧带着光绪西逃。如果光绪复位能够解救国家危机,任何一支两千人的军队即可解决光绪复位的问题。而当时所有疆吏手下的军队都不止这个数,但他们都在静观局势演变,没有人肯在国家危亡中奋身一搏。疆吏首鼠两端的表现令当时的日本人怀疑他们对国家的忠诚。或者是疆吏软弱吧!但软弱背后的风险意识却是理性的。

超大规模国家的社会转型有它自己的独特历程,史学界讨论近代史时对这一点并未给予足够的注意。国家的超大规模会带来一连串问题,例如我们今天可以绝对肯定的一点是这个过程特别漫长。如果日本近代化的时间表是用年(year)做单位的话,中国近代化的时间表则是用年代(decade)做单位的。我猜想生活在这两个社会里的人对社会变迁有着不一样的时间感觉。因为人类的自然寿命都是相近的,当社会变迁的时间单位被巨大的文明质量放大了之后,生命则还是那样长。对历史而言,我们就生活在"蟪蛄不知春秋"的状态,仿佛走进一条长长的隧道,生命长久处于既不是起点也不是终点的地方。

生活中的时间单位被独特的历史放大了之后,个体在历史中就更加渺小了。历史犹如一片混沌,它的混沌并不在于它比我们的生命更漫长,使得我们不能够站在结果的终点回首过去,而在于它的漫长改变了我们的时间感觉,我们短小的尺度无法丈量它如此庞大的身躯。我们不容易看清历史事件与历史事件之间的连贯性,不容易贯穿起一个可以解释历史事件的意义的关于过去的故事。可是,无论如何,这件事是值得去尝试的。

我认为,中国近代化过程最根本的特征是它各个演化层面不能同步、相互配合。国家的基本制度里不存在一个在社会步入近代化过程的时候就可以将经济、政治、法制、意识形态等各个演化层面配合起来的架构。如果可以创出这样一个国家的上层架构，那一定是这个超大规模国家近代化过程的结果，而不是源自更早的历史传统。就像上文提及的明治"天皇制"，它显然是日本古代政治传统里"朝幕制"的近代发展。假如不存在"朝幕制"，无论多么期望维新的藩士，都没有用武之地。一个可以统合各方面发展的国家上层架构在近代化过程中是至关重要的。它协调各种目标和利益而不使它们相互决裂，从而避免引发大规模的社会骚乱；它平衡各种目标和利益，使一个层面的发展为另一个层面的发展创出生机而不是设置障碍；它使各种目标和利益都通向作为普遍认同的国家实在。很明显，近代中国缺乏这样一个国家的上层架构，各种努力不能统合，目标是混乱的。就个别的发展来说，它是有价值的，但由于它和其他目标的冲突，却引发了更深刻的社会危机。那种不能相互兼容和配合的情形，在近代史上随处可见。比如：无论洋务运动还是戊戌维新，它们留下的遗产却是士大夫统治集团的分裂；爱国主义、民族主义意识形态，无论表现在"扶清"的义和团还是表现在"排满"的革命党，都是既有政治秩序的消解性力量；民国初年民主的实践招致了割据；民族主义和启蒙思潮甚至也存在相互抵消的一面；自发性的市场经济的初步孕育被看成是道德的破产和人性的罪恶，招致了对资本主义的恐慌性的批判；国民革命的成功同时也摧毁了多年经济自然发展积累的成果；革命变成了没完没了的社会痉挛；等等。

当然，各个层面的社会演化不能相互配合并不等于一团混乱，并不等于近代史毫无成就可言。无论各种目标和利益怎样冲突，和近代化相适应的思想和生活事实，还是一点一滴地渗透入人们的认识和行为中。毁灭过后又有新生，只是它们需要逐步积累，生长的过程非常漫长而已。各个目标不能同步达到，但可以先后达到。每一个阶段的变化积累了下一个阶段变化的有利条件，当然同时也衍生了一些留待解决的难题，社会的转型就是这样先后相续。如果我们回顾一百六十年的过去并在此基础上猜测未来，中国近代化的故事很可能由四个章节组成：第一章是挣扎与崩溃，第二章是主权重建，第三章是城市经济，第四章是自由民主的法治程序。每一章的名字代表了某个时期的努力和达到的目标，当然也不排除这个时期其他的努力和目标被掩盖了。实在是因为过程的复杂性，而故事只能挑最重要的部分来讲述。比方说第一章，这段历史最重要的地方当然是士大夫阶级的挣扎和清帝国的崩溃，但并不是说崩溃过后什么东西都没有留下来，那样理解历史就是太狭隘了。不要忘记，中国最早的民营经济组织就是那时候扎根于通商口岸的。

清帝国在鸦片战争后的衰落和崩溃其实不仅意味着一姓王朝的最后消失，在王朝不时更迭的古代史里其意义或许仅仅就是如此，但是在近代史里它还意味着一个曾经实行有效管治的国家制度的破产。对于这样一个国家制度的破产，历史学家可以有多种解释，它的原因也许有很多。但这个破产过程里一个引人注目的事实是作为社会中坚阶级的士大夫阶级不能自我蜕变，不能从"中古"的统治者变成目光远大、意志坚定的新时代的统治者，因而也就不能承担重整国家带领人民的使命。他们在晚清时期的所有努力，只能是挣扎，而没有建设国家制度的意义。他们不能像明治维新时的武士那样演变成藩阀官僚，在武士们缔造的"天皇制国家"里继续承担原来的责任。在急变的时代只有挣扎本领的社会中坚阶级，它的命运当然只能是逐渐退出历史舞台。武昌起义、清室退位是士大夫阶级命运决定性的转折点，从此之后他们在历史舞台上还有所表现，但已经不是舞台的主角了。士大夫阶级从社会的支配阶级变成被谴责和清算的对象，最后经由土地革命而彻底消失。一个具有深厚的文化涵养、老练的统治技巧和悠久的历史传统的统治阶级在差不多一个世纪的时间里走完了从显赫到消失的路程，这在世界史上恐怕也是不多见的。想起来多少有点令人可惜。如果他们能够自我蜕变，能够洞识世界潮流，并且担当起重整国家的使命，至少近代中国社会不必经历如此深刻的精神危机和社会震荡。可是，平心而论，历史是给了士大夫阶级机会和时间的，是士大夫阶级自身胆怯无能而最终错过了挽救国家的机会。国家制度在他们手里不能有新生，士大夫阶级的命运也就"皮之不存，毛将焉附"了。所以，归根结底，唱挽歌是没有意义的。士大夫阶级的命运是他们自己选择的。

士大夫阶级的挣扎构成了一部晚清史的主要内容。在反抗命运的挣扎过程中，不排除士大夫有些微的制度创新的贡献，但这些极其有限的制度改变并没有丝毫涉及国家基本制度。因此，从制度创新的角度观察晚清政治是没有多大意义的。无论是戊戌维新还是清末新政，它们依然是士大夫阶级对世界潮流被动而无力的回应。我尤其不赞成戊戌维新是"资产阶级改良"性质运动的说法。戊戌维新志士的出身教养、个人经验和行事方式都离所谓的资产阶级太过遥远，而他们身上的士大夫本色是一看就清楚的。这并不是说一个属于过去时代的统治阶级就一定没有可能将国家带进近代的门槛，明治的武士就是一个这方面的例子，而是说中国的士大夫是没有这个能力的。如果他们有能力，戊戌维新就不是这个模式，也不是这个收场。本质上属于过去时代的统治阶级在急变的时期完全有可能做出制度的调整，我们不一定要贴上一个新阶级的标签才能理解这些制度调整的含义。根本的问题在于殖民扩张时代的中国士大夫，他们本来迫切需要重整国家，造就一个能够协调各方面发展的国家上层基本架构，保住国家的主权和独立。他们完不成他们应当完成的使命，而让国家崩溃了，留下了主权重建的难题给后人。面对事实，历史只能把士大夫的努力看成是对命运的挣扎，而不是走向新生的开始。

清室退位留下的权力真空很快就被大大小小的军阀填满了，但这并不意味着国家主权和独立得到了保障，恰恰相反，它被地方割据势力严重地削弱了。现代民族国家是一个世界体系，它是在相互承认的基础上建立起来的。后进国家要得到承认，首先就要建立边界之内的有效管治。清帝国曾经是一个对境内实施有效管治的国家，哪怕它还不是一个民族国家。但在殖民势力的侵蚀下失去了领土、关税自主和局部的司法自主。因此，清帝国崩溃之后中国的燃眉之急是重建主权，因为只有获得主权和独立才能进行国家和民生的建设。所谓重建主权就是重建有效的管治。一个有效管治的政府，不论是什么样的政府，都比没有政府强。这句话无疑最贴切那时中国的情形。在重建国家主权的国民运动中，最有意思的制度创新无疑是准现代的政党及其政党国家的出现。辛亥革命推翻帝制之后，昙花一现的民主实践，虽然是迈向国家基本制度建设的第一步，但毕竟不是有实质意义的一步。因为民初的民主实践注定是一个无法成活的早产儿。然而，政党统率下的国民运动却能够适应这个超大规模国家反抗殖民主义重建主权的实践。如果说短时期的"王政复古"造就了日本"天皇制国家"的话，那么漫长的国民革命运动造就了中国的政党国家。"天皇制国家"与政党国家无论其架构还是意识形态都是非常不一样的。但日本通过"天皇制国家"抵抗了殖民主义的侵蚀，改正了不平等条约，重建了国家主权；同样，中国通过政党国家完成了相类似的进程。当然，所谓相类似是单指重建国家主权而言的，并不涉及经济发展、法治秩序等内容。

信奉主义、组织严密的政党的出现是中国重建国家主权过程的创举，探索和推动这项创举的人无疑是那些受过新式教育的知识人，或者简称之曰党人（Parties-man）。如果我们站在人事升沉更替的立场看清帝国崩溃到重建国家主权的这段历史，一个显而易见的事实就是士大夫逐渐退出政治舞台而党人一跃成为舞台的主角。党人没有士大夫的历史包袱，不必在一个列强争雄的世界里畏首畏尾。他们的目光比士大夫远大，对世界潮流的认识远比士大夫清楚。而关键是他们摸索到了挽救国家的具体途径：组织由主义武装起来的政党及其军队，通过武装斗争扫清国家统一的障碍，建立能够维护民族尊严和独立的政党国家。的确很难想象除了党人历尽千辛万苦探索得来的方法，还有什么途径能够挽救处于列强瓜分危局中的这个超大规模的国家。谈到这段历史，无法回避国共两党为争取不同前途而斗争的问题。两党的不同，主要是所信奉的主义的不同，三民主义和新民主主义是两种不同的意识形态，但并不是水火不相容，它们的民族主义立场显然是一致的。本来它们是有可能因相连和分歧而在共同推动的国民革命中发展出相互兼容的政治架构的，虽然这种可能性不是很大，但是如果把国共两党看成是绝对不相容，那也不符合事实。不过，两党共同创建未来国家的政治架构的可能性后来毕竟没有变成现实。中国的国民革命是在世界格局影响下的，它不是孤立的事件，而那时的世界形势是资本主义秩序的危机和国际共产主义运动兴起交互激荡的局面。国共两党由意识形态不同而竟至于决裂，这或许可以从当时的国际局势得到一些解释。从长期的观点看问题，胜负不是重要的。无论是哪一个党，都是要重建国家主权的，都是为民族独立而斗争的。我们越是站在后设历史的位置，就对这个事实看得越清楚。

国民党退守台湾而共产党开国建政，标志着重建国家主权的斗争大体上是结束了。中国成为一个能够进行有效管治的主权独立的政党国家。政府管治能力的恢复为经济的正常成长创造前提，摆脱过去主权重建和经济发展相脱节的状况，使中国能够迅速进入城市经济建设的阶段。但建政后的经济不但走了弯路，政治亦有严重的挫折。我相信，这段历史脱离了两大阵营的对立和冷战的世界格局是说不清楚的；同时，脱离了现代中国以国民革命方式重建主权的斗争也是说不清楚的。

城市经济发展的重要性当然在于国家的强盛和人民的富足，但它又不仅仅是一个经济问题，它和近百年来仁人志士追求的理想政治目标是相通的。我们知道只有自由民主的法治秩序才能与充分的市场经济兼容，才能容纳高度的经济成就；反过来，市场经济的进一步成熟，需要法治秩序去配合和保障。道理是不复杂的，但在一个超大规模的国家如何掌握市场经济的成熟度，推行允许的法制和民主，似乎并不简单。城市经济的建设对中国的近代化来说，是至关重要的。超大规模国家近代化的"瓶颈问题"，例如，巨量人口的城市化、中央权力系统与地方权力在不影响效率基础上的分离、政党国家向法治国家的转化等，都要通过城市经济的充分发展才能获得解决或创造解决问题的基础。法治和民主的机制以及公民的素质，只能够在经济发育良好的都市里演化出来，这在超大规模的国家里尤其如此。这当然不是我们乐意看到的：如果在城市经济建设这样关键的转型阶段，钟摆摆错了方向，那几代人的积累就会付诸东流，历史的钟摆要摆回来，又得需要好几十年的时间。大国就是这样，当它强盛繁荣的时候，它的人民能够体验到小国人民体验不到的自豪和荣耀；但当它陷入内乱而衰落的时候，它的人民也要承受比小国人民更多的灾难和不幸。这是它的文明规模注定的。

（刊于《读书》2000 年第 6 期）

论政治价值观的古今之变

——从民本到人民至上

　　新冠疫情这一突发性的重大公共卫生事件考验着各国决策层政治责任的担当，考验着各国的治理能力。疫情暴发至今，中国抗疫简直就是一骑绝尘，先后打赢武汉保卫战和各省市的防控战、阻击战，取得了疫情防控重大决定性胜利。然而，良好的国家治理能力的培养打造绝非一蹴而就，它取决于背后存在的制度和文化因素。在未有疫情的情况下，我们可能对存在于我们社会中的那些长久因素见之未明，识之未深。是突如其来的疫情让事情清晰起来，让我们对那些已然存在的长久因素有更深切的观察和体认。中国对新冠疫情的防控之所以能表现出如此精准、迅速和有力的治理能力，之所以能交出无愧于天地无愧于世人的亮眼成绩，归根结底，正如习近平主席指出的那样，中国共产党的根基在人民、血脉在人民，人民至上、生命至上。人民是中国共产党执政的最大底气。笔者的体会，中国战胜新冠疫情的根本保证就是，中国共产党人扎根于人民，始终贯彻执行以人民为中心的执政理念，始终秉持人民至上、生命至上的文化理念。这是中国共产党人百年奋斗缔造新中国的精神结晶，是新中国立国的精神核心，它成为古老中国的新传统。

　　周秦之际的民本理念在漫长的历史过程逐渐演变而形成。大体上，早期它是在天人关系这个中国思想的大题目下的一种政治哲学观念，这种政治哲学观念历经秦汉融会在权力集中与荐举相结合的基本社会制度中，形成追求明君贤臣执政的治理风格。应当指出，漫长的古代史时期也只有寥寥可数的几个时期庶几达到明君贤臣的执政境界。大多数时期战乱频仍，兵燹匪盗，百姓艰辛。贤哲殚精竭虑阐述的民本理念就像悬浮虚空之中的玄思，难以落实在生活的土地。尤其是近代西方列强势力东渐，挟持科技与知识的优势宰割中国，国势一落千丈，朝纲瓦解，更遑论民本。然而亦正是内忧外患的危急时刻激发了先知先觉者追求民族独立和解放的强烈诉求，而中国共产党人正是在这个民族独立和解放的运动中实现了重造中国的目标。一个以更广泛的人民利益为依归的新制度正在旧制度的废墟之上生长并完善起来。在此基础之上，深具历史渊源的古老政治哲学观——民本理念，焕发重生为扎根于人民的现代执政理念——人民至上的政治价值观。这个发展实在是中国政治哲学古今之变的一大枢纽。一方面，它积淀着古老民本思想的精华；另一方面，它蒙受了现代人民主权思想的洗礼，由数十年政治实践的探索，融会而为崭新的有中国特色的政治价值观。兹事体大，意义不凡，借草此小文的机会，对由民本思想到人民至上政治价值观的这一中国政治哲学的古今之变略加探讨，求索新知。

一

中国传统哲学、思想的显著特色是围绕着天人之际这个大题目做文章，举凡伦理、宗教、政治、道德、人生等大学问，百家观点尽可以有差异，但立论的根基都离不开天人关系这个大前提，离不开天人之际的大视角。天人之际作为中国传统哲学和思想的论述轴心，这为历来治中哲的学者所承认。[①] 其所以如此，与古文化的渊源密切相关，李泽厚将产生于华夏土壤的古文化概称为"巫史传统"。[②] 华夏巫史之古文化进至西周形成"郁郁乎文哉"的礼乐文化，而春秋战国之际礼崩乐坏促成了礼乐脱去形骸，形成追求内在道德心性提升的儒家学说。李泽厚将这个过程提纲挈领地概括成"由巫到礼"和"释礼归仁"。华夏思想演变的主线固然如此，然而巫史古文化是一个混合了各种思想元素看起来混沌而不纯的集合体。这个集合体传承到春秋战国之际发生裂解。《庄子·天下》篇[③]对这个过程有更中肯的描述：原本"皆原于一，不离于宗，谓之天人"的"道术"历经百家争鸣，遂转变为"人各为其所欲焉以自为方"的"道术"。由

---

① 张岱年说："中国哲人的文章与谈论，常常第一句讲宇宙，第二句便讲人生。"（见《中国哲学史大纲》，中国社会科学出版社 1982 年版，第 165 页）他将天人关系论称为中国哲学中的"特异的学说"。其所以异，是对西洋哲学而言的。余英时认为："'天人合一'的观念，是中国宗教、哲学思维的一个独有的特色，这是现代学人的一个共识。"（见《论天人之际》，台湾联经出版事业股份有限公司 2014 年版，第 71 页）

② 参见李泽厚《说巫史传统》，见《由巫到礼 释礼归仁》，生活·读书·新知三联书店 2015 年版。

③ 通行文献和出土文献仅标篇名，不一一详注。下同，谨此说明。

此，内圣外王之道"暗而不明"，"道术将为天下裂"。仿庄子的划分，假如将天人之际这个大题目下春秋战国时期的学问分作内圣和外王两端，无疑倾向内圣的思想在后来的发展历程得到了深化提升，而倾向于外王的思想后来就沉寂了。我们要探讨的可归类在政治哲学门下的战国时期民本思想论述，就其本质而言属于"外王之学"。

作为"外王之学"的民本思想明显是受到两种基本历史经验的塑造：神圣化权力统治和权势倾覆更迭无常。前者是自国家产生以来无论中外的普遍现象，几乎没有统治者不把权力的来源归因于神的授受。这被称为"君权神授"。直到1789年法国大革命才标志着欧洲打破了君权神授的观念。民本思想萌生之前的古代中国亦将权力授予归于上帝天神。观甲骨文时代的商王，三日一小祭，五日一大祭，行天神授予的权柄。问卜之余，亦意在重申权柄的神圣性，更兼防止觊觎者偷步。然而，与欧洲情形不同的是，统治权势倾覆更迭的历史经验在周秦之际触发了更深广的质疑与思考，对先前世代历史教训的总结启发了民本观念的萌生。

征诸文献，武王伐纣周代殷兴之后，周的当政者对天命无常的忧惧、对政本在民心、当戒慎恐惧的议论就出现了。我们知道，武王伐纣如传说所云"顺天应人"势如破竹般顺利很可能不是历史真相。[①] 周人本来弱小，武王伐纣实乃险中求胜的侥幸。取胜不易，维持更难，深知此中艰辛的周人建立自身统治之后显得格外不同。"天命靡常"的观念出现在周人祭祀文王的祭辞《诗经·大雅·文王》中："上帝既命，侯于周服。侯服于周，天命靡常。"与殷人一样，周人也把自己建立统治的合理性归因于"上帝"，是"上帝"授予了周人"天命"。但是看到昔日君临的殷人如今"侯服"在自己面前，周人不禁一面依然敬畏"天命"，但另一面也感叹"天命靡常"。周人的帝或上帝又作"皇天"，《尚书·蔡仲之命》说："皇天无亲，惟德是辅。"亲为血缘所定，恒久不变，"无亲"就是非血缘性。所以，"皇天"也是变化无常的。既然"天命"或"皇天"都靠而不牢，那唯有仰仗统治者自律，所以说"惟德是辅"。清华简五《厚父》

---

① 《尚书·多士》有周公对殷多士云"非我小国敢弋殷命"句。周公自称小国，可见周伐殷时并不强大。

通篇是王与厚父的对话，谈论夏的兴亡之道。[①] 王首先提出夏启创业的时候，敬畏天帝，"知天之威哉，问民之若否"，故能永保夏邑。而厚父对曰，后来的夏王不能承继先王之德，"弗用先哲王孔甲之典刑，颠覆厥德，淫涌于非彝。天迺弗若，迺坠厥命，亡厥邦"。有鉴于此，厚父提出他的忠告："天命不可漗，斯民心难测。"意思是不可一味地相信天命，贵族百姓的人心向背也当时刻留神。厚父最后的结论是"迺是惟人"。这就是说，当政者的自律是决定性的。由西周初年天命与人的关系探讨，可以看到清晰的思想演变线索。国家兴灭无常，政权瓦解崩塌的历史事实有力地消解了权力神圣天命恒常的观念。当政者为了求长治久安，开始从仰望天神转变到俯察人间俗世，当政者的德行成为一个攸关成败的议题。上帝或天神的光环开始在无情的历史事实面前逐渐褪去它的光芒。

需要说明的是，华夏神本质上是先祖神，它们与产生于西亚近东创生天地宇宙和人的唯一神并不相同。故随着世俗化加深，天神的神圣性逐渐淡化。春秋末年和战国时期儒墨并称，墨子提倡知天敬天，然而墨子所说的天已经不是具体当政者哪家哪姓的先祖，而是非血缘性最高者的代称。墨子之天，有意志，有人格，能奖善惩恶。墨子说："天亦何欲何恶？天欲义而恶不义。然则率天下之百姓以从事于义，则我乃为天之所欲也。"（《墨子·天志上》）然而怎样才算从天之所欲率天下百姓从事于义呢？墨子的结论不是抬头观天，而是俯察人间："天之意，不欲大国之攻小国也，大家之乱小家也，强之暴寡，诈之谋愚，贵之傲贱，此天之所不欲也。不止此而已，欲人之有力相营，有道相教，有财相分也。"（《墨子·天志中》）归根结底，从事于天，要先从事于地，空头拜祭是不起作用的。在墨子的用语里，"天意"和"义政"是相互定义的。"顺天意者，义政也。反天意者，力政也。"（《墨子·天志上》）虽然顺"天意"就是行"义政"，但反过来，行"义政"就是顺"天意"。正是根据此种天人之际的新论述，墨子提出"观其中国家百姓人民之利"（《墨子·非命上》）以定刑政存废的思想。这是古代政治以人为本思想的鲜明体现。好的典范是三代圣王尧舜禹，坏的典型则是桀纣。

---

① 《厚父》里的"王"到底是谁，古文字学者有不同意见。李学勤认为是周武王，郭永秉认为是夏王，故应是《夏书》的一部分。但是不管王是谁，《厚父》是西周时期用夏代流传故事讲述周人政治观念的文献则没有歧见。郭永秉：《论清华简〈厚父〉应为〈夏书〉之一篇》，见清华大学出土文献研究与保护中心编《出土文献》（第七辑），中西书局2015年版。

　　到了战国中期，孟子所说的天就脱去了意志和人格性，进而为无言的苍苍者天。既是如此，为政者怎样才知苍苍者天的意呢？孟子以为："天不言，以行与事示之而已矣。"（《孟子·万章上》）天可以用"行与事"的方式垂示告诫人间。孟子在论述儒家所理解的天人关系的时候，发挥了一个很重要的思想：虽然由"天子"代领天下，但天下并非仅属于"天子"一人，天下是天下人的天下。君权神授通常同时意味着国家的权属系于君主一人，于是才有路易十四的经典表述——"朕即国家"。然而，最迟到孟子的时代，华夏政治哲学就脱离了这种傲妄幼稚的观念，转而从天和天下之人去说明国家的权属基础。华夏政治哲学的进步性不应被低估。孟子用舜代尧一事来说明。舜之代尧，并非因为尧传授天下权柄予舜，而是因为尧"使之主祭而百神享之，是天受之。使之主事而事治，百姓安之，是民受之也。天与之，人与之，故曰天子不能以天下与人"（《孟子·万章上》）。简言之，天子无权授受天下，天下属于天和天下之人。天不能说话，但祭祀而"百神享之"意味着天是同意了；同样，主事而"百姓安之"意味着百姓同意了。这就是天不言而"以行与事示之"的意思。在孟子的论述里，天与人浑然一体决定着为政的取舍。由于天不言，归根到底则由民来决定"天意"。孟子引用今本不存的《泰誓》中的两句话："天视自我民视，天听自我民听。"意思再明白不过，天的视听来源并服从于民的视听。如果当政者行"仁政"，其德配天，就会使天下归心，领有天下；如果行"苛政"，失去民心，则天命无常，倾覆不测。

　　从文明初曙起，华夏人的目光就聚焦于天人之际，上帝和天神恒常不变的观念逐渐动摇而被"天命靡常"所代替，其人格、意志色彩逐渐褪去，最后演变为超乎人间的苍苍者天。这个天其实就是天下之人的集体意志的投射。顺天者必应人，而应人即是顺天。这种天人关系理解给予周秦之后的中国政治若干深远的影响。总为如下数项：其一，组成为国家的人民意志是一个集合的整体意志。因为它是以"天"或"天意"的明目表达出来的，任何个体甚至"天子"都只是这个集体意志的组成部分，"天"是不能私享的。所以，《礼记·礼运》将政治秩序的最高境界描述为"大道之行也，天下为公"。其二，最能顺应"天意"的政治是权力集中性的政治。天不可分，民亦不可分。天降下民，设邦作君作师，此是天契，不是人契，故集合的权力优胜于碎片化的权力。其三，驾驭权力集中的政治秩序的理想人选是明君贤臣，因为这样的精英统治者能应人，也能顺天。一句话，能实施墨子的"义政"、孟子的"仁政"。反之，昏君贪臣实施的只能是残虐百姓人民的"力政"或"苛政"。

二

或有疑问，周秦之后历史形态的实际政治是不是如民本思想那样落实进行呢？要回答这个问题，得明白一个道理：理有固然而势无必至。政治哲学只为人间的政治秩序提供合理的说明和提出规范的诉求。合理的说明固然来源于历史实践，但规范的诉求只是给定了一个合乎理念的规范状态，并不能保证政治的实践如样进行，然而因为规范诉求的影响，实践形态的政治也是受到深度塑造的。我们不能因为历史实践不如合理说明的那么合乎人意，不如规范诉求的那么美好，就认为传统的政治哲学一塌糊涂，认为它是专制政治的辩护词。同样，我们不能因为过于偏爱合理说明的逻辑的自洽和规范诉求词句的美好，就将真实的中国政治史美化成仁政德政的历史。这两种倾向过去长期存在，但都不是实事求是的。或惑于西学东渐传来的某些西洋政治观念，或在受现代社会急剧变迁的刺激而发"思古之幽情"。实事求是地理解中国传统政治理念以及历史实践正是一项需要持久探索的学术责任。

讲到古代民本观念的政治实践，确乎存在一些时期政治较为清明，国家富强，轻徭薄赋，百姓得到休养生息，被史家称为"治世"，或称"盛世"。例如西周的"成康之治"、西汉"文景之治"（前180—前141年）、唐的"贞观之治"（627—649年）和"开元盛世"（713—741年）、北宋"仁宗之治"（1022—1063年）、明的"仁宣之治"（1424—1435年），还有超过百年清的"康乾盛世"（1662—1795年）。这些中国历史有数的好年代到底好到什么程度，固然还有争议。但这些历史上的治世，一个共同特点就是明君当政兼有贤臣辅助，推行的政策有利于政治的清明和经济生产的恢复发展，故百姓人民从中得到比另一些年代更多的实惠。同时，我们也要看到这些有数的"治世"或称"盛世"，算上"成康之治"约略40年，加起来通得316年，比起三千余年有文字记载的历史，只有接近十分之一。这说明治世出现在这片土地并不容易，简直甚为罕见。传统政治哲学的规范诉求，无论是墨子的"国家百姓人民之利"还是孟子的

"仁政",一方面并非如镜花水月般空中楼阁,并非纯粹虚幻的政治想象;另一方面,这个被建构出来的清明政治境界并不容易落实到实际的政治实践。因为一切都仰赖于明君贤臣,而明君贤臣的出现是近乎天意般神秘的事情。

20世纪50年代,为了解释历史上一些年代比另一些年代更容易出现宽仁勤俭、简政利民的政治,史学家翦伯赞提出"让步政策论"。翦伯赞的本意是好的,也有一定的解释力。然而笔者觉得,仅论"让步"忽视了文化观念对人的塑造,忽视了政治德行的作用。明君贤臣之所以为明君贤臣,并不在于懂得"让步",而在于能将政治的规范诉求内化为统治者的德行。历史事实也说明,那些推动治世出现的明君贤臣毫无例外是能将规范诉求内化为执政德行的统治者。比如纳谏,这种人君之德被看成是传统政制范围内造成清明政治的关键。司马迁《史记·孝文本纪》记录了文帝对纳谏的认识:"古之治天下,朝有进善之旌,诽谤之木,所以通治道而来谏者。今法有诽谤妖言之罪,是使众臣不敢尽情,而上无由闻过失也。将何以来远方之贤良?其除之。民或祝诅上以相约结而后相谩,吏以为大逆,其有他言,而吏又以为诽谤。此细民之愚无知抵死,朕甚不取。自今以来,有犯此者勿听治。"很明显,汉文帝刘恒这种认识和行为并非出于哪种外力的迫使,而是出于本人的德行教养,出于他对传统政治理念的内化。

中国古代的政治哲学发源于天人之际的究问,天人之思本来就极其方便当政者发现并汲取民意。人意拔升为天意于是就有了神圣性,而神圣的天意返还于人间便自然赋予了人意的严肃性和合理性。不像欧洲现代非得经历一个去神权的世俗人文主义阶段才能开启对个人权利的关注,并由个人权利学说去建构种种现代社会的理念。在天人之思的视角下,人被放在思考中心的位置对待,民意放在治国理政的中心位置对待,本就是极其自然的。我们不能因为天人之思缺乏个人权利的色彩而看轻古代思想遗产的深远影响力。百姓人民在施政治理的中心位置在古代虽然不是通过什么形式程序得到反映,而是通过明君贤臣的直接领悟,但它们在"治世"被理解的程度,得到政策实施的程度,其实是被现代史学、政治学低估了的。《贞观政要》记唐太宗的话:"贞观初,太宗谓侍臣曰:'为君之道,必须先存百姓。若损百姓以奉其身,犹割股以啖腹,腹饱而身毙。'"如果唐太宗的这番话是真诚的,那可以看出百姓人民在他心目中的地位,看出他对传统政治文化理念领悟之深，也看出他本人的德行教养。如果唐太宗这番话是装作仁君形象的虚矫之辞，那也可见传统的政治规范诉求给予他的强大的伦理精神的压力，以至于他不得不用符合政治伦理规范的言辞劝诫臣下。总而言之，"民"为执政中心，"先存百姓"是"为君之道"的中心，这种政治伦理规范是得到古代明君贤臣认可的。

由天人之际的究问而来的民本理念在古代中国积淀为载舟覆舟之论。君为舟而民为水，水可载舟而亦可覆舟。这是一个自然之理，也被视作天道的恒常。文献记载最早是孔子用此自然之理比喻君民关系。《荀子·哀公》记鲁哀公问政于孔子。鲁哀公说自己生于深宫，长于妇人之手，未知何为哀、忧、劳、惧、危。孔子大加肯定："君之所问，圣君之问也。"孔子对最后一项"危"的解释是："丘闻之，君者舟也，庶人者水也。水则载舟，水则覆舟；君以此思危，则危将焉而不至矣！"这是一个浅显的比喻，但也是一个深刻的道理。水对于舟有截然相反的性质，它能载舟，也能倾覆舟。所以，驾驭之道不使倾覆而到达目标，则必须时刻忧危，于是水就成为驾舟者的性命攸关和中心。孔夫子的这个比喻成为后来历代执政者的"常识"。问题在于是否知行合一而已。这个比喻也在千年之后的贞观年间，得到唐太宗和魏征君臣的回应。贞观六年（632），天下已定而唐太宗历观兴亡尤有忧危，与侍臣叹道："莫以天下无事，四海安宁，便不存意。可爱非君，可畏非民。天子者，有道则人推而为主，无道则人弃而不用，诚可畏也。"（《贞观政要》）魏征表示赞同，援引载舟覆舟之论，以为确论。

应当承认民本诉求在历史过程中是在一定程度上得到落实的，不完全是政治哲学的高调之辞。但也不能因此便高估其落实的程度，毕竟算上史有所称的"治世"比之有记载以来的历史也仅十有其一而已。其余的日子呢？翻开史册不难看到，剩下的无非就是两种，不是生灵涂炭的乱世，就是政治昏暗于上，黎民半饥半寒于下的庸世。何以历史上的"治世"像是倏忽一现那样短暂难得？因果的链条可以伸延很长，但与本论直接相关的可以指出两点。其一是民意虽然可以假手于天意而增饰其严肃性和合理性，但民意取得的途径却极其有限，决策的民意充分度实际上是不足的。其二是政治规范的诉求对当政者的影响过于依赖伦理精神层面的压力，就是说它很大程度上只能通过人的因素起作用。如果当政者置若罔闻我行我素，则内部纠错机制不足。这两点归根到底是与农耕社会生产力不足密切相关的。

民为政本，道理是容易的，但如何知民之意，就十分不易。唐太宗的话讲出了他忧虑的原委。贞观六年（632）他对侍臣说："看古之帝王，有兴有衰，犹朝之有暮，皆为敝其耳目，不知时政得失。忠正者不言，邪谄者日进。既不见过，所以至于灭亡。朕既在九重，不能尽见天下事，故布之卿等，以为朕之耳目。"（《贞观政要》）观唐太宗这段话，他完全知晓传统政制对于知民意的失缺。他统治一个如此庞大的国家，不由得他不高高在上，如在九重天阙。他明白自己不能"尽见天下事"，不能知"时政得失"，但他能怎么做呢？解决的方法不外乎依赖几位亲近的公卿侍臣。除此之外，别无他途。知时政得失的途径如此狭窄，如此有限，也就很难怪民为政本难以落到实处。如果人君依赖的公卿侍臣能够公忠体国、直言进谏则还好说，一旦"邪谄者日进"，人君的耳目就被遮蔽了。另外，伦理精神层面的压力是存在的，也是起作用的，然而前提却是儒家意识形态系统能够维持生气勃勃的局面。

三

总而言之，民本理念在历史上的行动落实只可以说是差强人意罢了。来到近代中国社会大转型之际更是成了悬浮虚空的纯粹高调。然而有道是"山重水复疑无路，柳暗花明又一村"。历经辛亥革命和现代新民主主义革命，一个新中国从古老中国的废墟之上重新建造出来。这件重造中国的大事含义深远。从长远的眼光看，它是传统新生的前提和基础，是传统再造的出发之地。那些认为现代中国革命是断送了古老传统的认识完全是对历史事实的误判。真相恰好与之相反，古老的传统重新植根在新的土壤之上，获得了前所未有的生命活力。人们用"复兴"一词来形容当代中国的面貌，这是再准确不过的了。不过，这一次的现代复兴比之历史上常见的战乱之后再度强盛的复兴意义更加不同凡响。它是古老的政治文化传统融合西学现代新元素的复兴，它造成中国面貌巨大的变化和达到的文化政治的广度和深度有待于我们持续的关注和探讨，而现在这种探讨尚是处于早期的开始状态。以下谈几点与论题相关的浅见。

与马克思主义人民主权论的融合是民本理念脱胎为人民至上理念的关

键，它使中国深厚的民本政治传统重拾新的生命力。天人之际的框架在现代或仍然适合于个体心性修养的"内圣之学"，但显然不适合于表达政治规范诉求的"外王之学"。民之所以有在政治实践中如此重要的位置，在古代世界全赖观念框架中的天，是天赋予民中心的位置。在科技日进民智日开的现代，天人之际的思考显然失去了理论的说服力。它需要转换自己理论的基础。中华民族在近代受到深痛巨创，仁人志士前赴后继，痛定思痛之后，中国共产党从救亡图存的迫切需要出发，选择了马克思主义。马克思主义的历史唯物主义从生产力和生产关系出发，解释人类社会经济基础和上层建筑的变迁进程，这本来和由儒家观念塑造的中华民族契入骨髓的现世务实本性有相当的亲和度和契合，故此马克思主义人民主权论在这个社会指导思想变化的过程中改造了天人之际的框架，去天存人。用人民主权论赋予人民在国家政治生活的中心位置，人民定义了国家的性质。它反映在执政理念上，这就是人民至上的执政理念。

现代政党政制极大地拓宽了执政的民意基础，为中国传统政制一以贯之的"举国体制"创出了新的生机。毫无疑问，"举国体制"是个当代的词汇，但它的内涵意味实非现当代的现象。由古至今权力集中的体制就是中国文明的一贯传统，最迟至秦始皇统一中国，郡县制配以书同文、车同轨，已经做到了政治的举国一致。问题是这种建立在一姓王朝基础上的举国一致，往往转换为阻断民意而称孤道寡的苛政基础。其中的问题并非出自"举国体制"本身，而是出自古代低下生产力水平的"举国体制"欠缺汲取民意，发现时政得失的机制。如同上文讨论的唐太宗的忧虑所说，古代帝王无从不在九重宫阙，更兼仅有几位信得过的公卿臣僚，开明如唐太宗尤叹不能"尽见天下事"，何况那些昏庸无能的帝王。现代革命兴起，扫除帝制代之以政党政制。在中国共产党执政之下，既保存了切合国情契合民族性的"举国体制"，又创新了驾驭这种权力集中体制的新机制。这支先锋队成员来自五湖四海，破除家族血缘的陈旧观念，广纳贤才，广集各社会阶层各行各业的民意，通过人大、政协制度，人民的意志得到集中表现，人民对具体的时政意见也得到反映。权力集中的"举国体制"是中性的，运用得好，它能发挥好作用；运用得不好，它也可能跑出轨道。实践证明，中国共产党能最大程度地保障人民至上的文化理念在执政中落到实处。从大的方面讲，中国近现代在进入农耕社会到现代工业科技社会快速转型过程中，最大的制度创新是源于现代革命淬炼的以中国共产党为代表的现代政党政制的创新。若没有这个创新，中国只能是西方的附庸，所谓传统文化的复兴只能是经典教育里的礼义廉耻，不可能是传统政制国体精髓的浴火重生。成熟于周秦之际的民本理念之所以能熔铸为现代的人民至上理念，人民至上理念之所以能不悬浮虚空，之所以能落到百姓民众生活的实处，根本原因是中国现代政党政制铺垫了现实的基础。

传统教诲与先进文化相融合为选贤任能的贤良政治传统注入新魂，为人民至上执政理念的落实提供新的文化观念的保证。中国数千年的社会治理已经形成选贤任能的贤良政治传统。"朝为田舍郎，暮登天子堂"并不是稀见的个例，从荐举到科举都是意在保证能者进入文职通道。这个贤良政治发挥最好的时候其实就是明君贤臣在位的时候，但在保证延续这个好状态方面，除了制度之外，仰赖的就是儒家的伦理道德教诲了。这个"内圣之学"在近代遭遇了重大危机。观其在五四新思潮面前节节败退，就可知它存在不能适应现代社会的弱点。站在现代社会的角度，儒家"修身齐家"尚可，"治国"已嫌严重不足，更遑论"平天下"了。儒家旧伦理存在几项不足：欠缺对科技知识和生产力的重视；欠缺现代社会通行的一些基本观念，如男女平等、个人自由等；无从勾勒长远的人类历史图景。这三点不足恰好为马克思主义和现代科技知识所补充。新中国的成立延续了选贤任能的贤良政治传统。有了这个基础，为马克思主义、现代科技及其观念与儒家传统教诲的融合创造了新的机缘。这个过程虽然漫长，但当今却是适逢其时。中国文化秉持有容乃大的胸怀。历史上，佛教、伊斯兰教、基督教先后进入中土。最先进入的印度佛教已经完全融合成中国佛教，晋身传统思想的主流。晚来的伊斯兰教和基督教也进入"本土化"的过程。中华民族近代遭受艰危巨创，历经颠沛，如今终于走上了中西思想文化汇通融合之途。路途尚远，但毕竟已经开启。其他不论，在政治思想方面，自改革开放以来邓小平开启端绪，接任领导人增益丰富，而至于当今时代正式确立。有社会主义先进文化注入新魂，选贤任能的贤良政治传统为人民至上执政理念的落实提供了思想引领的保证。

结语

1957 年哲学家冯友兰提出"抽象继承论"[1]，惹来了在今天看来是完全不必要的批评。他的本意希望能区分哲学概念的抽象含义和具体含义，不因其具体含义而将之全体抛弃。冯友兰无意中提出了另一个问题：历史上的思想观念到底是如何被传承的？本文探讨的从民本到人民至上的政治价值观的古今之变是一个案例。两者之间当然，是历史的传承，然而它被传承的形态更像是重生，而不是被分成抽象和具体而分别对待得到传承。重生意味着前者曾经死去，对生活对社会毫无解释力，因为它存在的社会基础被摧毁了。但神奇的是在毁灭的废墟上建造的新社会基础，又会生长久违而相识的类似观念。当然，表述是不同了，含义也丰富了。这说明观念的重造遵循唯物主义揭示的规律。新生的观念有待于新生的社会经济基础。如果这个基础不存在或被冲击得面目全非，那些古老的观念无论看起来多么美好，它们也是死掉了。有心者就是做再多理论爬梳的功夫，也不能将之起死回生。

深入地看，新冠疫情的防控既是一场对社会制度的大考，也是对政治价值观的大考。与某些西方国家"群体免疫"，几乎任自然淘汰、放任不管而招致大溃败形成鲜明对比，中国共产党在人民至上的执政理念的担当下，全国一盘棋，风雨同舟，众志成城，显示了强烈人文关怀的力量，取得了疫情防控重大决定性胜利。当代的胜利亦有其悠久的思想根基，防疫抗疫的胜利也让我们看到浴火重生以人民为中心、人民至上执政理念的坚韧生命力。

（刊于《上海思想界》2020 年第 9/10 期）

---

[1]　冯友兰：《中国哲学遗产的继承问题》，载《光明日报》1957 年 1 月 8 日。

西方政治哲学中的革命论

迄 1762 年《社会契约论》发表之前，旨在重塑政权的大规模暴力社会运动在欧洲政治理论的论述里都是负面的。就算卢梭本人的《社会契约论》也没有正面论述权力不在法律框架内更迭引起的社会现象。只是他的理论独标国家由社会成员自由契约结成为不可分割的"主权者"，君主和政府只是表达、执行这个主权者意志的代理人，其中潜藏了革命天然正当的命题罢了。卢梭此著问世后二十七年，法国迎来了震撼现代世界的大革命。欧洲这个截然不同于中国的政治哲学传统及其演变值得我们此刻再次探讨。

一

柏拉图关于国家政制讨论的问题意识的原点，无论《理想国》还是《法律篇》，都是什么样的城邦是善的城邦，什么样的政制是最好的政制，什么样的统治者是完美的统治者，这问题意识使得革命无从进入论述的视野，或者说它天然地就被遮蔽掉了。革命作为人类社会的现象最显在的特征是它脱离原来的管治秩序而社会陷入混乱，伴随人财物的损失。政治哲学既然将宗旨定在探寻其中的最好者，宜其对人类经验世界里的无秩序和混乱发生"视野偏离"。当然一心探索至善者，不等于与经验世界完全无关系，但至善的政制一定是不存在的。例如，柏拉图借雅典人之口说出关于最好政制的一段话可以为证："可以说，有两种一切其他制度由之产生的母制。第一种母制的确切名词是君主制，第二种是民主制。前者被波斯人推向极端，后者由我国推向极端。正像我说过的，一切其他政制实际上都是这两种母制的变种。如果（我们认为，没有哪个不是由这两种要素构成的国家能够正确地建立，这当然是我们的意见的中心点）——要享有自由、友谊和良好的判断力，对一种政治制度来说，绝对需要的是把上述两者结合起来。"① 向往"哲人王"统治又爱好自由的柏拉图也不认为当时民主政制最为成功的雅典是最好的，他心目中最完美的政制是波斯君主制和雅典民主制的结合——可惜它并不存人间。柏拉图自己当然没有说出来，但由他对于完美至善的人类政制的偏好推测，革命当然是价值负面的。这个判断对哲人柏拉图来说应当不是强加头上的。

就像拉斐尔传世名作《雅典学院》所描绘的那样，柏拉图右手指天，亚里士多德左手向地，两人占据着那时欧洲地中海世界的学术中心。亚里士多德《政治学》的问题意识，不再侧重探讨至善的政制，而是侧重探讨人类经验世界中存在的国家和诸种政制的性质以及它们所以成立和衰败的条件。遵循这个思路探讨政制问题，必定遭遇作为政治过程之一的权力更替现象。《政治学》中就有大量篇幅论述到包括革命在内的权力更替现象。亚里士多德对权力更迭产生的乱象并无好感，他的价值立场是明确的。这从他的用词就几乎可以看出来。他论到政体和政权改变的时候，有时称"骚动"，有时称"内讧"，有时称"变革"，有时称"革命"。用词虽多变，忖度其文意，所指涉的现象是一样的。② 亚里士多德留意到人类社会的这个现象，但他以为这是社会的反常。他对革命的观察，似乎只停留在"技术"的层面，整体的态度则近乎不屑。亚氏说：

> 一般说来，内讧和一切政变的起源和因缘就是这些。革命的成功不出两途，或由武力或以诈欺。武力有时用于革命的开始，也有在已经发动了斗争以后，方才诉之于武力的。诈欺也是可在革命进行的两个不同时期运用的。有时，事变才开端，就进行诈欺。③

亚里士多德虽然也有自己心目中理想的好体制。《政治学》第二卷开篇，他就设问："什么形式才是最好而又可能实现人们所设想的优良生活

----

① ［古希腊］柏拉图著：《法律篇》，张智仁、何勤华译，上海人民出版社 2001 年版，第94 页。

② 亚氏说："这些情况也可用以说明政体的变革（革命）为什么总是由两个不同的途径演进。（1）有时骚动就指向现行政体，图谋变更政权的性质——或把平民政体转为寡头政体，或把寡头政体转为平民政体；又或把平民政体和寡头政体转为共和与贵族政体，或相反地把后者转为前者。（2）可是，有时，内讧的目的就不在推翻现行政体。"见［古希腊］亚里士多德著《政治学》，吴寿彭译，商务印书馆 1997 年版，第 233 页。

③ ［古希腊］亚里士多德著：《政治学》，吴寿彭译，商务印书馆 1997 年版，第 247 页。

的体制？"但在实际论证中，他的"优良生活的体制"在相当大程度上已经转义为"好的城邦"。而能够造就"好的城邦"的诸条件中，政治体制仅仅构成为有限的一部分，其他像人口数量、公民素养、物产、家庭等要素，都不属于政治体制的范围。可以说，这一部分探讨，亚里士多德的贡献远不如他讨论现实社会的政治体制来得大。而当他把焦点聚集到各种政体的性质的时候，政体之间的过渡阶段就会成为理论关注的"留白"。这种情形与柏拉图几乎是一样的。

马基雅维里在欧洲的政治学传统中可算是横空出世的"异端"。他的《君主论》不讲"大道理"，专讲"小道理"，教导君主使出何种手段才可以在邦国林立的生存险境中根基永固。马氏这部充满生动案例的君主教材，颇似中国春秋时代所讲究的霸术。当然，马氏的"小道理"背后也有原则，他的原则就是政治实用主义。如果狐狸的狡猾好使，那就放出狡猾的手段；如果狮子的凶猛吓得住政敌，那就不妨显出狮子的面孔。政权的更迭和重塑，无论是亚里士多德讲的"骚动"也好，"革命"也好，都不在他的关注范围。因为丧国失民的君主不是好君主，竖子不可教也。不过马氏相信，一个成功的君主不单是强邻不敢觊觎的君主，也是一个不被国内人民憎恨的君主。反过来，如果君主举措失当，遭到子民的憎恨和反抗，那也是君主命里活该，是君主自己不争气。关于邦国应不应该建堡垒，马氏说："你最好不过的堡垒就是不要被人民憎恨。因为即使你拥有堡垒，如果人民憎恨你，任何堡垒都保护不了你，因为当人民一旦拿起了武器的时候，外人就帮助他们，这是少不了的。"① "人民一旦拿起了武器的时候"其实就是革命来临的时候，马氏话头都提起来了，可马上又缩回去了。因为他关注的不是一个社会突然失序人民起来推翻既有政权这种现象，但是从马氏这段话里可以知道，马氏是明白人君失政与人民拿起武器这两者之间的因果关系的。

格劳秀斯写于1625年的国际法巨著就像其书名《战争与和平法》暗示的那样，他的著作要在列国纷争的恶境中追求和平。他生于1583年，壮年时期适逢欧洲三十年战争（1618—1648年）的惨烈和破坏。目睹战火与国家撕裂，他的问题意识油然而生：究竟什么是国与国的相处之道？和平的世界秩序如何达成？罗马帝国的统一和随后的分崩离析使得"帝

---

① ［意］马基雅维里著：《君主论》，潘汉典译，商务印书馆1985年版，第103页。

国的和平"给他留下坏印象。他不赞成大帝国造福于人类社会的看法。他说:"正如一艘船可能太大以至于无法方便地驾驭一样,一个帝国也可能会因人口和土地过于广阔而无法由一个人有效指挥和统治。"① 他的视野仅及于诸国林立的 17 世纪欧洲,于是条约制度下的国与国相处之道成为仅供可能的选择。格劳秀斯不愧为伟大的法学家,他所阐明的原则成为日后欧洲"条约制度"下和平的基石。

法治的前提是秩序,如果社会失序则法治无从谈起。正像格劳秀斯醉心于国际和平秩序一样,他也不赞成导致"下克上"的行为。因为这会带来社会混乱。他说:

> 现在有必要驳斥一些人的观点。他们认为,在任何地方,主权权力都是掌握在人民的手中的,没有任何例外,因此人民有权因君主滥用权力而对他们施以限制和惩罚。然而,任何有理智的人都会发现,这种观点已经引发并仍将引发无法估量的灾难。②

因为格劳秀斯非常明智地看到人类行为诡谲的一面。他说:"如果以扬善抑恶作为借口,人民实际上是会为获得君主的权力而发动武装斗争的,由此必然导致极大的混乱:一种充斥着暴力的混乱状态,这是任何冷静而有头脑的人所不愿看到的。"③ 主权属于国家权力,它由君主及其政府来代表并行使,很显然格劳秀斯是不同意人民主权论的。因为在组成国家生活之际,这种共享的权力就已经让渡出去了,现在再由人民将让渡出去的权力收回来再行转让,不是说事实上不存在,而是学理上开了这个口,对社会生活的损害太大。更重要的一点,格劳秀斯明智地看到,设计出没有任何缺陷和危险的政府形式这是非人力所能及的,于是他不愿意去探讨边界以外的事情。革命在秩序的边界以外,格劳秀斯不予谈论。

《战争与和平法》问世后二十六年即 1651 年,霍布斯发表了《利维坦》,它在欧洲政治哲学史上具有里程碑意义。霍布斯将人类最高级的社会组织国家作为抽象思考的对象,从而阐明它的出现及其原理。在未有国

---

① ［荷］格劳秀斯著:《战争与和平法》,何勤华等译,上海人民出版社 2013 年版,第 239 页。
② ［荷］格劳秀斯著:《战争与和平法》,何勤华等译,上海人民出版社 2013 年版,第 64 页。
③ ［荷］格劳秀斯著:《战争与和平法》,何勤华等译,上海人民出版社 2013 年版,第 70 页。

家的"自然状态"之时，拥有自然权利的个人为"求利""求安""求名"而陷于"人人自相为战之世"，"故当国家之未成立，既无一公认之权力以压服一切，于是人与人之间，有永久战争之状态"①。这种所有人对所有人的战争的最终结果是所有人都无以安生。既然人人都无以安生，于是"人为和平及自卫，既具有同感，则愿放弃其对一切事物之普遍权利，而各以各不相侵为满足"②。权利相互放弃和让渡的契约一旦签署，正义与和平的国家秩序就出现于世间，而国家正是应社会契约的要求而产生的。在这意义上国家是正义与和平的执法者。很显然霍布斯倾向国家至上。他对国家起源的说明，不是历史主义的，而是思辨的。他所说的"自然状态"不存在于人类历史，只存在于他的思辨想象。然而，他的悬虚推理至今仍不失为国家秩序在人类生活中的意义的有效说明。

既然国家秩序下的正义与和平如此意义重大、近乎神圣，那任何挑战国家秩序的行为，不论以什么作借口，霍布斯都是排斥的：

> 至于以叛逆而得国权，成者固多，败者尤众。即令成矣，而他人从而效之，又乌得为安。故叛逆之行，乃悖于理。故守约，正义也，乃合理之道，而不令吾人自戕其生也，故谓之自然律。③

看霍布斯所说，事实上他心里很清楚，以武力挑战国家秩序而登基上位者，大有人在。他只能以近似劝善的方式说它"自戕其生"，从而剥夺这种行为的正当性。但如果叛逆而自戕是自然律，那叛逆而得国权岂非同样也是自然律？道理是讲不过去的，但霍布斯深知，这个口子不能开，必须阻止叛逆而为正当。他说："盖如只知攻取为国权之基础，则凡后此之野心家称兵为乱者，皆可以同样理由而可认为合法矣……夫暴政（Tyranny）之名，与主权（Sovereignty）之称，其所表示者初非二物，人之用前称者，第以其心恶之，故如是称之。故为国者，如许人公然恨恶暴政，即不啻许其公然恨恶主权，是乃祸患之源也。"④ 秩序需要以法治为

---

① ［英］霍布斯著：《利维坦》，朱敏章译，吉林出版集团有限公司 2015 年版，第 58 页。
② ［英］霍布斯著：《利维坦》，朱敏章译，吉林出版集团有限公司 2015 年版，第 59 页。
③ ［英］霍布斯著：《利维坦》，朱敏章译，吉林出版集团有限公司 2015 年版，第 69 页。
④ ［英］霍布斯著：《利维坦》，朱敏章译，吉林出版集团有限公司 2015 年版，第 313 - 314 页。

前提，而法治需要以不允许挑战主权为前提。国权一旦建立，必当不允许以任何理由挑战它凌驾于社会之上的无上权威，霍布斯比后来政治学家对此认识得更为痛切。这或许与霍布斯本人生活在克伦威尔执政时期，社会高度不稳定而危机四伏，只有强权压制才能保证社会秩序有关。

不过，霍布斯的原始推论本来就认为国家是人人权利让渡而达成契约的结果，这意味着国家权力天然符合所有参与签署契约的人的利益，被授予治理国家之权的统治者天然不可能损害参与契约的人的根本利益。因为如果损害他人，其实也是损害自己。既然无人愿意主动损害自己，根本悖逆当初达成契约初衷的事情也根本无从发生。上述认识不是霍布斯的天真，而是他的国家理论的根本缺陷。他说："统治者之一切行为与决断，所有人民既皆居主动者（author）之位，故凡统治者之所为，对任何人民不为伤害，而人民亦绝不能以不义怨之。凡授权与人，而自为主动者，则代表者依权行事，不能为主动者之损害。国家成立之后，统治者以所有人民之权而行事，故如有怨统治者之加害，则是自怨也。人而自加伤害，乃不可能之事，故统治者之处置，欠公平或有之，至于伤害与不义，则必无之也。"① 由人不可能自戕自害而推及于统治者不可能伤害人民做不义的事情，这也太违背人类历史的事实。霍布斯拳拳辩护之心可以理解，然竟而至罔顾事实的地步，这是难以接受的。西哲往往喜好先验推导，由几条简单不证自明的前提出发，演绎出一系列结论，这个过程中的逻辑自洽往往优先于是否吻合经验事实。逻辑自洽摆在事实之前，作为理论美则美矣，但却无益于解释现实，理论最后成为一个与事实无关的空中楼阁。霍布斯的政治哲学就是一个极其明显的案例。

《利维坦》问世三十九年之后的 1690 年，洛克写成《政府论》，而《政府论》写作期间发生了 1688 年的"光荣革命"。英格兰君权与议会权力的漫长博弈，虽然以议会获胜而告终，但其过程一波三折，谋逆、迫害、流血、起义之事绵绵不绝，社会持续动荡不安。凡此种种都刺激了洛克思考和写作，使他的革命论述带上鲜明的特点，他几乎是以"隐秘修辞"的方式陈述自己的见解。再次思考国家的起源不是他的任务，倒是那些迫在眼前让社会付出巨大成本代价的权力斗争应当以什么样的原则去解决成了他关注的焦点。洛克明白意识到："从古至今，为患于人类，给

---

① ［英］霍布斯著：《利维坦》，朱敏章译，吉林出版集团有限公司 2015 年版，第 86 页。

人类带来城市破坏、国家人口绝灭以及世界和平被破坏等绝大部分灾祸的最大问题，不在于世界上有没有权力存在，也不在于权力是从什么地方来的，而是谁应当具有权力的问题。"① 洛克讲到了点子上。权力不但有文化基根，更有生物基根。自人进化成人始，甚至远在进化成人之前，权力一直存在。诸如它应不应该存在、它从什么地方来等问题，确实不重要。人类围绕权力的争斗，只有谁应掌权力这个唯一的问题。当权力使用不当的现象发生而上升到根本的层面，掌权者的正当性危机就发生了，同时一国之内谁应掌权的问题就随之而来。洛克对这个问题给出了睿智而意味深长的回答：

> 谁来判定这个权力是否使用得当呢？我的回答是：在赋有特权的经常存在的执行权和一个由执行权来决定召集的立法机关之间，世界上不可能有裁判者；同样地，如果执行机关或立法机关在掌握权力后，企图或实行奴役人民或摧毁人民，在立法机关和人民之间也不可能有裁判者。在这种场合，如同在世界上没有裁判者的其他一切场合一样，人民没有别的补救办法，只有诉诸上天……在人世间无可告诉的场合，他们基于一种先于人类一切明文法而存在并驾乎其上的法律，为自己保留有属于一切人类的最后决定权：决定是否有正当理由可以诉诸上天。这种决定权他们是不能放弃的，因为屈身服从另一个人使其有毁灭自己的权利，是超出人类的权力以外的，并且上帝和自然也从来不许可一个人自暴自弃，以至忽视对自身的保护；既然他不能剥夺自己的生命，他也就不能授予另一个人以剥夺他的生命的权力。②

洛克 1683 年涉嫌卷入辉格党人刺杀查理二世事件，从此亡命荷兰，直到 1688 年才随奥兰治亲王的大军返回英格兰。他目睹王权与议会的争权使社会行走于革命与动乱的边缘，他的《政府论》既是为议会自大宪章以来向王室争权的辩护，也是对权利理论的政治边界的极限解释。他极

---

① ［英］洛克著：《政府论》（上篇），瞿菊农、叶启芳译，商务印书馆 1982 年版，第 89 页。

② ［英］洛克著：《政府论》（下篇），叶启芳、瞿菊农译，商务印书馆 1983 年版，第 103 - 104 页。

其聪明地将不可容忍的君主暴政的立场还诸"上天",让执政者肆无忌惮逞其威风时或能顾忌"上天"的威胁。简单地说,洛克在他的视野能及的范围内将"革命"悬置起来了,但他的悬置又不是视而不见的悬置。他比任何人都深知,在构筑欧洲社会基石的权利理论的范围内,"革命"是不可能理性地讨论的。除了"诉诸上天"还能说什么呢,还能更近一步吗?如果人的权利还包括颠覆既有政治秩序的权力,那岂不是人皆可以造反?

二

如果将欧洲的政治学和法学的主流追求理解成是建立在权利理论基础上的法治秩序的话,那卢梭的角色就像《水浒传》开篇误走妖魔的洪太尉;如果站在革命是天经地义的立场,那卢梭就是"春江水暖鸭先知"的那只鸭子。卢梭在中国被称作"主权在民论"的提出者,[①] 然细读《社会契约论》,卢梭既没有说"主权在民",也没有说"主权在君",他只是实际上开启了一条通往"主权在民"的话语通道。就理论而言,《社会契约论》卑之无甚高见。自格劳秀斯以来,自然权利学说已成欧洲政治学的基础,而由源自贸易的契约观念入手来说明国家主权的形成与性质,自霍布斯以来也成了不二法门。在这两个基本方面,卢梭都是师法成说的,他的创新表现在一个无师自通的小地方:关于"主权者"的提出以及"主权者"与君主和人民的关系。推究卢梭的本意,大概是说人民由契约而集合成主权者并组成国家,但代表主权的却不是君主或任何执政者,他们只是主权者委托的代理人。因此,掌权的政府只是"臣民"与"主权者"之间的中间体。卢梭是这样说明这个序列的后三者之间的相互关系的:

> 什么是政府呢?政府就是在臣民与主权者之间所建立的一个中间
> 体,以便两者得以互相适合,它负责执行法律并维护社会的以及政治

---

① 参见[法]卢梭著《社会契约论》,何兆武译,商务印书馆 2010 年版,"译者前言""修订第三版前言"。

的自由。

这一中间体的成员就叫做行政官或者国王，也就是说执政者；而这一整个的中间体称为君主。所以有人认为，人民服从首领时所根据的那种行为绝不是一项契约，这是很有道理的。那完全是一种委托，是一种任用；在那里，他们仅仅是主权者的官吏，是以主权者的名义在行使着主权者所委托给他们的权力，而且只要主权者高兴，他就可以限制、改变和收回这种权力。①

君主既然只是臣民与主权者之间的中间体，那按说主权者也不是臣民。而主权者是谁？卢梭从头到尾都不肯明说——他大概也有顾忌。但是他暗示，这个主权者是人格化的。主权者可以用人称代词"他"称呼；又有情绪化的表现，主权者有能力"高兴"或"不高兴"。既然卢梭已经很明白地说出君主只是主权者的官吏，而主权者又有一种人格化的表现，那我们就有理由相信卢梭内心里想说，又不愿意明说的主权者，其实就是君主治下的臣民。从逻辑上说，卢梭的这些说法是混乱的，但是从社会怨恨和革命气氛逐渐积累的境况看，卢梭欲言又止的人民主权论确实又是当时欧洲政治思想的一大突破。这个突破是福是祸引起了长久的争议，而那些历经革命的后发展的现代国家，它们的宪法也烙上深深的卢梭的烙印。

法国大革命爆发的次年，柏克（1729—1797）发表《法国革命沉思录》。柏克认为人的权利是植根于久远的历史传统，无论是对它的阐述还是政治实践，其边界都由这悠久的传统所定义，任何人不可肆意发挥。他反对卢梭式的对人的权利脱离历史传统和集合式的理解。柏克是欧洲政治思想史上第一代有分量的"反革命"。和柏克站在革命的对立面不同，写于大革命后近七十年的托克维尔的《旧制度与大革命》，不仅见解犀利而且客观冷静得多。他将大革命放在法国数百年的历史演变脉络和社会结构中去观察和理解，虽有批评，但对大革命缘由和历史功绩的说明，令人信服。柏克和托克维尔的看法代表西方对法国大革命看法的分歧，这分歧延续至今，还远没有结束。而出版于1963年的阿伦特（1906—1975）的《论革命》和霍布斯鲍姆的《革命的年代》可以看成上述分歧的当代延续。霍氏的著作承续了托克维尔的历史追溯和社会结构分析，但更多侧重

---

① ［法］卢梭著：《社会契约论》，何兆武译，商务印书馆2010年版，第72–73页。

强调了法国大革命对现代世界史的塑造。阿伦特的著作虽然基于史实，但更具有政治哲学的眼光，值得我们关注。

阿伦特生活的 20 世纪是为法国大革命造就的激情和理想所笼罩的世纪。十月革命，还有受它直接感召和影响的中国革命，都属于这个世纪震撼世人的历史大事件。况且这个世纪两次世界大战，血腥与迫害骇人听闻。阿伦特不仅对战争和革命过程的暴力深感负面，而且为革命所许诺的解放和自由与革命实际达成结果之间的差异深感困惑。于是她返回西方古老的政治哲学传统寻求答案。细读《论革命》，她的问题意识颇为独特，似乎可以归结为：怎样的政治创制开端才能带给世人真正的自由与民主？这种提问方式毫无疑问也将革命当成政治创制意义上的历史开端。姑且不论这个提问方式的卓见与盲点，但它却给阿伦特带来对西方现代史上两场革命产生的悖论的发现。她说："法国大革命以灾难告终，却成就了世界历史；而美国革命如此功成名就，却始终不外乎是一个地方性的重大事件。"① 导致北美十三州殖民地脱离宗主国的独立战争于 1775 年打响，《独立宣言》次年发表，1783 年英国承认北美殖民地独立，而华盛顿1789 年就任美国总统。美国独立革命稍早于法国大革命，但只是从背叛宗主国另立主权的意义上可以称为革命，然而究其实美国革命更是在没有先在政治传统而只有欧洲现代政治理念依凭的"政治创制"。由一群建国之父（founding fathers）协商、博弈而产生的"政治创制"或合适北美殖民地的现实。但用此以理解具有比北美更悠久政治传统的欧洲历史，理解产生于其上的现代法国大革命，不能不说这是导致阿伦特短见的原因。她用个人生活痛感代替了历史"同情的理解"。她对新旧世界的两场革命的不同命运耿耿于怀："在十八世纪，远在美国革命爆发之前，哲人的政治思想，与新世界的事件和制度是同步协调的；随后十九、二十世纪革命的政治思想继续发展，则仿佛在新世界中从未发生过一场革命；仿佛在值得一提的政治和政府领域中，根本从来就不存在任何美国观念和美国经验。"② 阿伦特虽然未能分辨缺乏政治传统与具有悠久政治传统两者的历史特征的区别，但断言产生于一代人或数代人短时程的"政治创制"能给予个人自由更大的空间，这倒是她有价值的见解。恰好被阿伦特视为典

①　［美］阿伦特著：《论革命》，陈周旺译，译林出版社 2011 年版，第 44 页。
②　［美］阿伦特著：《论革命》，陈周旺译，译林出版社 2011 年版，第 202 页。

范的古希腊城邦制度，其产生也具有短时程"政治创制"的性质，由两者历史经验的近似而使阿伦特产生了"美国观念和美国经验"与古希腊遥相呼应的感觉。就像古希腊城邦创制是古代世界真正的开端一样，美国革命的"政治创制"才代表了现代世界有价值的真正开端。应该说，阿伦特的这种理解不是历史主义的，而是理念先行的。她引用柏拉图临终的话："开端因为自有原则，也是一位神明。"① 可是真实的历史告诉我们：不同的开端各有其原则，但原则从不会是一位神明，除非一厢情愿。

三

由上述简单的梳理可以看出，古希腊时期革命并没有进入政治哲学的视野，即使偶有涉及，它几乎也是混乱的代名词。迄于卢梭之前，革命在政治哲学里是没有正当性的，而卢梭之后，革命成为一个反思不断的大题目。可以说，卢梭之前革命议题在欧洲政治哲学中的分量简直微不足道，与它在人类历史进程的作用不成比例。卢梭之后，其分量骤然升高，这固然是与它巨大的历史影响和后果有关，但政治哲学的主流对其依然是负面的看法居多。这个现象曾令笔者深感困惑，不得其解。不过就像任何观念都有其经验基础一样，对这个现象的解释恐怕还是要回到古希腊城邦创立时期的历史实践，正是城邦创立的历史实践塑造并约束了西方哲人思考政治哲学的方式。

城邦作为希腊人的政治组织，此处值得关注的并不是它的参与民主与许诺给公民的自由，而是它并没有久远的先它而存在的政治传统，而是短时程创制出来的。这个特征只有布克哈特那本为古典学家多少轻视的《希腊人和希腊文明》指出来了。笔者以为这个理解希腊思想和历史的关键之处不容忽视和错过。布克哈特眼光敏锐，他说："这种国家形式（指城邦——引者）从未被看作是逐渐形成的，而是突然出现的，是某种短暂的但经过深思熟虑的决定的结果。在希腊人的想象中充满了这种瞬间建立起的城市，就好像从一开始它自身没有做任何事情，城邦的整个生活都

---

① ［美］阿伦特著：《论革命》，陈周旺译，译林出版社 2011 年版，第 199 页。

是服从于必然性的安排。"① 布克哈特此处指出希腊人领悟到的必然性，并不是身外于历史现场个体的先在的不可抗拒的生活惯性，而是显示自身强大充满了创始冲动的另一个名词。唯有命运的必然才能彰显反抗它的人强大，希腊人此种秉性在其悲剧中表现得淋漓尽致。

与其他更悠久的文明相比，如古埃及、古印度和古巴比伦，希腊城邦的确不是"逐渐形成"，而是"突然出现"的。在几乎无事可述的黑暗年代（dark ages，指希腊爱琴海沿岸从公元前 12 世纪到前 8 世纪的文明空白期）于公元前 8 世纪结束后，爱琴海沿岸和岛屿才出现零星居民。孟德斯鸠指出这些早期居民来自海盗，而严肃的历史学家根据方言分布推测他们从希腊北部逐渐南迁至伯罗奔尼撒半岛和爱琴海沿岸岛屿，但这也只是假设。② 由此直至公元前 336 年亚历山大继位，希腊城邦的历史满打满算约为四个世纪。如果不是生活于城邦历史的最末期，绝大部分希腊人都料想不到其烟消云散的命运。希腊人无幸见证完整的城邦历史周期，于是那个短暂的开端便成为思想唯一可见的光芒。以雅典为例，公元前 594 年梭伦立法，相传他是雅典第一个立法者。按照亚里士多德《雅典政制》的说法，梭伦立法包括按财产等级抽签选官、公民分四个等级、设立九执政、创立四百人议会等。除了雅典人分四个部落管理为雅典创立者塞修斯定下来的成规之外，其余都是这位执政制定的法律。③ 雅典城邦短暂数百年历史中，城邦的紧要关头显露"智勇双全"的立法者如塞修斯、梭伦、伯里克利等，可以数出一串。他们的立法行为表现出强烈的人为性。不是说在他们醉心的政治创制中丝毫没有先在成规的影响，而是说这种影响的微弱程度对政治创制而言，可以忽略不计。如果说被希腊鄙视的"野蛮人"如波斯统治者居鲁士在政治舞台上是"戴着镣铐跳舞"的话，那这些雅典的立法者就是没戴镣铐跳舞。对古希腊这部短暂而有光辉的城邦史而言，他们不是"述"者而是"作"者。

城邦"突然出现"而非"逐渐形成"的政治实践特征，其历史经验

① ［瑞士］布克哈特著：《希腊人和希腊文明》，王大庆译，上海人民出版社 2008 年版，第 93 页。

② 参见［英］卡特里奇主编《剑桥插图古希腊史》，郭小凌等译，山东画报出版社 2005 年版，第 50–55 页。

③ 参见［古希腊］亚里士多德著《雅典政制》，日知、力野译，商务印书馆 2009 年版，第 2–3 页、第 10–13 页。

也完全投射在希腊哲人的思想探索里面。他们表现出描绘未来理想蓝图的强烈兴趣，诸如什么是美好生活、什么是好的城邦、什么是至善的政制，甚至什么是善。这些提问的背后显出了人为性的广阔空间。只有未来的可期待性成为不证自明的生活前提时，哲人的思考才会聚焦并趋向于那个极致的"好"，并苦苦追求"好"之所以为"好"。不论他们的思考及于什么事物，他们都会千篇一律地问，什么是这事物极致的"好"。这种思考方式是根源于古希腊城邦可创制性的历史实践，也就是布克哈特说的"突然出现"。历史给古希腊人打开了一扇可以毫无依凭地进行政治创制的窗口，而哲人则从这扇窗口看到理想蓝图的无限美妙，体验到致力于思考未来美好的无穷趣味，以至于他们以思辨为生活，沉湎于这种高尚的"智力体操"之中。笔者读希腊先哲的书，理解他们创造激情之余亦不免一丝苦笑，觉得他们孜孜不倦探讨出来的好，其实离幼稚并不那么遥远。例如柏拉图《法律篇》认为，理想的城邦应该由 5040 个"农夫和他们的田产保护者"组成。因为这个数不但可以被由 1 至 7 连续整除，也可以被 1 至 12 自然序数整除，只有 11 除外。这就极大方便了执政者划分具体组织层级并加以管理。"这个分割既可以满足战争和每一种和平时期活动的目的，又可用于一切契约和交易，以及租税和赠与。"① 另外，柏拉图认为理想城邦应该将人民分成 12 个部落来管理，因为一年有 12 月，而 5040 恰好又能被 12 整除。天有 12 月，人间有 12 个部落。此种天人耦合"必须被看作是神圣的，是神的一种礼物，吻合于一年的月数和宇宙的运转"②。哲人的"纸上谈政"也许有某些神秘主义的道理，然而即使满足 5040 个公民的条件，生死相续的人间生活，转眼会使柏拉图的"纸上谈政"幻灭。不过我们也万万不可轻蔑哲人勾画人间理想蓝图时表现出来的创制激情。它像草蛇灰线上的烟火，虽然时明时灭，但也一线绵延。哲人其萎之后 20 个世纪，"五月花"号载着 102 个清教徒远航北美建立殖民地，其壮举未始不是受了哲人的招魂。

革命与创制不同。革命始于政治秩序的末端，而创制本身就是开端；革命是政治秩序衰朽的结果，而创制面对人为性广阔的空间。虽然两者作

---

① ［古希腊］柏拉图著：《法律篇》，张智仁、何勤华译，上海人民出版社 2001 年版，第 148 页。

② ［古希腊］柏拉图著：《法律篇》，张智仁、何勤华译，上海人民出版社 2001 年版，第 185 页。

为人的生活实际发生的时候，表象上有某种相似，如也有流血、动乱、阴谋甚至战争，然而究其实两者的性质完全不同。若对于其中的根本性差异没有分梳，则不能穿透历史。雅典城邦数百年的政治史，政体时有转换，时而民主，时而寡头，时而僭主，随势而变，没有一定之规，这种政体变换时发生的乱象，显然不能被视作革命。亚里士多德《政治学》谈论到政体变换时用词多变，亦可证明亚里士多德本人未始不包含这种观察。他也用到"革命"一词，但之所以没有关于这个问题的实质性探讨，也是因为他注重的是政体变换时发生的乱象，而不是革命指向的实质。如果一定要说这也是革命，那最恰当的称谓是"伪革命"。美国革命其实就是这种"伪革命"。阿伦特所见不及此，故有两场同属革命而命运不同的感叹。本来，凡缺乏深厚历史因袭而创制出来的政治制度，其稳定性缺乏历史检验。更何况古希腊诸城邦，多则数万人，少则千人，真正属于"小国寡民"的政治体。一有风吹草动，其执政者不是倾向垄断权力，就是倾向分散权力而再创制，造成政体频繁变化。宜其城邦史充满混乱，政制脆弱。法国大革命之前的欧洲史，很难找到肇因于政治秩序衰朽而发生的革命，或许英格兰克伦威尔时期（1642—1658）所经历的可以称作真正意义的革命。欧洲史来到法国大革命的前夜，事情似乎变得不一样了。在这之前，政治创制是欧洲建立政治秩序的主流，即便有革命发生，属于稀见的罕例，其在政治哲学中不占据多少分量，也就是理所当然了。

欧洲政治哲学演变史上革命被逐渐赋予正当性，这可以看作权利和契约理论逐渐扩展的产物。当然，这个扩展过程也是和资本力量逐渐登上政治舞台并压倒传统封建势力的大背景相适应的。权利学说和契约理论是欧洲近代政治学的两大基石。天赋人权，看起来神圣，但关键的问题并不是人权是否天赋，以及是否神圣，而是这个天然用于争夺所属的概念的边界在哪里。看来它并非天然俱足，而是充满模糊和不确定性。它是随着它争夺所属的事物变化而变化，随着主体欲望膨胀而边界扩张。从前争夺所属的事物小，权利的边界就范围有限；如今争夺所属的事物大，权利的边界就扩展。一如帝国的扩张，帝国的边界在力量的尽头。格劳秀斯和霍布斯的年代，人赋得的权利显然不包括造反的权利。霍布斯就明言，让渡出去的权利不可收回，契约一旦签订就不可再毁约。但是到了洛克的时代，臣民虽然没有造反的权利，革命虽依然不具正当性，但臣民与国王争夺所属相持不下的时候，毕竟多了"上诉于天"的权利。由此，契约的前景也开始具有不确定性。更晚生的卢梭则比他的前辈更进一步，宣称臣民拥有的权利包括"限制、改变和收回"让渡给君主的权利，为革命的正当性踏出了实质性的一步。卢梭的政治哲学仿佛振聋发聩，如同法国大革命一夜来到人间一样，其实追根溯源，两者都经历了一个漫长的发展过程。政治哲学的行程和历史实践的行程当然是相互呼应的。

（刊于《南国学术》2018 年第 2 期，标题有修改）